Software-Engineering

Objektorientierte Techniken, Methoden und
Prozesse in der Praxis

Von
Ruth Breu, Thomas Matzner, Friederike Nickl,
Oliver Wiegert (Hrsg.)

Oldenbourg Verlag München Wien

Ruth Breu ist seit Oktober 2002 Leiterin der Forschungsgruppe Quality Engineering an der Universität Innsbruck. Sie beschäftigt sich seit Jahren mit Methoden und Techniken objektorientierter Entwurfsmethoden und ist Autorin zweier Bücher und internationaler Publikationen. Vor ihrer Rückkehr zur Hochschule war sie mehrere Jahre als Beraterin für Stoftwareanalyse in der Praxis tätig.

Thomas Matzner war nach seinem Diplom in Informatik an der TU München zunächst als Software-Ingenieur und –Manager bei einem Softwarehaus mit dem Schwerpunkt in der Entwicklung individueller Anwendungen in Großprojekten tätig. Seit 1992 ist er selbständiger Berater mit dem Tätigkeitsfeld der Konzeption von Informationssystemen.

Friederike Nickl studierte Mathematik in München und Cambridge (UK) und promovierte in Informatik an der Universität Passau. Sie arbeitete in Forschungsprojekten an der formalen Fundierung von Methoden und Techniken der Softwareentwicklung. Seit 1996 ist sie als Software-Ingenieurin und Beraterin tätig, seit 2000 in der Sepis GmbH, einem Unternehmen des Lebensversicherers Swiss Life.

Oliver Wiegert, geboren 1963, studierte Elektrotechnik an der Universität Kaiserslautern und promovierte dort 1996 im Themenbereich Änderbarkeit und Objektorientierung. Seit 1998 ist er bei iteratec GmbH als Softwareberater mit den Schwerpunkten Projektmanagement, Anforderungsanalyse, Objektorientierung und Modellierung tätig.

Bibliografische Information Der Deutschen Bibliothek

Die Deutsche Bibliothek verzeichnet diese Publikation in der Deutschen Nationalbibliografie; detaillierte bibliografische Daten sind im Internet über <http://dnb.ddb.de> abrufbar.

© 2005 Oldenbourg Wissenschaftsverlag GmbH
Rosenheimer Straße 145, D-81671 München
Telefon: (089) 45051-0
www.oldenbourg.de

Lektorat: Margit Roth
Herstellung: Anna Grosser
Umschlagkonzeption: Kraxenberger Kommunikationshaus, München
Gedruckt auf säure- und chlorfreiem Papier
Druck: Grafik + Druck, München
Bindung: R. Oldenbourg Graphische Betriebe Binderei GmbH

ISBN 3-486-57574-0

Vorwort

Vom Schlagwort des letzten Jahrzehnts hat sich Objektorientierung inzwischen zum Grundprinzip heutiger Softwareentwicklung gewandelt. Moderne objektorientierte Programmiersprachen und die standardisierte objektorientierte Modellierungssprache UML haben sich als Katalysatoren für vielfältige Ansätze im Software Engineering erwiesen, angefangen von komponenten- und architekturzentrierten methodischen Ansätzen bis zu Techniken des Prozess- und Projektmanagements. Vieles ist heute in der Praxis angelangt, anderes ist noch im Pilotstadium bzw. für den breiten Einsatz noch nicht ausgereift.

In diesem Buch lassen wir Anwender zu Wort kommen, die objektorientierte Techniken, Methoden und Prozesse schon seit Jahren erfolgreich in der Praxis einsetzen. Die Mehrzahl der Beiträge geht dabei weit über Erfahrungsberichte hinaus. Unternehmen, die schon frühzeitig begonnen haben, Modellierungssprachen, Prozessmodelle und Analysetechniken im Softwareentwurf zu verwenden, wurden sich der Lücken bekannter Ansätze schnell bewusst, haben diese Methoden hinterfragt, weiterentwickelt und um eigene Ansätze ergänzt.

Die Idee zu diesem Buch entstand anlässlich eines grenzüberscheitenden Workshops zum Thema „Entwurf und Dokumentation von Softwarearchitekturen" des Tiroler Arbeitskreises Softwaretechnologie und des Arbeitskreises UML der Regionalgruppe München der Gesellschaft für Informatik sowie des German Chapter of the ACM. Das dieser Veranstaltung zu Grunde liegende Konzept war es, Anwender und anwendungsnahe Forscher grenzübergreifend zusammenzubringen und über Fragen der Softwareentwicklung referieren und diskutieren zu lassen. Der große Erfolg dieses Workshops motivierte uns dazu, diesen Erfahrungsschatz zu dokumentieren und anderen Anwendern zugänglich zu machen. Die in diesem Buch enthaltenen Arbeiten beschränken sich nicht auf den Inhalt des Workshops, sondern umfassen darüber hinaus auch Beiträge aus der laufenden Aktivität der Arbeitskreise.

Wir danken allen Autoren ganz herzlich für ihre Bereitschaft, ihre Erfahrungen aufzubereiten und einem großen Anwenderkreis zur Verfügung zu stellen. Wir danken ferner allen Personen, die bei der Herstellung dieses Buches mitgewirkt haben, vor allem den Mitarbeitern der Forschungsgruppe ‚Quality Engineering' am Institut für Informatik der Universität Innsbruck. Insbesondere gilt unser Dank Frau Kathrin Mönch vom Oldenbourg Wissenschaftsverlag, die die Entstehung dieses Buches als verantwortliche Lektorin begleitet hat.

Innsbruck   Ruth Breu

München   Thomas Matzner, Friederike Nickl, Oliver Wiegert

Inhalt

1   Einleitung

The art of programming is the art of organising complexity, of mastering multitude and avoiding its bastard chaos as effectively as possible.

E.W. Dijkstra, Notes on Structured Programming, 1972

Versetzen wir uns für einen Moment in die Lage eines Software-Entwicklers, der 1972, stolz darauf, jeden Befehl von Cobol, Fortran oder einer der unzähligen Assemblersprachen zu kennen, diesen Satz gelesen und seine Konsequenzen eingesehen hat. Nicht das Beherrschen von Zauberformeln ist die zentrale Qualifikation zum Software-Bauen, auch nicht das Finden des performantesten Algorithmus (damals notwendiger als heute und von Dijkstra ein paar Zeilen weiter als wichtig anerkannt). Der Umgang mit Komplexität, die Fähigkeit, die Dinge auch dann noch zu beherrschen, wenn sie größer und größer werden: das soll die Hauptsache sein.

Wie sieht solch ein Software-Entwickler, damals vielleicht Berufsanfänger und Pionier einer jungen Disziplin, heute wahrscheinlich kurz vor dem Ruhestand (oder Manager?), die jetzige Situation in puncto Beherrschung der Komplexität bei der Software-Entwicklung? Auf den ersten Blick herrscht ein vielfältiges Angebot. Dijkstra musste noch die Verwendung von Unterprogrammen als Abstraktionsmittel anmahnen – in den heute vorherrschenden objekt-orientierten Programmiersprachen ist es selbstverständlich, Klassen und Operationen einzu-setzen. Zum Entwurf fachlicher und technischer Abstraktionen wurden seither Modellie-rungssprachen entwickelt, zuletzt die UML. Darauf basieren publizierte Vorgehensmodelle. All das zusammen versprechen etliche Toolanbieter zu unterstützen.

Doch die Wende zu einer Beherrschung der Komplexität ist noch lange nicht flächendeckend geschafft. Wurde vor einer Generation die Aufmerksamkeit der Entwickler von komplizier-ten Befehlssätzen abgelenkt, so sind es heute umfangreiche APIs, die von Version zu Versi-on verdaut werden wollen. Auch heute noch lesen sich manche Stellenprofile als eine An-sammlung von Produktwissen: diese Programmiersprache, diese Datenbank, diese Middle-ware – mit der Erwartung, die Kandidaten mögen sich schon anderswo zuvor in einige hun-dert Seiten API-Dokumentation eingearbeitet haben. Wo steht hingegen, dass die Bewerber nachweisen müssen, auch nach mehreren Monaten in dem Wust einander widersprechender Anforderungen (*bastard chaos*) nicht zu ertrinken und die gelernten APIs in eine sinnvolle Ordnung zu bringen?

Gedankliche und technische Grundlagen zur Beherrschung des Chaos sind in Fülle vorhanden. Warum ist es dennoch in manchem Entwicklungsprojekt so schwierig oder scheinbar aussichtslos, am Stand der Technik orientiert zu arbeiten? Eine mögliche Antwort liegt in einem Zuviel und einem Zuwenig an Information.

Vergleichen wir ein Entwicklerteam mit einer Schar von Bergsteigern, die zu einer Expedition aufbrechen. Sie haben detailliertes Kartenmaterial, in dem jeder Felsvorsprung eingezeichnet ist. Es stapeln sich die Kataloge von Ausrüstungsherstellern; jedes Hilfsmittel vom Teleskopstock bis zur Stirnlampe wird darin in ernsten Worten als unerlässlich zur Erreichung des Ziels beschrieben. Eine wissenschaftliche Bibliothek informiert sie über die Geologie, die Wetterbedingungen und die Pflanzen am Wegesrand. Dennoch sind die Bergsteiger unsicher und haben Angst davor, aufzubrechen. Jemand fragt sie, woher das bei so viel Methoden- und Toolwissen kommt. Sie antworten: *Weil wir niemanden kennen, der diese Tour schon gemacht hat und uns sagen kann, was uns tatsächlich begegnen wird und was wir tatsächlich brauchen, um damit fertigzuwerden.*

Wir haben viel – aus Sicht des Praktikers, der sich entscheiden muss, zu viel – an Basisinformation, an Landkarten und Werkzeugkatalogen, die versuchen, für jeden Adressaten und jeden Eventualfall eine Antwort zu finden. Das ist kein Vorwurf an die Autoren von Sprachen und Methoden, denn genau das hat der Markt von ihnen verlangt. Konnten Coad und Yourdon ihre objektorientierte Modellierungssprache und Methode 1990/91 noch auf gut 200 Seiten beschreiben, brauchten Booch und Rumbaugh Mitte der 90er Jahre schon fast das Dreifache. Die UML, Kulminationspunkt dieser Entwicklung, antwortet traditionell auf jedes Problem durch Erweiterung der Darstellungsmittel, bis zu den Entwürfen für die Version 2.0, die allein für die Sprachdefinition ca. 1000 Seiten verbrauchen. Kaum jemand hat auch nur gefragt, ob Abstraktion, das von Dijkstra empfohlene Prinzip zur Beherrschung der Komplexität und Vielfalt, das Problem besser gelöst hätte als immer mehr Diagrammtypen und Notationen. Kurz: die Aufgabe *mastering multitude* wird nach wie vor, auch von Methodenpäpsten und Herstellern, dem Entwickler aufgebürdet.

Wir haben zu wenig Austausch zwischen denjenigen, die schon einmal eine Expedition mit den zeitgemäßen Mitteln gemacht haben und erzählen, für welche Route sie sich entschieden haben, was ihnen begegnet ist und wie sie Probleme gelöst haben. Nicht Geheimniskrämerei ist der Grund hierfür, vielmehr der fehlende Anreiz für Praktiker, die eigenen Erfahrungen mitzuteilen. Wer Forscher, Toolhersteller oder Methodenguru ist, profitiert von einer eigenen Veröffentlichung. Ein Softwarearchitekt oder Projektleiter muss den Artikel unbezahlt am Wochenende schreiben und braucht sich keinen großen Illusionen über die Steigerung des eigenen Marktwerts hinzugeben. Dennoch ist eine Kultur des Erfahrungsaustausches zwischen Praktikern ein unersetzliches Bindeglied, um die reichlich vorhandenen Grundlagen in knapper Zeit für reale Projekte verfügbar zu machen.

Auf diese Lücke zielen die Beiträge dieses Bandes. Sie schlagen Brücken vom theoretisch Denkbaren zum Machbaren. Die Erfahrungen ihrer Autoren sind von beidem geprägt: von dem Bestreben, ihr Handwerk gut und dem Stand der Technik entsprechend auszuüben, und von den Beschränkungen, die in unserer Welt der Knappheiten jedem begegnen, der etwas gut machen will.

Die Disziplin des Software-Engineering ist grob in zwei Teile zu untergliedern, die sich auch in der Struktur dieses Buches wiederfinden. Ein Teil befasst sich mit den Ergebnissen des Software-Entwicklungsprozesses, vor allem mit Modellen. Der zweite Teil behandelt das Vorgehen, mit dem diese Ergebnisse erzielt werden.

Wer schon einmal in einer größeren Systemlandschaft gestaltend tätig war, weiß, dass mit der bloßen Bereitstellung einer Modellierungssprache wie UML und entsprechender Werkzeuge nicht alles getan ist, um die nötige Klarheit zu schaffen. Einige unserer Autoren geben Einblick in Nutzungskonzepte für UML, die sich in ihren Anwendungsbereichen bewährt haben. Der Bogen spannt sich dabei von der Spezifikation oft vernachlässigter Details mit OCL bis zur Beschreibung unternehmensweiter Systemlandschaften. Insbesondere letztere Aufgabe, das Beschreiben großer Strukturen, verlangt vom Anwender der Modellierungstechniken etliches an eigener Interpretationsarbeit, sind doch längst nicht alle existierenden Systeme objektorientiert gebaut und damit ohne weiteres der Standard-Interpretation einer Sprache wie UML zugänglich.

Das gleiche gilt für die Beschreibung der Geschäftsprozesse, die durch eine Anwendung oder eine Reihe von Anwendungen unterstützt werden. Auch hier müssen Modellierer weitgehend eigene Wege zwischen den Disziplinen der Geschäftsprozess- und der objektorientierten Systemmodellierung finden.

In ihrem derzeitigen Definitionsstand lässt auch die Model Driven Architecture den einzelnen Entwicklern und Herstellern noch viel Raum, ist sie doch nicht viel mehr als eine Rahmenidee, Software aus Modellen zu generieren, die noch nicht durch verbindliche Definition von Generierungssprachen und -mechanismen unterfüttert ist. Umso wichtiger ist es zu sehen, welche der Versprechungen heute schon erfüllt werden können.

In die Welt der Vorgehensmodelle ist in den letzten Jahren Leben gekommen. Unter den Stichwörtern iterativ, inkrementell und agil hat sich die Unzufriedenheit mit rein wasserfallartig gegliederten Modellen Raum geschaffen. Gleichzeitig wurden diejenigen Entwickler und ihre Manager rehabilitiert, die auch früher schon, unter dem Diktat der Phasenmodelle, kreativ und pragmatisch Meilensteine gesetzt und Iterationen gewagt haben.

Ein Blick in die vielfältigen Methoden, wie sie auch durch die Beiträge dieses Bandes repräsentiert werden, zeigt, dass sich in der Praxis noch nicht das allein gültige Vorgehen herauskristallisiert hat, das für jeden Projekttyp zum Erfolg führt. Ob der Entwicklungsprozess, wenn auch iterativ, durch einen Gesamtentwurf oder ob er ausschließlich durch Anwenderanforderungen vorangetrieben wird, das werden wohl noch für einige Zeit spannende Fragen bleiben.

Die Autoren berichten allesamt aus praktischem Erfahrungshintergrund, haben sich jedoch der Aufgabe gestellt, über das bloße Erzählen von Erlebnissen hinaus ihre Ansätze so allgemein zu beschreiben, dass sich auch für Leser aus einem anderen Umfeld ein Nutzen einstellt. Wer sind diese Leser, wer ist das Zielpublikum dieses Buches?

Zuallererst natürlich jede und jeder, die mit der Entwicklung von Software zu tun haben, sei es in der fachlichen Konzeption, der technischen Verfeinerung oder der Implementierung – wobei die strikte Trennung dieser Felder ohnehin die Ausnahme ist. Auch Methodenspezialisten finden ihr Kernthema in den Beiträgen behandelt, nämlich die Frage, wie man von der dürren Sprach- oder Verfahrensbeschreibung zu einer lebendigen Anwendung in der Entwicklung kommt.

Besonders wünschen wir uns, dass auch Manager sich mit den hier behandelten Themen befassen. Viele von ihnen werden nicht auf die Idee kommen (und deshalb diesen Appell auch nicht wahrnehmen), gehört Software Engineering nach alter Tradition doch in die Studierstube der Spezialisten. Nun verlangt natürlich niemand vom Management, die hier dargestellten Techniken allesamt zu beherrschen und selbst anzuwenden. Gut beraten ist jedoch diejenige Entwicklungsabteilung, deren Führung die vorhandenen Techniken immerhin *einzuschätzen* weiß, um eigenverantwortlich entscheiden zu können, welche Wege gefördert werden sollen.

Schließlich wendet sich dieser Band auch an diejenigen, die an der Universität oder anderswo Software Engineering lehren und lernen. Es ist nicht immer leicht, in der Ausbildung die spezifische Atmosphäre aus anspruchsvollen Entwicklungsprojekten entstehen zu lassen. Zu unterschiedlich sind die in der Praxis anzutreffenden Umstände, z.B. das ausschließliche Arbeiten für ein Ziel, in einem Team. Die Beiträge dieses Bandes können den Studierenden nahebringen, welche Fragen über das in der Basisliteratur Dargestellte hinaus zu stellen und zu beantworten sind.

Am meisten im Sinne der Autoren und Herausgeber ist es, wenn viele Leserinnen und Leser sich durch einige der hier dargestellten Ideen inspirieren und ermutigen lassen, selbst mit Software Engineering live zu gehen.

2 Anwendungslandschaft: Nachverfolgung der Implementierung von IT-Modellen

Thomas Tensi, sd&m AG

Die Landschaft der Anwendungen in einem Unternehmen wird in der Regel dann verändert, wenn Geschäftsprozesse oder fachliche Konzepte neu strukturiert werden oder weil sich in der technischen Infrastruktur Änderungen ergeben.

Erfahrungsgemäß gibt es aber speziell in großen Unternehmen oft kein systematisches Vorgehen, das Zusammenwirken sämtlicher Anwendungen und ihre Verbindung zur fachlichen Welt zu erfassen. Daher werden IT-Projekte relativ unpräzise geplant, weil Auswirkungen von fachlichen Änderungen auf die IT-Infrastruktur (oder umgekehrt) nicht übergreifend verfolgt werden können.

Mit dem Projekt ARCUS hat die Bayerische Landesbank ihre Anwendungslandschaft und darin auch den Zusammenhang zu fachlichen Geschäftsprozess- und Informationsmodellen erfasst. Die Modellierung erfolgte dabei durch Erweiterung der UML 1.x mit einem stark angepassten UML-Werkzeug.

Der Artikel beschreibt, welche methodischen und technischen Voraussetzungen für Anwendungslandschaftsmodellierung geschaffen wurden und welche Erfahrungen bei der Umsetzung gesammelt wurden.

Über den Autor

Dr. Thomas Tensi ist Chefberater bei der sd&m AG in München. Er ist dort Experte für Konzepte zur Modellierung von Anwendungslandschaften und für objektorientierte Modellierung (insbesondere mit der Unified Modelling Language). Darüber hinaus interessiert er sich für Programmiersprachen und deren semantische Feinheiten.

2.1   Einführung

In großen Unternehmen gibt es oft einen Zoo von Anwendungen, die nach unterschiedlichen Entwurfsansätzen und für unterschiedliche technische Plattformen entwickelt wurden. In der Regel sind diese Anwendungen aber eng miteinander verbunden: Manchmal braucht eine Anwendung direkt Information aus einer anderen oder Anwendungen nutzen überlappende Datenbestände oder verwenden ähnliche Algorithmen.

Meist werden Anwendungen so entwickelt, dass man nur deren unmittelbaren Kontext betrachtet. Ein Entwicklungsteam kennt normalerweise nur die verwendeten Datenbestände oder die benutzten Dienste von Nachbarsystemen.

Es gibt aber keine übergreifende Sicht auf die Abhängigkeiten zwischen Anwendungen, Geschäftsprozessen und Daten. Das führt zu Problemen wie beispielsweise

- man kann die von fachlichen Anforderungen abhängigen Anwendungen nicht finden,
- kleine Änderungen in einer Anwendung führen zu lawinenartigen Änderungen in anderen Anwendungen, und
- systematische strategische Änderungen (wie beispielsweise Migration von vielen Anwendungen auf eine neue technische Plattform) sind praktisch unmöglich.

Es genügt also nicht, nur die Abwicklung einzelner Entwicklungsprojekte sicherzustellen und deren Softwarearchitektur optimal zu gestalten. Man braucht eine globale Sicht auf die Architektur einer einzelnen Anwendung und auf die Gesamtarchitektur aller Anwendungen (ihre Verbindungen, gemeinsam genutzte Komponenten usw.). Wenn man darauf verzichtet, bekommt man eine heterogene Anwendungsarchitektur und Redundanzen bei Algorithmen und Daten.

Diese Überlegungen wurden bereits vor einigen Jahren bei der Bayerischen Landesbank in München angestellt und führten zum Projekt ARCUS. Dessen Ergebnis sind eine Notation, eine Methode und ein Werkzeugkasten zur Unterstützung von Architekturmanagement im Unternehmen.

Die in ARCUS entwickelte Notation und Methode wird immer noch in der Bayerischen Landesbank zum Architekturmanagement eingesetzt; allerdings wurde die Werkzeugumgebung mittlerweile aus strategischen Gründen migriert auf das Planungswerkzeug alfabet.

2.2   Zweck und Zielgruppe von Architekturmanagement

Architekturmanagement soll die Kompatibilität von allen Hardware- und Softwaresystemen innerhalb des Unternehmens sicherstellen.

Wie bereits dargestellt reicht dazu weder aus, die einzelnen Modelle für die Anwendungen in einem Bestand zusammenzufassen noch genügt es, eine Gesamtübersicht über alle Anwendungen anzulegen: **Beide müssen in einem einzigen Modell kombiniert werden.**

Ein solches Architekturmodell ist geschichtet in Ebenen, die für unterschiedliche Aspekte eines Softwaresystems stehen. Diese Ebenen bilden eine Hierarchie und sind miteinander verbunden.

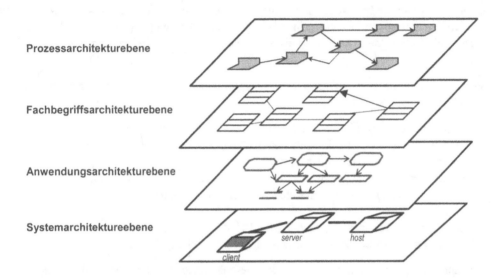

Abb. 2.1 Vier Ebenen einer Anwendungslandschaft

Folgende Ebenen kommen im Architekturmodell vor (siehe Abbildung 2.1)

- ein grobes Modell der Geschäftsprozesse,
- ein Daten-/Klassenmodell der fachlichen Begriffe,
- ein abstraktes Modell der Anwendungen und ihrer fachlogischen Komponenten und
- ein technisches Modell der realen Hardware- und Softwarekomponenten.

Geschäftsprozesse und Fachbegriffe sind unabhängig von einer konkreten Umsetzung auf einem Computer. Diese beiden Ebenen befassen sich mit dynamischen und statischen Aspekten des Geschäfts. Man könnte sie auch zu einer fachlichen Modellebene zusammenfassen, aber es ist nützlich, Dynamik und Statik getrennt zu betrachten.

Die Anwendungsarchitekturebene beschreibt die konzeptuelle, die technische Systemarchitekturebene die reale Implementierung. Beide könnten deckungsgleich sein (dann wäre eine Ebene überflüssig), in der Praxis sind sie es aber meistens nicht. Daher braucht man beide Ebenen.

Es ist nahe liegend, dass man wegen der hohen Komplexität - große Unternehmen haben manchmal hunderte von Anwendungen - nicht jedes Detail einer Anwendung im zentralen

Modell erfassen kann und muss. Das zentrale Anwendungslandschaftsmodell ist nur eine makroskopische Sicht auf die einzelnen Anwendungen. Detaillierte Informationen über einzelne Anwendungen liegen normalerweise in den unterschiedlichen Entwicklungsumgebungen. Ideal ist es, wenn das Anwendungslandschaftsmodell und die Einzelmodelle in einem gemeinsamen Datenbestand liegen: dann kann man das Anwendungslandschaftsmodell teilweise automatisiert aus den Einzelmodellen gewinnen und kann sich auch wechselseitig referenzieren und in die Modelle navigieren.

Ein Anwendungslandschaftsmodell ähnelt einem Bebauungsplan für eine Stadt: es interessiert nur, welche Arten von Gebäuden in einem Bereich stehen und wie sich die Bebauung verändern soll. Details der Gebäude (beispielsweise ihre innere Elektroinstallation) sind bedeutungslos.

Man erkennt schnell, dass mit einem solchen übergreifenden Modell diverse Fragen geklärt werden können:

- welche Geschäftsprozesse durch welche Anwendungen unterstützt werden,
- welche Anwendungen sich mit ähnlichen Fachbegriffen befassen und möglicherweise überlappende Aufgaben haben oder wieder verwendbar sind,
- wo ähnliche oder unterschiedliche technische Plattformen verwendet werden,
- ob und wo sich die Anwendungslandschaft vereinfachen ließe usw.

Zielgruppe für die durch das Anwendungslandschaftsmodell gegebene Abstraktion sind hauptsächlich technisches Management und Softwareentwicklungsteams.

Das Management bekommt einen Eindruck, wie Geschäftsthemen durch Informationstechnik unterstützt werden (und wo nicht!) und wo man aufgrund neuer fachlicher Anforderungen Änderungen in den Anwendungen machen muss ([HC93]). Auch der umgekehrte Weg ist möglich: man sieht, wo Geschäftsprozesse und fachliche Begriffe durch Austausch von Anwendungen betroffen sein könnten.

Die Entwicklungsteams sehen sehr früh, in welchem Kontext ihre Anwendung steht und können so sowohl Schnittstellen zu Nachbarsystemen als auch wieder verwendbare Lösungen identifizieren.

Um in einem Unternehmen die Arbeit mit einem Anwendungslandschaftsmodell zu ermöglichen, müssen einige Voraussetzungen geschaffen werden ([BCK98], [IEEE98]):

- Einführung eines standardisierten unternehmensweiten Vokabulars für Softwarearchitektur und Anwendungslandschaft (auch bezüglich fachlicher Begriffe wie in [SEI99]),
- Definition einer Notation für Architekturmodelle (häufig aufbauend auf einer Standardmodellierungssprache),
- Implementierung von Werkzeugen zur Erfassung, Analyse und Transformation von Architekturmodellen,
- Einbettung des Architekturmanagements in die Unternehmensorganisation und
- systematische, abstrakte Erfassung der existierenden und geplanten Anwendungslandschaft.

Alle oberen Punkte sind technische Themen bis auf die organisatorische Einbettung ins Unternehmen. Dies ist aus unserer Sicht besonders kritisch: ein Anwendungslandschaftsmodell, das nicht sauber gepflegt ist, ist wertlos.

Idealerweise gibt es eine zentrale Abteilung, die für dieses Modell zuständig ist. Sie sollte auch beratend die Erstellung der Architekturmodelle der einzelnen Anwendungen begleiten. Damit ist auch ein Abgleich der anwendungsspezifischen Modelle mit dem Gesamtmodell gewährleistet. Es bewährt sich auch, für spezielle Geschäftsfelder Spezialistenteams einzurichten, die Modellteile in ihrem fachlichen Bereich pflegen.

2.3 Rahmenbedingungen für Metamodell und Notation

Wie kommt man nun zu einer Notation und zu einem Metamodell für Anwendungslandschaften? Dazu rekapitulieren wir nochmals die groben Anforderungen an diese Modelle.

Wie bereits oben dargestellt (Abbildung 2.1), soll die Anwendungslandschaft in vier Ebenen modelliert werden. Die Ebenen beschreiben:

- die durch Anwendungen unterstützten Geschäftsprozesse,
- die wesentlichen Fachbegriffe in einem Daten-/Klassenmodell mit ihren Abhängigkeiten,
- die logischen Anwendungen und Komponenten sowie die bearbeiteten Daten und ihre Verbindungen und
- die konkrete Hard- und Softwaretopologie, die die logische Anwendungsarchitektur implementieren.

Es reicht nicht aus, wenn man die Ebenen separat erfassen kann, sondern man muss auch Beziehungen zwischen den Ebenen erfassen und verfolgen können.

Da das Metamodell für die Anwendungsarchitekturen auf einer Standardmodellierungssprache aufbauen sollte, haben wir uns für die Unified Modelling Language (UML, siehe [OMG99]) in der damalig verfügbaren Version 1.x entschieden.

Wir haben das Metamodell der UML in verschiedener Form angepasst:

- Es wurden mit UML-Stereotypen Varianten von vorhandenen UML-Modellelementen gebildet.
- Die Elemente der einzelnen Ebenen sind Stereotypen von Klassen. Insgesamt gibt es circa 50 Klassenstereotypen, die eine Typhierarchie bilden.
- Elemente innerhalb einer Ebene und über die Ebenen hinweg sind mit Beziehungen (ebenfalls mit Stereotypen) verbunden.
- Es gibt eine Menge von automatisch geprüften Regeln, welche Elemente in welchen Ebenen liegen und wie sie miteinander verbunden werden dürfen.

Alle diese Information ist in einem Metamodell erfasst mit ungefähr 80 Metamodellelementen und mehr als 60 Metabeziehungen.

Abbildung 2.2 zeigt einen Ausschnitt des Metamodells für die Prozessarchitekturebene. Man kann beispielsweise erkennen, dass ein Prozess durch einen Ablaufgraphen verfeinert werden kann. Die Knoten in dem Ablaufgraphen sind entweder Aktivitäten oder Ereignisse, die ihrerseits über Flussbeziehungen verbunden sein können (Details dazu in Abschnitt 2.4.1). Semantische Regeln sind als Bedingungen an Modellelementen gegeben (formuliert in der Object Constraint Language OCL, einer prädikatenlogischen Sprache für die UML, siehe Abbildung 2.2). Die in der Abbildung ausgefüllten Modellelemente haben eine graphische Repräsentation, die nicht ausgefüllten sind Gruppierungen oder Abstraktionen dieser Elemente.

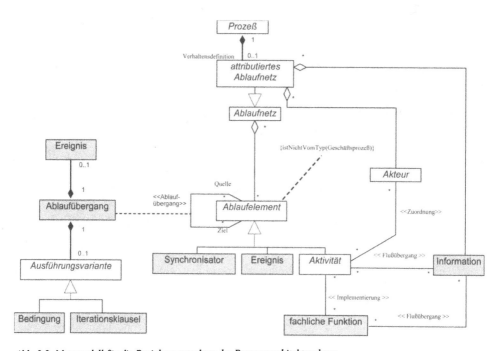

Abb. 2.2 Metamodell für die Beziehungsstruktur der Prozessarchitekturebene

Die UML wurde auch über Stereotypen und Kompatibilitätsregeln hinaus erheblich erweitert:

- Um Enthaltenseinshierarchien vernünftig erfassen zu können, musste das Konstrukt des „detaillierbaren Elements" eingeführt werden. Dies ist ein Element mit einer inneren Struktur, die bei Bedarf offen gelegt werden kann (siehe dazu Abschnitt 2.5.3).
- Wenn man Hierarchien von Elementen hat, dann ergeben sich aufgrund von Beziehungen in tieferen Hierarchieebenen oft zwingend Beziehungen auf höheren Hierarchieebenen. Man möchte diese Beziehungen aber nicht manuell erfassen, sondern automatisch erzeu-

gen lassen. Es handelt sich dann um so genannte „abgeleitete Beziehungen" nach speziellen Erzeugungsregeln (siehe Abschnitt 2.5.3).

- Aufgrund von Einschränkungen in der UML-Semantik wurden alle ARCUS-Modellelemente entweder als Klassen oder Beziehungen zwischen Klassen modelliert. Nur diese Entwurfsentscheidung ließ eine freie Konfiguration des Metamodells zu.

Weitere Aspekte der Metamodellierung sind in Abschnitt 2.5 ausgeführt.

Alle diese Konzepte wurden in einem kommerziellen UML-Werkzeug implementiert, das um diverse selbst entwickelte Zusatzmodule erweitert wurde. Grundlage der Arbeit war die Unternehmensentscheidung für Rational Rose als Werkzeug und die Vorgabe, Ergänzungen nur innerhalb dieses Werkzeugs vorzunehmen. Daraus ergab sich die Implementierung in der eingebauten Skriptsprache „RoseScript" (eine Sprache ähnlich zu Visual Basic). Insbesondere konnten Modelle nicht unmittelbar bei der Veränderung, sondern erst auf Anforderung geprüft werden. Dies ähnelt der herkömmlichen Programmentwicklung, bei der Erstellung und Übersetzung voneinander getrennt ablaufen. Eine solche Trennung erwies sich für fortgeschrittene Modellierer als nicht problematisch, wohl aber für unerfahrene Anwender.

Die angebotenen Dienste helfen den Modellierern bei der Navigation durch ein Anwendungslandschaftsmodell, bei dessen Konsistenzprüfung und Transformation sowie bei dessen Abfrage. Um neue Anforderungen bezüglich der Modellierung schnell umsetzen zu können, ist das Metamodell nicht fest im Werkzeug hinterlegt, sondern konfigurierbar in einer Textdatei gespeichert.

2.4   Ebenen eines Anwendungslandschaftsmodells

In diesem Kapitel zeigen wir, wie die vier Ebenen des Anwendungslandschaftsmodells im Detail aussehen. Als durchgängiges Beispiel verwenden wir das Softwaremodell für ein Autohaus, das seinen Kunden erlaubt, ihre Wunschfahrzeuge an einem Selbstbedienungsterminal zusammenzustellen. Aus diesen Wunschfahrzeugdefinitionen wird dann eine Bestellung erzeugt, die entsprechend weiterverarbeitet werden kann.

2.4.1   Prozessarchitekturebene

In dieser Ebene werden die Geschäftsprozesse beschrieben, die direkt durch Anwendungen unterstützt werden.

Zentraler Begriff der Modellierung ist die „Rolle". Einer Rolle sind Aktivitäten in Geschäftsprozessen zugeordnet, für die sie verantwortlich ist, und sie ist in eine Organisationshierarchie eingebettet.

Die Prozessarchitekturebene wird über Ablaufgraphen beschrieben. Ein Ablaufgraph ist eine Abstraktion sämtlicher möglicher Durchläufe durch diesen Prozess ähnlich einem Flussdiagramm oder einem Aktivitätsdiagramm der UML.

Die grundlegenden Elemente sind „Prozess", „Tätigkeit", „Ereignis", „Information", „Organisationseinheit" und „Rolle". Ein „Geschäftsprozess" wird definiert durch einen Graph von „Prozess", „Tätigkeit" und „Ereignis" mit möglichen Verzweigungen, Schleifen und Parallelität. Der Ablaufgraph wird typischerweise angereichert durch Beziehungen zu Informationsquellen und -senken sowie zu ausführenden Rollen und Organisationseinheiten.

Abbildung 2.3 zeigt ein Beispiel für die Prozessarchitekturebene. Auf der linken Seite erkennt man einen Ablaufgraphen mit Prozessschritten und Rollen. Der Prozessschritt „Angebotserstellung" hat eine innere Struktur und wird zum Graphen der rechten Seite expandiert. Dieser Graph enthält Tätigkeiten mit Kontrollflüssen, sowie Datenflüsse.

Für Navigation und Abfragen auf dem Modell müssen Beziehungen zu anderen Ebenen zwingend erfasst werden (siehe Abschnitt 2.4.5).

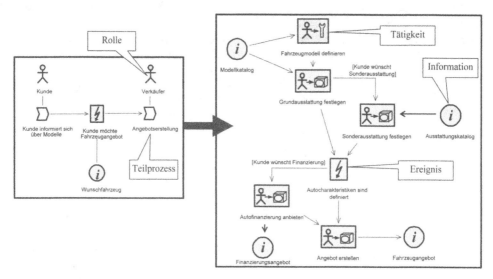

Abb. 2.3: Detaillierung eines Teilprozesses auf der Prozessarchitekturebene

2.4.2   Fachbegriffsarchitekturebene

In der Fachbegriffsarchitekturebene werden die wesentlichen Begriffe aus der Anwendungsdomäne modelliert. Dazu werden Typen und Objekte benutzt, die mit Beziehungen verbunden werden.

An dieser Stelle erstellen wir ein vereinfachtes Analysemodell, entweder als Klassen- oder Datenmodell. Ziel ist nicht, die Anwendung vollständig zu modellieren (das passiert im Entwicklungsprozess), weil manche Information zu technisch für das Fachbegriffsmodell wäre. Stattdessen werden nur die wesentlichen, für die Kooperation verschiedener Anwendungen notwendigen Fachbegriffe mit ihren Beziehungen und Regeln erfasst.

Für die Modellierung benutzen wir die Standardmittel der UML (wie Klassen, Assoziationen, Zustandsmodelle usw.).

Wenn man dann Beziehungen von Elementen dieser Ebene zu den anderen Ebenen erfasst, erkennt man beispielsweise, mit welchen Begriffen eine Anwendung oder ein Geschäftsprozess hantiert. Das hilft unter anderem beim Identifizieren überlappender Anwendungen.

2.4.3 Anwendungsarchitekturebene

Die Anwendungsarchitekturebene erfasst die Anwendungs- und Komponentenstruktur aus logischer Sicht, losgelöst von technischen Randbedingungen.

Ziel bei dieser Ebene ist es, eine Zwischenschicht zu definieren: diese stellt eine ideale Strukturierung der Anwendungen dar, auch wenn die physische Realisierung diese Strukturierung nicht zulässt (beispielsweise wenn anders geschnittene Produkte eingesetzt werden). Speziell ist diese Ebene gedacht für Personen, die nicht mit technischen Details vertraut sein müssen (wie beispielsweise der Fachbereich), um ihnen eine abstrahierte Sicht auf die Anwendungen zu geben. Darüber hinaus ist eine abstrahierte Sicht in der Regel erheblich stabiler als eine technische.

Die Elemente dieser Ebene sind „Anwendung", „Komponente" und „Daten" plus Varianten davon.

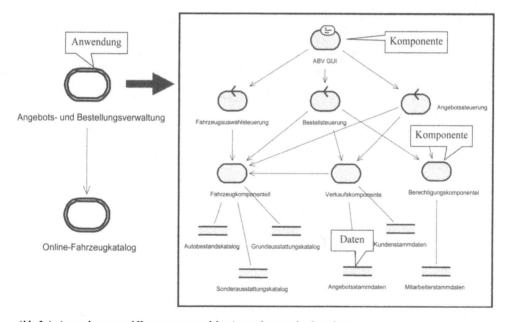

Abb. 2.4: Anwendungen und Komponenten auf der Anwendungsarchitekturebene

Abbildung 2.4 zeigt ein Beispiel für diese Ebene. Hier wird die innere Struktur der Anwendung „Angebots- und Bestellungsverwaltung" dargestellt. Sie kann zerlegt werden in diverse Komponenten, die zur Präsentations- und Dialogsteuerung dienen und den fachlichen Kern abdecken. Rechts unten sind Datenkomponenten zu erkennen, auf die der fachliche Kern zugreift. Die Pfeile zwischen den Komponenten sind Kontrollflüsse, die Linien (bidirektionale) Datenflüsse.

2.4.4 Systemarchitekturebene

Die Systemarchitekturebene beschreibt die Implementationsarchitektur der Software sowie ihre Abbildung auf die Hardware. Diese Ebene besteht somit aus einer Hardware- und Softwaresicht, die aber miteinander verbunden sind.

- In der Hardwaresicht erfassen wir die physische Landschaft von Rechnerknoten und ihre Kommunikationsverbindungen. Es werden keine konkreten Rechner betrachtet, sondern Typen von Rechnern (also beispielsweise ein „Data_Warehouse_Server"). Hier gibt es Modellelemente wie „Rechner", „Netzwerk", sowie Varianten oder Gruppierungen.
- In der Softwaresicht erfassen wir die technische Implementierung der Anwendung inklusive technischer Komponenten (wie Middleware), die sinnvollerweise in der logischen Anwendungsarchitekturebene weggelassen wurden. Als Modellelemente gibt es „Programm" (ausführbare Programme, Skripte), „Physische Daten" (Dateien oder Datenbanken) und „Softwaresysteme" (als Cluster von Daten und Programmen) sowie Varianten davon.

Die Installation von Softwareelementen auf Hardware wird durch Beziehungen zu entsprechenden Hardwareelementen erfasst.

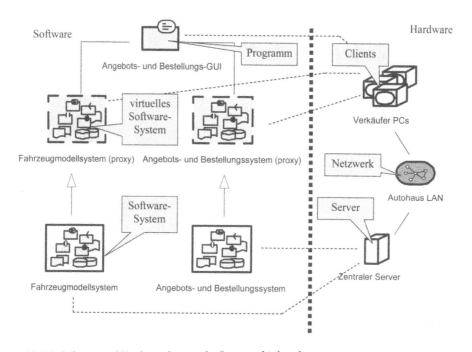

Abb. 2.5: Software- und Hardwareelemente der Systemarchitekturebene

Abbildung 2.5 zeigt ein Beispiel für diese Ebene. Man erkennt, wie Softwareelemente auf der linken Seite in Beziehung gesetzt werden zu Rechnerknoten auf der rechten Seite. Damit wird die Installation dieser Softwareelemente ausgedrückt.

2.4.5   Ebenenübergreifende Beziehungen

Wesentliche Anforderung an ein Architekturmodell ist, dass man die Beziehungen zwischen Ebenen erfassen und verfolgen kann. Weil alle Ebenen in einem Modell enthalten sind, ist das möglich.

Wir wollen aber nicht beliebige Beziehungen zulassen, sondern nur sinnvolle. Daher schränkt das Metamodell sie ein (siehe Abbildung 2.6). Wie in Abbildung 2.2 sind Modellelemente mit graphischer Repräsentation in der Abbildung unterlegt.

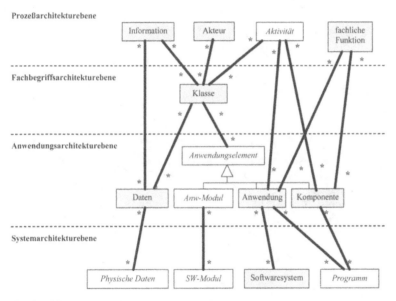

Abb. 2.6: Ebenenübergreifende Beziehungen im Metamodell für Anwendungslandschaften

Beziehungen werden stets auf einem möglichst tiefen Niveau in der Enthaltenseinshierarchie von Elementen definiert. Auf den höheren Ebenen ergeben sich dann abgeleitete Beziehungen automatisch (siehe Abschnitt 2.5.3).

Abhängig vom Anwendungsfall kann man entlang dieser Beziehungen sukzessive durch das Modell navigieren und sich die Elemente auf dem Navigationspfad graphisch darstellen lassen:

- man kann vom Geschäftsprozess ausgehen und das Modell in Richtung der Anwendungen und Systeme verfolgen, um die Auswirkungen einer Änderung im Geschäftsprozess erkennen zu können, oder

- man geht von der Systemarchitekturebene aus, um die Auswirkungen von Plattformände-
  rungen (beispielsweise auf Datenflüsse in den Geschäftsprozessen) abschätzen zu können.

In Abbildung 2.7 beginnt der Modellierer mit der Tätigkeit „am Selbstbedienungsterminal
informieren" und expandiert schrittweise die zugehörigen Elemente der Fachbegriffs-, An-
wendungs- und Systemarchitekturebene. Im Werkzeug sind die einzelnen Ebenen farbkodiert, damit man ihre Modellelemente unterscheiden kann (siehe auch Abbildungen 2.3, 2.4
und 2.5).

Es gibt hier übrigens auch ein Beispiel für eine abgeleitete Beziehung: von „Online-
Fahrzeugkatalog" zum „Fahrzeugmodellsystem". Sie kommt dadurch zustande, weil die
„Fahrzeugkomponente" in der „Online-Fahrzeugkatalog" enthalten ist und beispielsweise
abhängig ist von „Fahrzeugdatensystem", das selbst wiederum im „Fahrzeugmodellsystem"
enthalten ist.

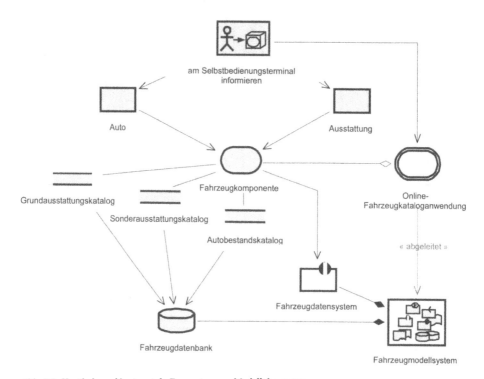

Abb. 2.7: Vertikale und horizontale Expansion von Modellelementen

2.5   Details zur Metamodellierung

2.5.1   Metametamodell

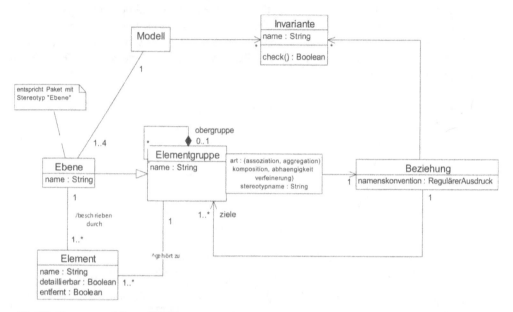

Abb. 2.8: Metametamodell von ARCUS

Abbildung 2.8 zeigt das Metametamodell von ARCUS. Das Metametamodell zeigt die Dinge und ihre Zusammenhänge, die in einem konformen Metamodell vorkommen können.

- Das „Modell" steht für ein komplettes Anwendungslandschaftsmodell. Es genügt einer oder mehreren Invarianten und hat als Unterstrukturen die Ebenen.
- Eine „Invariante" hat einen Namen und steht für eine Prüfbedingung.
- Ein „Element" ist eine Kategorie von Klassen im Kontext eines Anwendungsland-schaftsmodells. Technisch sind sie Stereotypen (z.B. „Anwendung" oder „Rolle"). Jedes Element hat einen Namen und gehört exakt zu einer Elementgruppe. Bei jedem Element wird auch festgelegt, ob es detailliert werden darf und ob es entfernt genutzt werden darf. Diese Eigenschaft ist nur bei technischen Elementen interessant und bedeutet, dass ein Element Stellvertreter auf anderen Systemen haben darf, die Dienstaufrufe an es durch-reichen („Proxies"). Zwei Beispiele dafür finden sich in Abbildung 2.5.
- „Elementgruppen" bilden eine baumartige Enthaltenseinshierarchie, d.h. ein Element gehört zwar direkt zu einer Elementgruppe, kann aber indirekt entlang seines Baumpfads zu verschiedenen Elementgruppen gehören.
- „Relationen" sind nicht für Elemente, sondern nur für Elementgruppen definiert. Zwei Elemente dürfen in einer Beziehung stehen, wenn zwei beliebige Vorfahrelementgruppen

diese Beziehung zueinander haben können. Die Übereinstimmung derartiger Beziehungen wird über Beziehungseigenschaften wie Art (Assoziation, Komposition, usw.), Stereotyp und Namenskonvention geprüft.

2.5.2   Prüfung eines Architekturmodells auf Korrektheit

Unsere Werkzeuge sind so gebaut, dass sie für jedes Metamodell funktionieren, das konform zum Metametamodell in Abbildung 2.8 ist. Sie werden konfiguriert über Textdateien wie in Abbildung 2.9 gezeigt. Heute würde man möglicherweise XML verwenden (z.B. XMI basierend auf MOF), aber unser Format ist kompatibel dazu und MOF war zum Entwicklungszeitpunkt noch nicht verfügbar.

```
----------------------------      BEZIEHUNGEN
--- Geschäftsprozessebene ---       QUELLEN = Aktivität
----------------------------
ELEMENT                             BEZIEHUNG
  NAME=Rolle                          ART=Assoziation
  IST_DETAILLIERBAR=FALSCH            STEREOTYPNAME="Zuordnung"
  IST_ENTFERNT_GÜLTIG=FALSCH          NAMENSKONVENTION=""
  ELEMENTGRUPPE=Akteur                ZIELE = { Akteur }
ENDE ELEMENT                        ENDE BEZIEHUNG

ELEMENT                             BEZIEHUNG
  NAME=Org-Einheit                    ART=Assoziation
  IST_DETAILLIERBAR=WAHR              STEREOTYPNAME=
  IST_ENTFERNT_GÜLTIG=FALSCH            „Informationsfluss"
  ELEMENTGRUPPE=Org-Einheit           NAMENSKONVENTION=""
ENDE ELEMENT                          ZIELE = { Information }
                                    ENDE BEZIEHUNG
ELEMENTGRUPPE
  NAME=Org-Einheit                  -- ebenenübergreifend
  OBERGRUPPE=Akteur                 BEZIEHUNG
ENDE ELEMENTGRUPPE                    ART=Abhängigkeit
                                      STEREOTYPNAME="Trace"
ELEMENTGRUPPE                         NAMENSKONVENTION=""
  NAME=Akteur                         ZIELE = {
  OBERGRUPPE=                           Fachbegriffsebene,
  Geschäftsprozessebene                 Anwendung, Komponente }
ENDE ELEMENTGRUPPE                  ENDE BEZIEHUNG
                                    ENDE BEZIEHUNGEN
```

Abb. 2.9: Metamodelldefinition als Textdatei

Basierend auf der Metamodelldefinition kann dann ein konkretes Anwendungslandschaftsmodell geprüft werden. Normalerweise wird ein einzelnes Modellelement geprüft, aber die Prüfung kann auch über Enthaltenseinshierarchien hinweg gehen. Wenn man also einzelne Ebenen oder das Modell rekursiv prüft, erfasst man damit sehr viele oder sogar alle Elemente.

Bei der Prüfung werden verschiedene Aspekte erfasst:

- hierarchische Einbettung (sind Modellelemente korrekt durch andere detailliert? liegen sie in der richtigen Modellierungsebene?), und
- Beziehungen (ist die Art der Beziehung zu Nachbarelementen korrekt?).

Das Verfahren für die Prüfung ist relativ nahe liegend, da das Metamodell exakt die notwendigen Informationen führt und die Modellelemente aufgrund ihrer Stereotypen eindeutig den Elementen des Metamodells zugeordnet sind.

Es ergibt sich lediglich ein kleines kombinatorisches Problem: Beziehungen werden zwischen Elementgruppen festgelegt, aber zwei Modellelemente dürfen in Beziehung stehen, wenn dies für beliebige über ihnen liegenden Elementgruppen erlaubt ist. Weil die Zahl der Vorgänger in der Elementgruppenhierarchie und die Auffächerung an Beziehungen nicht sehr groß ist, war dieser Punkt für die Praxis nicht problematisch (die Laufzeit des Prüfmoduls beträgt selbst für große Modell mit circa 12.000 Elementen nur wenige Sekunden).

Diagramme - die scheinbar bei der graphischen Modellierung eine große Rolle spielen - sind übrigens nur Objekte zweiter Klasse bei der Prüfung: der Modellprüfer macht einige simple Kontrollen darauf, aber die für ihn wesentliche Information ist die des Modells. Normalerweise geben die Diagramme eines Modells exakt alle Modellelemente und ihre Beziehungen wieder, aber manchmal sind Beziehungen oder sogar Modellelemente in den Diagrammen bewusst oder versehentlich nicht dargestellt. Auch dann würde der Modellprüfer Fehler im Modell finden.

2.5.3   Besondere Konstrukte im Metamodell

Um zu sinnvollen Architekturmodellen zu kommen, haben wir in ARCUS die UML 1.x um einige Konstrukte erweitert.

Detaillierbare Elemente
In den Abbildungen 2.3 und 2.4 haben wir bereits gesehen, dass es nützlich ist, zumindest einige Modellelementtypen als detaillierbar zu definieren: Das bedeutet, sie können eine innere Struktur besitzen. Eine derartige hierarchische Strukturierung ist für Architekturmodelle essentiell, da sie typischerweise sehr groß werden.

Ob ein Element wirklich detailliert ist oder nicht, wird auch in der graphischen Repräsentation sichtbar gemacht: ein nicht-detailliertes Element ist grau hinterlegt (eine Black-Box), ein detailliertes Element ist weiß hinterlegt (White-Box) und man kann seinen Inhalt bei Bedarf sichtbar machen. In Abbildung 2.3 hatten wir ein detailliertes Prozesselement „Angebotserstellung", dessen innere Struktur im rechten Teil der Abbildung zu sehen ist.

Detaillierung ist nicht nur ein graphischer Trick, sondern im Metamodell werden UML-Aggregationsbeziehungen vom umfassenden Element zu seinen Details hinterlegt. Diese Beziehungen können dann auch ausgewertet werden. Es sind aber nicht alle in einer Detailsicht sichtbaren Elemente über Aggregationen verbunden: diese anderen Elemente werden lediglich als Randelemente referenziert. Beispielsweise sind die Rollen in Abbildung 3 nicht Teil des Prozesses. Die Abgrenzung findet wiederum im Metamodell statt.

Dieser Detaillierungmechanismus muss in der UML 1.x simuliert werden. Ein detailliertes Element wird durch ein UML-Paket dargestellt mit demselben Namen. Diese Konvention ist für den Anwendungsmodellierer weitgehend opak, sie wird aber durch den Modellprüfer kontrolliert.

Abgeleitete Beziehungen
In unseren Modellen kann man auch Beziehungen behandeln, die nicht durch den Modellierer festgelegt, sondern automatisch erzeugt wurden: die so genannten abgeleiteten Beziehungen.

Um den Sinn dieser Beziehungen zu verstehen, betrachten wir ein Beispiel: Nehmen wir an, Anwendung „A" hat eine Komponente „A1" und Anwendung „B" enthält eine Komponente „B1". Darüber hinaus soll „A1" „B1" benutzen.

Wenn nun in einer Sicht „A1" und „B1" vorkommen, dann sollte auch diese Benutzungsbeziehung zwischen „A1" and „B1" sichtbar sein. Das wird normalerweise durch das UML-Werkzeug automatisch erledigt. Aber in einer Sicht, in der nur „A" und „B", nicht aber ihre Teile „A1" and „B1" vorkommen, **sollte auch eine implizite Nutzungsbeziehung zwischen „A" und „B" sichtbar sein, weil ein Teil von „A" einen Teil von „B" benutzt.**

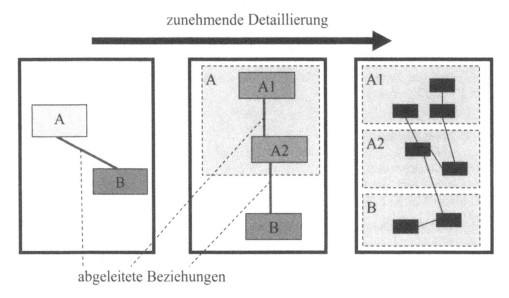

Abb. 2.10: Abgeleitete Beziehungen in einer Hierarchie von Detaillierungen

Diese Regel gilt für viele ähnliche Situationen und transitiv über beliebige Enthaltenseinshierarchien. Abbildung 2.10 zeigt exemplarisch, wie Relationen zwischen Details zu den umfassenden Elementen übernommen werden.

Das Metamodell legt genau fest, wann und wie diese automatischen Übernahmen passieren. Es kann auch mit kleinen technischen Komplikationen umgehen, beispielsweise dass bestimmte Elementtypen unsichtbar bezüglich bestimmter Relationen sind.

In Abbildung 2.11 haben wir zwei Aktivitäten mit Unteraktivitäten. Es gibt einen durch ein Ereignis und einen Synchronisator unterbrochenen Kontrollfluss zwischen „SubA22" und „SubA11". Trotzdem ergibt sich bei der Vergröberung des Flussgraphen eine Beziehung zwischen „Aktivität1" und „Aktivität2".

Dieser Mechanismus ließe sich prinzipiell durch Pfadersetzungsregeln definieren; das ist mächtig, aber in der Regel sehr aufwändig. Für unsere Zwecke war die Definition von transparenten Elementtypen entlang des Pfads ausreichend.

Abbildung 2.11 zeigt nicht die ganze Wahrheit: natürlich fehlen hier abgeleitete Beziehungen (beispielsweise eine zwischen „Aktivität1" und „SubA21"). Das heißt: in der Regel gibt es abgeleitete Beziehungen zwischen allen Elementen auf den Pfaden zu den am weitesten außen liegenden Elementen in der Enthaltenseinshierarchie! Wenn sie alle dargestellt würden, wären die Diagramme undurchschaubar. Wir stellen daher normalerweise nur die jeweils am weitesten unten liegende Beziehung (als die im jeweiligen Kontext aufspannende) dar, andere nur bei Bedarf.

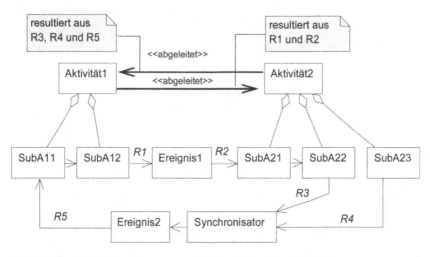

Abb. 2.11: Abgeleiteter Ablaufübergang aus indirekten Ablaufübergangsbeziehungen

Abgeleitete Beziehungen sind übrigens flüchtig: Das System merkt sich, wie eine abgeleitete Beziehung zustande kommt. Fällt die aufspannende Beziehung weg, wird auch die abgeleitete entfernt. Um dies auch für den Anwender sichtbar zu machen, sind abgeleitete Beziehungen wiederum farbkodiert.

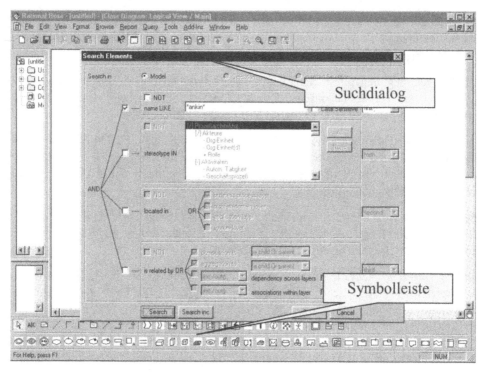

Abb. 2.12: Dialog für Suche nach Modellelementen in einem Anwendungslandschaftsmodell

2.6   Werkzeugunterstützung

Es ist unmöglich, Architekturmodellierung mit einer gelegentlich komplexen Notation und Semantik einzuführen, wenn man nicht eine entsprechende Unterstützung durch Werkzeuge vorsieht. Wir haben also Zusatzmodule für das CASE-Werkzeug „Rational Rose" erstellt, die folgende Dienste anbieten:

- Generieren von Teilen des Modells (beispielsweise die abgeleiteten Beziehungen),
- Navigation im Modell (z.B. Hineinzoomen in und Herauszoomen aus Details),
- Suche von Modellelementen,
- Prüfung der Wohlgeformtheit des Modells (wie in Abschnitt 2.5.2 beschrieben),
- Export (in eine relationale Datenbank oder als HTML) und
- Konfigurationsmanagement (via Rational ClearCase).

Abbildung 2.12 zeigt, wie man im Werkzeug eine einfache Suche spezifizieren kann.

In den meisten Fällen arbeiten die Anwendungsmodellierer mit den graphischen Sichten auf das Anwendungslandschaftsmodell. Daher liefern die Abfragen auch Diagramme als Ergebnisse. Diese Diagramme werden dann benutzt, um selektiv die Eigenschaften der gelieferten Elemente zu verändern (beispielsweise Beziehungen zu Nachbarelementen zu löschen usw.).

Man könnte auch beliebige relationale Abfragen auf das Modell gestatten. In unserer Erfahrung passt das aber nicht zum graphikorientierten Zugang zu den Architekturmodellen, den CASE-Werkzeuge nahe legen. Um aber auch einen relationalen Zugang zu unterstützen, können Anwendungslandschaftsmodelle in relationale Datenbanken exportiert oder aus ihnen importiert werden.

Das gesamte Anwendungslandschaftsmodell ist versionsgeführt und zwar nicht als Ganzes, sondern einzeln für jede Architekturebene, jedes Geschäftsfeld der Bank und jedes Projekt. Damit ergibt sich zwar eine Vielzahl von versionierten Einheiten, aber man erhält ein extrem flexibles Modell, in dem beispielsweise Ist-Stände aus gewissen Projekten mit Soll-Ständen aus anderen zusammen in einem Modell betrachtet werden können.

2.7 Einordnung in kommende Ansätze zur Metamodellierung

Es gibt im Kontext der Softwaremetamodellierung derzeit zwei gerade in Standardisierung befindliche Neuerungen: Softwareentwicklung über systematische Transformation von graphischen Modellen (MDA, Model Driven Architecture) und die UML 2. Wie lässt sich unser Vorgehen bezüglich dieser neuen Ansätze einordnen?

2.7.1 Einordnung zur UML 2

Unsere Metamodellierung musste mit einigen massiven Beschränkungen der UML 1.x umgehen:

* dynamische Modelle, Klassenmodelle und Komponenten konnten nicht in freie Beziehung zueinander gesetzt werden,
* Komponenten waren Einheiten der physischen Implementierung und nicht logische Abstraktionen davon,
* statische Modellelemente (Klassen, Komponenten) konnten keine innere Struktur besitzen, sowie
* es war nicht möglich, regelbasiert abgeleitete Beziehungen zu definieren.

Die UML 2 bietet eine Lösung für alle Punkte bis auf den letzten:

* alle Modellelemente dürfen in Beziehung zueinander gesetzt werden,
* Komponenten sind jetzt logische Abstraktionen von Anwendungsteilen, die realen Manifestationen heißen „Artefakte", und
* Klassen und Komponenten können Modellelemente mit innerer Struktur sein (so genannte „Structured Classifier"); damit ist der Mechanismus der Detaillierung exakt nachbildbar.

Die vier Architekturebenen sind daher wie folgt in der UML 2 nachbildbar:

- Aktivitätsmodelle für die Prozessarchitekturebene,
- Klassenmodelle für die Fachbegriffsarchitekturebene,
- Komponentenmodelle für die Anwendungsarchitekturebene sowie
- Artefakt- und Knotenmodelle für die Systemarchitekturebene.

Auch lassen sich die ebenenübergreifenden Beziehungen über Abhängigkeiten (mit speziellem Stereotyp) abdecken.

Abbildung 2.13 zeigt einen Ausschnitt des Beispiels aus Abbildung 2.7 in der Notation der UML 2. Die verschiedenen Architekturebenen sind wiederum farbkodiert.

Man kann also ARCUS als UML-Profil auffassen, das ausgewählte UML-Modelle verwendet, für bestimmte Aspekte eigene graphische Symbole einführt und spezifische Beziehungen zwischen den Modellen vorsieht.

Lediglich abgeleitete Beziehungen sind in der UML 2 noch immer nicht vorhanden. Diese müssen also nach wie vor durch Generierung (analog zum bisherigen Vorgehen) realisiert werden.

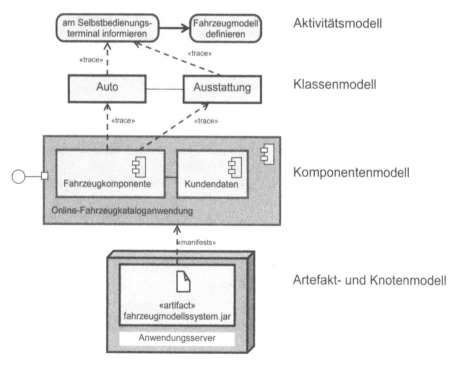

Abb. 2.13: Architekturebenen in der UML 2

2.7.2   Einordnung in MDA

Das ARCUS-Metamodell ist vollständig konform zum MDA-Metametamodell MOF. Daher lassen sich sämtliche Mechanismen von MDA nutzen: der normierte Modell- und Metamodellaustausch, Abfragen auf dem Modell oder Modelltransformationen.

ARCUS-Modelle lassen sich daher also mit den angeblich bald reichhaltig verfügbaren MDA-Werkzeugen bearbeiten, mit anderen Modellen verbinden und in sie überführen.

2.8   Erfahrungen

Ursprünglich war das Ziel des Projekts, einen nützlichen Aufsatz mit frei konfigurierbarem Metamodell auf Rational Rose zu erstellen, um damit Architekturmodellierung zu ermöglichen. Dafür wurden circa zwei Personenjahre verwendet, was gering ist im Vergleich zum Aufwand für Anwenderberatung, Schulung und Methodenentwurf.

Leider führt ein stark konfigurierbares Metamodell schnell dazu, dass man „zu viel Kram" hineinsteckt und eine sehr komplexe Modellierungssprache erzeugt. Wir sind auch in diese Falle gegangen. Wir haben aber dann die Granularität des Metamodells erheblich verringert, wodurch Metamodell und Architekturmodelle viel verständlicher wurden.

Eine weitere Lektion war, dass eine Prüfung im Nachhinein nur bei sehr disziplinierten Modellierern funktioniert[1]. Sie wurde in unserem Kontext meist nicht akzeptiert, weil sie eine zwanglose Erstellung von Bildchen behindert. In diesem Fall wäre ein Ansatz sinnvoll, bei dem die Korrektheit bei der Erstellung durch das Werkzeug erzwungen wird, insbesondere weil man für ein Anwendungslandschaftsmodell teamübergreifende Konsistenz benötigt.

Es war überraschend für uns, dass ein kommerzielles UML-Werkzeug über eine so reichhaltige Programmierschnittstelle verfügt, dass man es für spezielle domänenspezifische visuelle Sprachen anpassen kann. Rational Rose ist kein Metamodellierungswerkzeug und war offenbar auch nie dafür gedacht; trotzdem konnten wir seine Basismaschine nutzen, um unsere Metamodellmaschine darauf aufzusetzen. Allerdings war das aufwändig; vermutlich können aktuelle Metamodellierungswerkzeuge erheblich schneller konfiguriert werden und garantieren dann auch die Korrektheit bei der Modellerfassung.

Schließlich ist eine Notation und ein Werkzeugkasten nichts ohne Nutzungskonzept und organisatorische Unterstützung: Wir haben Namens- und Strukturkonventionen und idiomatische Modelle entworfen und auch Support für sie in den Werkzeugen und personell geleistet. Das hat zumindest einige Systematik in das große Anwendungslandschaftsmodell gebracht.

---

[1]   Solche Modellierer schalten beim Übersetzen von Programmen alle Warnungen ein und haben eine masochistische Freude, wenn sie dann vom Übersetzer bei einer Ungenauigkeit ertappt werden...

2.9   Zusammenfassung

Im diesem Papier wurden eine Notation und eine Methode für die Modellierung von Anwendungslandschaften vorgestellt

Zweck von Anwendungslandschaftsmodellen ist, den Zusammenhang von Geschäftsprozessen und Informationsmodellen mit den Implementierungen zu erfassen. Damit können einerseits die Auswirkungen von fachlichen Änderungen auf die DV-Infrastruktur, andererseits auch die Auswirkungen von technischen Änderungen auf die Fachlichkeit analysiert werden. Auch lassen sich durch die übergreifende Sicht mögliche Synergien leichter erkennen.

Basis der vorgestellten Notation ist die Unified Modelling Language 1.x. Sie wurde durch Standardmechanismen erweitert, aber auch erheblich angereichert, um ein für Architekturmodellierung geeignetes Metamodell zu erhalten. Erwähnenswert sind hier die Möglichkeiten zur Detaillierung von Modellelementen und die automatisch abgeleiteten Beziehungen. Beide kommen nicht in der UML 1.x vor.

Alle diese Konzepte wurden in einem kommerziellen CASE-Werkzeug implementiert, auf das eine frei konfigurierbare Metamodellierungsmaschine aufgesetzt wurde. Allerdings ist die hier realisierte Modellprüfung durch explizite Prüfläufe in manchen Kontexten untauglich.

Besonders wichtig ist aber, dass sich der hohe Aufwand für die Erstellung eines Anwendungslandschaftsmodells in einem Großunternehmen nur dann auszahlt, wenn die Fortschreibung des Modells durch organisatorische Einbettung gesichert ist.

2.10   Danksagung

ARCUS-Notation, -Methode und -Werkzeuge wurde von vielen Personen entwickelt. Der Autor möchte explizit den ehemaligen Projektleitern in der Bayerischen Landesbank Christoph Maier, Dr. Sascha Groh, Jörg Hermanns und Dr. Fridtjof Toenniessen danken sowie den Teammitgliedern Dr. Alessandra Cavarra, Marcus Heberling, Christian Jänsch und Hubert Zweckstetter.

2.11   Literatur

[BCK98]   Len Bass, Paul Clements und Rick Kazman. *Software Architecture in Practice.* Addison-Wesley, 1998

[HC93]   Michael Hammer and James Champy. *Reengineering the corporation–A Manifesto for Business revolution.* New York: HarperBusiness, 1993

[IEEE98]   IEEE. *IEEE Recommended Practice for Architectural Description, Draft 4.1 of IEEE P1471*. Dezember 1998

[JEJ94]   Ivar Jacobson, Maria Ericsson, and Agneta Jacobson. *The Object Advantage - Business process reengineering with object technology*. Addison-Wesley, 1994

[OMG99]   Object Management Group. *Unified Modeling Language 1.3*. Juni 1999

[OMG03a]   Object Management Group. *Unified Modeling Language 2.0: Infrastructure*. August 2003

[OMG03b]   Object Management Group. *Unified Modeling Language 2.0: Superstructure*. August 2003

[SEI99]   SEI. *Software Architecture*.
              http://www.sei.cmu.edu/architecture/sw_architecture.html

3 Von der Idee zum Projekt – Möglichkeiten und Grenzen der Model Driven Architecture

Juri Urbainczyk, iteratec GmbH

Heutige Softwareprojekte sind trotz allen Fortschritts mit einer Vielzahl von Problemen konfrontiert. Die technische Komplexität der heutigen Infrastruktur führt zu hohem Entwicklungsaufwand und trotzdem zu fehleranfälligen und wenig änderbaren Systemen. Das in einer Anwendung implementierte fachliche Wissen ist häufig kaum dokumentiert und muss bei einer technisch getriebenen oder anderweitigen Migration neu aufgenommen werden. An diesen Problemen nun setzt die Model Driven Architecture (MDA) an. Mit der Idee der *Programmierung mit Modellen* verspricht MDA eine höhere Produktivität und einfache Softwareentwicklung.

Der vorliegende Beitrag beschäftigt sich gerade im Licht der historischen Erfahrungen mit CASE intensiv und kritisch mit der neuen Methode. Der Beitrag gibt zuerst einen Überblick über die theoretischen Grundlagen und bewertet dann den Ansatz im Hinblick auf den heutigen Stand der Technik. Die Vorteile und Nachteile der MDA werden diskutiert und notwendige konzeptionelle Vorarbeiten für den Einsatz in einem Entwicklungsprojekt benannt. Zum Abschluss werden Kriterien angegeben, mit denen die Perspektive eines Einsatzes der MDA in konkreten Projekten bewertet werden kann.

Über den Autor

Juri Urbainczyk, geboren 1967, studierte Physik an der Universität Münster. Seit 1993 arbeitet er in der Softwareindustrie, zunächst in Projekten für die Telekommunikations- und Finanzbranche, dann als Technical Consultant für einen internationalen Hersteller von Entwicklungswerkzeugen. Seit 1998 ist er bei iteratec GmbH als Software-Berater und Bereichsleiter in Frankfurt und München tätig. Seine Interessen liegen im Bereich Projektmanagement, Softwareprozessen und -Architekturen.

3.1   Anspruch und Grundgedanken der MDA

In den letzten Jahren hat die Softwaretechnik große Fortschritte erlebt: mit der UML hat sich ein einheitlicher Modellierungsstandard durchgesetzt. Durch die Etablierung von Objektorientierung, Komponententechnologie und Applikationsservern wurden immer größere und komplexere Systeme möglich.

Aber die heutigen Softwareprojekte sind trotz des Fortschritts mit einer Vielzahl von Problemen konfrontiert. Nach wie vor muss sehr viel Quelltext von Hand erstellt werden. Zusätzlich verlangt die technische Komplexität der heutigen Anwendungen von Entwicklern ein enormes Wissen an infrastrukturellen Details, die nur wenig zur tatsächlichen Funktionalität beitragen. Viele ständig wiederkehrende Aktivitäten werden manuell durchgeführt. Dies führt nicht nur zu hohen Aufwänden für Softwareprojekte sondern auch zu fehleranfälligen und schlecht änderbaren Systemen.

Die MDA ist angetreten, viele dieser heute existierenden Probleme zu lösen. Drei Hauptversprechen gehen von diesem durch die OMG [OMG 01] propagierten Ansatz aus:

1. Die Produktivität der Softwareentwicklung kann gesteigert werden, d.h ein Projektziel kann schneller oder durch Einsatz von weniger Ressourcen erreicht werden.
2. Durch Trennung von Technik und Fachlichkeit wird eine stärkere Wiederverwendung fachlicher Beschreibungen und somit ein besserer Investitionsschutz möglich.
3. Durch die Verlagerung und Kapselung von infrastrukturellen Details wird die Komplexität heutiger Software wieder beherrschbar.

Zu diesem Zweck stellt die MDA *Modelle* in den Vordergrund der Entwicklung [Hub 02]. MDA ist somit *Softwareentwicklung mit Modellen*. Modelle dienen als Repräsentation eines bestimmten Teils der Funktionalität, der Struktur oder des Verhaltens des Zielsystems. Die Implementierung – das Coding in einer Programmiersprache – ist in der MDA ein sekundärer Schritt, der (im Idealfall) weitestgehend automatisiert werden kann. Dies ist das zweite wesentliche Element der MDA: die Transformation. Der Quelltext oder sogar das lauffähige System sollen vollständig aus einem Modell generiert werden können. Obwohl das für lange Zeit sicherlich Vision bleiben wird, ist dies das erklärte Ziel. Heutige MDA-basierte Projekte jedoch sind von dieser Vision noch weit entfernt.

Da das Modell nun das zentrale Artefakt ist und in ihm die wesentlichen Informationen und Investitionen stecken, muss seine Wiederverwendung gesichert werden. Um das zu erreichen, werden die technologieabhängigen Teile in separate Modelle abgetrennt. Man erhält somit eine *Hierarchie* von Modellen (s. Abb. 3.1) unterschiedlichen Abstraktionsgrades, wobei ein Modell jeweils aus dem nächst abstrakteren generiert werden kann.

Jedes Modell bezieht sich dabei auf eine ganz konkrete *Plattform* bzw. abstrahiert von dieser. Eine Plattform ist dabei definiert als eine Infrastruktur, die eine Menge von zusammenhängenden Diensten bereitstellt, die ohne Kenntnis ihrer konkreten Implementierung verwendet werden können (z.B. CORBA, J2EE, JBoss). Man spricht von plattformunabhängigen Modellen (PIM) und plattformspezifischen Modellen (PSM). So kann sich ein Modell z.B. auf eine bestimmte Komponentenarchitektur beziehen, während das nächst konkretere sich auf einen bestimmten Applikationsserver bezieht.

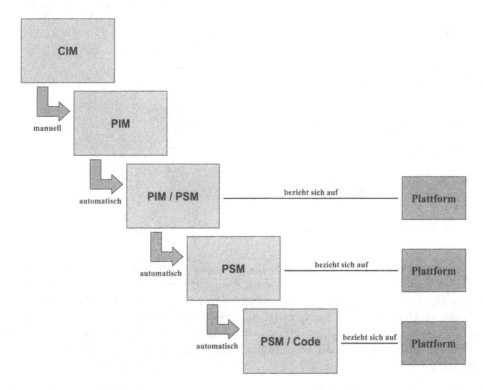

Abb. 3.1   Hierarchie der Modelle

Die Entwicklung in einem MDA Projekt findet im wesentlichen in einem rein logischen, technologieunabhängigen Modell statt: dem PIM (Platform Independent Model). Dieses Modell ist das zentrale Artefakt der Entwicklung und es kann – so der Anspruch – in starkem Maße wiederverwendet werden, gerade weil es so abstrakt ist. Bei einer Änderung der Komponentenarchitektur oder bei einem Wechsel des Applikationsservers bleibt das PIM unberührt, da es nichts über diese Technologien aussagt.

Da die konkreteren, plattformabhängigen Modelle aus dem PIM generiert werden, ist ein Wechsel der Technologie nun leicht: man braucht ausschließlich den Generator auszutauschen oder neu zu konfigurieren – und schon bekommt man ein verändertes Generat, das die Erfordernisse der neuen Plattform erfüllt (s. Abb. 3.2). Genau durch diesen Effekt ergibt sich die hohe **Wiederverwendbarkeit des PIM**: die Investitionen, die zu seiner Erstellung nötig waren, können durch einen Technologiewandel nicht gefährdet werden. Gleichzeitig bleibt das System **leichter änderbar**.

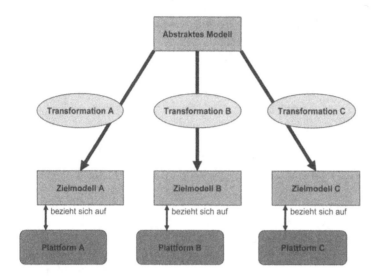

Abb. 3.2   Grundidee der MDA

Die Komplexität heutiger Softwaresysteme steckt zu einem großen Teil in den technologie-abhängigen Komponenten: in den Frameworks, Komponententechnologien und Servertech-nologien. Durch die „Auslagerung" gerade dieser Systemteile in durch Generatoren erstellba-re Modelle **verbirgt MDA die Komplexität des Systems** vor dem Entwickler [Fra 03]. Der Generator erledigt nun diese Routineaufgaben für ihn. Dieser kann sich nun wieder mit der wesentlichen fachlichen Thematik beschäftigen, anstatt sich mit Deployment-Deskriptoren und Konfigurationsfiles aufzuhalten. Letzteres erledigt der Generator für ihn.

Durch diese Überlegungen wird deutlich, dass MDA in hohem Maße auf die Intelligenz der Generatoren baut. Das Wissen über die jeweilige Plattform und deren Notwendigkeiten liegt im Generator: dieser wird somit kritisch für den Erfolg des Projekts. Gleichzeitig ist es eine absolute Notwendigkeit, dass Generatoren für Standardplattformen zur Verfügung stehen, da diese oft verwendet werden und der Testaufwand, um den Generator zur notwendigen Reife zu bringen, von einem einzelnen Projekt nicht erbracht werden kann.

Die wesentlichen Änderungen im Zuge der MDA-basierten Applikationsentwicklung oder -wartung werden im Modell selbst ausgeführt und durch die Generierung automatisch in die Anwendung übernommen. Somit bleibt man beim fachlichen Anwendungsdesign flexibel und verschafft sich Freiraum für neue Anforderungen. Hat man einen ausgereiften Generator und durchdachte Abbildungsvorschriften für die Zielplattform, kann mit MDA **die Entwick-lungszeit gesenkt und gleichzeitig die Qualität des generierten Codes verbessert** werden. Gerade durch diesen Anspruch hat sich die MDA auch beim höheren Management schnell viel Beachtung geschaffen. In wie weit der Anspruch gerechtfertigt ist oder nicht, bleibt im weiteren zu diskutieren.

Die Einführung der MDA kann mit anderen Paradigmenwechseln in der Softwareentwick-lung in den letzten 40 Jahren verglichen werden (s. Abb. 3.3). Stets ging es dabei um einen Wechsel in der Abstraktionsebene und den Übergang zu einer abstrakteren Form der Softwareentwicklung. Zu Beginn des Softwarezeitalters wurde in Maschinencode programmiert. Schon bald ging man jedoch zu Assembler über, war es doch wesentlich leichter, sich Assemblerbefehle als Zahlenketten einzuprägen. Ein weiterer ähnlicher Paradigmenwechsel war der Übergang von Assembler zur Hochsprache. Die Hochsprache entlastet den Entwickler von vielen lästigen Infrastrukturaufgaben (z.B. das Bereitstellen von Speicher und das Setzen und die Kenntnis der Register). Erst durch sie wurde also die Komplexität der Anwendungen beherrschbar, die damals benötigt wurden. Ähnlich geht es uns heute: gerade die Fortschritte in der Informatik und auch die gestiegenen Anforderungen an die Anwendungen erfordern einen neuen Paradigmenwechsel und einen Übergang zur modellbasierten Entwicklung.

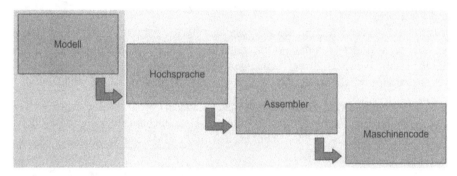

Abb. 3.3   Paradigmenwechsel in der Softwareentwicklung

3.2   Wie MDA funktioniert

3.2.1   Die Basis

Die MDA stellt keine plötzliche und unerwartete Abkehr von der bisherigen Art der Softwareentwicklung dar. Eher handelt es sich um einen evolutionären Prozess, der Ansätze, die bereits vorhanden waren und bereits seit längerem partiell eingesetzt werden, sinnvoll zusammensetzt und weiterdenkt. Die MDA ist eine geschickte Kombination bereits vorhandener Ideen und Technologien. Die Bestandteile, modellbasiertes Entwickeln und generative Softwareentwicklung, sind bereits in anderem Kontext eingesetzt worden. Neu ist jedoch die Kombination mit vielen bereits vorhandenen Standards und die Konsequenz, mit der das Modell als Entwicklungsartefakt in den Vordergrund gestellt wird.

Die MDA stützt sich also auf verschiedene andere Standards der OMG. Die UML dient als Grundlage für alle Modelle in einem MDA-basierten Entwicklungsprojekt. Die Meta Object Facility (MOF) wird zur Definition von Metamodellen herangezogen [MSU+ 04]. Metamodelle definieren gewissermaßen den „Sprachumfang", der einem Dialekt der UML zur Modellierung zur Verfügung steht. Diese Dialekte der UML werden UML Profiles genannt und sollen Schritt für Schritt für alle Standardplattformen und fachliche Domänen erstellt werden. Dadurch wird geregelt, wie die UML zur Darstellung einer bestimmten Plattform (wie z.B. J2EE) verwendet werden soll. In den Profilen wiederum werden weitere Erweiterungs-möglichkeiten der UML verwendet, die Stereotypes und Tagged Values. Ein J2EE Profile verwendet z.B. den Stereotype «EJB Entity», um Klassen als Entity Beans zu kennzeichnen.

Des weiteren verwendet MDA die XMI (XML Metadata Interchange), um den standardisier-ten Austausch von Modellen zwischen verschiedenen Werkzeugen (z.B. zwischen Modellie-rungs- und Generierungswerkzeugen) zu ermöglichen.

3.2.2   Theorie

Modell und Plattform
Die MDA definiert drei verschiedene Modelltypen: das CIM (Computer Independent Model) ist ein rein fachliches Modell, das die Systemumgebung und die Anforderungen an das Sys-tem beschreiben soll. Es spielt in der bisherigen MDA-Theorie eine eher untergeordnete Rolle, da es nur initial einmal erstellt und im weiteren Verlauf nicht weiter verwendet wird.

Zentrale Bedeutung hat das PIM (Platform Independent Model), welches eine manuelle Ver-feinerung des CIM ist, aber bereits gewisse technische Details enthalten kann (z.B. Überle-gungen über technische Schlüssel oder Schnittstellen). Das PIM abstrahiert jedoch von den verwendeten Plattformen (s. Abb. 3.4).

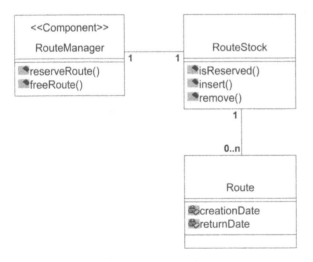

Abb. 3.4   Beispiel für ein PIM

Aus dem PIM wird das PSM (Platform Specific Model) durch eine Transformation gewon-nen. Es ist spezifisch für mindestens eine Technologie oder Produkt und verwendet die für diese Plattform typischen Begriffe und Entitäten (z.B. Entity Bean bei J2EE). Das PSM (s. Abb. 3.5) kann Basis weiterer Verfeinerungen und Entwicklungstätigkeiten sein, wobei jedoch nur solche Informationen hinzugefügt werden sollen, die sich auf der Ebene der Abstraktion dieses Modells bewegen.

Der Code eines Softwaresystems ist letztendlich auch ein PSM, das an die Plattform „Programmiersprache" und „Compiler" adaptiert ist. Ein PSM kann jedoch auch gleichzeitig wieder ein PIM hinsichtlich anderer Plattformen sein. Ein J2EE PSM ist z.B. ein PIM hinsichtlich des verwendeten Applikationsservers. Durch diese Überlegung wird einsichtig, dass es sich letztendlich um eine ganze Hierarchie von PIMs und PSMs handelt, an deren letztem Generierungsschritt schließlich der Code bzw. das ausführbare System steht. Denn auch die Umsetzung vom Code zum System („Kompilieren" bzw. „Interpretieren") ist wieder eine Transformation von einem PIM zu einem PSM, das letztlich sogar hardwarespezifisch ist. Spricht man über ein Modell, ist es also immer wichtig sich genau klarzumachen, auf welche Plattform es sich bezieht und von welchen es abstrahiert.

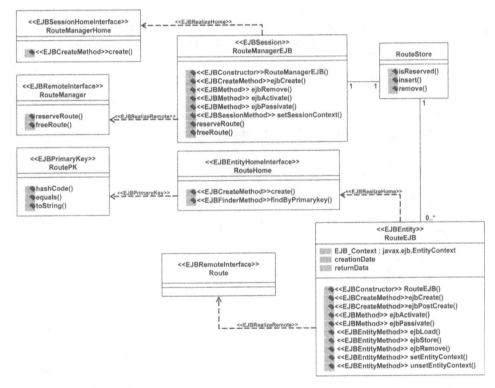

Abb. 3.5   Beispiel für ein PSM

Die Transformation

Die Transformation, die von einem Modell zum nächst konkreteren führt, kann laut Theorie manuell oder automatisiert sein. Auf jeden Fall muss die Transformation wiederholbar sein und die benötigte zusätzliche Information, welche für die Transformation offensichtlich benötigt wird, muss daher persistent gespeichert werden, und kann nicht jedes Mal manuell zugeführt werden. Es stellt sich also die Frage, wie diese zusätzliche Information zur Verfügung gestellt wird und wie sie sauber vom eigentlichen Modell getrennt werden kann. Denn je abstrakter und sauberer das Modell gehalten wird, desto besser kann es wiederverwendet werden.

Die Transformation ist letztlich eine Abbildung von bestimmten Elementen aus Modell A in andere bestimmte Elemente von Modell B (s. Abb. 3.6). Zur Frage der Durchführung stellt die MDA verschiedene Alternativen vor, ohne jedoch vorzuschreiben, wie die Transformation zu geschehen hat. Eine Möglichkeit ist die Transformation durch Abbildung von Metamodellen. Dies setzt voraus, dass man für beide Modelle (Quellmodell A und Zielmodell B) ein Metamodell besitzt. Ist dies der Fall, kann man für jede Menge von Elementen des Metamodells A eine Abbildung in eine zu definierende Menge von Elementen des Metamodell B angeben. Ist z.B. Modell A ein J2EE-PSM und Modell B ein JBoss-PSM, so kann spezifiziert werden, wie die Klassen mit Stereotype «EJB Entity» im Zielmodell abzubilden sind. Sobald diese Definition abgeschlossen ist, kann ein beliebiges Modell des Metamodells A automatisch in ein beliebiges Zielmodell des Metamodells B transformiert werden. Dieser Ansatz steht und fällt mit der Güte des Metamodells und seiner Verwendung. Steht ein ausgereiftes Metamodell für die fachliche Sicht zur Verfügung, kann diese Transformationsvariante auch für die initiale Transformation vom PIM zum PSM verwendet werden.

Offen bleibt jedoch, ob ein solch stringenter Ansatz im fachlichen Kontext zielführend sein kann, da man sich damit in der Flexibilität stark einschränkt. Es erscheint durchaus denkbar, dass bestimmte fachliche Entitäten – obwohl vom gleichen Stereotyp des Metamodells – in einem konkreten Fall anders transformiert werden sollen, da schlicht und einfach komplexe fachliche Abhängigkeiten zu diesen Notwendigkeiten führen.

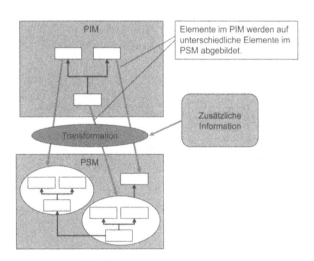

Abb. 3.6   Transformation

Aus diesen Überlegungen heraus ist der Ansatz der Transformation durch *Annotation* [Koc 02] entstanden, bei dem die Generierung durch Annotationen (Marks) gesteuert wird, die dem PIM hinzugefügt werden. Dabei kann man sich die Annotationen vorstellen wie eine „durchsichtige Folie" mit Anmerkungen, die man über ein Modell legt. Die Annotationen können wiederum in Gestalt von Tagged Values oder Stereotypes den Elementen des PIM

angefügt werden. Sie steuern direkt, welche Elemente wie transformiert werden. Annotationen sind parametrierbar, d.h. die Attribute der Elemente können Rückwirkungen auf die
Transformation des Elements selbst nehmen. Wichtig ist dabei, dass die Annotationen nicht
Teil des Modells sind, sondern eher Teil der Transformation selbst [RS 03]. Die Annotationen sind Parameter der Transformation. Da die Transformation somit für jedes Modell neu
parametrisiert werden muss, entfernt man sich vom hohen Anspruch einer vollautomatischen
Transformation, denn sie kann nun nicht mehr ohne Kenntnis des konkreten Modellinhalts
der höheren Ebene festgelegt werden.

Jede Annotation bezieht sich dabei auf ein sogenanntes *Mapping*. Die Gesamtmenge aller
Mappings definiert die Transformation. Die Annotationen steuern dabei, welche Mappings
für welches Element zur Anwendung kommen (s. Abb. 3.7). Ein Element kann so mit beliebig vielen Mappings verknüpft werden, wodurch zunehmend komplexe Transformationen
möglich werden. Diese Technik erlaubt es auch, verschiedene Aspekte des Zielmodells sehr
fein in den Transformationen zu steuern, so dass man z.B. ein Mapping für Logging-Unter-
stützung, ein anderes für Persistenz und ein anderes für Exception Handling einsetzen kann.
Typisch wäre z.B. auch die Umsetzung verschiedener Design Patterns oder Best Practices
der Zielplattform (z.B. J2EE) durch jeweils ein Mapping [ACM 01]. Damit werden jedoch
die Annotationen typisch für eine Plattform, was nicht immer wünschenswert ist.

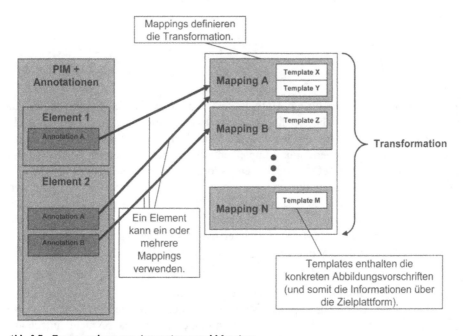

Abb. 3.7   Zusammenhang von Annotationen und Mappings

In der Praxis ist die Konstruktion der Mappings ein anfänglich leichter aber zunehmend
schwieriger Prozess. Das liegt daran, dass Mappings zueinander orthogonal und wider-
spruchsfrei sein müssen. Werden also auf ein Element des PIM mehrere Mappings angewen-

det, dürfen diese sich in ihrem Ausgabebereich nicht überschneiden, da sonst das Ergebnis von der Reihenfolge der Ausführung während der Transformation abhängt. Auf keinen Fall dürfen Mappings zueinander widersprüchlich sein. Zum Beispiel dürfen zwei Mappings nicht im Zielmodell jeweils eine Klasse mit demselben Namen generieren, die jedoch eine unterschiedliche Implementierung hat. Da die Freiheitsgrade im Projekt bei einer Transformation mit Annotationen sehr hoch sind, muss das Thema Transformation mit entsprechender Genauigkeit und Transparenz angegangen werden.

3.3   MDA im Projekteinsatz

Das folgende Kapitel basiert auf MDA Projekten aus den Jahren 2002 und 2003, die als Festpreisprojekte durchgeführt wurden. Der fachliche Hintergrund ist die Schaffung einer Grundlage zur leistungsbezogenen Abrechnung der Infrastrukturnutzung von Eisenbahnverkehrsunternehmen. Die Grundlage der Arbeiten waren textuelle Use Case Beschreibungen. Der Gesamtumfang wurde jeweils auf verschiedene Arbeitspakete aufgeteilt, die parallel von mehreren Teams ausgeführt wurden. Die Teams hatten eine Größe von jeweils 5-10 Mitarbeitern. Für jedes Paket wiederum gab es mehrere zeitlich aufeinanderfolgende Inkremente. Alle Pakete und Inkremente wurden MDA-basiert entwickelt.

3.3.1   Umfeld

Werkzeuge

Die Auswahl des Werkzeugs ist für ein MDA Projekt von großer Bedeutung. Obwohl es zur Zeit kein Tool auf dem Markt gibt, das die Theorie vollständig umsetzt, sind die Unterschiede in Qualität und Quantität gewaltig. Ein wesentliches Kriterium für das Werkzeug ist die Integration von Modellierung, Generierung und Implementierung. Nur wenn dieser Gesamtprozess reibungslos abläuft, kann ein MDA Projekt seine Vorteile wirklich ausspielen. Wichtig ist auch, dass zur Zeit kein Werkzeug die explizite Modellierbarkeit mehrerer Modellhierarchien unterstützt. Die meisten Tools beschränken sich auf das PIM mit einer direkten Transformation zum Code, oder unterstützen das PSM nur „read-only" [RSB+ 04]. Die Tool-Entscheidung erhält zusätzliche Brisanz dadurch, dass mit einer einmaligen Festlegung das Austauschen des Werkzeugs nur noch unter Schmerzen möglich ist. Das hat folgende Gründe:

(a) Die Beschreibung der Transformation erfolgt jeweils auf andere Weise, da es noch keinen Standard gibt. Es fehlt eine durchgängige, standardisierte „Mapping-Language". Jedes Tool hat seine eigene Sprache oder Methode, mit der Templates entwickelt und die Transformation gesteuert werden. So ist eine bestimmte Transformation nicht einfach auf ein neues Tool zu übertragen und die Gefahr der Abhängigkeit vom Hersteller wächst. Dies ist derzeit ein echtes Manko, dem man sich bewusst sein muss, wenn man auf die MDA für ein eigenes Projekt setzen will. Aktuell liegt der OMG eine Spezifikation einer solchen Sprache mit der Bezeichnung *Queries, Views and Transformations* (QVT) als Entwurf vor [OMG 03]. Die Standardisierung ist jedoch noch nicht abgeschlossen.

(b) Der Austausch der Modelle ist schwierig, da der Standard XMI nicht immer vollständig umgesetzt wird. Viele Hersteller arbeiten mit proprietären Erweiterungen und Dialekten der XMI, so dass ein mit einem Modellierungssystem exportiertes Modell nicht mit jedem Generator gelesen werden kann. Schlimmer noch sind möglicherweise kleine Fehler und Ungereimtheiten der XMI Interpretation, die erst nach Wochen der Verwendung auffallen.

(c) Die Vorgehensweise, wie selbstgeschriebener Code von Generiertem getrennt wird, differiert ebenfalls. Manche Tools arbeiten mit „Protected Regions" im Quelltext, die durch bestimmte in Kommentaren versteckte Markierungen umschlossen werden. Diese Regionen werden dann bei einem zweiten Generierungslauf nicht überschrieben. Andere Tools generieren lediglich abstrakte Klassen, von denen man eigene Klassen ableitet, die dann nicht überschrieben werden. Die letzte Variante bietet Vorteile, da eine stärkere Entkopplung von Generat und manuellem Code gegeben ist, d.h. auch die Gefahr von Seiteneffekten auf das Generat durch eigene Änderungen ist geringer. Auf der anderen Seite ist man eingeschränkt, da man nur begrenzt Einfluss auf das Verhalten der Superklasse ausüben kann.

Das Tool ist also ein wesentlicher Erfolgsfaktor eines MDA Projekts. Das bedeutet jedoch nicht, dass immer das teuerste und am höchsten uniform erscheinende Produkt für das individuelle Projekt notwendig sein muss. Es gibt mittlerweile auch schon einige Open Source Projekte zu diesem Thema, wie z.B. AndroMDA [AndroMDA].

Das Team
Der zweite wesentliche Erfolgsfaktor ist die Zusammenarbeit im Team. Die MDA bringt es mit sich, dass im Team eine stärkere Arbeitsteilung notwendig wird und diese auch konsistenter durchgehalten wird. Es gibt in einem MDA Projekt drei Arten von Softwareentwicklern [BS 03]:

1. Anwendungsentwickler: sie schreiben den fachlichen Code nachdem der Generator einen Rahmen erzeugt hat.
2. Fachentwickler: sie arbeiten im PIM, kommunizieren mit dem Fachbereich und modellieren die konzeptionellen Klassen.
3. Architekten: sie schreiben Templates bzw. arbeiten an Annotationen und am PSM, kennen den Generator und sind vertraut mit der Zielplattform.

Die Kenntnisse, die von jeder dieser Gruppen gefordert werden, sind spezieller als in einem herkömmlichen Projekt. Daher ist auch der Übergang von einer Gruppe in eine andere schwieriger als bisher. Das führt zu einer stärkeren Spezialisierung, was nicht generell negativ ist, jedoch das Projektmanagement vor Probleme mit dem Ressourcenmanagement stellen kann.

3.3.2   Der Softwareprozess

Allgemeines

Die Frage, wie der Prozess, der vom Modell zum ausführbaren, installierten System führt, im Falle von MDA aussehen soll, ist weiterhin Gegenstand heftiger Diskussion. Der „Forward Engineering Only" Ansatz untersagt jegliche Änderungen an generierten Artefakten. Das bedeutet, dass sämtliche Algorithmen und fachliche Funktionalitäten ebenfalls im Modell spezifiziert werden müssen. Durch den Einsatz von Zustands- und Aktivitätsdiagrammen ist dies jedoch nur eingeschränkt möglich. Auch UML Erweiterungen zur Spezifikation von Verhalten konnten sich bisher nicht durchsetzen. Daher gibt es Werkzeuge, die es erlauben, direkt in bei der Spezifikation von Operationen im Model 3GL Code einzugeben, der dann vom Generator in die erzeugte Methode fortgeschrieben wird. Aber streng genommen wird hier nur die Codierung an eine andere Stelle im Prozess verschoben, nicht jedoch durch Modellierung abgelöst.

Die bei weitem meisten MDA Projekte setzten daher „Partial Round-Trip Engineering" ein [Fra 03]. Dabei ist es explizit gestattet, generierte Artefakte zu verändern, aber nur dann, wenn diese Änderung additiv ist (s. Abb. 3.8). Es darf nichts am generierten Artefakt gelöscht oder umgeschrieben werden. Aus meiner Erfahrung lässt sich ein solcher Prozess gut in einem Entwicklungsprojekt umsetzen. Im folgenden werden die Teilschritte dieses Prozesses vorgestellt.

Modellierung

Vom Projektstart an wird in einem MDA Projekt mit Modellen gearbeitet. Die konzeptionellen und primär fachlichen Klassen, deren Methoden und Attribute, sowie die Beziehungen zwischen den Klassen werden im PIM modelliert. In dieser frühen Entwicklungsphase ist das Team zumeist mit der Konkretisierung der Anforderungen beschäftigt und versucht, das Fachkonzept mit den Elementen der UML im PIM abzubilden. Dabei fungiert das PIM auch als Kommunikationsbasis für Gespräche mit dem Fachbereich. Man kann sich in dieser frühen Phase vollständig auf die Modellierung beschränken, denn erfahrungsgemäß ist sowohl der Fortschritt beim Ausbau des Modells als auch der Änderungsbedarf noch sehr hoch.

Im allgemeinen entwickelt man für eine Standardplattform und hat somit bereits einen mehr oder weniger fertigen Generator zur Verfügung. Das Team braucht also zunächst keinen Aufwand in die Entwicklung der Transformation zu stecken. Daher kann man bereits früh im Projekt auf Basis teilfertiger PIM Generierungsläufe durchführen, um sich z.B. mit dem Generator vertraut zu machen, oder um prototypisch Teile der Applikation vorzuführen.

Erstellung der Annotationen

Die meisten MDA-Tools verwenden die Technik der Transformation durch Annotation. Dabei muss klar sein, welche Annotationen zu welchem Zweck zu verwenden sind. Ist dieses Verständnis vorhanden, kann ein Teil der Entwickler beginnen, das PIM mit den Annotationen anzureichern. Das Modellierungstool sollte die Möglichkeit bieten, die Annotationen zu verwalten, d.h. das Modell mit oder ohne Annotationen darstellen und bearbeiten zu können.

Während die Fachentwickler andere Teile des PIM konzeptionell erweitern, erstellen die Architekten die Annotationen in den fertigen bzw. fortgeschrittenen Teilen des Modells.

Nach meiner Erfahrung ist es sehr schwierig, die Annotationen wirklich allgemeingültig zu halten, d.h. unabhängig von der Zielplattform. Beispielsweise möchte man eben an einer Stelle die CMP, an anderer Stelle aber vielleicht DAO für die Persistenz verwenden – und schon hat man Annotationen, die auf die J2EE Plattform spezialisiert sind. Dadurch benötigt man dann auch für das Annotieren Leute, die sich eben mit dieser Zielplattform auskennen.

Entwicklung der Templates
Obwohl die Generierung für eine Standardplattform im Allgemeinen automatisch erfolgen kann, wird man den Wunsch haben, in die Transformation einzugreifen. Das ist häufig der Fall, da es lokale Richtlinien oder Besonderheiten gibt, die eine „etwas andere" Generierung erfordern. Zu diesem Zweck bieten die meisten MDA-Tools einen Template-Mechanismus. Gewissermaßen ist jedem Mapping ein Template zugeordnet, in dem die Transformation für dieses Mapping konkret ausformuliert wird. Während das PIM aufgebaut wird, kann nun eine andere Gruppe an den Templates arbeiten. Dazu ist es nötig, Mitarbeiter an Bord zu haben, die sich mit der Zielplattform auskennen, da sonst deren Konzepte nicht hinreichend verstanden werden können. Dies ist eine klassische Aufgabe für Architekten, denn gerade die technische Softwarearchitektur wird durch die Transformation und das in ihr enthaltene Wissen über die Zielplattform festgelegt.

Wie bereits angesprochen müssen die Templates eine hohe Qualität aufweisen, da ein Problem mit der Generierung den gesamten Softwareprozess behindern und das Projekt verzögern und sogar gefährden kann. Dies betrifft sowohl eingekaufte Templates für Standardplattformen als auch selbstgeschriebene oder veränderte Templates. Jede Änderung an den Templates oder anderen Teilen des Generators ist also einer rigiden Qualitätssicherung zu unterwerfen. Wichtig ist dies vor allem für die Applikationsentwickler, die mit dem Generat zurecht kommen müssen. Niedrige Qualität in den Templates, führt zu einer geringen Akzeptanz bei den Entwicklern und letztendlich zu starkem Projektverzug, da große Teile des handgeschriebenen Codes neu geschrieben oder umformatiert werden müssen (z.B. getrennt und auf verschiedene Klassen verteilt). Es gibt zur Zeit noch keinerlei Toolunterstützung für diesen Prozess, d.h. die Folgen eines unausgereiften Generators schlagen voll auf die Entwickler und das Projekt zurück. Daher ist die Qualität der Transformation nicht hoch genug einzuschätzen.

Implementierung
Sobald man einen ausgereiften Stand sowohl von PIM als auch Generator hat, kann die erste Generierung erfolgen. Die meisten der heutigen Systeme erzeugen dabei sofort den Quellcode, ohne Umweg über weitere Modelle. In den meisten Projekten kann man mit dieser Vorgehensweise leben. Nichtsdestotrotz wäre eine explizite Einbeziehung eines PSM in den Entwicklungsprozess wünschenswert [RSB+ 04]. Man erhält mit dem PSM eine sehr gute Dokumentation der technischen Architektur des Gesamtsystems, ohne die fragmentierten einzelnen Templates betrachten zu müssen [Fra 03]. Darüber hinaus hat man die Möglichkeit, im PSM eine weitere, technische Verfeinerung des Objektmodells durchzuführen. Hier

kann man z.B. in speziellen Fällen Methoden Attribute hinzufügen, die im Template keinen Sinn machen, da sie eben nicht überall auftauchen. Eine solche Vorgehensweise benötigt jedoch ein Tool, das auch diese Änderungen vor dem Überschreiben durch die nächste Generierung schützt. Ein weiterer Vorteil liegt in der klaren Trennung von Modell- und Implementierungstemplates. Denn nur die zweite Transformation vom PSM zum Code würde dann tatsächlich Templates verwenden, die auch Code enthalten, während die Transformation PIM zu PSM sich auf eine Abbildung eines UML Modells auch ein anderes beschränken könnte. Vor allem jedoch könnte eine explizite Verwendung eines PSM das PIM stärker auf der rein konzeptionellen Ebene halten. Ohne PSM läuft man immer Gefahr, bei der Erstellung des PIM auch technische Fakten in die Überlegungen einzubeziehen. Das ist aber sehr gefährlich, da dadurch die Wiederverwendbarkeit des PIM in Frage gestellt wird. Man kann das PIM zusammen mit der Annotation als PSM ansehen, muss dann jedoch stark darauf achten, keine technischen Details in das „normale" (annotationsfreie) PIM einzubauen.

Es ist derzeit noch nicht möglich – und vielleicht nicht wünschenswert – den Code vollständig zu generieren. Der hier geschilderte Softwareprozess kann diesbezüglich und auch in Hinblick auf das PSM die hohen Ziele der MDA-Theorie nicht vollständig umsetzen, manche sprechen in diesem Zusammenhang auch von „MDA light" [BS 03]. Noch immer müssen große Teile der fachlichen Logik im Code manuell implementiert werden. Wie hoch dieser Anteil ist, hängt in starkem Maße von den verwendeten Frameworks und Technologien ab. Je höher der Aufwand für Infrastruktur im Projekt, desto höher der Anteil des generierbaren Codes. In unseren MDA Projekten konnten wir 40% bis 50% des Quelltexts aus dem Generator beziehen.

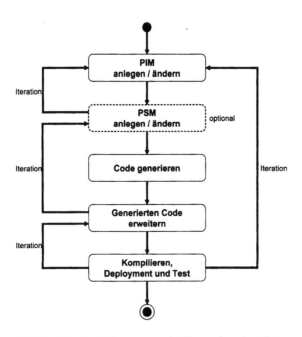

Abb. 3.8   Iterativer Softwareprozess bei Verwendung der MDA

Deployment

Aus der Gesamtmenge an generiertem und geschriebenem Quelltext wird schließlich mit dem Compiler das lauffähige System erzeugt. An dieser Stelle werden weitere generierte Artefakte wie Deployment-Deskriptoren und andere Konfigurationsfiles in den Build einbezogen. Das Erzeugen des lauffähigen Systems und sein Deployment in einen Application Server geschieht meist automatisch mit ebenfalls generierten Skripten.

Der hier beschriebene Softwareprozess wird phasenweise iterativ wiederholt, wobei bei jeder Iteration weitere Teile sowohl des PIM, des PSM und des Quelltextes ergänzt werden (s. Abb. 3.8). Unterstützung für volles Round-Trip-Engineering gibt es derzeit nicht. Auf dem Markt gibt es lediglich Werkzeuge, die Modelle der gleichen Abstraktionsstufe ineinander überführen können (z.B. Source Code und seine Modellrepräsentation). Hier ist das Modell jedoch nur eine andere Sicht auf die gleiche Information. Für die meisten Projekte ist es jedoch ausreichend, zu garantieren, dass die auf niedrigerer Abstraktionsebene hinzugefügten Informationen nicht durch die nächste Iteration wieder überschrieben werden.

Erfahrungsgemäß braucht die Einarbeitung in einen derart komplexen Entwicklungsprozess Zeit. Dieser Aufwand jedoch lohnt sich. In den ersten Iterationen ist im Vergleich mit herkömmlichen Projekten mit Mehraufwand und daher mit Effizienzverlust zu rechnen. Wir brauchten in den MDA Projekten bisher mehr als doppelt so viel Einarbeitungszeit wie geplant (4-6 Wochen). Trotzdem konnte das erste Inkrement jeweils termingerecht abgeschlossen werden. In den weiteren Inkrementen konnten wir dann den geplanten Gesamtaufwand um 10% und schließlich sogar um 30% unterschreiten. Mit fortschreitender Gewöhnung der Teammitglieder an die Vorgehensweise verlagert sich die Entwicklung immer stärker auf das Modell. Die manuelle Codierung beschränkt sich schließlich auf die fachlichen Algorithmen und eventuell auf bestimmte Stellen, an denen aus Performanzgründen manuell eingegriffen werden muss. Je näher man mit seinem Projekt an einer Standardarchitektur ist, desto geringer ist die Wahrscheinlichkeit eines solchen Eingriffs.

3.4   Bewertung

Dieses Kapitel beschäftigt sich mit den prinzipiellen Vor- und Nachteilen der MDA. Das sind also die Faktoren, die unabhängig vom verwendeten Werkzeug oder vom konkreten Umfeld stets eine Rolle spielen. Die meisten angesprochenen Nachteile können ausgeglichen werden, wenn man konzeptionelle Vorarbeiten leistet. Was bezüglich der einzelnen Faktoren zu tun ist, wird bei jedem Punkt direkt angesprochen.

3.4.1   Vorteile

Die technische Architektur des Softwaresystems wird durch den stark generativen Ansatz automatisch in alle Teile der Software propagiert. Damit hat man kaum noch Aufwand, die Einhaltung bestimmter architektureller Schemata und Patterns durchzusetzen, da die generierten Klassen diese von selbst mitbringen. Hat man z.B. ein bestimmtes Schema für die

Implementierung von Persistenz, wird diese durch eine Annotation im PIM „programmiert" und durch die Transformation im Source Code automatisch erzeugt. Expertenwissen in Form von Entwurfsmustern [Sta 02] und Best Practices steht auf diese Weise unmittelbar Entwicklern unterschiedlicher Kenntnisstufe zur Verfügung. Umso heftiger ist im Team meist die Diskussion um die durch die Templates ausgedrückten Architekturmuster (s. folgendes Kapitel). Die Einhaltung von Programmierstandards ist – zumindest im Generat – automatisch gegeben. Da sich die Qualität und der Stil des bereits vorhandenen Codes meist auch auf später geschriebenen überträgt, ist der manuelle Anteil stilistisch einheitlicher.

MDA trägt dazu bei, viele Probleme nur einmal zu lösen und das Rad nicht in jedem Teilprojekt wieder neu zu erfinden. Die meisten technischen Probleme können erfahrungsgemäß entweder in den Templates oder im Generator gelöst werden. Erfordert z.B. der verwendete Application Server eine ganz bestimmte Formatierung der Deployment Deskriptoren, kann man diese leicht in den Templates anpassen. Gibt es Schwierigkeiten mit dem Logging, kann man die Implementierung der Logging-Methoden in den Templates ändern. Wesentlich ist, dass die Anpassung zentral an einer Stelle durch einige wenige Entwickler geschieht, die sich mit der Architektur und dem Generator auskennen. Der Rest des Teams hat dadurch Freiraum, sich auf die Fachlichkeit der Anwendung zu konzentrieren.

Auch wenn das Problem einmal nicht in den Templates zu lösen ist, ergibt sich durch MDA ein interessanter Effekt: da das Modell ein Entwicklungsartefakt ist, gehen die Entwickler tatsächlich schneller dazu über, das Problem auf einer hohen, abstrakten Ebene – nämlich eben im Modell zu lösen, anstatt im Code einen „Workaround" zu programmieren, den spätestens im nächsten Release keiner mehr versteht. Wenn also eine Lösung im PIM möglich ist, wird diese auch eher angenommen als in herkömmlichen Projekten. Diese Vorgehensweise erfordert aber ein gewisses Umdenken, eine Gewöhnung an das „Denken in Modellen". Jedes Team aus MDA Neulingen braucht dazu erst einmal Zeit.

Ein MDA-basiertes Projekt hat zudem immer ein aktuelles Medium für die Kommunikation mit dem Fachbereich zur Hand: das PIM. Das dort verwendete Vokabular und die Granularität der Elemente sind häufig noch sehr nah an den fachlichen Geschäftsprozessen und die Sicht auf das System wird noch nicht durch plattformabhängige Details erschwert. Selbst wenn die fachlichen Ansprechpartner die UML nicht kennen (was häufig der Fall ist), helfen die stets aktuellen Grafiken einen Überblick und eine Diskussionsgrundlage zu haben. Das bedeutet wohlgemerkt nicht, dass mit der MDA die Fachabteilungen nun allein ihre Anwendungen zusammenbauen können. Ein tiefes Verständnis für die UML und deren Einsatz bei der Modellierung sowie die Einsicht in die technischen Konsequenzen bestimmter Entscheidungen sind unabdingbar. Fachleute sind nach wie vor notwendig und unersetzlich.

Schon Aufgrund des Ansatzes führt MDA dazu, dass die so entwickelten Systeme resistenter gegen Änderungen der Technologie sind. Das PIM kann in jedem Fall weiter verwendet werden. In den meisten Fällen kann man sogar weite Teile des manuell geschriebenen Codes übernehmen. Dies hängt stark von der Qualität des PIM und der Reife der Templates ab. Steckt der selbstgeschriebene Code tatsächlich primär in fachlichen Klassen, die von generierten technischen Klassen separiert sind, ist die Wahrscheinlichkeit der Wiederverwendung am größten. Auch während der Entwicklungszeit hält man sich technische Optionen auf diese Weise offen. Ein späterer Umstieg auf z.B. einen anderen Application Server ist mit einem vertretbaren Aufwand möglich.

Aber selbst gegenüber fachlichen Änderungen bleibt man flexibler. Fachliche Anforderungen sind häufig sehr gut im PIM zu diskutieren und dann durchzuführen. Erfahrungsgemäß können auch bei lokalen Änderungen im PIM bis zu 80% des betroffenen selbstgeschriebenen Codes unverändert übernommen werden.

Ebenfalls aufgrund des Ansatzes unterstützt MDA explizit die Koexistenz verschiedener Plattformen. Die Welt aus der Sicht von MDA ist heterogen. Damit ist es mit MDA einfach, an unterschiedliche Technologien anzudocken: man benötigt lediglich entsprechende Templates, die z.B. einmal für einen CICS EJB Container und einmal für JBoss generieren: schon hat man die Brücke zwischen beiden Welten hergestellt.

Darüber hinaus führt der Einsatz von MDA zu einer stärkeren Unabhängigkeit zwischen fachlicher und technischer Entwicklung. Das Projekt bleibt also in der Lage sowohl Technologie als auch Fachlichkeit (zumindest teilweise) zu ändern, ohne auf dem jeweils anderen Gebiet auf unlösbare Schwierigkeiten zu stoßen. Sollte also bereits zu Projektbeginn bekannt sein, dass technologische Änderungen (z.B. der Einsatz eines anderen Application Servers) drohen, kann auch das ein Grund für den Einsatz von MDA sein.

Nicht zuletzt kann man mit MDA sehr schnell und sehr effizient entwickeln. Durch den generativen Ansatz kommt man – einen funktionierenden Generator und ausgetestete Templates vorausgesetzt – sehr schnell zu ersten Ergebnissen, was MDA auch für Rapid Prototyping empfiehlt. Da man durch den Ansatz von vielen infrastrukturellen Tätigkeiten entlastet wird, kann die Produktivität höher als in herkömmlichen Projekten liegen.

3.4.2   Nachteile

Die Modelle – vor allem das PIM – sind das Kernstück der MDA. Daher ist auch die Qualität der Modelle entscheidend für den Erfolg eines Projekts und die Qualität seiner Ergebnisse. Der generierte Code kann höchstens so gut sein, wie das Modell, aus dem er erzeugt wurde. Doch wie stellt man die Qualität von Modellen sicher? Was sind die Kriterien und was sind die Verfahren und Werkzeuge, mit denen man die QS durchführen will? Auf diesem Gebiet ist die Forschung noch in den Kinderschuhen. Zwar kann man Kriterien für „gute" Datenmodelle angeben, aber je abstrakter und fachlicher ein Modell wird, desto aufwändiger wird dieser Prozess. Ein fachlich versierter Mitarbeiter kann sicherlich das Modell überprüfen und fachliche Fehler feststellen. Aber es gibt viele verschiedene Ausdrucksmöglichkeiten für den gleichen fachlichen Sachverhalt – und welche ist für dieses konkrete Projekt die beste? Modelliert man dieses Faktum am besten durch ein Attribut oder durch eine separate Klasse? Ist die für das Modell gewählte Abstraktionsebene die richtige? Auf welcher Granularität betrachte ich z.B. meine fachlichen Klassen? Hier kann man nur vor dem Trugschluss warnen, dass der Einsatz von Modellen im Entwicklungsprozess automatisch zu höherer Qualität führt. Nein, im Gegenteil, Qualitätssicherung ist in MDA Projekten noch wichtiger als in Projekten mit herkömmlicher Vorgehensweise. Best Practices und Design Pattern für Fachdomänen können ein Ausgangspunkt sein, um die Qualität von Modellen zu heben. Um das

Rad nicht jedes Mal neu zu erfinden, hat es sich als sinnvoll erwiesen, dass jedes MDA Projekt eine Kriterienliste für die Bewertung von Modellen verwendet und die entsprechenden Qualitätssicherungsmaßnahmen als festen Bestandteil in den Entwicklungsprozess aufnimmt.

Die Architektur eines MDA Projekts steckt im wesentlichen in zwei Artefakten: im Modell und in den Templates. Das PIM entscheidet über die „fachliche Architektur" des Systems. Die „technische Architektur" (oder Softwarearchitektur) wird durch die Templates umgesetzt. Wie oben bereits besprochen ist dies ein Vorteil. Es kann jedoch auch ein Nachteil sein, dass die Architektur durch den Generierungsschritt quasi automatisch „abfällt". Verwendet man dann auch noch bereits existierende Templates, besteht immer mehr die Gefahr, das niemand aus dem Team sich die Architektur genau anschaut: es wird nicht mehr explizit über Architektur nachgedacht. Dies kann sich bei späteren technischen Entscheidungen für das Projekt als fatal erweisen. Nein, auch ein MDA Projekt benötigt ein explizites Nachdenken über die Architektur, und – je nach Größe – sogar ein eigenes Architekturteam oder einige Architekten. Dieses Team sollte die Templates anpassen oder neues entwickeln, falls es notwendig wird.

Ein weiteres Problem, das bei beinahe jedem Projekt auftritt, das mit Codegenerierung arbeitet, ist die Entfremdung des Teams von der Software. Der erzeugte Quelltext ist für die Entwickler zuerst einmal fremd. So wie Quelltext aus einem 20 Jahre alten Projekt müssen sie ihn erst mal studieren und analysieren, um ihn zu verstehen. Probleme sind also vorprogrammiert, wenn schließlich doch manuell in das Generat eingegriffen werden muss (z.B. aus Performanzgründen). Zusätzlich schlägt das NIH („not invented here") Syndrom zu [KA 82], d.h. nicht selbstentwickelte Software wird allein emotional als fremd oder untauglich empfunden. Die Motivation des Teams kann aus diesen Gründen leiden. Es ist also dringend zu empfehlen, den generierten Code und den notwendigen manuellen Anteil so zu trennen, dass es möglichst wenig Überschneidungen gibt. Darauf muss man bei der Auswahl des Werkzeugs achten. Technische Probleme mit dem generierten Code sollten direkt in den Templates oder dem Generator gelöst werden. Falls eine eigene Entwicklung von Templates stattfindet, sollte zumindest ein Teil der späteren Anwendungsentwickler daran Anteil haben, denn selbstentwickelte Templates werden eher akzeptiert als fremde, die man vorgesetzt bekommt. Die Entwicklung der Templates kann als Teilprozess in den normalen Softwareprozess integriert werden. So kann man ihn explizit planen, kommunizieren und die Verantwortlichkeiten im Team entsprechend organisieren.

3.5   Kriterien für den Einsatz der MDA

3.5.1   Allgemeines

Vor dem ersten Einsatz von MDA sind Investitionsentscheidungen zu treffen. Das Unternehmen muss Softwarelizenzen kaufen, muss Budget für die Einrichtung der Entwicklungsumgebung bereitstellen und muss die Mitarbeiter schulen. Vor allem die organisatorischen Kosten einer MDA Einführung sind nicht zu unterschätzen. Diese liegen umso höher, je

weiter der bisherige Entwicklungsstil und die Unternehmenskultur von der MDA Welt entfernt sind [Buc 03]. Sind dieses Investitionen aber für jedes Projekt sinnvoll? Sicherlich gibt
es bestimmte Typen von Projekten bzw. eine bestimmtes Umfeld, das stärker als sonst auf
den Einsatz von MDA hindeutet. Aus der bisherigen Erfahrung mit MDA Projekten lassen
sich vier Hauptkriterien dafür angeben:

- Eine Standardarchitektur wird verwendet
- Es handelt sich um eine Neuentwicklung
- Ein iteratives Vorgehensmodell wird verwendet
- Es gibt viele Projekte mit gleicher technischer Basis

3.5.2   Standardarchitektur

MDA ist besonders sinnvoll, wenn eine Standardarchitektur (z.B. CORBA oder J2EE) eingesetzt wird. Der generative Ansatz kann hier seine Stärken entfalten, denn die Generatoren
sind natürlich auf diese Standardarchitekturen hin entwickelt. Zudem stehen bereits viele
Transformationen und Templates für diese Plattformen zur Verfügung, die man nur selten
noch anpassen braucht. Durch diese Faktoren erhöht der Einsatz einer Standardarchitektur
den Automatisierungsgrad sowie die Möglichkeit der Wiederverwendung von Generator und
Transformation. Modellgetriebene Entwicklungsansätze wie die MDA sind umso effektiver,
je höher der Grad der Automatisierung ist. Hinzu kommt die umfassende Erfahrung mit den
bekannten Plattformen, was bei der Qualitätssicherung der Modelle und bei der Fehlersuche
in Templates und Generat enorm hilft. Weitere Vorteile ergeben sich, wenn eine Referenzarchitektur vorliegt, auf die man bei der MDA Entwicklung aufsetzen kann [Bae 04]. Die Referenzarchitektur gibt einen klaren definierten Rahmen für das Projekt vor (definiert z.B.
bereits Elementtypen und deren Interaktion) und legt die Abstraktionsebene der Modelle
durch die Referenzarchitektur fest. Man definiert auf diese Weise eine bestimmte Granularität der fachlichen Modelle, was eine einheitliche und unternehmensweit konsistente Sicht-
weise fördert. Zusätzlich erleichtert es den Umstieg der Mitarbeiter von einem Projekt in das
nächste und vermeidet kostspielige Ehrenrunden bei der Erstellung des PIM.

3.5.3   Neuentwicklung

Bei einer Neuentwicklung kann man die typischen Schritte der MDA Entwicklung wie von
der Theorie geforderte angehen. Hat man jedoch ein Altsystem, das erweitert oder geändert
werden soll, beginnen die Schwierigkeiten. Denn für einen MDA Entwicklungsprozess
braucht man zuerst mal ein PIM – und das muss bei einem Altsystem mühsam aus dem vorhandenen Code extrahiert werden, denn nur selten sind wirklich brauchbare Dokumente oder
gar Modelle vorhanden. Man steht in einem solchen Fall vor massiven Reverse Engineering
Aufgaben. Das Andocken eines neuen Systemteils an ein Altsystem (z.B. zur Erweiterung
eines Host Systems mit einer Web GUI) ist in diesem Sinne auch eine Neuentwicklung, die
lediglich definierte Schnittstellen zu einem oder mehreren Altsystemen besitzt. Auch das
lässt sich mit MDA lösen, wobei das Andocken an verschiedene Technologien durch Verwendung unterschiedlicher Templates einfach zu realisieren ist.

3.5.4   Softwareprozess

Die MDA und ein iterativer Prozess ergänzen sich ideal [Fra 03]. Es ist kaum vorstellbar, zuerst das PIM in aller Breite bis zur letzten Klasse fertig zu stellen und dann das PSM zu generieren ohne jemals zum PIM zurückzukehren. Das Gegenteil ist der Fall: man wird häufig weitere Ergänzungen oder Korrekturen am PIM vornehmen. Es gibt in einem MDA Projekt eine Phase, in der sowohl PIM als auch PSM parallel wachsen. Dies ist nur durch Iterationen über den entsprechden Teilprozess denkbar. Es ist gerade ein Vorteil von MDA, dass verschiedene Teams parallel sowohl an technischer Tiefe als auch an fachlicher Breite arbeiten können. Ein Wasserfall- oder V-Modell ist ein K.O.-Kriterium für ein MDA Projekt.

3.5.5   Mehrere Projekte mit gleicher Basis

Hat man den Generator und die Templates für ein Projekt erst einmal ausgetestet und ist mit dem Prozess vertraut, so sind Wiederholungen wesentlich leichter. Bei jedem folgenden Projekt mit der gleichen Zielplattform schwindet der Aufwand für Generator und Transformation zu Gunsten der Fachlichkeit. Somit kann jedes Folgeprojekt günstiger realisiert werden (unter der Prämisse, dass es im Schwierigkeitsgrad vergleichbar ist). Auch ein Projekt mit langer Dauer und vielen kleinen Releases profitiert von dem selben positiven Effekt.

3.5.6   Denken in Modellen

Diese rein formalen Kriterien sollen aber nicht darüber hinwegtäuschen, dass die wichtigste Herausforderung beim Einsatz von MDA in der Änderung der Arbeitsweise besteht, da das „Denken in Modellen" sich etablieren muss. Nur wenn die neue Denkweise sich tatsächlich durchsetzt, können die Vorteile der MDA greifen. Im Umkehrschluss bedeutet das aber nicht, dass bei Beginn des Projektes schon das ganze Team „MDA-minded" sein muss. Erfahrungsgemäß benötigt man mehrere Wochen bis Monate, bis sich das Modell als zentrales Artefakt in allen Köpfen durchgesetzt hat. Nur dann hat man die Chance die vielbeschworene Produktivität der MDA wirklich umzusetzen.

3.6   MDA – ein Wiedergänger?

Wer heute „generative Entwicklung" hört, fühlt sich schnell an die Zeit von CASE erinnert. Um Verwirrung vorzubeugen: gemeint ist hier nicht das, was heute allgemein unter „CASE Tool" verstanden wird, wie z.B. ein UML oder GUI Werkzeug. Es geht um die Abgrenzung zur CASE Hysterie, die Anfang der 90er Jahre ihren Höhepunkt erreichte.

Aber MDA ist eben nicht CASE. Der damalige Hype war stark von einigen wenigen Herstellern getragen, welche die scheinbare wissenschaftliche Innovation nutzten, um massiv ihre eigenen Werkzeuge (z.B. AD/Cycle) in den Markt zu drücken. Der Quasi-Standard für Modellierung der damaligen Zeit waren Entity-Relationship-Modelle (ER). Jedoch waren Metamodell und Transformation nicht änderbar. Man hatte eine vorgegebene (häufig wenig ausgereifte) Modellierungssprache und generierte genau den Code für eine fest vorgegebene Plattform (meist COBOL auf einem Host). Manche Werkzeuge enthielten sogar feste proprietäre Laufzeitsysteme, die vom Entwickler nicht modifiziert werden konnten. Auch die Werkzeuge selbst waren nicht erweiterbar. Ein Austauschen der Modelle zwischen Werkzeugen verschiedener Hersteller war nicht vorgesehen, was zu einer extrem starken Bindung an die Hersteller führte. Obwohl auch MDA hier noch Probleme hat, ist eine Lösung zumindest absehbar.

Das Scheitern von CASE war aber vor allem darin begründet, dass der Schwerpunkt der Werkzeuge eher auf der Modellierung als auf der Generierung lag. D.h. man konnte zwar Modelle erstellen – wenn es jedoch darum ging, tatsächlich brauchbaren Code zu erzeugen, kamen die Schwächen der Werkzeuge zu Tage.

Die heutigen MDA-Tools sind gerade in der Generierung stark und können mit ebenso ausgereiften Modellierungstools verbunden werden. Was aber den tatsächlichen Unterschied zwischen CASE und MDA ausmacht, ist die gewaltige Entwicklung in der Softwaretechnologie, die in den letzten 15 Jahren stattgefunden hat. Wir haben allgemein akzeptierte Standards (z.B. UML), welche die Akzeptanz und die Austauschbarkeit der Werkzeuge fördern. Die Objekttechnologie hat sich durchgesetzt und erlaubt das Denken in Modellartefakten, wie Klassen und Objekten. Wir haben ausgereifte Komponententechnologien, die einen Teil der Komplexität der Zielumgebung bereits kapseln, und somit zur Übersichtlichkeit und Beherrschbarkeit der Modelle beitragen. Zudem hat sich auch die Kultur der Softwareentwicklung geändert: Modelle sind sowohl Entwicklern als auch Managern vertraut und werden als Artefakte der Entwicklung akzeptiert und verstanden.

Es bleibt daher zu wünschen, dass MDA die Leidensgeschichte von CASE nicht wiederholen wird, sondern eine grundsätzlich gute Idee in einem andern Kontext erfolgreich umsetzen wird.

3.7   Fazit

Die MDA steht heute noch am Anfang. Sie bietet unübersehbare Vorteile, ist aber noch mit Kinderkrankheiten behaftet, die sich im Laufe der Zeit legen werden. Schon heute ist der Einsatz der MDA durchaus sinnvoll – wenn man die geeigneten Projekte auswählt und die theoretischen Konzepte praxisnah interpretiert. So sind stets konzeptionelle Vorarbeiten erforderlich, um mit den noch bestehenden Schwierigkeiten fertig zu werden. Die MDA ist kein Silver Bullet, mit dem sich alle Probleme der Softwareentwicklung mit einem Schlage lösen. Aber unter den richtigen Bedingungen kann man mit ihr den Projektaufwand reduzieren und Kosten sparen – sogar wenn nur Teile der gesamten Technologie angewendet werden. Selbst wenn man die Plattformunabhängigkeit nicht nutzt, kann man schneller und günstiger entwickeln. Vor allem bei Neuentwicklungen oder Schnittstellenprojekten kann sich die MDA schnell etablieren. Hier besteht das Potential, dass schon in wenigen Jahren die Mehrzahl der Projekte MDA-basiert umgesetzt werden.

3.8   Literatur

[OMG 01]   Object Management Group (OMG), MDA Guide Version 1.0.1, 2003

[Hub 02]   Richard Hubert. *Convergent Architecture - Building Model Driven J2EE Systems with UML*. Wiley 2002

[Fra 03]   D. Frankel. *Model Driven Architecture*. Wiley, 2003.

[MSU+ 04]   Stephen J. Mellor, Kendall Scott, Axel Uhl, Dirk Weise. *MDA Distilled*, Addison-Wesley 2004.

[Koc 02]   Dr. Thomas Koch. *An Introduction to Model Driven Architecture*. Objekt Spektrum 3/2002.

[RS 03]   Ragnhild Kobro Runde and Ketil Stolen. *What is Model Driven Architecture?* University of Oslo 03/2003

[ACM 01]   D. Alur, J. Crupi, D. Malks. *Core J2EE Patterns – Best Practices and Design Strategies*. Sun Microsystems, 2001.

[RSB+ 04]   Dr. Günther Rackl, Dr. Ulrike Sommer, Dr. Klaus Beschorner, Heinz Kößler, Adam Bien. *Komponentenbasierte Entwicklung auf Basis der „Model Driven Architecture"*. Objekt Spektrum 5/2004.

[OMG 03]   Object Management Group (OMG), MOF 2.0 Query/Vies/Transformations RFP, Oktober 2003

[AndroMDA] http://www.andromda.org/

[BS 03]   Matthias Bohlen, Dr. Gernot Starke. *MDA entzaubert*. Objekt Spektrum 3/2003

[Sta 02]   Gernot Starke. *Effektive Software-Architekturen*. Hanser 2002

[KA 82]   Katz, Ralph and Allen, Thomas. *Investigating the Not Invented Here (NIH) Syndrome: a look at the performance, tenure and communication patterns of 50 R&D project groups*.R&D Management vol. 12, pp. 7-19, 1982.

[Buc 03]   Christian Bucholdt. *Ökonomische Entscheidungskriterien für den Einsatz von MDA*. Objekt Spektrum, 2/2003.

[Bae 04]   Niko Baehr. *MDA im Zusammenspiel mit Referenzarchitekturen*. iteratec GmbH 2004

4 Geschäftsprozessmodellierung im Kontext objektorientierter Entwurfstechniken

Klaus Köster, IZB SOFT

Objektorientierte Konzepte sowie die Verwendung der Unified Modeling Language (UML) sind mittlerweile feste Bestandteile der modernen Softwareentwicklung. Deutlich weniger häufig finden diese Methoden jedoch bislang ihre Anwendung bei der Geschäftsprozessmodellierung. Dabei weisen gerade die im Rahmen der Anforderungsanalyse verwendeten Ansätze (z.B. Anwendungsfälle, Problembereichsmodelle) nicht nur starke Bezüge zu den zugrunde liegenden Geschäftsprozessen auf, die selben Konzepte lassen sich auch für die Dokumentation und Analyse der Geschäftsprozesse selber verwenden.

Wesentliches Ziel des Beitrags ist, darzustellen, wie eine auf UML basierende Geschäftsprozessmodellierung im Rahmen der Anforderungsanalyse genutzt werden kann, um funktionale Anforderungen an Softwaresysteme direkt aus den zugrunde liegenden Geschäftsprozessen abzuleiten. Damit zeigt der Beitrag zugleich die grundsätzliche Eignung der UML für die Dokumentation bestimmter geschäftsprozesstypischer Sachverhalte.

Der vorgestellte Ansatz beruht auf den Ergebnissen und den Erfahrungen des Autors in der mehrjährigen praktischen Anwendung dieser Methoden im vorliegenden Kontext.

Über den Autor

Klaus Köster besitzt mehr als 10 Jahre berufliche Erfahrung in der systematischen Analyse von Strukturen und Abläufen in mittleren bis großen Unternehmen. In seiner bisherigen Laufbahn war er als Systementwickler/-designer, Projektleiter/-berater sowie als Management-Berater mit Schwerpunkt IT/Organisationsentwicklung tätig. Aktuell ist er als „Koordinator Prozessmanagement" bei der IZB SOFT in München beschäftigt. Zu seinen Aufgaben gehört die verantwortliche Weiterentwicklung des *Systembereitstellungsprozesses (SBP)*, eines iterativen Softwareentwicklungsprozesses, sowie die Mitwirkung an der Definition von Standards zur Anforderungsanalyse und Modellierung. Darüber hinaus ist er an der Optimierung weiterer Unternehmensprozesse der IZB SOFT beteiligt.

4.1   Einleitung

Warum Geschäftsprozessanalyse?

Der erfolgreiche Betrieb eines Unternehmens ist heutzutage ohne die Verwendung leistungsfähiger Softwaresysteme kaum noch vorstellbar. Gerade in größeren bzw. komplexeren Unternehmen geht der Einsatz von Software immer häufiger über die reine Unterstützungsfunktion hinaus und zeigt sich bereits als integraler Bestandteil der Unternehmensprozesse. Die Geschäftsprozesse sind es, die letztlich die Anforderungen an die verwendeten Systeme definieren. Dabei spielt es grundsätzlich eine untergeordnete Rolle, ob es sich bei den bereit gestellten Systemen um individuell erstellte Anwendungen oder um Standardsoftware handelt.

Soll die betriebliche Effizienz und Produktivität insgesamt optimiert werden, ist jedoch die vollständige technische Implementierung bestehender Prozesse allein nicht ausreichend, sofern die betreffenden Strukturen und Abläufe des Unternehmens keiner vorhergehenden Begutachtung unterzogen wurden. Denn selbst eine optimal auf das Unternehmen angepasste Software kann kein probates Mittel zur Erreichung des vorgenannten Ziels darstellen, wenn die im Softwaresystem abgebildeten Prozesse selber suboptimal sind.

Analyse versus Modellierung

Bei der *Analyse* von Geschäftsprozessen erfolgt eine Untersuchung und *Bewertung* der betrachteten Prozesse im Hinblick auf ein vorgegebenes Ziel. Erfolgt die Geschäftsprozessanalyse eigenständig, dient diese meistens der Identifikation von Schwachstellen bei den innerbetrieblichen Abläufen und Strukturen. Als Bestandteil einer *Anforderungs*analyse liefert sie die notwendige Information zur Ableitung funktionaler Anforderungen an Softwaresysteme.

Die *Modellierung* von Geschäftsprozessen beinhaltet hingegen zunächst nur die reine *Darstellung* geschäftsprozesstypischer Sachverhalte, zumeist unter Anwendung formaler Notationen.

Analyse und Modellierung hängen somit auf grundsätzlich zweierlei Art zusammen: Bei Dokumentation des Ist-Zustandes liefern die erstellten Geschäftsprozess*modelle* die notwendige *Grundlage* zur Analyse. Geht es um die Beschreibung eines Soll-Zustandes, sind die Modelle das *Ergebnis* der Analyse. Die Modellierung ist damit grundsätzlich als Methode bzw. Werkzeug zur Analyse zu betrachten. Die darzustellenden Inhalte der Modelle hängen dabei letztlich von der Zielsetzung der Analyse ab.

Übersicht über diesen Beitrag

Der Beitrag behandelt die Modellierung von Geschäftsprozessen als Methode zur Ableitung funktionaler Anforderungen an Softwaresysteme. Er zeigt, welche geschäftsprozesstypischen Sachverhalte dafür zu untersuchen sind und liefert konkrete Beispiele für die Darstellung in UML.

Kapitel 4.2 stellt zunächst die zu untersuchenden Sachverhalte vor und erläutert deren grundsätzliche Relevanz für die vorgenannte Zielsetzung.

Kapitel 4.3 bis 4.6 bilden den Schwerpunkt des Beitrags und enthalten die konkreten Modellierungsbeispiele; Grundlage ist die UML in den Versionen 1.3 bzw. 1.4[1]. Mit Freigabe der Version 2.0 stellt der UML-Standard weitergehende Konzepte auch für die Modellierung von Geschäftsprozessen zur Verfügung, die jedoch im Rahmen dieses Beitrags nicht behandelt werden.

Kapitel 4.7 gibt eine stichwortartige Zusammenfassung wesentlicher Aussagen und zieht ein abschließendes Fazit.

4.2   Aspekte der Geschäftsprozessmodellierung

Im Allgemeinen stellt ein Geschäftsprozess eine Folge von sachlogisch zusammen hängenden und inhaltlich abgeschlossenen Aktivitäten dar, die der Realisierung der Unternehmensziele dienen und zumeist (aber nicht zwangsläufig) eine Wertschöpfung erbringen.

Für die Ableitung funktionaler Anforderungen sind folgende Aspekte relevant:

Rollen
Über die am Geschäftsprozess beteiligten Rollen lassen sich die Nutzer des Softwaresystems identifizieren. Dabei gilt: Jeder Nutzer bzw. Anwender einer Software findet sich in (mindestens) einer Rolle eines oder mehrerer Geschäftsprozesse wieder, aber nicht jede Rolle ist zugleich Anwender des Systems.

Bestimmte Anforderungen lassen sich aus der (Arbeits-)Umgebung des Anwenders ableiten, dies betrifft beispielsweise die Gestaltung der Benutzeroberfläche. Angenommen, eine Bank wollte bestimmte Homebanking-Funktionen auch für die Nutzung mittels Mobiltelefonen anbieten, dann würde sich die am Mobiltelefon verfügbare Benutzeroberfläche trotz prinzipiell gleicher Grundfunktionalität (z.B. für die Durchführung einer Überweisung) sowohl von der Art der Bedienung als auch durch die einzugebenden und anzuzeigenden Informationen (Daten) signifikant von einer „herkömmlichen", z.B. Browser-basierten Oberfläche unterscheiden.

Diejenigen Rollen, die zugleich Anwender des Systems sind, liefern auch die Grundlage für die Entwicklung eines Berechtigungskonzepts. Aus den Geschäftsprozessen ergibt sich, welche Rolle an welcher Aktivität beteiligt ist und hierzu welche Informationen benötigt. Über die Zuordnung von Prozessaktivität und Systemfunktionalität kann so ermittelt werden, welche Rolle Zugang zu welchen Systemfunktionalitäten haben soll bzw. haben muss.

---

[1] Kenntnisse über die Grundkonzepte dieser UML-Versionen werden beim Leser vorausgesetzt.

Aktivitäten

Aktivitäten bilden das zentrale Element der Geschäftsprozessmodellierung. In Verbindung mit Rollen und Informationen (Daten und Ergebnissen) liefern sie die Kernaussage der Geschäftsprozessmodellierung: „*Wer* hat *was wann* mit welchem *Ergebnis* zu tun und benötigt hierzu welche *Information*?"

Für die Darstellung werden zumeist folgende Abstraktionsebenen unterschieden:

- Prozess
- Teilprozess
- Aktivität
- Arbeitsschritt

Ein Prozess besteht aus Teilprozessen oder Aktivitäten. Jede Aktivität beinhaltet mindestens einen Arbeitsschritt und ist einem Prozess eindeutig zugewiesen. Ebenso kann ein Arbeitsschritt einer Aktivität eindeutig zugeordnet werden.

Abb. 4.1 Abstraktionsebenen der Geschäftsprozessmodellierung

Ein Prozess ist Teilprozess, sobald er Teil des Ablaufs eines anderen Prozesses ist. Teilprozesse können auch „wieder verwendet" werden. Beispiel: Ein „Beschaffungsprozess" könnte innerhalb eines Prozesses für die „Bereitstellung von Softwaresystemen" zur Ausführung gelangen, wenn bei Bereitstellung der Software durch Dritte deren Beauftragung unter Einhaltung zentraler Vorgaben durchzuführen wäre. Ebenso könnte derselbe Prozess aber auch im Rahmen der „Bereitstellung intern genutzter Hardware und Software" durchlaufen werden, wenn beispielsweise die Anforderung für einen Arbeitsplatzrechner nicht über den vorhandenen Bestand abgedeckt werden könnte und somit eine Neuanschaffung erforderlich machte.

Aktivitäten bilden eine wesentliche Grundlage für die Ableitung funktionaler Anforderungen. Bei entsprechendem Detaillierungsgrad lassen sich die notwendigen Systemfunktionen (z.B. „Auftragsbestand des Kunden abfragen", „Kundenauftrag anlegen" etc.) zumeist schon direkt aus den Arbeitsschritten einer Aktivität ablesen. Teilprozesse und Prozesse hingegen besitzen hierfür in der Regel noch einen zu hohen Abstraktionsgrad.

Somit erfolgt auch die Zuordnung von Rollen sowie von benötigten bzw. erzeugten Informationen schwerpunktmäßig zunächst auf der Ebene von Aktivitäten. Bei „Wiederverwendung" von Teilprozessen ist darauf zu achten, dass diese oftmals mit einer Transformation von Rollen verbunden ist. So mag es beispielsweise in einem „Beschaffungsprozess" eine Rolle namens „Budgetverantwortlicher" geben, die für eine Aktivität „Beschaffung freigeben" zuständig ist. Angenommen, der Beschaffungsprozess käme nun im Rahmen eines anderen

Prozesses, „Bereitstellung von Softwaresystemen", zum Tragen, dann würde die Rolle des „Budgetverantwortlichen" tatsächlich durch eine Rolle des Systembereitstellungsprozesses wahrgenommen werden, beispielsweise durch den „Projektleiter".

Informationen

Die Abwicklung von Geschäftsprozessen, genauer gesagt die Durchführung der jeweiligen Aktivitäten eines Geschäftsprozesses, ist zum einen von der Verfügbarkeit vorhandener, für die Ausführung benötigter Informationen (Daten) abhängig. Beispielsweise braucht ein „Budgetverantwortlicher" für die Freigabe eines Beschaffungsauftrags unter anderem Kenntnis über die Höhe der verfügbaren Finanzmittel. Zum anderen werden durch die Aktivitäten eines Geschäftsprozesses Informationen erzeugt bzw. verändert. So erstellt zum Beispiel der „Anforderer" einer Ware oder Dienstleistung im Rahmen eines Beschaffungsprozesses einen neuen „Beschaffungsauftrag" im Status „angefordert", der „Budgetverantwortliche" verändert den Auftrag im Rahmen der Aktivität „Beschaffung freigeben" und setzt diesen z.B. entweder in den Status „genehmigt" oder „abgelehnt".

Wesentlich ist aber auch die Darstellung der strukturellen Beziehungen zwischen den verarbeiteten Informationen. Maßgeblich sind hier vor allem die so genannten *Geschäftsobjekte*. Diese repräsentieren „Gegenstände aus dem realen Geschäftsleben", gebräuchlich ist auch der Begriff „Fachliche Entitäten". Beispiele hierfür sind „Produkt", „Auftrag", „Rechnung", „Mitarbeiter" etc.

Neben den Aktivitäten eines Geschäftsprozesses stellen die zu verarbeitenden Informationen eine weitere wichtige Basis für die Ableitung funktionaler Anforderungen dar. Soll ein Softwaresystem die Abwicklung eines Geschäftsprozesses unterstützen, so hat dieses vor allem die notwendigen Funktionen für die Erzeugung, Verarbeitung und Verwaltung der für die Abwicklung von Geschäftsprozessen erforderlichen Daten bereit zu stellen.

Fazit

Geht es um die Ableitung funktionaler Anforderungen an Softwaresysteme, bestehen die wesentlichen Aktivitäten der Geschäftsprozessmodellierung somit aus der

- Darstellung der ausgeführten Aktivitäten („Was wird in welcher Reihenfolge gemacht?")
- Zuordnung der beteiligten Rollen zu Aktivitäten („Wer macht was?")
- Zuordnung der bei Ausführung von Aktivitäten verarbeiteten bzw. erzeugten Information („Welche Information wird für welche Aktivität gebraucht bzw. welche Information wird aus welcher Aktivität erzeugt?")
- Zuordnung der benötigten bzw. erzeugten Information zu den verarbeitenden Rollen („Wer benötigt bzw. erzeugt welche Information?")
- Darstellung der fachlichen Beziehungen zwischen den bei der Prozessabwicklung verarbeiteten Geschäftsobjekten.

Trotz gewisser Abhängigkeiten zwischen den oben genannten Sachverhalten müssen diese nicht zwingend in einer ganz bestimmten Reihenfolge untersucht werden. Ein klassischer „Top-Down-Ansatz" empfiehlt sich jedoch auch für den Einstieg in die Geschäftsprozessmodellierung.

4.3   Geschäftsprozesse im Kontext

Kontextdiagramme stellen die oberste Abstraktionsebene eines Geschäftsprozessmodells dar. Im Regelfall dokumentieren sie die gesamten oder bestimmte Geschäftsprozesse des betrachteten Unternehmens mit ihren wesentlichen Beziehungen zueinander sowie zu den wichtigsten Prozessbeteiligten (Rollen). Je nach gewünschter Aussage können weitere (elementare) Beziehungen z.B. zu verarbeiteten Informationen oder zu den an der Abwicklung der Prozesse beteiligten Systemen gezeigt werden.

In der UML erfolgt die Darstellung unter Verwendung von *Anwendungsfalldiagrammen.*

Anwendungsfälle (use cases) wurden aber nicht von vornherein für die Modellierung von Geschäftsprozessen entwickelt, sondern dienen ihrem ursprünglichen Zweck entsprechend normalerweise der Dokumentation bzw. Spezifikation von funktionalen Anforderungen an das bereit zu stellende Softwaresystem. Damit stellen sie eigentlich das gewünschte Ergebnis der Anforderungsanalyse bzw. das (gemäß der Themenstellung dieses Beitrags) letztlich zu erreichende Ziel der Geschäftsprozessmodellierung dar. Tatsächlich gibt es aber wesentliche konzeptionelle Gemeinsamkeiten zwischen Geschäftsprozessen und Anwendungsfällen, die dazu führen, Letztere auch im Rahmen der Modellierung von Geschäftsprozessen verwenden zu können. Beide

- haben einen definierten Anfang und Abschluss
- sind auf ein Ziel fixiert bzw. sollen ein Ergebnis bringen
- bestehen aus einer Kette von Aktivitäten
- verarbeiten bzw. erzeugen Information
- werden durch Aktionsträger gesteuert

Der wesentliche Unterschied besteht aus dem jeweils verschiedenen „Systemkontext". Während Geschäftsprozesse auf ein betriebliches Ziel gerichtete Abläufe eines Unternehmens darstellen, beschreiben Anwendungsfälle üblicherweise Funktionen eines Softwaresystems. Die Analogie zeigt sich jedoch, sobald man das Unternehmen ebenfalls als „System" betrachtet und die im Unternehmen abgewickelten Geschäftsprozesse als „Dienste" versteht, die das Unternehmen z.B. gegenüber seinen Geschäftspartnern zu erbringen hat.

Abb. 4.2 zeigt ein Kontextdiagramm mit drei Geschäftsprozessen eines (fiktiven) Softwarehauses.

Die Darstellung der Prozesse erfolgt mittels *Anwendungsfällen,* deren *Akteure* die am Prozess beteiligten Rollen repräsentieren.

Die Verwendung von *«include»* bzw. *«extend»* zeigt, dass es sich bei den Prozessen „Angebot erstellen" und „Ausschreibung durchführen" jeweils um Teilprozesse handelt, deren Durchführung im einen Fall obligatorisch und im anderen Fall optional ist. So wird der Teilprozess „Ausschreibung durchführen" nur dann im Rahmen der Angebotserstellung ausgeführt, wenn eine Fremdvergabe von Leistungen erfolgt. Die optionale Durchführung wird allein durch die Verwendung von *«extend»* impliziert. Die angehängte Notiz präzisiert den Sachverhalt, indem sie konkret aussagt, unter welcher Voraussetzung (Vorbedingung) der

Teilprozess tatsächlich ausgeführt wird. Im vorliegenden Beispiel zeigt die gleiche Notiz, dass auch die Beteiligung der Rolle „externer Dienstleister" am Prozess „Softwaresystem bereitstellen" optional ist, d.h. ebenfalls nur bei Fremdvergabe erfolgt.

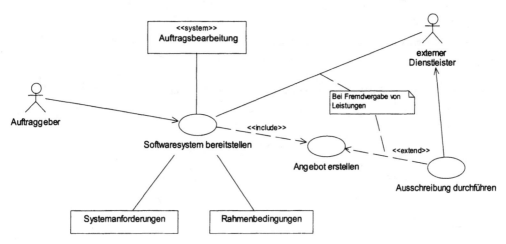

Abb. 4.2 Kontextdiagramm

Die *gerichtete Assoziation*, welche die Rolle „Auftraggeber" mit dem Prozess „Softwaresystem bereitstellen" verbindet, besagt, dass der Prozess durch den „Auftraggeber" initiiert wird. Dies entspricht der standardmäßigen Semantik gerichteter Assoziationen in Anwendungsfalldiagrammen. Im Bedarfsfall kann eine an die Assoziation angehängte Notiz beschreiben, auf welche Art die Initialisierung erfolgt (z.B. durch Einreichung eines schriftlichen Auftrages).

„Systemanforderungen" und „Rahmenbedingungen" (gemeint sind hier z.B. Termine, Budgets, vorhandene Ressourcen etc.) stellen Informationen dar, die für die Durchführung des Prozesses „Softwaresystem bereitstellen" benötigt oder durch den Prozess erzeugt werden.[2] In der gezeigten Form trifft das Modell allerdings keine eindeutige Aussage hierzu. Die nachstehenden Beispiele stellen zwei Möglichkeiten vor, auf welche Art Prozess-Input und Prozess-Output klar voneinander unterschieden werden können.

Die Verwendung gerichteter Assoziationen (Abb. 4.3) ist intuitiv leicht erfassbar. Allerdings ist hierzu eine entsprechende Modellierungskonvention erforderlich, da deren Semantik in diesem Kontext nicht standardmäßig in der UML festgelegt ist. Eine Alternative ist die Verwendung von Stereotypen (Abb. 4.4).

---

[2] Die Darstellung erfolgt unter Verwendung von *Klassen* (*classes*). Dies ist möglich, da diese gemäß UML-Standard (Version 1.3 bzw. 1.4) gemeinsam mit *Anwendungsfällen* (*use cases*) und *Akteuren* (*actors*) Spezialisierungen der Oberklasse *classifier* im UML-Metamodell darstellen; grundsätzlich können alle Classifier mittels *Assoziationen* in (logische) Beziehungen zueinander gesetzt werden.

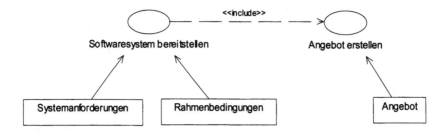

Abb. 4.3 Spezifikation von Prozess-Input/-Output mittels gerichteter Assoziation

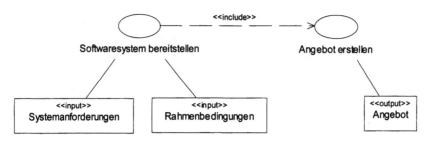

Abb. 4.4 Spezifikation von Prozess-Input/-Output mittels Stereotypen

In Kontextdiagrammen können auch an der Abwicklung von Prozessen beteiligte Systeme dargestellt werden. Abb. 4.2 zeigt das System „Auftragsbearbeitung" (modelliert als Klasse vom Stereotyp *«system»*). Dass es sich im selben Diagramm bei den Rollen „Auftraggeber" und „externer Dienstleister" um Geschäftspartner des Unternehmens handelt, die nicht zugleich Nutzers des Systems sind, kann aus dem Modell nur implizit geschlossen werden. Die UML bietet aber auch eine Möglichkeit zur expliziten Unterscheidung.

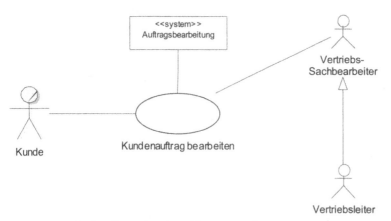

Abb. 4.5 Unterscheidung Prozessbeteiligter / Systemanwender

Die Darstellung in Abb. 4.5 verwendet einen Akteur vom Stereotyp «business actor» (das Modell zeigt die übliche grafische Repräsentation dieses Stereotyps)[3]. Die Rollen „Vertriebs-Sachbearbeiter" und „Vertriebsleiter" können hierdurch als Systemnutzer klar von der Rolle „Kunde" unterschieden werden, die zwar Prozessbeteiligter, aber kein Systemnutzer ist. Die Vererbungsbeziehung zwischen den Rollen „Vertriebs-Sachbearbeiter" und „Vertriebsleiter" besagt, dass ein Vertriebsleiter auch Sachbearbeiter ist. Der grundlegenden Semantik von Vererbungsbeziehungen entsprechend ist der Vertriebsleiter somit ebenfalls Prozessbeteilig-ter bzw. Systemnutzer; eine weitere Assoziation zur Darstellung dieses Sachverhalts ist nicht erforderlich.

Fazit
Obwohl sie zunächst aus einer anderen Intention heraus entstanden, sind Anwendungsfälle bzw. Anwendungsfalldiagramme geeignete Konzepte für die Modellierung von Geschäfts-prozessen auf einer hohen Abstraktionsebene. Sie bilden den grundlegenden Einstieg in die Geschäftsprozessmodellierung und bieten eine wichtige Orientierung für die Systemabgren-zung. Die Ableitung konkreter funktionaler Anforderungen ist auf dieser Ebene aber noch nicht möglich.

4.4   Abläufe und Interaktionen

Die Beschreibung von Abläufen behandelt grundsätzlich alle Elemente der Geschäftspro-zessmodellierung (Rollen, Aktivitäten, Informationen) und stellt damit die wesentliche Akti-vität der Geschäftsprozessmodellierung dar.

Für die Darstellung in UML werden vorrangig *Aktivitätsdiagramme* verwendet. Für die Be-schreibung (Hervorhebung) von Interaktionen zwischen beteiligten Rollen können ergänzend *Sequenzdiagramme* eingesetzt werden.

Aktivitätsdiagramme
Die verfügbaren Modellelemente von Aktivitätsdiagrammen spiegeln die grundlegenden Eigen-schaften von Abläufen im Allgemeinen und Geschäftsprozessen im Besonderen wieder:

* Definierter Anfang und Abschluss:
  Aktivitätsdiagramme enthalten in der Regel genau einen *Startknoten* bzw. *Startzustand* (*initial node* bzw. *initial state*) sowie einen oder mehrere *Endzustände* (*final states*).

---

[3] Die Stereotypen «business actor» und «business use case» sind nicht Teil des UML-Standards. Im Rahmen der Modellierung von Geschäftsprozessen sind diese jedoch zwischenzeitlich als de facto-Standard etabliert.

- Kette von Aktivitäten bzw. Teilprozessen:
  Aktivitätsdiagramme enthalten *Aktivitäten* (*activities*) – in prinzipiell beliebiger Anzahl – die Verbindung erfolgt durch *Transitionen* (*transitions*). Mit weiteren Modellelementen erfolgt die Darstellung zusätzlicher Aspekte wie (bedingter) Verzweigungen sowie Synchronisation und Splitting von Abläufen.
- Verarbeitung von Information:
  Eingehende und *ausgehende* Daten werden durch *Objektflüsse* (*object flows*) dargestellt.
- Steuerung durch Aktionsträger:
  Die Zuordnung von Rollen zu Aktivitäten erfolgt über *Verantwortlichkeitsbereiche* (*swim lanes*).

Jedoch weisen die oben genannten Konzepte der UML speziell für die Modellierung von Geschäftsprozessen gewisse Beschränkungen auf, wodurch bei alleiniger Anwendung des Standards nicht immer die gewünschte Aussagentiefe erreicht werden kann. Die Modellierungsbeispiele dieses Abschnitts zeigen daher nicht nur die Verwendung der Standard-Konzepte, sondern geben zugleich Anregungen für eine (formal korrekte) „Erweiterung" des Standards.

Abb. 4.6 zeigt einen Prozess, der die innerbetriebliche Bereitstellung von Arbeitsmitteln beschreibt.

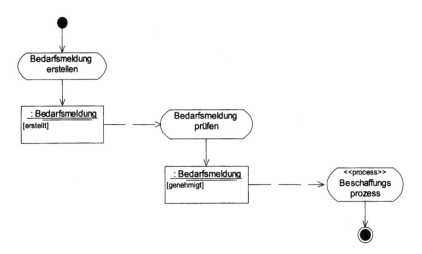

Abb. 4.6 Prozess „Bereitstellung von Arbeitsmitteln"

Wird eine aus einer Aktivität heraus erzeugte Information durch die im Prozessablauf direkt nachfolgende Aktivität verarbeitet, verbindet der *Objektfluss* (*object flow*) die Aktivitäten unmittelbar. Obwohl im UML-Standard [UML1] eigentlich nicht vorgesehen wird aber vielfach auch in diesem Fall zusätzlich die „herkömmliche" *Transition* modelliert. Abb. 4.7 stellt die beiden Darstellungen gegenüber.

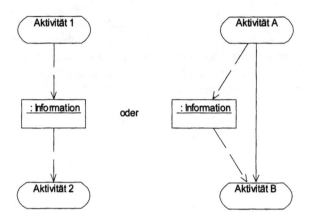

Abb. 4.7 Objektfluss versus Transition

Die Verwendung von *Objektstatus* zeigt die durch die betreffende Aktivität bewirkte Veränderung an der verarbeiteten Information. So ändert sich beispielsweise der Status einer Bedarfsmeldung nach Verarbeitung durch die Aktivität „Bedarfsmeldung prüfen" von „erstellt"
auf „genehmigt", womit zugleich implizit ausgesagt ist, dass für den nachfolgend durchlau-
fenen Beschaffungsprozess nur genehmigte Bedarfsmeldungen als Input zulässig sind. Intuitiv kann aus der gezeigten Prozessdarstellung darauf geschlossen werden, dass wohl die
Genehmigung einer Bedarfsmeldung nicht durch die gleiche Rolle erfolgen darf, welche die
Bedarfsmeldung erstellt. Soll dieser Sachverhalt explizit dargestellt werden, ist die Zuordnung von Rollen zu den beschriebenen Aktivitäten erforderlich. Standardmäßig bietet UML
hierzu die Verwendung von *Verantwortlichkeitsbereichen* (*swim lanes*). Abb. 4.8 zeigt deren
Anwendung am vorliegenden Prozessbeispiel.

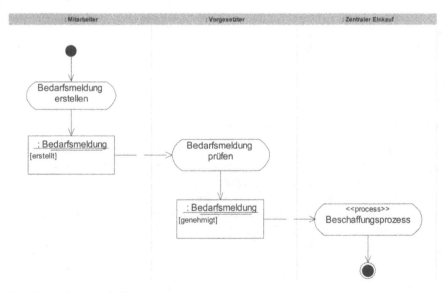

Abb. 4.8 Zuordnung von Rollen zu Aktivitäten über Verantwortlichkeitsbereiche

Eine Alternative ist die in Abb. 4.9 gezeigte Verwendung von stereotypisierten (in die Aktivität eingehenden) Objektflüssen, mittels derer auch die Art der Beteiligung unterschieden werden kann; die Rollen selber werden dementsprechend über „Objekte" repräsentiert, denen Klassen vom Stereotyp *«actor»* zugrunde liegen. Eine mögliche Unterscheidung der Beteiligungsart wäre z.B. über die Verwendung der Stereotypen *«verantwortlich»* und *«beteiligt»* möglich.

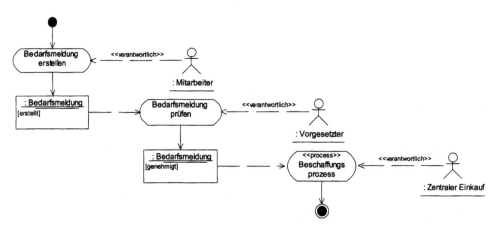

Abb. 4.9 Zuordnung von Rollen zu Aktivitäten über Objektflüsse

Dass die Aktivität „Beschaffungsprozess" tatsächlich einen eigenen Prozess darstellt, zeigt die Verwendung des Stereotyps *«process»*. Abb. 4.10 zeigt eine vielfach verwendete grafische Darstellung dieses Stereotyps, durch welche die betreffende Aktivität auch optisch sofort als Prozess bzw. Teilprozess identifiziert werden kann.

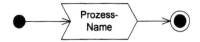

Abb. 4.10 Grafische Darstellung des Stereotyps «process"

Der Beschaffungsprozess selber könnte beispielsweise wie in Abb. 4.11 modelliert werden.

Die Aktivität „verfügbaren Bestand prüfen" verarbeitet die genehmigte Bedarfsmeldung und benötigt zusätzlich Informationen über den vorhandenen Bestand. Ist das vom Mitarbeiter benötigte Arbeitsmittel im Unternehmen verfügbar, erfolgt umgehend dessen Bereitstellung. Ansonsten wird das Arbeitsmittel bei einem externen Lieferanten bestellt. Nach Eingang erfolgt eine Prüfung der Lieferung, abhängig von deren Ergebnis wird die Lieferung reklamiert oder das betreffende Arbeitsmittel bereitgestellt.

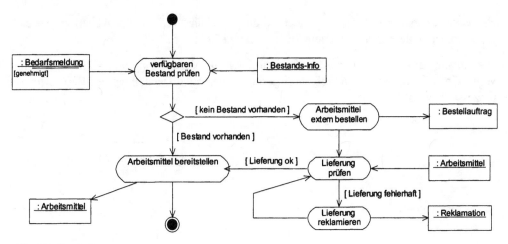

Abb. 4.11 Beschaffungsprozess

Abb. 4.11 zeigt zwei im UML-Standard vorgesehene Methoden für die Darstellung bedingter Verzweigungen. Dies ist zum einen durch Verwendung eines *Verzweigungsknotens* („Raute") möglich, ebenso können aber die betreffenden Transitionen direkt von der Aktivität ausgehend modelliert werden. Vorgabe ist in beiden Fällen die Unterscheidung der möglichen Verzweigungen durch sich gegenseitig ausschließende Bedingungen. Die Verwendung von Verzweigungsknoten ist jedoch bei mehrstufigen Bedingungen obligatorisch. Bei dem in Abb. 4.12 gezeigten Sachverhalt wird Aktivität D ausgeführt, wenn Bedingung 2 und Bedingung 3 zutreffen.

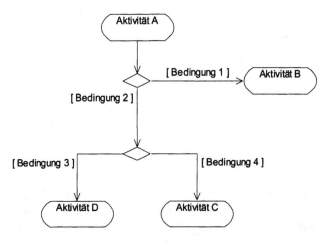

Abb. 4.12 Modellierung mehrstufiger Bedingungen

Die Verwendung von *Signalen* ermöglicht die explizite Darstellung von „gesendeten" und „empfangenen" Informationen. Dabei gilt die dem Signalversand zugrunde liegende Aktion

als beendet, sobald das Signal gesendet wurde, umgekehrt verharrt der Ablauf an der entsprechenden Stelle, bis das erwartete Signal (Ereignis) eintrifft.

Die Aussage des modellierten Ablaufs kann durch die Verwendung von Signalen deutlich
verbessert werden, wie die in Abb. 4.13 gezeigte alternative Darstellung des Beschaffungsprozesses beweist.[4]

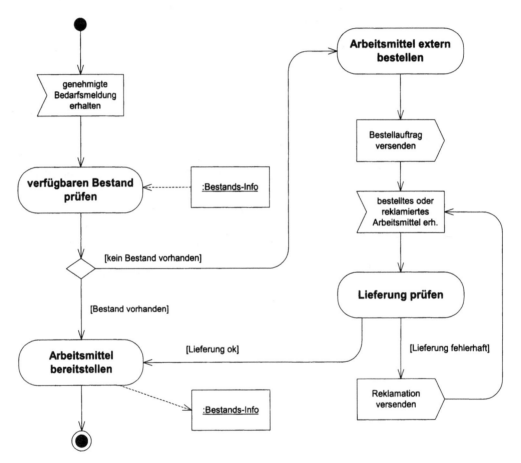

Abb. 4.13 Verwendung von Signalen

Neben bedingten Verzweigungen stellen die Zusammenführung bzw. Synchronisation und
das Splitting von Abläufen weitere wichtige Instrumente für die Modellierung von Aktivitäten dar. In UML werden für die Darstellung beider Sachverhalte so genannte *Synchronisationsbalken* eingesetzt.

---

[4] Allerdings wird die Verwendung von Signalen in Aktivitätsdiagrammen von bestimmten Modellierungstools nicht
unterstützt. Dem aufmerksamen Leser wird möglicherweise aufgefallen sein, dass die in Abb. 4.11 und
Abb. 4.13 gezeigten Diagramme tatsächlich mit unterschiedlichen Tools erzeugt wurden.

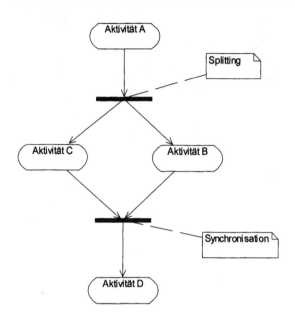

Abb. 4.14 Splitting und Zusammenführung von Aktivitäten 1

Aktivität C *und* Aktivität B aus Abb. 4.14 werden parallel ausgeführt, sobald Aktivität A beendet ist. Aktivität D wird ausgeführt, sobald Aktivität C *und* Aktivität B beendet sind. Dies ist die standardmäßig definierte Semantik und zugleich die einzige in der UML-Version 1.3 bzw. 1.4 standardmäßig vorgesehene Verwendung. Um z.B. den in der Praxis häufig vorkommenden Fall abzubilden, dass nicht notwendigerweise alle nach dem Splitting model-lierten Aktivitäten tatsächlich durchführt werden, muss man sich eines Hilfsmittels bedienen, nämlich der Verwendung von *Zusicherungen (constraints)*.

In Abb. 4.15 erweitert die Zusicherung *{ODER}* die Semantik des Synchronisationsbalkens dahingehend, dass nunmehr die Bearbeitung des Kreditantrags nicht in jedem Fall, sondern (implizit aus dem Modell erkennbar) tatsächlich nur dann erfolgt, wenn der Kunde eine Ra-tenzahlung wünscht. Da die Kreditbearbeitung durch eine andere Stelle (Rolle) erfolgt (was im Modell nicht explizit dargestellt ist, aber intuitiv geschlossen werden kann), wird in die-sem Fall gleichwohl (um z.B. die Durchlaufzeit zu optimieren) der Auftrag schon einmal erfasst. Ist der beantragte Kredit genehmigt, wird der erfasste Auftrag freigegeben und eine Auftragsbestätigung erstellt. Andernfalls ist der Auftrag abzulehnen und es geht eine ent-sprechende Information an den Kunden. Die Verwendung des zweiten Synchronisationsbal-kens entspricht insofern noch der standardmäßigen Semantik der UML, als eine Auftrags-freigabe tatsächlich erst dann erfolgen kann, wenn die Auftragserfassung und die Kreditan-tragsbearbeitung abgeschlossen sind. Wie bereits gesagt, erfolgt die Kreditantragsbearbei-tung jedoch nur dann, wenn der Kunde eine Ratenzahlung wünscht. Andernfalls würde allein die Aktivität „Auftrag erfassen" durchgeführt und der Auftrag direkt nach Abschluss dieser Aktivität freigegeben werden.

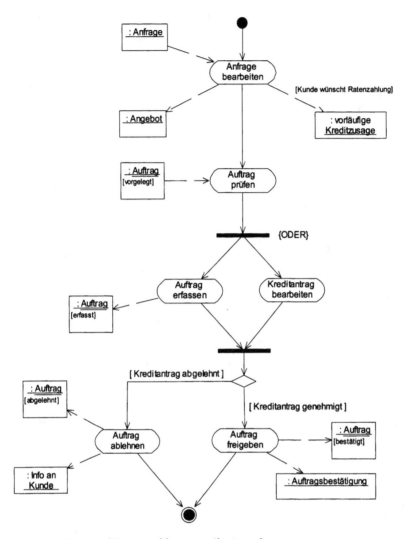

Abb. 4.15 Splitting und Zusammenführung von Aktivitäten 2

Streng genommen ist die bedingte Verzweigung nach dem zweiten Synchronisationsbalken formal nicht ganz korrekt, denn die genannten Bedingungen können eigentlich nur dann zutreffen, wenn tatsächlich eine Kreditantragsbearbeitung erfolgte, was aber nicht grundsätzlich immer der Fall ist. An dieser Stelle sei folgender allgemeiner Hinweis gestattet: Die Erfahrung des Autors zeigt, dass es in der praktischen Anwendung der UML bei der Prozessmodellierung oftmals zielführender ist, nicht auf „das letzte Quentchen" formale Korrektheit in der Darstellung zu achten, wenn davon ausgegangen werden kann, dass der zugrunde liegende Sachverhalt nach allgemeinem Verständnis intuitiv korrekt erfasst wird. Würde man im vorliegenden Fall beispielsweise eine mehrstufige bedingte Verzweigung verwenden, so erschiene der gleiche Prozess unter Umständen komplexer als er tatsächlich wäre.

Grundsätzlich wäre es auch denkbar, die im Beispiel verwendete Zusicherung beim zweiten Synchronisationsbalken zu modellieren. An der Gesamtaussage würde sich hierdurch prinzipiell nichts ändern, da der implizite Rückschluss genauso in „umgekehrter Reihenfolge" stattfinden könnte: Das Splitting am ersten Synchronisationsbalken findet nur statt, wenn tatsächlich eine Zusammenführung am zweiten Synchronisationsbalken erfolgt. Diese Variante ist nunmehr auch „offiziell" in den Standard zur UML 2 [UML2] aufgenommen worden. Die Zusicherung erfolgt dort am zweiten Synchronisationsbalken unter Verwendung des Schlüsselwortes *joinspec*.

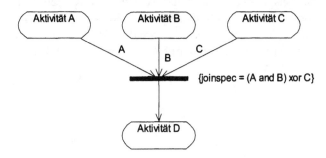

Abb. 4.16 Synchronisation in UML 2

Aktivität D aus Abb. 4.16 gelangt zur Ausführung, nachdem *entweder* sowohl Aktivität A als auch Aktivität B ausgeführt wurden *oder* wenn Aktivität C ausgeführt wurde. Das in UML 2 standardmäßig vorhandene Konstrukt könnte aber in gleichartiger Form auch in UML 1.3 oder 1.4 angewendet werden. Die Zusicherung könnte dann (unter Weglassung des Schlüsselwortes *joinspec*) beispielsweise *{(A and B) xor C}* lauten; A, B und C wären dementsprechend *Ereignisse (events)*, welche die jeweilige Transition auslösen, d.h. unmittelbar mit dem Abschluss der betreffenden Aktivität gekoppelt sind.

Sequenzdiagramme
Während Aktivitätsdiagramme den Fokus auf die zugrunde liegenden Abläufe, d.h. die Abfolge bzw. Abhängigkeiten von Aktivitäten richten, sind *Sequenzdiagramme* vor allem geeignet, die *Interaktion* zwischen den am Prozess beteiligten *Rollen* darzustellen. Abb. 4.17 zeigt die Interaktion zwischen den Rollen „Mitarbeiter", „Vorgesetzter" und „Zentraler Einkauf", die aus dem in Abb. 4.8 beschriebenen Prozess abgeleitet wurde.

In Sequenzdiagrammen repräsentieren *Nachrichten* die durchzuführenden Aktivitäten. Deren Reihenfolge wird durch eine fortlaufende Nummerierung bzw. durch ihre Anordnung von oben nach unten im Diagramm festgelegt. Nachrichten können *Argumente* enthalten, damit ist es möglich, die zwischen den Rollen ausgetauschten Informationen darzustellen. Die der Nachricht zugrunde liegende Beziehung zwischen den beteiligten Rollen entspricht einer „Client-Supplier-Beziehung", frei übersetzt also eine Beziehung zwischen „Anfrager" und „Lieferant". Die Richtung einer Nachricht zeigt dabei vom „Anfragenden" auf den „Lieferanten". Das Beispiel belegt, dass diese grundlegende Semantik im Regelfall recht gut auch auf prozessuale Sachverhalte übertragen werden kann, sie weist aber in diesem Kontext auch Schwächen auf. So ist die Rolle des Mitarbeiters als „Anfrager" bei der Beantragung einer Beschaffung klar nachvollziehbar, hier passt auch der im übertragenen Sinne dargestellte Sachverhalt, dass der „Anfrager" vom „Lieferanten" eine „Dienstleistung" erwartet, im vorliegenden Fall die Genehmigung der beantragten Beschaffung. Schwieriger wird es jedoch bei der Auslieferung der bestellten Arbeitsmittel durch den Zentralen Einkauf an den Mitarbeiter. Intuitiv ist die gewählte Darstellung zwar unmittelbar nachvollziehbar und wird vom Betrachter auch als korrekt empfunden, da die Richtung einer Nachricht zugleich impliziert, wer der Initiator der betreffenden Aktivität ist. Dies ist im vorliegenden Fall ganz sicher der Zentrale Einkauf, der den Mitarbeiter beispielsweise informiert, sobald das gewünschte Arbeitsmittel eingetroffen ist. Das zuvor erläuterte Grundprinzip einer Beziehung zwischen „Anfrager" und „Lieferant" ist auf diesen Sachverhalt aber eher schlecht übertragbar, da die Rolle des „Lieferanten" (im allgemeinen sprachüblichen Sinn) hier tatsächlich durch den (im formalen Sinn) „Anfrager" wahrgenommen wird.

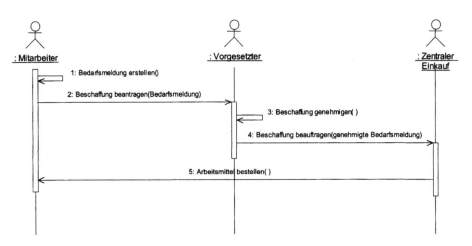

Abb. 4.17 Sequenzdiagramm

Zwar liefern Sequenzdiagramme in gewisser Hinsicht zu Aktivitätsdiagrammen redundante Information, sie implizieren jedoch eine andere Herangehensweise für die Erstellung. Sequenzdiagramme können daher auch für die Qualitätssicherung der bis dahin erstellten Aktivitätsdiagramme verwendet werden. So muss sich jede im Sequenzdiagramm beschriebene Interaktion in einer Aktivität wieder spiegeln, jede an einer Interaktion beteiligte Rolle muss auch an der entsprechenden Aktivität beteiligt sein. Der mit der Interaktion zwangsläufig verbundene „Datenaustausch" liefert weitere Hinweise auf die auch in Aktivitätsdiagrammen darzustellenden Informationen bzw. Informationsflüsse.

Fazit
Aktivitätsdiagramme bieten geeignete Konzepte für die Darstellung aller durch den Ablauf eines Geschäftsprozesses definierten Sachverhalte. Allein durch die Verwendung von Aktivitätsdiagrammen kann nicht nur ausgesagt werden, *was* in welcher *Reihenfolge* zu tun ist,

sondern auch die Zuordnung der beteiligten Rollen (*wer* macht) sowie die Darstellung der verarbeiteten Informationen (Daten) ist mit Aktivitätsdiagrammen möglich. Sie berühren somit die wesentlichen Aspekte von Geschäftsprozessen und stellen das grundlegende Werkzeug für die Geschäftsprozessmodellierung dar. Sequenzdiagramme betonen vor allem die Interaktion zwischen den am Prozess beteiligten Rollen.

4.5 Informationsverarbeitung im Prozesskontext

Für die Untersuchung der im Prozesskontext verarbeiteten Informationen sind nicht nur die bereits behandelten Aspekte aus Ablaufsicht von Bedeutung. Genauso wichtig ist die Betrachtung der strukturellen Beziehungen zwischen den verarbeiteten oder erzeugten Daten selber. Insbesondere gilt dies für die an der Prozessabwicklung beteiligten *Geschäftsobjekte*. Deren Beziehungen zueinander spiegeln wesentliche *Geschäftsregeln* (*business rules*) des Unternehmens wieder und liefern damit eine weitere grundlegende Basis für die Ableitung funktionaler Anforderungen. Dies gilt vor allem für die Softwaresysteme, die für die Konsistenz der verwalteten Daten verantwortlich sind. Wichtig ist in diesem Zusammenhang auch die Kenntnis über die möglichen *Zustände* (*states*) eines Geschäftsobjekts sowie der *Ereignisse* (*events*) und *Aktionen* (*actions*), welche die Zustandsänderung bewirken.

Die Modellierung dieser Sachverhalte erfolgt in UML unter Verwendung von *Klassendiagrammen* und *Zustandsübergangsdiagrammen*.

Klassendiagramme
Mit Klassendiagrammen werden die strukturellen Beziehungen zwischen „Informationseinheiten" dokumentiert. In dieser Form können sie weitgehend analog zu *Entity-Relationship-Modellen* verwendet werden. Abb. 4.18 greift den in Abb. 4.15 beschriebenen Sachverhalt auf und zeigt ein mögliches, diesem Ablauf zugrunde liegendes *Geschäftsobjektmodell*[5].

Die Darstellung der Geschäftsobjekte erfolgt als *Klassen*. Zwischen den Geschäftsobjekten bestehende Beziehungen werden grundsätzlich über (ungerichtete) *Assoziationen* modelliert. Durch Verwendung eines *Assoziationsnamens* kann die jeweilige logische Beziehung konkretisiert werden. Der Name bzw. die Bezeichnung einer Assoziation kann auch eine Angabe zur „Leserichtung" enthalten, hierzu können die Symbole „>" und „<" verwendet werden. Durch Verwendung von *Rollennamen* kann die Art der Beteiligung einer Klasse (bzw. eines Geschäftsobjekts) genauer spezifiziert werden. *Kardinalitäten* zeigen die bestehenden „Mengenbeziehungen". Das Modell aus Abb. 4.18 trifft u.a. folgende Aussagen:

---

[5] Sowohl in der Literatur als auch in der praktischen Anwendung wird oftmals auch von einem „Problembereichsmodell" oder "Domänenmodell" gesprochen. Nach Meinung des Autors trifft jedoch die Bezeichnung "Geschäftsobjektmodell" die grundlegende Aussage dieser Darstellung am besten.

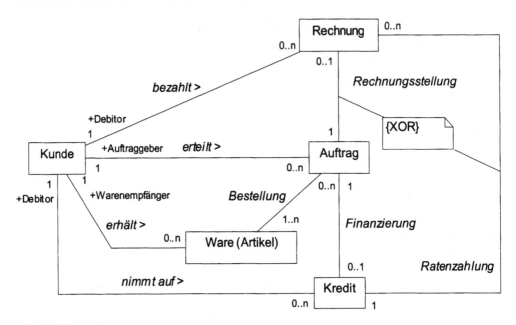

Abb. 4.18 Klassendiagramm

- Ein Kunde kann beliebig viele Aufträge erteilen.
- Ein Auftrag hat genau einen Auftraggeber.
- Ein Auftrag bezieht sich auf mindestens einen Artikel.
- Ein Artikel kann in beliebig vielen Aufträgen enthalten sein.
- Ein Auftrag kann durch einen Kredit finanziert werden.
- Ein Kredit bezieht sich auf genau einen Auftrag.
- Zu einem Auftrag liegt maximal eine Rechnung vor.
- Eine Rechnung bezieht sich auf genau einen Auftrag.
- Eine Rechnung hat genau einen Debitor.
- Eine Rechnung bezieht sich entweder auf genau einen Auftrag oder auf genau einen Kredit
- Ein Kunde kann beliebig viele Kredite aufnehmen.

Geschäftsobjekte können auch *Attribute* enthalten, mit denen die zu verarbeitenden fachlichen Informationen eines Geschäftsobjekts näher beschrieben werden können.

Abb. 4.19 Attribute von Geschäftsobjekten

Geschäftsobjektmodell versus Datenmodell

Geschäftsobjektmodelle dokumentieren unter anderem wesentliche *Geschäftsregeln* des Unternehmens und zeigen somit ausschließlich grundlegende *fachliche* Sachverhalte, welche der Geschäftstätigkeit bzw. den innerbetrieblichen Abläufen des Unternehmens zugrunde liegen. Systemtechnische Rahmenbedingungen oder Bezüge spielen bei der Geschäftsobjektmodellierung keine Rolle.

Datenmodelle hingegen sind Teil des *technischen Systemdesigns*. Sie enthalten so genannte *Entitäts-Klassen*. Diese repräsentieren Informationseinheiten, welche Teil der physischen Datenhaltung des betrachteten Systems sind. Geschäftsobjekte können durch Entitäts-Klassen abgebildet werden, sofern die Verwaltung dieser Geschäftsobjekte in die Zuständigkeit des betreffenden Systems fällt. Im umgekehrten Fall, d.h. die Verantwortung für die Datenpflege liegt bei einem anderen als dem zu entwickelnden System, wird das betreffende Datenmodell keine dem Geschäftsobjekt entsprechenden Entitäts-Klassen beinhalten.[6]

Es ist nicht grundsätzlich davon auszugehen, dass die Beziehung zwischen einer Klasse des Geschäftsobjektmodells zu einer dieses Geschäftsobjekt repräsentierenden Klasse des Datenmodells „1:1" ist. Sowohl aus technischen Gründen als auch wegen sonstiger funktionaler oder nicht-funktionaler Anforderungen werden die Informationen oft auf mehrere Entitäts-Klassen verteilt. Abb. 4.20 zeigt ein Beispiel.

Diesem Datenmodell liegt die Beziehung zwischen „Kunde" und „Auftrag" des Geschäftsobjektmodells aus Abb. 4.18 zugrunde. Bestimmte Anforderungen (z.B. redundanzfreie Datenhaltung, maximale Flexibilität in der Zuordnung der Informationen) wären jedoch bei einer simplen „1:1"-Übertragung des Geschäftsobjektmodells ins Datenmodell nicht erfüllbar. Die zum Geschäftsobjekt „Kunde" zu verwaltenden Informationen werden im Datenmodell durch drei Entitäts-Klassen repräsentiert, für die Abbildung der möglichen logischen Beziehungen zwischen den Geschäftsobjekten „Kunde" und „Auftrag" sind zusätzliche Entitäts-Klassen modelliert. Die Attribute zeigen neben den rein fachlichen Informationen nunmehr auch „technische" Daten, Schlüssel, die der eindeutigen systeminternen Identifikation eines Datensatzes sowie der Implementierung der modellierten Assoziationen dienen.[7]

Die gezeigte Struktur ermöglicht unter anderem

- die Zuordnung beliebig vieler Niederlassungen zu einer Firma,
- die Abbildung komplexerer Firmen- oder Konzernstrukturen, da eine Firma einer anderen Firma zugeordnet werden kann,

---

[6] Stattdessen wird beispielsweise das „fachliche Klassenmodell" des zu entwickelnden Systems, durch das in der Regel der Einstieg in das technische Systemdesign erfolgt, eine *Schnittstellen*-Klasse (*boundary class*; nicht zu verwechseln mit *interface class*) enthalten, über die der „indirekte" Zugriff auf die Daten des Geschäftsobjekts erfolgt.

[7] Tatsächlich zeigt Abb. 4.20 ein so genanntes „objekt-relationales Datenmodell", das als Grundlage für die Umsetzung eines objektorientierten Datenmodells in relationalen Datenbanken dient. Dies erklärt die gezeigte Verwendung von „ID-Attributen".

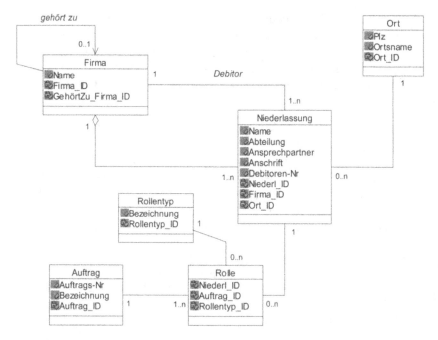

Abb. 4.20 Datenmodell

- die Zuordnung von Firmen (über die Niederlassung) in verschiedenen Rollen zu einem Auftrag (z.B. Besteller, Warenempfänger, Rechnungsempfänger etc.),
- die Zuordnung verschiedener Niederlassungen/Abteilungen/Ansprechpartner in einer Rolle zu einem Auftrag (z.B. vom Besteller abweichende Lieferanschrift),
- die Definition beliebig vieler Rollen, in denen eine Firma (über die Niederlassung) mit einem Auftrag in Beziehung stehen kann,
- die Verwendung eines Postleitzahlenverzeichnisses für die Niederlassungsanschrift.

Zustandsübergangsdiagramme

Geschäftsprozesse verändern Informationen zu den verarbeiteten Geschäftsobjekten. Aktivitätsdiagramme zeigen, welche Daten im zugrunde liegenden Ablauf verarbeitet werden und welche Veränderung sie erfahren. Zustandsübergangsdiagramme beschreiben quasi die umgekehrte Sicht aus dem Blickwinkel des Geschäftsobjekts. Sie zeigen die möglichen Status (Zustände) des Geschäftsobjekts und dokumentieren die Ereignisse bzw. Aktionen, welche die Zustandsänderung bewirken.

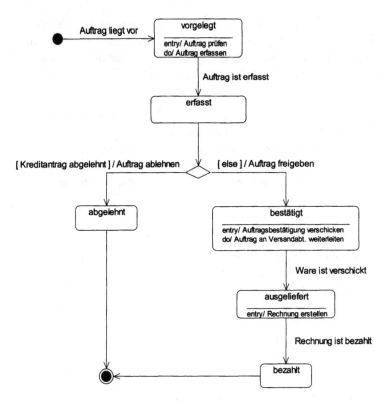

Abb. 4.21 Zustandsübergangsdiagramm

Abb. 4.21 zeigt die möglichen Zustände des Geschäftsobjekts „Auftrag". Zustandsübergänge werden als *Transitionen* (*transitions*) modelliert. Diese tragen die Bezeichnung des zugrunde liegenden *Ereignisses* (*event*) oder der *Aktion* (*action*), welche die Zustandsänderung bewirkt. Aktionen (oder Aktivitäten), die ausgeführt werden, während sich das Geschäftsobjekt in einem bestimmten Zustand befindet, können „innerhalb" des Zustandes beschrieben werden. Bestimmte, in UML standardmäßig definierte Schlüsselworte spezifizieren den Zeitpunkt, zu dem die Aktion stattfindet, genauer. So bezeichnet beispielsweise das Schlüsselwort *entry* Aktionen, die unmittelbar mit Eintritt des betreffenden Zustandes erfolgen. Das Schlüsselwort *do* kennzeichnet Aktionen, die ausgeführt werden, so lange sich das Geschäftsobjekt in dem jeweiligen Status befindet.

Die augenscheinliche Ähnlichkeit der Zustandsübergangsdiagramme zu Aktivitätsdiagrammen ist nicht zufällig. In den UML-Versionen 1.3 bzw. 1.4 sind Aktivitätsdiagramme tatsächlich als eine spezielle Form von Zustandsdiagrammen definiert. Die Aussagen beider Diagrammarten sind somit zwar in weiten Bereichen redundant, unterscheiden sich jedoch im dargestellten Kontext. So beschreiben Aktivitätsdiagramme einen bestimmten Ablauf, durch den zugleich nur die durch diesen Ablauf bewirkten Zustandsänderungen an beteiligten Geschäftsobjekten dokumentiert werden. Zustandsübergangsdiagramme beschreiben hingegen alle möglichen Zustandsänderungen eines Geschäftsobjektes, die durchaus durch verschiedene Abläufe (Prozesse) bewirkt werden können. Die Gegenüberstellung der Modelle aus Abb. 4.15 und Abb. 4.21 verdeutlicht dies. Die gleichzeitige Verwendung von Aktivitätsdiagrammen und Zustandsübergangsdiagrammen stellt somit auch ein sehr gutes Mittel zur Qualitätssicherung dar, da sich die in Aktivitätsdiagrammen modellierten Ereignisse und Aktionen auch in entsprechenden Zustandsübergängen der verarbeiteten Daten wieder finden müssen und umgekehrt.

Grundsätzliche Abhängigkeiten bestehen auch zwischen Aktivitätsdiagrammen (bzw. Zustandsübergangsdiagrammen) und den im Geschäftsobjektmodell gezeigten Sachverhalten. Beispielsweise legt die in Abb. 4.18 gezeigte Beziehung zwischen „Kunde" und „Auftrag" entsprechende Ereignisse und Aktivitäten nahe (z.B. „Kunde erteilt Auftrag", „Auftrag prüfen" etc.). Darüber hinaus müssen sich Geschäftsobjekte als eingehende oder ausgehende Information in Geschäftsprozessen wieder finden.

Fazit
Klassendiagramme und Zustandsübergangsdiagramme stellen neben Aktivitätsdiagrammen die wichtigsten Werkzeuge für die Geschäftsprozessmodellierung dar. Sie dokumentieren die strukturellen Beziehungen zwischen den am Geschäftsprozess beteiligten Geschäftsobjekten, während Aktivitätsdiagramme den zugrunde liegenden Ablauf betonen. Die genannten Darstellungen ergänzen einander und bilden gemeinsam eine umfassende Basis für die Ableitung funktionaler Anforderungen.

4.6   Vom Geschäftsprozess zur Anforderung

Die bisherigen Kapitel behandelten bestimmte Aspekte der Geschäftsprozessmodellierung und zeigten, wie diese mit der Unified Modeling Language (UML) dargestellt werden können. Nunmehr geht es darum, darzustellen, wie die gewonnenen Ergebnisse genutzt werden können, um die konkreten Anforderungen an das bereit zu stellende System zu ermitteln. Der Beitrag legt zugrunde, dass die Anforderungsdokumentation mit *Anwendungsfällen* (*use cases*) erfolgt. Die nachfolgenden Abschnitte geben einen Einblick in die Methodik der Anwendungsfallmodellierung bzw. -beschreibung und zeigen, wie die bisher behandelten Geschäftsprozessmodelle für die direkte Ableitung funktionaler Anforderungen, d.h. von Anwendungsfällen genutzt werden können.[8]

Anwendungsfälle – Definition und Eigenschaften
Ein Anwendungsfall beschreibt eine logisch zusammenhängende *Abfolge von Aktionen* bzw. Aktivitäten, die durch das System ausgeführt werden und zu einem *wahrnehmbaren Nutzen* für den Anwender führen.

---

[8] Trotz einer kurzen Einführung setzt der Beitrag beim Leser gewisse Kenntnisse zur Anwendungsfallmodellierung bzw. Anwendungsfallbeschreibung voraus. Eine ausführlichere Behandlung dieses Themas würde den Rahmen des Beitrags sprengen.

Die Zusammenfassung aller Anwendungsfälle eines Systems dokumentiert dessen gesamte Funktionalität. Die Beschreibung erfolgt in der so genannten „Außensicht", d.h. ein Anwendungsfall spezifiziert, *was* ein System tut und nicht, *wie* die Funktion im System implementiert ist. Maßgeblich für die Beschreibung der Interaktion zwischen Anwender und System ist die Sicht des Anwenders bzw. des *initiierenden Akteurs*. Akteure beschreiben die an der Interaktion teilnehmenden *Rollen*; neben natürlichen Personen können dies auch andere an der Ausführung beteiligte Systeme sein. Abb. 4.22 zeigt zwei typische Dienste (Anwendungsfälle) eines Selbstbedienungsterminals einer Bank.

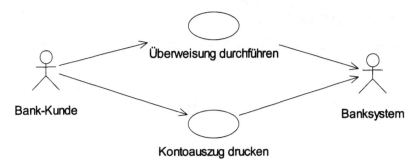

Abb. 4.22 Anwendungsfälle eines SB-Terminals

Die Verbindung zwischen Akteur und Anwendungsfall erfolgt durch *gerichtete Assoziationen*. Bei initiierenden Akteuren bzw. Anwendern des Systems zeigt die Assoziationsrichtung vom Akteur auf den Anwendungsfall. Bei beteiligten Systemen zeigt die Richtung vom Anwendungsfall auf den Akteur. Anwender eines Systems müssen nicht zwangsläufig natürliche Personen sein. Abb. 4.23 stellt beispielhaft den Kontext des Anwendungsfalls „Kontoauszug drucken" aus Sicht des Banksystems dar.

Hier ist nunmehr das SB-Terminal „Anwender" des Banksystems, das von diesem Daten zu aktuellen Kontobewegungen anfordert.

Abb. 4.23 Anwendungsfalldiagramm Banksystem

Struktur von Anwendungsfallbeschreibungen
Die Mindestanforderungen an die Inhalte einer Anwendungsfallbeschreibung können aus den grundlegenden Eigenschaften von Anwendungsfällen abgeleitet werden (vgl. Kapitel 4.3). Anwendungsfallbeschreibungen spezifizieren somit

- Anfang und Ende des Anwendungsfalls:
  Wann beginnt der Anwendungsfall bzw. wie wird die zugrunde liegende Funktion aufgerufen? Wann bzw. wie endet der Anwendungsfall?
- Durchgeführte Aktivitäten:
  In welcher Reihenfolge werden welche Aktionen ausgeführt? Wie ist der standardmäßige Ablauf und welche Varianten oder Ausnahmen existieren?
- Verarbeitete Information:
  Welche Daten werden dem System vom Akteur übergeben, welche Ergebnisse erhält der Akteur nach Ausführung vom System?
- Steuerung durch Aktionsträger:
  Wer (Akteur oder System) führt welche Aktivität aus?

Nachstehend eine beispielhafte Beschreibung des Anwendungsfalls „Kontoauszug drucken",
die alle oben genannten Aspekte berücksichtigt.

Beschreibung zu Anwendungsfall „Kontoauszug drucken"

Start

Der Anwendungsfall beginnt, sobald der Bank-Kunde seine EC-Karte in den Karteneinzugsschacht des SB-Terminals steckt.

Normalablauf

Das SB-Terminal liest die auf der Karte gespeicherten Kontodaten und fordert anschließend den Bank-Kunden zur Entnahme seiner EC-Karte auf. Nach Entnahme der Karte übergibt das SB-Terminal die Kontodaten des Bank-Kunden an das Banksystem. Das Banksystem liefert die Kontobewegungen, die seit dem letzten Auszugsdruck stattgefunden haben. Das SB-Terminal druckt den bzw. die Kontoauszüge und fordert den Bank-Kunden nach Fertigstellung des Drucks zur Entnahme seiner Kontoauszüge auf. Der Anwendungsfall endet, sobald der Bank-Kunde seine Auszüge entnommen hat.

Varianten/Ausnahmen

Wird die EC-Karte nach Aufforderung durch das SB-Terminal nicht innerhalb von 60 Sekunden vom Bank-Kunden entnommen, zieht das SB-Terminal die Karte ein und der Anwendungsfall endet.

Werden die gedruckten Kontoauszüge nach Aufforderung durch das SB-Terminal nicht innerhalb von 60 Sekunden vom Bank-Kunden entnommen, zieht das SB-Terminal die Auszüge ein und der Anwendungsfall endet.

Vom Geschäftsprozess zum Anwendungsfall

Anwendungsfälle beschreiben Dienste eines Systems, die ein Anwender bei der Durchführung seiner Aufgaben nutzen kann. Dazu liefert das System dem Anwender notwendige Informationen oder übernimmt bestimmte Aufgaben des Anwenders komplett. Die erste grundlegende Tätigkeit bei der Anforderungsspezifikation besteht aus der *Systemabgrenzung*.

Maßgebliche Fragestellungen sind hierbei u.a.

- Welche Aktivitäten des Geschäftsprozesses sollen bzw. können durch ein bereit zu stellendes System unterstützt werden?
- Welche Funktionen muss das System hierzu bieten?
- Falls einzelne für die Abwicklung des Prozesses notwendige Funktionen durch verschiedene Systeme bereit zu stellen sind, welche Abhängigkeiten bestehen zwischen diesen Systemen?

Sind zunächst die durch ein (Software-)System zu unterstützenden Aktivitäten eines Geschäftsprozesses identifiziert, liefern die zugrunde liegenden Arbeitsschritte weitere Hinweise. Die notwendigen Systemfunktionen lassen sich dabei aus den für die Arbeitsschritte erforderlichen bzw. über die aus den Arbeitsschritten erzeugten Informationen (Daten) ableiten.

Abb. 4.13 zeigt einen „internen Beschaffungsprozess". Die Arbeitsschritte der Aktivität „Arbeitsmittel extern bestellen" könnten wie in Abb. 4.24 beschrieben sein.

Ein System, das die Abwicklung dieser Arbeitsschritte unterstützen soll, müsste somit u.a. folgende Funktionen anbieten:

- Abfrage der zu einem Artikel verfügbaren Lieferanten
- Anzeige des Preises für den zu bestellenden Artikel beim jeweiligen Lieferanten
- Anlage und Versand des Bestellauftrages
  (Der Einfachheit halber wurde auf eine weitere mögliche Unterteilung des Arbeitsschrittes „Artikel bestellen" verzichtet, jedoch sei zugrunde gelegt, dass der Versand des Bestellauftrages über Mail oder Fax erfolgen soll.)

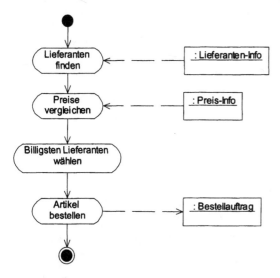

Abb. 4.24 Arbeitsschritte zu „Arbeitsmittel extern bestellen"

Die von der Ausführung der Arbeitsschritte betroffenen Geschäftsobjekte können aus den dargestellten Informationsflüssen abgeleitet werden, die Beziehungen der Geschäftsobjekte ergeben sich aus den zugrunde liegenden Geschäftsregeln. Abb. 4.25 zeigt das mögliche Geschäftsobjektmodell.

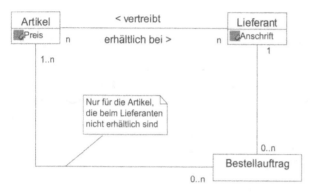

Abb. 4.25 Geschäftsobjekte zu „Arbeitsmittel extern bestellen"

Sollen die Daten zu den beteiligten Geschäftsobjekten durch das gleiche System verwaltet werden, so muss das System für jedes Geschäftsobjekt entsprechende „Verwaltungsfunktionen" zur Verfügung stellen.

Aus den bisherigen Sachverhalten ließe sich somit ein erstes *Anwendungsfallmodell* ableiten (Abb. 4.26).

Beispielhaft sei hieraus der Anwendungsfall „Lieferanten anzeigen" näher beschrieben.

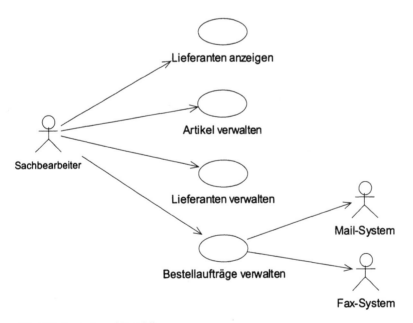

Abb. 4.26 Anwendungsfallmodell

Beschreibung zu Anwendungsfall „Lieferanten anzeigen"

Start

Der Anwendungsfall beginnt, sobald der Sachbearbeiter die Funktion „Lieferanten anzeigen" aus dem Hauptmenü des Systems aufruft.

Normalablauf

Das System fordert zur Eingabe der Suchkriterien auf. Folgende Eingaben sind möglich: Name, Ort, Plz-Bereich, Artikelgruppe, Artikel-Nr. Nach Bestätigung der Eingabe sucht das System nach passenden Lieferanten: Bei Verwendung des Plz-Bereiches sucht das System Lieferanten, die in einer Postleitzahl innerhalb des Bereiches ansässig sind. Wird nur der „von-Wert" eingegeben, sucht das System nach Lieferanten, die an dieser Plz ansässig sind. Bei Angabe einer Artikelgruppe sucht das System nach Lieferanten, die mindestens einen Artikel dieser Gruppe führen. Bei Angabe einer Artikel-Nr. sucht das System nach Lieferanten, die diesen Artikel führen. Bei Eingabe mehrerer Suchkriterien werden diese mittels „und-Verknüpfung" verbunden. Ist die Suche erfolgreich, zeigt das System eine Liste mit folgenden Informationen: Name, Ort, Artikelgruppe, Artikel, Preis des Artikels. Die Liste ist standardmäßig nach Ort, Name, Artikelgruppe und Artikel sortiert. Das System bietet folgende Optionen für die weitere Bearbeitung: 1. Durchführung einer erneuten Suche, der Anwendungsfall beginnt von vorn. 2. Änderung der Sortierung 3. Beendigung der Funktion, d.h. der Anwendungsfall endet.

Varianten

Nach Auswahl der Option „Sortierung ändern" ermöglicht das System, die in der Liste angezeigten Felder in eine beliebige Sortierreihenfolge zu stellen. Nach Bestätigung der neuen Sortierreihenfolge sortiert das System die Treffermenge neu und zeigt die Liste in der neuen Sortierung an. Das System bietet erneut die im Hauptablauf genannten Optionen für die weitere Bearbeitung.

Ausnahmen

Findet das System nach Bestätigung der eingegebenen Suchkriterien keine passenden Lieferanten, zeigt das System eine entsprechende Fehlermeldung und ermöglicht den Abbruch des Anwendungsfalls oder die erneute Suche.

Abb. 4.27 zeigt den im Anwendungsfall beschriebenen Ablauf als Aktivitätsdiagramm.

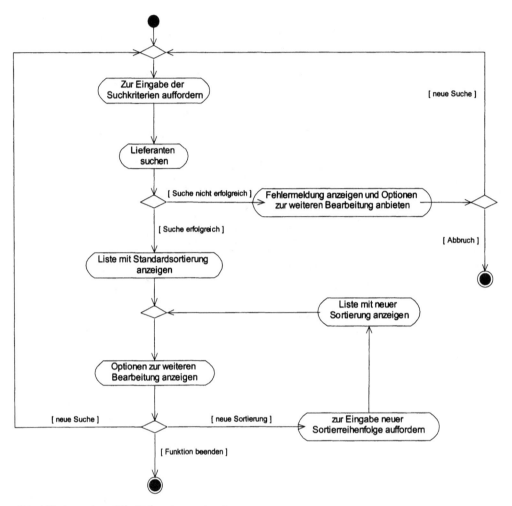

Abb. 4.27 Anwendungsfall „Lieferanten anzeigen"

Dem zweiten Fallbeispiel liegen bereits modellierte Sachverhalte aus den Kapiteln 4.4 und 4.5 zugrunde, das angenommene Szenario lautet wie folgt: Zu unterstützen sind die Aktivitäten „Auftrag erfassen", „Auftrag ablehnen" und „Auftrag freigeben" des Prozesses aus Abb. 4.15. Für die Verwaltung der Daten zu den Geschäftsobjekten „Rechnung", „Ware (Artikel)" und „Kredit" existieren vorhandene Systeme, das bereit zu stellende System soll daher grundsätzlich nur die notwendige Funktionalität zur Verwaltung der Daten zu „Auftrag" und „Kunde" bieten (vgl. Geschäftsobjektmodell aus Abb. 4.18). Die möglichen Arbeitsschritte zur Aktivität „Auftrag erfassen" sind in Abb. 4.28 beschrieben.

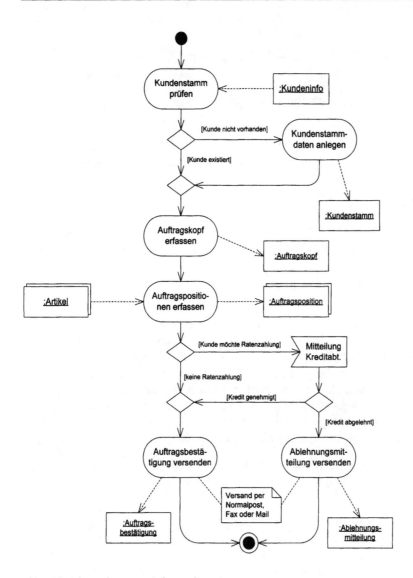

Abb. 4.28 Arbeitsschritte zu „Auftrag erfassen"

Erneut lassen sich aus den genannten Rahmenbedingungen erste Anwendungsfälle ableiten (Abb. 4.29).

Das Anwendungsfallmodell greift den in Abb. 4.28 gezeigten Sachverhalt auf, wonach die Anlage eines neuen Kundenstammsatzes direkt im Rahmen der Aktivität „Auftrag erfassen" erfolgen kann. Die dazu notwendige Funktionalität ist eigentlich Bestandteil des Anwendungsfalls „Kunden verwalten", der jedoch an der entsprechenden Stelle des Ablaufs zur Auftragserfassung den Anwendungsfall „Aufträge verwalten" erweitert und so die notwendige zusätzliche Funktionalität für die Auftragserfassung bereitstellt.

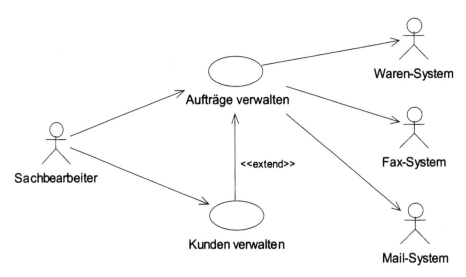

Abb. 4.29 Anwendungsfallmodell „Auftragsbearbeitungssystem"

Abb. 4.20 zeigt das aus dem Geschäftsobjektmodell abgeleitete Datenmodell. Dieses liefert weitere Hinweise auf notwendige Basisfunktionalität. Tatsächlich erfolgt ja in diesem Fall die Abbildung des Geschäftsobjekts „Kunde" über drei Entitätsklassen, nämlich „Firma", „Niederlassung" und „Ort". Darüber hinaus enthält das Datenmodell eine weitere Entitätsklasse „Rollentyp", mit deren Hilfe die möglichen Rollenbeziehungen zwischen den Geschäftsobjekten „Kunde" und „Auftrag" definiert werden können (z.B. „Besteller", „Rechnungsempfänger", „Warenempfänger" etc.). In Abb. 4.30 ist dargestellt, wie das diesem Sachverhalt entsprechende überarbeitete Anwendungsfallmodell aussehen könnte.

Das überarbeitete Anwendungsfallmodell zeigt neben der erweiterten fachlichen Aussage auch die optionale (gleichwohl in vielen Fällen durchaus sinnvolle) Verwendung weiterer UML-Modellelemente.

Pakete grenzen Anwendungsfälle in Form von „fachlichen Funktionsgruppen" voneinander ab und sind vor allem bei der Modellierung komplexerer Systeme ein unverzichtbares Mittel, um die Lesbarkeit bzw. Übersicht im Anwendungsfallmodell zu wahren. Im vorliegenden Fall wird somit gezeigt, dass die ursprünglich als ein einziger Anwendungsfall modellierte Funktion „Kunden verwalten" nunmehr über zwei (logisch und funktional verbundene) Anwendungsfälle „Firmen verwalten" und „Niederlassungen verwalten" abgedeckt wird.

Die Verwaltung der Daten zu den im Datenmodell enthaltenen Entitäten „Ort" und „Rollentyp" obliegt eigenen Anwendungsfällen, die außerdem mit einem weitere Akteur „Administrator" verbunden sind, womit gezeigt wird, dass diese Funktionen nicht dem „normalen" Sachbearbeiter zur Verfügung stehen (was zugleich die notwendige Umsetzung eines Berechtigungskonzepts impliziert, woraus mindestens ein weiterer Anwendungsfall, z.B. „Berechtigungen verwalten" abgeleitet werden könnte).

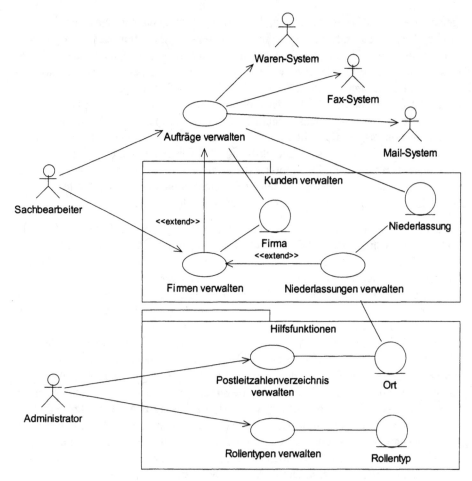

Abb. 4.30 Erweitertes Anwendungsfallmodell „Auftragsbearbeitungssystem"

Der Anwendungsfall „Niederlassungen verwalten" erweitert den Anwendungsfall „Firmen verwalten" und weist die Besonderheit auf, dass er nicht direkt durch einen Akteur initiiert wird. Für die praktische Umsetzung bzw. Anwendung des Systems bedeutet dies für den Sachbearbeiter, dass der Zugang zur Funktion „Niederlassung verwalten" nur über die Funktion „Firmen verwalten" möglich ist, diese also nicht direkt (z.B. aus dem Hauptmenü) aufgerufen werden kann.

Eine Besonderheit ist die Verwendung von *Entitätsklassen* im Anwendungsfallmodell. Dargestellt sind diese in ihrer typischen grafischen Repräsentation; tatsächlich handelt es sich um Klassen vom Stereotyp *«entity»*. In dieser Form zeigt die Darstellung gewissermaßen einen Mix aus rein fachlicher Aussage („welche Geschäftsobjekte sind mit welcher Funktion verbunden?") und Schritt in Richtung technischer Umsetzung. Dies mag eine Gradwanderung sein, da – wie schon zuvor ausgesagt – im Anwendungsfallmodell eigentlich noch kein Bezug zur technischen Umsetzung herzustellen, sondern lediglich auszusagen ist, *was* das System leistet (und nicht *wie*).

Nach eigener Erfahrung des Autors hat sich dieser (formal durchaus korrekte) Ansatz jedoch im praktischen Einsatz bewährt, da durch die Verbindung von Funktion zu Geschäftsobjekt bzw. umgekehrt in vielen Fällen auch die Qualität der fachlichen Aussage des Anwendungsfallmodells erhöht werden konnte. Eine wesentliche Hilfestellung liefert dieser Ansatz aber vor allem bei dem Übergang zwischen der rein fachlichen Anforderungsanalyse zum technischen Systemdesign, genauer gesagt bei der funktionalen Abgrenzung von Subsystemen. So dürfte beispielsweise bei einer mehrschichtigen Systemarchitektur die „Steuerung" eines Anwendungsfalls (sozusagen die „Ablaufkontrolle") durch Komponenten höherer Schichten implementiert werden (z.B. „Geschäftslogik-Schicht" oder „Steuerungs-Schicht", oftmals Teil des so genannten „Front-End"), während die Basisfunktionen für die Datenverwaltung von Komponenten niederer Systemschichten (z.B. „Geschäftsobjekt-Schicht" oder „Datenzugriffs-Schicht", vielfach „Back-End" genannt) abgewickelt werden.

Selbstverständlich lassen sich die funktionalen Anforderungen sowohl von „Front-End-Systemen" als auch von „Back-End-Systemen" wiederum mittels Anwendungsfällen dokumentieren. Die Tatsache, dass überhaupt eine derartige Systemtrennung schon im Vorfeld, d.h. schon bei der fachlichen Systemabgrenzung im Rahmen der Anforderungsanalyse erwogen wird, mag durchaus die Folge einer fachlichen Anforderung sein. So bedeutet beispielsweise der Aspekt der „Vertriebswege-Neutralität" im Banken-Umfeld, dass bestimmte Basisfunktionen, z.B. „Durchführung einer Überweisung" von einem entsprechenden „Basis-System" („Back-End-System") in einer Weise zu implementieren sind, dass unabhängig davon, ob diese Grundfunktion z.B. von einem Homebanking-Kunden über seine Homebanking-Software aufgerufen wird oder durch einen Sachbearbeiter in einer Bankfiliale (mit einer anderen Software), keine funktionalen Anpassungen im „Back-End-System" erforderlich sind, um diese verschiedenen Vertriebswege (Homebanking bzw. Bankfiliale) systemseitig zu unterstützen. Ziel der Anforderungsanalyse wäre es in diesem Kontext somit vor allem, die notwendigen Funktionalitäten so voneinander abzugrenzen, dass eine entsprechende Zuordnung zu „Front-End-Systemen" bzw. „Back-End-Systemen" überhaupt in fachlich sinnvoller Weise erfolgen kann. Die in Abb. 4.30 gezeigte Darstellung deutet auf einen Weg, wie dieser Ansatz methodisch unterstützt werden kann.

Fazit
Anwendungsfälle sind ein geeignetes Konzept für die Dokumentation funktionaler Anforderungen an (Software-)Systeme. Die damit verbundene Art der Anforderungsbeschreibung ist zwar grundsätzlich an kein spezielles Vorgehen bei der Anforderungsanalyse gebunden, der Nutzen von Anwendungsfällen bzw. die Qualität der erstellten Anwendungsfallmodelle ist aber durch die Methode, nach der die Anforderungsanalyse betrieben wurde, wesentlich beeinflussbar. Grundlegende Fragestellungen sind:

- Ist das Anwendungsfallmodell vollständig, d.h. enthält dieses alle notwendigen Funktionen?
- Weisen die Anwendungsfälle die richtige Granularität auf? (Nicht zu grob strukturiert, aber auch keine „funktionale Zerlegung".)
- Ist die funktionale Abgrenzung des bereit zu stellenden Systems bzw. der beteiligten Systeme korrekt? („Welche Funktion gehört zu welchem System?")

Die voran gegangenen Abschnitte dieses Beitrags zeigen einen Weg, den oben genannten Fragestellungen gerecht zu werden und somit die wesentlichen Ziele der Anforderungsanalyse zu erreichen.

4.7   Zusammenfassung

Anforderungen an Systeme, welche der Abwicklung innerbetrieblicher Abläufe dienen, sind letztlich durch die Geschäftsprozesse des Unternehmens definiert.

Die grundlegenden Aspekte dabei sind:

- Geschäftsregeln
- Geschäftsobjekte
- Aktivitäten und Arbeitsschritte
- Ausführende bzw. beteiligte Rollen
- Zur Ausführung notwendige sowie
- bei Ausführung erzeugte Informationen

Die hieraus ableitbaren elementaren Systemanforderungen betreffen die

- Implementierung von Geschäftsregeln (→ Plausibilitäts-/Konsistenzprüfungen)
- Verwaltung von Geschäftsobjekten (→ Stammdaten, Bewegungsdaten)
- Steuerung des Zugriffs auf Systemfunktionen (→ Berechtigungskonzept)
- Bereitstellung notwendiger Informationen zur Ausführung
  (→ Auswertungen/Reports, Überwachung/Monitoring)
- Abwicklung von Abläufen (→ Workflows)

Die Unified Modeling Language (UML) bietet verschiedene Konzepte, die zur Darstellung der obigen Sachverhalte genutzt werden können:

- Aktivitätsdiagramme
  beschreiben Aktivitäten, Arbeitsschritte sowie verarbeitete Daten und ermöglichen die Zuordnung von Rollen. Die zur Bereitstellung notwendiger Informationen erforderlichen Systemfunktionen lassen sich aus den Arbeitsschritten einer Aktivität ableiten.
- Sequenzdiagramme
  zeigen die Interaktion zwischen Prozessbeteiligten und spiegeln den im Aktivitätsdiagramm modellierten Ablauf aus einer anderen Sicht wieder.
- Klassendiagramme
  dokumentieren Geschäftsobjekte mit deren Beziehungen zueinander und beschreiben somit wesentliche Geschäftsregeln des Unternehmens, deren Einhaltung durch die verantwortlichen Systeme sicherzustellen ist.
- Zustandsübergangsdiagramme
  zeigen die möglichen Status eines Geschäftsobjekts. Die notwendigen Verwaltungsfunktionen der Systeme, die für die betreffenden Geschäftsobjekte zuständig sind, lassen sich aus den Ereignissen und Aktionen ableiten, welche die Zustandsänderung bewirken.

- Anwendungsfälle
  beschreiben die Funktionalität des Systems und stellen der Themenstellung des Beitrags entsprechend das eigentliche Ziel der Geschäftsprozessmodellierung dar. Die vorgenannten UML-Konzepte liefern die notwendige Grundlage für deren Definition und Beschreibung.

Fazit

Die heute etablierten Methoden zur objektorientierten Analyse und Design ermöglichen den nahtlosen Übergang von der Anforderung zur technischen Umsetzung und gewährleisten die Konsistenz von fachlicher und technischer Systemdokumentation. Die Verwendung gleicher Methoden auch für die Beschreibung von Geschäftsprozessen schafft die Grundlage für die Verknüpfung von Prozessmodellen mit Systemmodellen. Erst dieser Ansatz stellt sicher, dass alle fachlichen Anforderungen bei der Systementwicklung umfassend und in korrekter Weise berücksichtigt werden.

Obwohl der Beitrag deren grundsätzliche Eignung dafür bestätigt, ist der Einsatz der UML für die Modellierung von Geschäftsprozessen nach wie vor nicht unumstritten. Weiterhin, und das gilt auch für die neueste Version 2.0, liefert die UML nicht für alle geschäftsprozesstypischen Sachverhalte geeignete Modellierungskonzepte.

Aus Sicht des Autors können die bestehenden Nachteile der UML bei Einsatz für die Modellierung von Geschäftsprozessen jedoch billigend in Kauf genommen werden. Der Schwerpunkt der Anwendung von UML für die Modellierung von Geschäftsprozessen ist sicherlich nicht in der Analyse mit dem Ziel der Optimierung betrieblicher Strukturen und Abläufe zu sehen. Im Vordergrund stehen vielmehr die Aspekte, die unmittelbar der Ableitung funktionaler Anforderungen an Systeme dienen, welche die Abwicklung betrieblicher Abläufe unterstützen sollen. Die Vollständigkeit und Richtigkeit der Anforderungen ist aber das erste grundlegende Kriterium, das über Erfolg oder Misserfolg im späteren Einsatz des bereitgestellten Systems entscheidet. In der Durchgängigkeit der Darstellung über alle für die Systementwicklung relevanten Bereiche zeigt sich die wesentliche Stärke der UML.

4.8   Literatur

[ARM]   F. Armour, G. Miller. *Advanced Use Case Modeling*. Addison-Wesley, 2001

[COC]   Alistair Cockburn. *Writing Effective Use Cases*. Addison-Wesley, 2001

[EPE]   Hans-Erik Eriksson, Magnus Penker. *Business Modeling with UML: Business Patterns at Work*. OMG Press. Wiley Computer Publishing, 2000

[KRU]   P. Kruchten. *The Rational Unified Process: An Introduction*. Addison-Wesley, 1999

[OEP]   B. Oesterreich, oose.de GmbH. *Object Engineering Process*. http://www.oose.de/oep

[OES]   Bernd Oesterreich. *Objektorientierte Softwareentwicklung: Analyse und De-sign mit der Unified Modeling Language – 4., aktual. Aufl.* Oldenbourg, 1998

[SOP]   M. Jeckle, C. Rupp, J. Hahn, B. Zengler, S. Queins. *UML 2 glasklar.* Hanser, 2004

[UML1]   Object Management Group (OMG). *Unified Modeling Language Specification Version 1.4.2.* http://www.omg.org/docs/formal/04-07-02.pdf

[UML2]   Object Management Group (OMG). *UML 2.0 Infrastructure Specification (final adopted specification), UML 2.0 Superstructure Specification (final adopted specification).*
http://www.omg.org/docs/ptc/03-09-15.pdf, http://www.omg.org/docs/ptc/03-08-02.pdf

Weiterführende Literatur
B. Oesterreich, C. Weiss, C. Schröder, T. Weilkiens, A. Lenhard. *Objektorientierte Ge-schäftsprozessmodellierung mit der UML.* dpunkt.verlag, 2003

5 Komponentenmodellierung mit den Mitteln der UML 1.x und UML 2.0

Ulrike Gröttrup, Bayerische Landesbank
Thomas Tensi, sd&m AG

Bei der objektorientierten Modellierung von großen Anwendungen stößt man auf zwei Anforderungen: Eine ist, dass man im Anwendungsmodell notwendigerweise gröbere Einheiten als Klassen haben muss: die Komponenten. Komponenten sind keine Klassen, aber kommunizieren ebenso wie diese über wohldefinierte Schnittstellen miteinander. Im Gegensatz zu Klassen bilden Komponenten aber Enthaltenseinshierarchien.

Die andere Anforderung ergibt sich daraus, dass in der Modellierung sowohl ein fachliches Klassen-/Komponentenmodell, als auch ein implementiertes technisches Klassen-/Komponentenmodell anfallen. Das technische Modell hängt eng mit dem fachlichen zusammen, aber es gibt doch wesentliche Unterschiede zwischen beiden. Man möchte jedes der Modelle für sich fortschreiben können, ohne den engen Zusammenhang zu verlieren.

Leider bietet die UML 1.x bezüglich beider Probleme keine gute Unterstützung. Erstens sind Komponenten der UML Einheiten der physischen Implementierung ohne Möglichkeit zur Schachtelung. Zweitens propagieren konventionelle Vorgehen ein evolutionäres Fortschreiben des fachlichen Klassenmodells in ein technisches und die fachlichen Teile des Modells sind letztlich nicht mehr identifizierbar.

In diesem Artikel beschreiben wir, wie man trotzdem die UML 1.x so nutzen kann, dass obige Anforderungen abgedeckt werden. Darüber hinaus geben wir einen Ausblick, wie man mit der kommenden UML 2.0 diese Modellierungsprobleme noch besser lösen kann.

Über die Autoren

Ulrike Gröttrup hat langjährige Erfahrung als Entwicklerin und Beraterin für IT-Systeme verschiedener Branchen, speziell aber auch als Expertin zu den Themen objektorientierte Modellierung und OO-Vorgehensmodelle. Derzeit arbeitet sie im Modellierungssupport der Bayerischen Landesbank in München.

Dr. Thomas Tensi ist Chefberater bei der sd&m AG in München. Er ist dort Experte für Konzepte zur Modellierung von Anwendungslandschaften und für objektorientierte Modellierung (insbesondere mit der Unified Modelling Language). Darüber hinaus interessiert er sich für Programmiersprachen und deren semantische Feinheiten.

5.1   Komponentenbegriff

Genau genommen ist der Begriff der Komponente nicht neu. Auf der legendären Software-Engineering-Konferenz hat Douglas McIlroy bereits 1968 festgestellt, dass *„jede reife Industrie auf Komponenten basiert, weil erst diese die Beherrschung großer Systeme gestatten"* [SEK68].

In den achtziger Jahren wurde dieser Anspruch in Programmiersprachen wie Ada oder Modula bereits recht tragfähig umgesetzt, auch wenn damals die Komponenten Module oder Pakete genannt wurden ([Ada83], [Nel91], [Wir82]). In den neunziger Jahren hat die objektorientierte Spezifikation, Konstruktion und Realisierung große Bedeutung gewonnen. Dabei wurden die modularen Ansätze aufgegeben und die Softwaresysteme vorrangig als Netze von kooperierenden Klassen strukturiert.

Es zeigt sich, dass Klassen sehr gut geeignet sind, um Information zu kapseln (passend zum ursprünglichen Parnas'schen Modulbegriff, [Par72]). Sie sind aber viel zu feinkörnig, um komplexe Softwaresysteme zu strukturieren, insbesondere weil sie nicht geschachtelt werden können und weil sie keine expliziten Abhängigkeiten zu ihren Dienstleistern benennen. Aus diesem Grund sind eigentlich die gängigen Programmiersprachen der neunziger Jahre, Java und C++, erheblich untauglicher für die Konstruktion großer Softwaresysteme als ältere Sprachen wie Ada oder Modula.

Die UML 1.x [OMG99] hält sich in ihrer Definition an die puristische Objektorientierung: Eine Komponente ist eine physische Einheit der Implementierung. Beispielsweise kann eine Komponente eine Quelldatei repräsentieren, in der der Programmcode einer oder mehrerer Klassen abgelegt ist. Diese Klassen sind dann im UML-Modell mit der Komponente verbunden.

Dieser Begriff der UML 1.x ist für die Praxis untauglich. Der Aspekt der physischen Installation ist meist bedeutungslos. Vielmehr benötigt man einen Komponentenbegriff, der bei der Strukturierung von großen Softwaresystemen hilft. Wir verstehen eine Komponente also <u>nicht</u> als ein physisches Konstrukt, sondern als ein konzeptuelles.

Daraus ergeben sich die folgenden Eigenschaften einer Komponente, die für die Architekturmodellierung von Softwaresystemen geeignet sind:

* Komponenten haben Schnittstellen. Die Schnittstellen der Komponenten sind explizit benannt und von den Implementierungen getrennt (z.B. wegen Versionierung oder Übersetzungsabhängigkeiten). Eine Schnittstelle beschreibt die Dienste, die diese Komponente anbietet und die Regeln, die für diese Dienste gelten. Nach außen veröffentlichte Informationen der Komponente werden ebenfalls über Dienste bereitgestellt,
* Abhängigkeiten zwischen Komponenten und/oder Schnittstellen sind explizit.

- Eine Komponente darf aus kooperierenden Komponenten bestehen. Diese brauchen nach außen nicht sichtbar zu sein.
- Auch Klassen können als Komponenten angesehen werden; ihre Schnittstelle ist die Klassensignatur (Menge aller Attribute und Operationssignaturen der Klasse). Sie können aber keine inneren Komponenten enthalten.

Diese Charakterisierungen decken sich mit dem Kern der recht unterschiedlichen gängigen Definitionen (beispielsweise der von Szyperski [Szy98]).

Man erkennt: auch ein Klassenmodell ist eigentlich ein Komponentenmodell, allerdings ist es – wie bereits oben ausgeführt – meist zu feinkörnig. Klassen sind die Mikroarchitektur, Komponenten bilden die hierarchische Makroarchitektur der Anwendung.

Wir haben hier das Augenmerk auf die statische Modellierung der Anwendungsarchitektur gelegt. Dynamische Aspekte – beispielsweise wie sich eine Komponente an ihrer Schnittstelle verhält – sind nicht explizit dargestellt. Die angebotenen Mittel zur Komponentenmodellierung sind jedoch so gewählt, dass das gesamte UML-Repertoire zur Verhaltensmodellierung für die Beschreibung der Dynamik eingesetzt werden kann. Die UML 2 ([OMG03a], [OMG03b]) bietet auch hier erheblich bessere Möglichkeiten, insbesondere auf Grund eines sehr treffenden Komponentenbegriffs (siehe Abschnitt 5.5).

Komponenten sind also im Wesentlichen hierarchische Gruppierungen von Klassen oder Komponenten. Daher benötigt man zur ihrer Modellierung auch keine separaten Arbeitsschritte im Entwicklungsprozess: Komponenten entstehen nicht nach, sondern mit der Anwendungsmodellierung.

Bei jedem Modellierungsschritt werden zusammenhängende Einheiten identifiziert – zunächst aus fachlicher Sicht im Rahmen der fachlichen Modellierung, dann aus technischer Sicht im Rahmen der technischen Modellierung.

Einerseits werden im Komponentenmodell Subsysteme mit geregeltem Verantwortungsbereich definiert und in Beziehung zueinander gesetzt, andererseits wird jede einzelne Komponente durch die Modellierung der darin liegenden Komponenten oder Klassen weiter verfeinert (top-down-Vorgehen). Umgekehrt ist es auch möglich, aus existierenden Klassenstrukturen größere Einheiten mit einem gemeinsamen Aufgabenbereich abzuleiten. Diese Einheiten sind dann Komponenten, die durch Definition ihrer Schnittstellen weiter charakterisiert werden (bottom-up-Vorgehen).

Häufig wechseln sich bottom-up- und top-down-Vorgehen in der Praxis ab, da sowohl aus der Verfeinerung, als auch aus der Gruppierung neue Erkenntnisse bezüglich der Komponentenstruktur gewonnen werden.

Komponentenmodellierung ist übrigens keine akademische Übung; ihre Ergebnisse sind auch im Kontext von herkömmlichen Zielsprachen wie COBOL oder PL/1 nützlich. Ein mittels Komponenten strukturiertes System kann über Konventionen in diesen Sprachen realisiert werden und ist erfahrungsgemäß sehr viel einfacher zu warten.

5.2   Technisches vs. fachliches Komponentenmodell

5.2.1   Motivation

Im ersten Kapitel haben wir erklärt, dass wir die Komponente hier in einem weitergehenden Verständnis betrachten als die UML 1.x. Nun wollen wir veranschaulichen, was die Einsatzgebiete für das so erhaltene Konstrukt sind, und welche Vorteile die Nutzung solcher logischer Komponenten bietet.

In strukturierten Entwicklungsprozessen, insbesondere aber auch beim objektorientierten Vorgehen zur Systementwicklung, sind Aktivitäten vorgesehen, die dazu dienen, die fachliche Anwendungswelt zu analysieren und in einem fachlichen bzw. logischen Modell, dem Analysemodell, strukturiert darzustellen. Weiter wird aufbauend auf dem fachlichen Modell das technische Design des zu erstellenden Softwaresystems abgeleitet und im Designmodell festgehalten. Bei objektorientiertem Vorgehen sind Klassen und Komponenten die dabei verwendeten Strukturierungseinheiten. Wir werden uns im folgenden auf die Detaillierungsebene der Komponenten konzentrieren, obwohl die Aussagen prinzipiell auch für die Modellierung der Klassen gelten.

5.2.2   Kopplung von fachlichem und technischem Modell

Der Zusammenhang zwischen den beiden Modellen ist ein sehr enger, insbesondere wenn der Anspruch besteht, die identifizierten logischen Komponenten auch als technisch voneinander weitgehend unabhängige Teilsysteme umzusetzen (komponentenorientiertes Vorgehen). Das bedeutet nichts anderes, als dass zu jeder logischen Komponente eine oder mehrere technische Komponenten konzipiert werden müssen, die zusammengenommen die Dienste der logischen Komponente abdecken. Überschneidungen zwischen den technischen Komponenten zweier logischer Komponenten sollten im Allgemeinen vermieden werden.

Abbildung 5.1 zeigt, dass sich im Designmodell (wie auch im Code später) sowohl fachliche Komponenten in ursprünglicher Form, als auch weitere technische Komponenten finden. Die Zahl der zusätzlich benötigten technischen Komponenten (ohne weiteren fachlichen Gehalt) wird relativ hoch sein. Die Zahl der aus technischen Gründen modifizierten fachlichen Komponenten sollte bei gutem Entwurf relativ klein sein.

Welche technischen Komponenten im Einzelnen dazu nötig sind, wird primär durch die Systemarchitektur vorgegeben, in der das System oder ein Teilsystem realisiert werden soll.

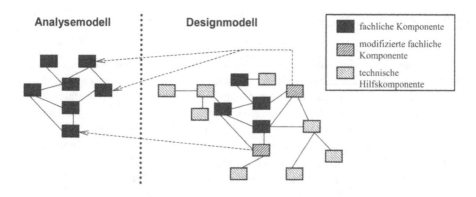

Abb. 5.1 Zusammenhang zwischen technischen und fachlichen Komponenten

Heute ist es üblich, zumindest die Anteile für Präsentation, Anwendungslogik und Persistierung, die in einem System benötigt werden (unter Umständen auch weitere), in getrennte Systemteile („Schichten") aufzuteilen. Eine solche Mehrschichtenarchitektur wird dazu führen, dass für eine fachliche Komponente in der Regel technische Komponenten in jeder der Schichten vorgesehen werden.

Eine andere Vorgabe für die Systemarchitektur könnte aber auch sein, alle diese Aspekte in einem monolithischen System zusammenzufassen. In dem Fall wird das Designmodell sich nur wenig vom Analysemodell unterscheiden.

Bei einem verteilten, transaktionsorientierten System hingegen wird man möglicherweise technische Komponenten bezüglich ihrer fachlichen Schnittstelle an den fachlichen Komponenten orientieren, aber entlang von Transaktionen schneiden, um so den Informationsfluss zwischen verteilten technischen Komponenten zu minimieren.

Trotz dieser Differenzierung entspricht das technische Komponentenmodell sehr weitgehend dem Analysemodell. Bei einer entsprechend ausdrucksstarken Implementierungssprache können fachliche Komponenten in der Regel in das Design übernommen werden, um dort ergänzt oder geändert zu werden. Es gibt technische Hilfsklassen, die wesentlich für das Design der Anwendung sind, aber keinerlei fachlichen Charakter haben und deshalb erst im technischen Modell hinzukommen.

Im Idealfall können Analyse- und Designmodell als zwei verschiedene Sichten auf das Modell des Gesamtsystems verstanden werden, wobei die Analysesicht alle rein technischen Aspekte ausblendet.

5.2.3   Konsequenzen für Methode und Vorgehen

Weil sich das fachliche Modell im technischen Modell wieder findet, liegt es nahe, dass man zur Modellierung der logischen Komponente dieselben Modellkonstrukte und dieselbe Methode verwendet, egal ob es sich um das fachliche oder technische Modell handelt. Nur so ist die enge Koppelung der fachlichen und technischen Modellsichten bruchfrei und methodisch sauber darstellbar.

Wenn ein und dasselbe Metamodellelement zur Darstellung der Komponente sowohl im fachlichen, als auch im technischen Modell dient, kann das vorhandene Analysemodell direkt verwendet werden, um daraus durch Anreicherung und Verfeinerung das Designmodell zu erzeugen. Es muss also nicht erst eine Transformation erfolgen, die Aufwand bedeutet und die Gefahr möglicher Fehlinterpretationen birgt. Hierarchien und Abhängigkeiten im fachlichen Modell gehen weder verloren, noch müssen sie umgedeutet werden. Da ein und dieselbe Notation verwendet wird, bleibt sogar die Darstellung des Modells erhalten, so dass die Identifikation der ermittelten fachlichen Zusammenhänge im Designmodell denkbar einfach ist. Nicht zuletzt kann so die Werkzeugunterstützung aus der fachlichen Analyse auch für das Design übernommen werden.

In Abb. 5.2 wird anhand des Übergang zum technischen Modell bei einer Drei-Tier-Architektur gezeigt, wie die fachlichen Komponenten in die Anwendungsschicht des technischen Modells übergehen.

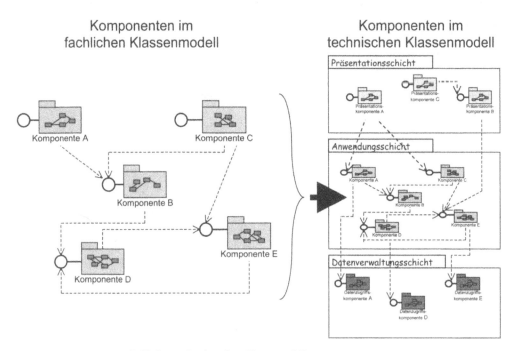

Abb. 5.2 Komponenten im fachlichen und technischen Klassenmodell

Bisher haben wir die Entwicklung von Softwaresystemen nur in der einen Richtung von der Analyse zur Realisierung betrachtet (Wasserfallmodell). Iterative Vorgehensmodelle unterstützen aber in der Regel, dass bestimmte Designüberlegungen, sofern sie nicht rein technisch motiviert sind, auf das fachliche Modell durchschlagen.

Ein solches Vorgehen bedeutet, dass im Verlauf mehrerer Entwicklungszyklen das Modell weiterentwickelt, ergänzt und verfeinert wird. Damit ist es nötig, immer wieder Modifikationen sowohl am technischen als auch am fachlichen Modell vorzunehmen. Dabei beide Modelle konsistent zu halten ist schwierig, und kann umso besser gelingen, je enger die Koppelung der beiden Modelle ist.

Man kann auf dieser methodisch einheitlichen Basis auch so weit gehen, das Designmodell nicht mehr als getrenntes, eigenständiges Modell zu behandeln, sondern beide Modelle zusammenzufassen zu einer Gesamtheit, die durch die Wahl unterschiedlicher Sichten den Blick auf die rein fachlichen Aspekte oder eben auch die technischen Aspekte freigibt.

5.3 Anforderungen an Konzepte für die Komponentenmodellierung

5.3.1 Voraussetzungen

Unsere Anforderungen an die Verwendbarkeit von Komponenten in UML-Modellen basieren auf einem strukturierten Vorgehen im Entwicklungsprozess.

Dabei werden einerseits im Rahmen der objektorientierten Analyse fachliche oder logische Modelle erstellt, die aus fachlichen Komponenten und fachlichen Klassen zusammengesetzt sein müssen.

Andererseits muss für die so vorgegebenen logischen Komponenten unter Hinzunahme der gewählten Systemarchitektur ein Entwurf für die dazu benötigten technischen Komponenten entstehen. Die Gesamtheit dieser technischen Komponenten (und fachlichen Klassen) bildet wiederum ein Komponentenmodell, das methodisch mit dem logischen Komponentenmodell übereinstimmt, das technische oder Designmodell.

Komponenten in beiden Modelltypen verstehen wir als Bausteine des Systems, deren Inneres im Wesentlichen nach außen abgeschottet ist. Einzig die Dienste, die die Komponente nach außen anbieten möchte, werden in der Schnittstelle der Komponente gesammelt. Die Schnittstelle legt die zu erbringenden Dienste fest (und gegebenenfalls Anwendungsregeln), die Komponente implementiert diese Dienste konkret (beziehungsweise tun das die in der Komponente enthaltenen Klassen oder Unterkomponenten).

Die vorhandenen Mittel der UML 1.x zur Beschreibung der Struktur dieser Klassen- und Komponentenmodelle sollen verwendbar sein, d.h. wir wollen nicht von den Standardmitteln zur Darstellung von Schnittstellen und der Beziehungen zwischen Komponenten und Schnittstellen abweichen. Auch die dynamische Modellierung der Kommunikation von Klassen und Komponenten über ihre Schnittstellen soll weiter mit den UML-Standardmitteln, also vor allem Sequenz- und Kollaborationsdiagrammen erfolgen.

5.3.2   Anforderungen an Komponenten

Daraus ergeben sich im einzelnen folgende Anforderungen:

- Komponenten sollen prinzipiell austauschbare Einheiten des Gesamtsystems und damit im Modell austauschbare Einheiten sein.
- Es sollen fachlogische und technische Komponenten darstellbar sein. Insbesondere müssen die verschiedenen Sichten (z.B. Zusammenspiel der Fachkomponenten bzw. Aspekte des Zusammenspiels technischer Komponenten) visualisierbar sein.
- Zu jeder Komponente soll (mindestens) eine Schnittstelle definiert werden können. Diese Schnittstelle soll mit der Komponente durch die „Realisiert"-Beziehung verbunden werden.
- Die „nutzt"-Beziehungen einer Komponente zu anderen Komponenten bzw. deren Schnittstellen sollen darstellbar sein.
- Komponenten können andere Komponenten enthalten (d.h. sie sind verfeinerbar im Zuge des Entwicklungsprozesses).
- Schnittstellen sollen in den unterschiedlichen Kontexten wiederverwendet werden können (Schnittstellen, die von einer Komponente realisiert werden, sollen auch einer enthaltenen Komponente zugeordnet sein können.)
- Einer Komponente sollen Klassen als Inhalt zugeordnet werden können.
- Die physische Zielstruktur der Anwendung muss definiert werden können und der logischen Struktur des Modells zuordenbar sein.
- Für jede Komponente soll festgelegt werden können, auf welchem technischen System sie abgelegt ist (die Systeme sind im Installationsmodell erfasst.)

5.4   Komponentenmodellierung in der UML 1.x

5.4.1   Die Komponente in der UML 1.x

Der Komponentenbegriff der UML 1.x deckt nur teilweise die oben angeführten Anforderungen ab. Zwar wird die *Komponente* als eine prinzipiell im System austauschbare Einheit mit wohldefinierter *Schnittstelle* betrachtet, jedoch nur im Sinne eines physischen Bausteins. Dies ist eine sehr implementierungsnahe Sicht, die per se die Verwendung ausschließt im Sinne einer logischen, verfeinerbaren Einheit, die die verschiedenen Entwurfsphasen der Modellierung begleitet. Die Komponente der UML 1.x erlaubt keine hierarchische Strukturierung. Für sie gibt es keine Enthaltenseinsbeziehung, weder zu anderen Komponenten noch zu den Klassen, deren Aufgabe es ist, die Dienste der Schnittstelle zu realisieren.

Andererseits ist das Komponentenmodell im Sinne der UML 1.x identisch mit der physischen Zielstruktur der Anwendung. Das bedeutet, dass eventuell erwünschte Abweichungen zwischen Komponentenmodell und Physik in der Klassenmodellierung untergebracht werden müssen.

5.4.2   Alternative Ansätze

Die Anforderung, dass Komponenten Klassen enthalten können sollen, führt sofort zu den Paketen als dem hierfür in der UML 1.x vorgesehenen Mittel. Pakete können andere Pakete enthalten, außerdem sind sie in fachlichen und technischen Klassenmodellen einsetzbar. Einem Paket kann eine Schnittstelle zugeordnet werden, ebenso wie eine Nutzungsbeziehung zu anderen Paketen oder Schnittstellen.

Wie wir gesehen haben, gilt die Gruppierung der Klassen, die man bei der fachlichen Modellierung gewonnen hat, im Groben auch für das technische Modell. In der UML 1.x sind Pakete dafür vorgesehen, Klassen (und andere Pakete) zu gruppieren. Mit den sprachlichen Mitteln der UML 1.x ausgedrückt bedeutet das also, dass die Paketierung im fachlichen Klassenmodell für das technische Klassenmodell zunächst übernommen werden kann.

Dies legt nahe, dass man zur Modellierung der logischen Komponente das Paketkonstrukt auf seine Tauglichkeit untersucht (statt der Komponente der UML 1.x). Pakete können in fachlichen wie technischen Modellen dazu benutzt werden, zusammengehörige Klassen zu gruppieren. Damit ist es nur noch ein kleiner Schritt dahin, das Paket als Gesamtheit der darin liegenden Klassen als eine Einheit des Systems zu betrachten, die einen definierten Aufgabenbereich abdeckt.

Ganz analog zum Verständnis von Klassen, deren Attribute mit unterschiedlichen Sichtbarkeitseigenschaften ausgestattet sind, kann ein guter Teil der im Paket liegenden Informationen und Dienste abgeschottet werden. Die Dienste, die nach außen sichtbar gemacht werden sollen, können in einer *Schnittstelle* (Interface) explizit deklariert werden. Diese Schnittstelle wird dann wiederum von dem auf diese Weise angereicherten Paket *realisiert*. Das heißt: die Gesamtheit aller Klassen des Paketes unterlegt die in der Schnittstelle definierten Operationen mit einer konkreten Implementierung, sie *realisiert* die Schnittstelle.

5.4.3   Unser Ansatz zur Komponentenmodellierung

Unser Vorschlag zur Umsetzung eines sinnvollen Komponentenbegriffs mit den Mitteln der UML 1.x basiert darauf, statt der eigentlichen Komponenten Pakete einzusetzen und diese mit all dem auszustatten, was zur komponentenorientierten Entwicklung benötigt wird.

Solcherart angereicherte Pakete bezeichnen wir im Folgenden als *logische Komponente* und verwenden zur graphischen Repräsentation das Paketsymbol mit einem ikonifizierten Komponentensymbol darin. Um aus diesen logischen Komponenten ein Komponentenmodell im oben beschriebenen Sinn zusammenzubauen, können wir uns nun aus dem Fundus der UML Sprachmittel bedienen, der uns sowohl die Schnittstelle als auch die Beziehung zur Komponente bereitstellt.

Notation
Damit ergibt sich folgendes Bild: die Schnittstelle wird als Kreis dargestellt und die Realisierung lediglich über eine Linie (siehe Abb. 5.3). In diesem Beispiel gehen wir davon aus, dass

die Komponente „Sparkontokomponente" die entsprechenden Klassen enthält, die diese Schnittstelle implementieren.

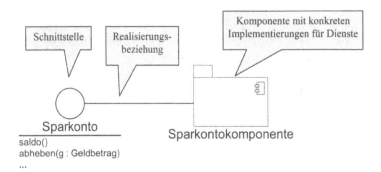

Abb. 5.3 UML-Realisierungsbeziehung zwischen Schnittstelle und implementierender logischer Komponente

Die so bereitgestellten Schnittstellen können von anderen Komponenten genutzt werden. Auch für die Visualisierung dessen bietet der UML-Standard die entsprechende Umsetzung. Die Nutzt-Beziehung wird durch eine gestrichelte Linie mit Pfeilspitze auf die benutzte Schnittstelle dargestellt:

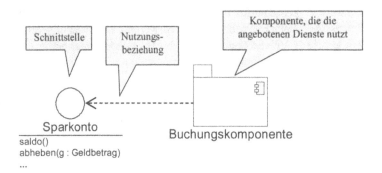

Abb. 5.4 : UML-Nutzungsbeziehung zwischen Schnittstelle und nutzender logischer Komponente

Ausprägungen von logischen Komponenten in der realen Welt

Physische Einheiten des Softwaresystems (wie Quelldateien, Datenbanktabellen oder auch ausführbare Programme) werden durch Komponenten der UML 1.x repräsentiert. Um diesen Begriff im Folgenden von der hier eingeführten logischen Komponente abzugrenzen, nennen wir ihn „physische Komponente". Dieses Konstrukt wird genutzt, um die Abbildung des logischen Designmodells in die reale Welt festzulegen. Jede physische Einheit des Software-systems hat als Repräsentant im Modell eine physische Komponente. Der Zusammenhang zwischen beiden ist im Modell als Eigenschaft der physischen Komponente ausgedrückt. Auf diese Weise entsteht eine komplette Abbildung des physischen Systems in das Modell.

Diese physischen Einheiten können nun wieder Elementen des logischen Designmodells durch „realisiert"-Beziehungen zugeordnet werden. Leider ist es in der UML 1.x nicht möglich, einem Paket über diese Beziehung physische Komponenten zuzuordnen. Der Zusammenhang zwischen logischer und physischer Komponente ist deshalb nicht direkt modellierbar. Stattdessen muss diese Beziehung indirekt durch Zuordnungen zu Klassen vorgenommen werden, so dass der Zusammenhang immerhin auf der Stufe der höchsten Detaillierung darstellbar ist.

Wie man sieht, gibt es ist bei der Modellierung des physischen Systems keinerlei Einschränkungen oder Vorgaben durch das Designmodell, wenngleich ein enger Zusammenhang sinnig und wünschenswert ist. Damit kann man bei Bedarf in der Realisierung vom Design abweichen und diese Abweichung im Modell dokumentieren.

Abbildung auf Hardware
Die Verteilung der physischen Komponenten auf die zur Verfügung stehende Hardware wird in Installationsdiagrammen und über die darin enthaltenen Modellelemente für Hardware spezifiziert.

Vorgehen
Die Bildung von logischen Komponenten innerhalb eines Klassenmodells sollte sinnvollerweise nach bestimmten Regeln erfolgen, die dem veränderten Paketverständnis Rechnung tragen. Nachfolgend haben wir die wichtigsten praktischen Umsetzungsregeln zusammengestellt:

- Jedes UML-Paket im Klassenmodell repräsentiert eine Komponente. Um dieses auch visuell auszudrücken, werden die Pakete mit Stereotypen «logische Komponente» oder «technische Komponente» bzw. Varianten davon versehen. Varianten sind Bezeichner für spezielle Komponenten, die vor allem im technischen Modell besonders unterschieden werden sollen, wie z.B. «EJB» für Enterprise Java Beans oder «Servlet».
- Die Schnittstellen einer Komponente sind gegeben durch sämtliche aus dem Paket exportierten Klassensignaturen (also die Menge aller Attribute und Operationssignaturen der Klassen). Es wird empfohlen, dafür vorrangig explizite Schnittstellenklassen (d.h. Klassen mit UML-Stereotyp «interface») zu verwenden. Sämtliche andere Klassen, die nicht zur Schnittstelle der Komponente beitragen, sollten nicht exportiert werden.

Wenn ein Paket eine abstrakte Schnittstelle aus einem anderen Kontext direkt implementiert, wird trotzdem empfohlen, nicht diese abstrakte Schnittstelle zu der Komponentenschnittstelle zu machen. Stattdessen sollte das Paket eine eigene Schnittstelle enthalten, die von der abstrakten Schnittstelle erbt, und diese exportieren.

- Enthaltenseinsbeziehungen zwischen Komponenten werden über das Paketenthaltensein modelliert, das heißt wenn eine Komponente A eine Komponente B enthält, dann liegt das entsprechende Paket B in dem Paket A. Aufgrund dieser Modellierung ist es nicht möglich, dass eine Komponente in mehreren anderen liegt.

- Benutzungsbeziehungen zwischen Komponenten werden durch Abhängigkeitsbeziehungen zwischen den Paketen ausgedrückt. Um klar zu machen, welche Schnittstelle benutzt werden soll, verläuft die Beziehung sinnvollerweise von einer Komponente zu der Schnittstelle der anderen Komponente.
- Die Architektur der Anwendung wird in UML-Paketdiagrammen sichtbar gemacht (siehe Abb. 5.5). In diesen Diagrammen werden die Komponenten, ihre Schnittstellen und ihre Abhängigkeitsbeziehungen dargestellt. Enthaltenseinsbeziehungen können durch optische Umfassung dargestellt werden.

  Im Beispiel in Abb. 5.5 gibt es Benutzungsbeziehungen zwischen Komponenten XYZ und ABC sowie von XYZ und ABC zu DEF. Die Komponenten EFG und JKL sind innere Komponenten von XYZ und dabei wird JKL von EFG benutzt.

- Die Schnittstelle einer Komponente (in Abb. 5.5 durch die Linien mit abschließendem Kreis gekennzeichnet) wird nicht unbedingt erst definiert, wenn man die Komponente modelliert. Ebenso kann sie bei bottom-up-Vorgehen bereits als Schnittstelle im fachlichen oder technischen Klassenmodell auftreten. Diese werden mit einer oder mehreren Komponenten durch eine Realisierungsbeziehung verbunden (siehe auch obige Ausführungen zu Schnittstellen).

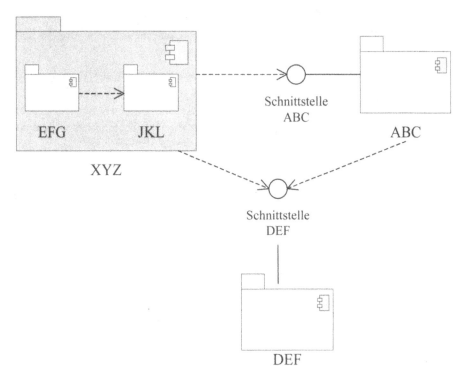

Abb. 5.5 Beispiel für ein Paketdiagramm als Komponentendiagramm

5.5 Komponentenmodellierung in der UML 2.0

5.5.1 Historie

1997 wurde die UML 1.0 als Modellierungssprache für Klassenmodelle und einfache dynamische Modelle durch die OMG verabschiedet. Leider hatten sämtliche UML 1.x-Versionen gravierende Schwächen: Nicht nur waren die dynamischen Modelle untauglich für die Erfassung komplizierter Ablaufstrukturen, insbesondere war der Komponentenbegriff zu implementierungslastig und die Modellierung von hierarchischen Strukturen bei Klassen und Komponenten war unzureichend. Um dennoch Komponentenarchitekturen modellieren zu können, musste man spezielle Nutzungskonzepte – wie oben beschrieben – entwerfen.

Diese Schwächen wurden aber seitens der OMG erkannt und so wurde bei der Ausschreibung für den Neuentwurf UML 2.0 explizit eine Lösung dafür gefordert. Für die UML 2.0 gibt es nun seit Ende 2003 einen stabilen Standardentwurf, der voraussichtlich 2005 verabschiedet werden wird.

5.5.2 Aspekte bei der Komponentenbildung

Folgende auf Komponenten bezogene Themen werden im neuen Metamodell der UML 2.0 behandelt:

- Spezifikation,
- innerer Aufbau, Hierarchiebildung
- Topologie von Komponentenstrukturen
- Komponenten als Pakete
- physische Repräsentation und
- Installation auf Hardware

Diese Aspekte werden nachfolgend beschrieben.

Spezifikation
Komponenten sind jetzt Konstrukte des Softwareentwurfs, nicht mehr bloße Einheiten der physischen Realisierung. Sie sind im Metamodell der UML Varianten von Klassen; damit können sie mit Assoziationen und Generalisierungsbeziehungen verbunden werden und man kann Instanzen von ihnen bilden.

Komponenten bieten Schnittstellen an; sie legen aber neuerdings auch ihre benötigten Schnittstellen fest. Schnittstellen sind – wie bisher – Klassen und definieren die Signatur der Komponente.

Zu den Schnittstellen einer Komponente lassen sich Protokolldetails über Zustandsautomaten, OCL-Deklarationen oder andere Mechanismen zur Verhaltensdefinition festlegen.

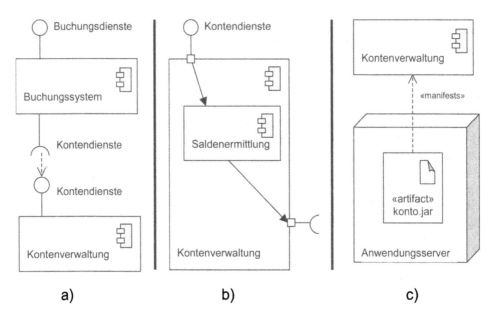

a)   b)   c)

Abb. 5.6 Komponentenmodellierung in der UML 2.0

Schnittstellen können – wenn gewünscht – selektiv an speziellen Anschlusspunkten (Ports) der Komponente verfügbar gemacht werden. Dies ist dann interessant, wenn man das innere Verhalten der Komponenten spezifiziert und auf konkrete Zugangspunkte Bezug nehmen will.

Abb. 5.6a zeigt zwei Komponenten im Zusammenspiel: Komponente „Buchungssystem" benötigt eine Schnittstelle vom Typ „Kontendienste", die von der Komponente „Kontenverwaltung" angeboten wird.

Innerer Aufbau und Hierarchiebildung

Als zentrale Verbesserung bei der statischen Modellierung führt die UML 2 das Konstrukt „Strukturierter Klassifikator" ein. Ein strukturierter Klassifikator ist ein Modellelement, das andere Modellelemente enthalten darf. Diese Modellelemente kooperieren im Kontext des umschließenden Elements, um dessen Gesamtverhalten aufzuweisen.

Jede Komponente ist ein solcher strukturierter Klassifikator. Oft wird sie opak betrachtet. Wenn man aber ihre innere Struktur sichtbar macht, dann erkennt man ihre Teile, die Unterkomponenten (oder sogar andere Modellelemente, siehe unten).

Diese Möglichkeit zur hierarchischen Strukturierung ist wesentlich für Komponentenmodelle. Insbesondere kann aber auch das Verhalten der Komponente über das Verhalten ihrer Teile spezifiziert werden, was erheblich über die UML 1.x hinausgeht.

Abb. 5.6b zeigt eine Komponente mit innerer Struktur: In der Komponente „Kontenverwaltung" ist die Komponente „Saldenermittlung" enthalten. Sie bekommt auch Nachrichten vom
Eingangsanschluss und leitet ihrerseits Nachrichten an den ausgehenden Anschluss weiter.

Topologie

Komponenten werden dadurch verbunden, dass man eine Abhängigkeitsbeziehung zwischen
einer angebotenen Schnittstelle einer Komponente und der benötigten Schnittstelle einer
anderen definiert.

Dies ist dann unkritisch, wenn beide Schnittstellen dieselbe Signatur und dasselbe Protokoll
haben. Dann könnte man auch eine vorhandene Komponente durch eine mit gleichen
Schnittstellen austauschen (im Sinne eines modularen Systemdesigns).

Leider klappt das nicht so einfach für Schnittstellen mit scheinbar unterschiedlichen Proto-
kollen. Wenn die Protokolle der beteiligten Schnittstellen mit jeweils einem UML-Zu-
standsautomaten beschrieben sind, dann ist es im Allgemeinen unentscheidbar, ob sie kompatibel sind oder nicht. Das Metamodell der UML 2 schwindelt sich an diesem Problem
vorbei, indem es Protokollkompatibilität zwar als Beziehung zwischen Zustandsautomaten
definiert, aber keine Aussagen macht, wie diese bestimmt wird.

Paketierung

Komponenten sind Pakete, sie sind daher Namensraum und Sichtbarkeitsbereich. Die in der
Komponente enthaltenen Elemente tragen lokal eindeutige Namen und können nach außen
verborgen sein oder explizit sichtbar gemacht werden.

Beispielsweise kann es sinnvoll sein, die Schnittstellen einer Komponente nicht parallel zur
Komponente anzulegen, sondern innerhalb. Damit liegen die Schnittstellen im Namensraum
der Komponente und sind über ihren (qualifizierten) Namen sofort zuordenbar. Damit diese
Schnittstellen trotzdem von anderen verwendet werden können, müssen sie natürlich mit
ausreichenden Sichtbarkeitseigenschaften ausgestattet sein. Dieses Vorgehen verbessert die
Übersichtlichkeit im Modell.

In der UML 2 dürfen auch verhaltensbeschreibende Konstrukte in einer Komponente vorkommen wie Anwendungsfälle, Interaktionen, Zustandsautomaten usw. Sie dienen dazu, das
Verhalten der Komponente an ihren Schnittstellen oder die Kooperation der inneren Klassen
oder Unterkomponenten näher festzulegen.

Ausprägungen von Komponenten in der realen Welt

In der UML 1.x waren Komponenten Einheiten der physischen Welt (wie Quelldateien oder
ausführbare Programme). Die UML 2 dagegen betrachtet Komponenten als Konstrukte des
Softwareentwurfs, die davon getrennte physische Ausprägungen besitzen: die Artefakte.
Artefakte sind Klassen. Ihre Instanzen repräsentieren physische Informationsobjekte, die in
den Softwareentwicklungsprozess einfließen oder in ihm entstehen.

Typischerweise hat eine Komponente diverse zugeordnete Artefakte: beispielsweise den Quellkode in einer Programmiersprache, die übersetzte, ablauffähige Einheit (eine Bibliothek oder ein Programm) oder die Tabelle einer Datenbank usw.

Abbildung auf Hardware
Im Rahmen des Softwareentwurfs möchte man auch beschreiben, wie reale Hardware benutzt wird, um das Softwaresystem ablaufen zu lassen.

Die Hardware wird modelliert als ein oder mehrere Rechnerknoten, die durch Kommunikationspfade verbunden sind.

Da – wie im vorigen Abschnitt dargestellt – Komponenten in der realen Welt nicht unmittelbar vorkommen, müssen Artefakte als ihre Stellvertreter verwendet werden. Man beschreibt also, wie die Artefakte auf die Rechnerknoten verteilt werden.

Rechnerknoten sind Klassen, d.h. ein Rechnerknoten repräsentiert keine konkrete Maschine, sondern eine Klasse von Maschinen. Es lässt sich also in der UML 2 sowohl eine generische Verteilung beschreiben (indem man Rechnerknoten und Artefakte in Beziehung zueinander setzt) als auch eine exemplarische (wenn konkrete Rechnerknoten- und Artefaktexemplare modelliert werden). Die exemplarische Darstellung erfolgt über Objektdiagramme, wobei die Unterscheidung in der Grafik wie in der UML üblich durch Unterstreichung der Namen erfolgt.

Abb. 5.6c zeigt eine Komponente, ihr zugeordnetes Artefakt und dessen Installation auf der Hardware: Die Komponente „Kontenverwaltung" hat als ausführbares Artefakt das Java-Archiv „konto.jar". Dieses läuft auf dem Rechnerknoten „Anwendungsserver" ab.

5.5.3   Bewertung der Komponentenmodellierung in der UML 2.0

Wie man leicht erkennen kann, sind einige der Ideen aus dem oben beschriebenen, an den Möglichkeiten der UML 1.x orientierten Nutzungskonzept in der UML 2 direkt zu finden.

Die sehr stark auf die Implementierung fokussierte Sicht der UML 1.x wurde ersetzt: Komponenten sind jetzt im kompletten Entwicklungszyklus zulässig. Dies deckt sich mit unserer Vorstellung, dass Komponenten auch im fachlichen und technischen Entwurf nötig sind.

Bereits in früheren Versionen konnten Entwickler angemessen Schnittstellen von Komponenten definieren und diese entlang der Schnittstellen miteinander verbinden. Sehr verbessert wurden jedoch die Mechanismen zur Verhaltensbeschreibung beispielsweise durch Protokollzustandsautomaten.

Die wesentliche Verbesserung ist aus unserer Sicht aber, dass man jetzt die innere Struktur von Komponenten modellieren kann. In größeren Softwarearchitekturen hat man es immer mit Hierarchien von Komponenten zu tun (beispielsweise über Schichten), die mit den Standardmitteln der UML 1.x nicht erfasst werden konnten. Die dabei zur hierarchischen Strukturierung von Komponenten verwendeten UML-Pakete können nun für andere Taxonomien verwendet werden (z.B. für eine grobe Modellgliederung nach Geschäftfeldern).

Darüber hinaus kann man in den dynamischen Modellen der UML 2 sogar das Verhalten einer Komponente in Bezug setzen zum Verhalten ihrer Teile.

Gelöst ist auch das Problem, dass fachliche und technische Komponentenarchitektur voneinander abweichen können: in der UML 2 kann eine Komponente als Spezifikationskomponente und Realisierungskomponente vorliegen. Beide können hierarchisch völlig unterschiedlich eingebettet sein (müssen es aber natürlich nicht!).

5.6   Kriterien für gute Komponentenmodelle

Das bisher gesagte liefert die methodische Basis und damit die Voraussetzung zur praktischen Arbeit mit dem eingangs beschriebenen Komponentenverständnis. Das eigentliche Ziel ist aber, gute Systeme mit tragfähiger Komponentenstruktur zu entwickeln. Deshalb haben wir im folgenden einige konkrete Erfahrungen bei der Anwendung zusammengetragen, die als Empfehlungen zur Ausgestaltung der methodischen Basis, also beim praktischen Einsatz hilfreich sein mögen.

Für Komponentenmodelle gelten ähnliche Überlegungen wie beim Design von Modulstrukturen in Programmsystemen. Wir haben in unserer Praxis die folgenden Kriterien beim Entwurf von Komponenten als besonders nützlich erkannt.

Allgemeine Kriterien
Fachliche Schnittstellen sollten fachlich zusammenhängende und möglichst in sich abgeschlossene Dienste anbieten. Wenn die Dienste lediglich Lese- und Setzoperationen auf Attributen sind, ist das meist fehlerhaft (auch wenn dann das formale Kriterium für Schnittstellen erfüllt wäre).

Im technischen Modell werden gegenüber dem fachlichen Modell nur solche Komponenten zusätzlich aufgenommen, die entweder eine fachliche Komponente mit wesentlichen Zusatzdiensten anreichern oder nicht-fachliche Dinge (z.B. die technische Infrastruktur) kapseln. Es ist anzustreben, dass fachliche Komponenten weitgehend unverändert in die Programmierung übernommen werden können und nur gelegentlich durch technische ersetzt werden. Komponenten sollen entweder fachliche oder technische Aspekte kapseln oder zwischen beiden Welten transformieren. Komponenten mit heterogenen Anteilen sind in der Regel schlecht wartbar.

Wenn eine Komponente Dienste einer anderen in Anspruch nimmt, so muss eine Abhängigkeit zu irgendeiner Schnittstelle dieser Komponente dokumentiert sein. Nur so kann man dem Komponentenmodell entnehmen, welche Komponenten von der Änderung einer Schnittstelle betroffen sind, und dies im Projektverlauf berücksichtigen.

Schichtung

Bei der Komponentenmodellierung sollten im technischen Modell die Schichten der vorgegebenen Systemarchitektur erkennbar sein. Schichten sind Pakete von Komponenten, die hierarchisch angeordnet sind und lediglich Dienste der darunterliegenden Schicht oder Querschnittsdienste benutzen. Bspw. sind das in einer Dreischichtenarchitektur „Präsentationsschicht", „Anwendungsschicht" und „Datenverwaltungsschicht".

- Die *Präsentationsschicht* enthält Oberflächenelemente wie Fenster mit Knöpfen und Eingabefeldern, die auf fachliche Objekte Bezug nehmen, sowie Objekte zur Dialogsteuerung. Die Schnittstellen von Oberflächenobjekten und fachlichen Objekten müssen je nach ihrer Verteilung auf Rechnerknoten gestaltet werden. Sofern Oberflächenobjekte und fachliche Objekte im selben Prozessraum liegen, sollte ihre Schnittstelle so sein, dass die Präsentationselemente automatisch aufgefrischt werden. Das heißt: bei jeder Änderung des fachlichen Objekts wird das Oberflächenobjekt darüber informiert und aktualisiert sich. Liegen beide Objekte auf verschiedenen Rechnern, ist dies oft nicht möglich: Stattdessen muss das Oberflächenobjekt selbstständig Änderungen des fachlichen Objekts feststellen und berücksichtigen (beispielsweise über optimistische Sperrung des fachlichen Objekts).
- Die *Anwendungsschicht* enthält fachliche Objekte wie beispielsweise rechnerinterne Darstellungen von Kunden, Konten, Wertpapieren usw. Diese Objekte werden über die Oberflächenobjekte dargestellt und auch geändert. Alle Objekte der Anwendungsschicht sind flüchtig; die dauerhafte Speicherung und das Laden von fachlichen Objekten erfolgt über Dienste der Datenverwaltungsschicht.
- Die *Datenverwaltungsschicht* enthält Objekte, die Dienste für Laden und Speichern von Objekten auf externem Speicher (in der Regel einer Datenbank) anbieten. Die Struktur dieser Objekte ist oft ähnlich zu denen der Anwendungsschicht. Neben der Abbildung von externem Primärschlüssel in interne Objektnummer werden zusätzliche Dienste erbracht: Beispielsweise ist es möglich, dass aus Performance-Gründen das Laden oder Speichern gebündelt wird, Daten gepuffert werden oder Daten verschiedener Objekttypen gemeinsam behandelt werden. Daher ist eine separate Schicht sinnvoll.

Um diese Entkopplung der Schichten zu erreichen, müssen unter Umständen Dienste aus tieferen Schichten durch höhere Schichten durchgereicht werden. Dies gilt beispielsweise, wenn die Datenfelder im Ablageformat eines Geschäftspartners in der Datenverwaltungsschicht weitgehend identisch sind mit der fachlichen Schnittstelle des Geschäftspartners. Trotzdem muss dann in der Anwendungsschicht eine fachliche Schnittstelle definiert werden.

Wartbarkeit

Idealerweise sollte man die Schnittstelle einer Komponente so auslegen, dass man deren Dienste testen kann und dabei möglichst wenig weitere Komponenten benötigt werden. Aufgrund der Abhängigkeitsstruktur lassen sich zumindest die Partnerkomponenten ermitteln, die man zum Test braucht. Oft kann es sogar sinnvoll sein, mehr Interna der Komponente offen zu legen, um Tests besser durchführen zu können. Dies wird man oft durch spezielle Testschnittstellen erreichen, deren Dienste in der Produktion nicht genutzt werden.

Wenn man voraussehen kann, dass bestimmte Komponenten weiterentwickelt werden, muss man sich überlegen, wie man mit Änderungen der Schnittstelle umgeht. Eine Möglichkeit wäre, alte Schnittstellen in jedem Fall weiter anzubieten, eine andere, obsolete Dienste nach Übergangsfristen aus Schnittstellen zu entfernen. Dafür müssen projekt- oder sogar unternehmensweite Konventionen definiert werden.

Die technischen Komponenten müssen so geschnitten sein, dass bei der Implementierung die Leistungsanforderungen (bezüglich Geschwindigkeit, Durchsatz und/oder Transaktionen) erfüllt werden können. Gegebenenfalls müssen Komponenten zusammen gefasst werden, obwohl sie aus fachlicher Sicht getrennt sein sollten.

5.7   Zusammenfassung

Die UML 2.0 bietet erfreuliche Möglichkeiten zur komponentenorientierten Softwareentwicklung. Hierarchische Modellstrukturen können während des gesamten Entwicklungsprozesses ausgezeichnet erfasst werden. Das gilt insbesondere auch für die Verhaltensmodellierung solcher Strukturen.

Im Gegensatz dazu war UML 1.x für einen komponentenorientierten Entwicklungsprozess nicht geeignet. Erst die oben beschriebene Neuinterpretation des Paketkonstrukts führt zu ausreichenden Lösungen, wenn auch die Darstellungsmöglichkeiten im dynamischen Modell sich nicht mit denen der UML 2.0 messen können.

Das legt nahe, grundsätzlich nur noch die UML 2.0 einzusetzen, und sich nicht mehr mit weniger zufrieden zu geben. Allerdings wird dies für eine Weile noch in vielen Umgebungen und vielen Projekten an der mangelnden Werkzeugunterstützung scheitern. Gerade die komplexeren Strukturierungsmöglichkeiten und die damit einhergehende höhere Komplexität des Verhaltensmodells sind nach Kenntnis der Autoren zum Zeitpunkt der Drucklegung noch nirgends implementiert.

Andererseits führt die Verwendung der UML 1.x mit dem erweiterten Paketverständnis in der Praxis nur zu geringen Einschränkungen gegenüber der UML 2.

Insgesamt gibt es immer noch Mängel bei der Nutzbarkeit der Komponenten in der UML. Sie bestehen zum einen in den beschränkten Möglichkeiten zur Konsistenzprüfung von Komponentenschnittstellen, wie bereits in der Einleitung dargestellt. Zum anderen können keine beliebigen Komponentenhierarchien gebildet werden, da jede Klasse und jede Komponente nur in genau einer Komponente direkt enthalten sein kann. (Dabei sehen wir von mehrstufigen Enthaltenseinsbeziehungen ab, d.h. eine Komponente kann in mehreren Komponenten enthalten sein, wenn man die abgeleiteten Einschlüsse über mehrere Hierarchieebenen hinweg betrachtet.)

Damit ist es schwierig, orthogonale Hierarchien in einem Modell unterzubringen. Beispielsweise möchte man häufig in einem Modell sowohl die rein logische Hierarchie der Anwendung darstellen, als auch die Systemarchitektur, wie z.B. eine Schichtenarchitektur. Beginnt man mit der logischen Anwendungsarchitektur, so erhält man beim Übergang zum Design in jeder fachlichen Komponente Unterkomponenten für jede der betroffenen technischen Schichten. Die eigentlich klare Gliederung der Systemarchitektur geht dabei verloren. Umgekehrt geht die logische Hierarchie unter, wenn als primäres Strukturierungskriterium die Schichten der Anwendung aus dem technischen Modell dienen.

Insgesamt jedoch ist es durchaus möglich, mit den gegebenen Mitteln ein komponentenorientiertes Vorgehen praxistauglich umzusetzen. Der reiche Fundus der UML 2.0 für Strukturierung und Verhaltensmodellierung wird vielleicht weitere Nutzungskonzepte möglich machen, mit denen diese Schwächen vermieden werden. Wir arbeiten daran. ;-)

5.8   Literatur

[Ada83]   United States Department of Defence. *Reference Manual for the Ada Programming Language*. MIL-STD 1815, Washington 1983.

[Nel91]   Greg Nelson. *Systems Programming with Modula-3*. Prentice Hall, New Jersey, 1991.

[Par72]   David L. Parnas. *On the Criteria to be Used in Decomposing Systems into Modules*. Communications of the ACM, Dezember 1972, Seiten 1053-1058.

[OMG99]   Object Management Group. *Unified Modeling Language 1.3*. Juni 1999.

[OMG03a]   Object Management Group. *Unified Modeling Language 2.0: Infrastructure*. August 2003

[OMG03b]   Object Management Group. *Unified Modeling Language 2.0: Superstructure*. August 2003

[SEK68]   Software-Engineering-Konferenz Garmisch 1968

[Szy98]   Clemens Szyperski. *Component Software*. Addison Wesley, 1998

[Wir82]   Niklaus Wirth. *Programming in Modula-2*. Springer Verlag, 1982.

6 Architektur im Großen – kann UML helfen?

Thomas Belzner, Sepis GmbH

Informationssysteme und speziell IT-Anwendungen sind heute für praktisch jedes Unternehmen ein wesentliches Werkzeug zur Abwicklung seiner Prozesse. Und bei praktisch allen Unternehmen ist es so, dass die eingesetzten IT-Anwendungen nicht einfach nebeneinander und unabhängig von einander arbeiten. Sie bilden vielmehr ein höchst komplexes System, das nur sehr schwer in seiner Gesamtheit überblickt und verstanden werden kann.

Wegen der großen Bedeutung dieser Landschaft von IT-Anwendungen für das Unternehmen ist es aber nicht nur wichtig, deren aktuellen Zustand zu überblicken und zu verstehen, sondern es muss auch gelingen, deren Weiterentwicklung bewusst und gezielt zu gestalten. Dies gilt umso mehr, als immer höhere Anforderungen an die Leistungen der IT-Anwendungen mit möglichst wenig Aufwand und Kosten erfüllt werden sollen.

Wie verschafft man sich aber nun einen Überblick über die IT-Anwendungen eines Unternehmens und wie stellt man ihn dar? Es gibt in der Praxis unzählige Diagramme, Präsentations-Grafiken, Wandbilder, Skizzen, die der visuellen Darstellung von IT-Systemen und deren Zusammenspiel dienen. An einigen solchen Beispielen soll in diesem Beitrag beleuchtet werden, ob die Konzepte und Darstellungsmittel der UML für diesen Einsatzbereich geeignet sind, ob ihr Einsatz sogar einen Vorteil gegenüber den allseits üblichen Ad-hoc-Bildern bietet, bzw. was der UML in dieser Hinsicht noch fehlt.

Über den Autor:
Thomas Belzner ist seit vielen Jahren in der IT-Praxis tätig. Er sammelte zuerst Erfahrungen bei einem Software- und Beratungshaus in vielen Entwicklungs- und Beratungsprojekten für namhafte Kunden. Er war in dieser Zeit in verschiedensten Rollen an der Entwicklung großer betrieblicher Informationssysteme beteiligt, sei es als Analytiker, Entwickler, Designer oder Manager. Seit einigen Jahren ist er verantwortlich für Anwendungsentwicklung und -betrieb eines mittelgroßen deutschen Versicherers.

6.1   Einleitung

Die Veranschaulichung von Systemen, Strukturen, auch von Dynamiken und Interaktionen durch Bilder, grafische Symbole, Diagramme ist allgegenwärtig. In vielen Bereichen gibt es dafür altbewährte „Sprachen", d.h. etablierte Formen der Darstellung, man denke etwa an Landkarten oder Stadtpläne, an Baupläne, technische Zeichnungen, elektrische Schaltpläne, etc.

Im Bereich der Informatik ist der Einsatz solcher grafischer Darstellungen weit verbreitet, aber noch nicht so etabliert und standardisiert wie in manchen anderen Disziplinen. Für die Modellierung von Informationssystemen hat sich in den letzten Jahren aus einer Vielzahl von verschiedenen grafischen Sprachen die UML herausgebildet. Wenn sie sich weiter so durchsetzt wie bisher – und danach sieht es aus –, dann haben die Informatiker damit eine Sprache, in der sie Klassenmodelle, Zustandsverhalten, Dynamik an Schnittstellen von Informationssystemen einheitlich darstellen können, egal ob das Modell in einer Bank oder bei einem Logistikunternehmen entstanden ist. Die Dokumentationen von Entwurfs- und Analysemustern [GHJ+ 96, FOW 97] und deren immer breiterer Einsatz bei der Architektur von Anwendungssystemen sind z.B. ein Beleg dafür.

Abb. 6.1   Übersicht Anwendungslandschaft – Beispiel 1

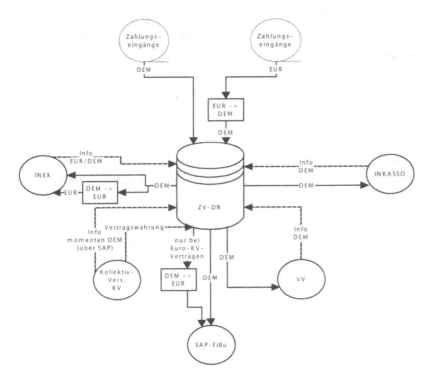

Abb. 6.2   Anwendungslandschaft – ein Ausschnitt

Wenn es aber um Modelle in „kleinerem Maßstab", d.h. um ganze Landschaften von Informationssystemen geht, dann gibt es noch keine solche etablierte Sprache. Wenn man als Entscheider im Vorstand eines mittleren oder größeren Unternehmens mit Übersichten über dessen Gesamtarchitektur zu tun hat, so begegnet man einem bunten Zoo von Bildern, Darstellungen, Bedeutungen des Dargestellten – ganz anders als auf der Ebene von Objekt- und Klassenmodellen im „größeren Maßstab" einer konkreten IT-Anwendung. Ganz offensichtlich hat sich hier die UML – oder so etwas wie die UML – noch nicht etabliert.

Im Folgenden soll dies an Hand von ein paar Beispielen belegt werden und dargestellt werden, was die spezifischen Anforderungen an eine UML für das Modellieren „im Großen" (d.h. im „kleinen Maßstab") sind.

6.1.1   Blickwinkel und Blickrichtung

Der Autor dieser Zeilen hat zwar in seiner beruflichen Laufbahn selber Anwendungssysteme entworfen und entwickelt, Architekturen diskutiert und dokumentiert, ist aber aktuell überwiegend Rezipient – und eben nicht Ersteller – von Architekturen und Modellen. Er hat das Anliegen, die Gesamtheit der Anwendungen seines Unternehmens angemessen zu verstehen und zu überblicken, Vorschläge über die strategische Entwicklung dieses Gesamtsystems zu beurteilen und darüber zu entscheiden.

Ein wesentlicher Bestandteil seiner Aufgaben ist es auch, über diese Fragen mit seinen Kunden, d.h. mit den Entscheidern auf der Seite der Anwender der Informationssysteme zu sprechen. Die Modelle der Gesamtlandschaft der Anwendungssysteme, mit denen diese Kunden arbeiten, müssen also auch diesen verständlich sein und als Grundlage für deren Entscheidungen dienen können.

6.1.2   Einschränkung

Vor diesem Hintergrund ist klar, dass der Autor hier nicht mit dem Anspruch des UML-Spezialisten antritt. Erstens ist er das definitiv nicht. Und zweitens geht es dem Autor hier auch gar nicht darum, als UML-Kenner nachzuweisen, dass sich bestimmte Strukturen und Systeme mit den Konstrukten der UML darstellen lassen. Es geht ihm vielmehr darum zu zeigen, was die spezifischen Anforderungen an eine grafische Modellierungssprache für IT-Anwendungs-Architekturen im Großen sind. Ergänzend wird angedeutet, was davon wie durch UML geleistet wird, soweit dies dem Autor bekannt ist.

Als der diesem Artikel zugrunde liegende Vortrag zum ersten Mal gehalten wurde, war gerade UML 1.4 der aktuelle Standard, UML 1.5 fast verabschiedet, und UML 2.0 war bei der OMG in Arbeit. Es mag sein, dass bei der Entwicklung von UML 1.4 zu UML 2.0 manches passiert ist, was den hier im Folgenden beschriebenen Anforderungen für die Modellierung im Großen entgegen kommt. Deutlich geworden ist das dem zwar interessierten, aber doch nur oberflächlich informierten IT-Manager nicht.

Will die UML – oder auch ein bestimmter Ausschnitt daraus – für die Modellierung im Großen und die Kommunikation mit Entscheidern auf TOP-Ebene einsetzbar sein, muss sie – bzw. der relevante Ausschnitt daraus – für den IT-Manager und für Manager auf Anwenderseite leicht lernbar und verständlich sein und intuitiv – ohne aufwändige Fortbildung oder Schulung – einigermaßen richtige Informationen vermitteln.

6.1.3   Begriffe

Eins sei vorweg noch klargestellt: Wir sprechen von IT-Anwendungen, Informationssystemen o.ä., ohne diese Begriffe gezielt unterschiedlich zu verwenden. Ebenso sprechen wir synonym von Anwendungslandschaft, Anwendungsarchitektur, IT-Landschaft, oder Gesamtarchitektur eines Unternehmens, und meinen damit immer in etwa dasselbe: Es geht um die Modellierung und Darstellung der Gesamtheit aller IT-Systeme eines Unternehmens in geeigneten Abstraktionen und Sichten.

6.2   Beispiele für die Vielfalt

Ein paar Beispiele vorweg mögen noch einmal die eingangs erwähnte bunte Vielfalt an Bildern und Darstellungen belegen, siehe die Abbildungen Abb. 6.1 bis Abb. 6.3. Alle drei sind aus dem Alltag eines deutschen Versicherungsunternehmens und beschreiben einen wesentlichen Ausschnitt aus dessen Anwendungslandschaft mit mehreren Anwendungssystemen und Beziehungen zwischen diesen.

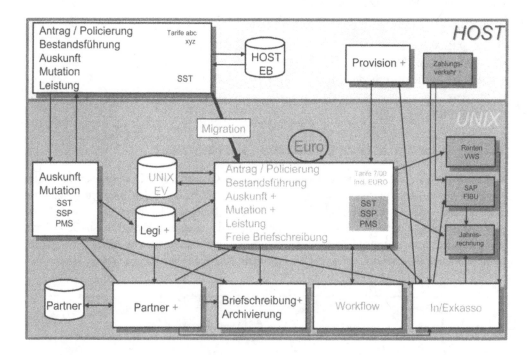

Abb. 6.3   Übersicht Anwendungslandschaft – Beispiel 2

Man erkennt bei den drei Abbildungen eher nicht, dass es sich in wesentlichen Teilen um die gleichen Anwendungen handelt, die dargestellt sind, zu verschieden sind die grafischen Symbole und Beschriftungen. Auch wenn jeweils unterschiedliche Aspekte dargestellt werden sollten, wäre es aus Sicht dessen, der die Gemeinsamkeiten der dargestellten Systeme kennt, durchaus wünschenswert, wenn sich die Gemeinsamkeiten auch in den Darstellungen finden würden.

Was bei den drei Abbildungen auffällt ist, dass auf zweien der Abbildungen (Abb. 6.2 und Abb. 6.3) das Symbol für Daten verwendet wird, auf der dritten (Abb. 6.1) jedoch nicht. Auch hier ist nicht ersichtlich, warum das so ist. Die jeweiligen Autoren dieser Grafiken haben sich natürlich Gedanken darüber gemacht, warum sie das so darstellen. Jedoch gibt es kein gemeinsames Konzept, auf das sie zurückgreifen konnten, um ihr Anliegen bei der Modellierung jeweils einheitlich darzustellen.

Die dritte Abbildung (Abb. 6.3) enthält mit den beiden mit „Host" bzw. „Unix" beschrifteten Blöcken bereits ein Element, das für die Darstellung von großen Gesamtsystemen sehr wichtig ist, nämlich die Gruppierung von einzelnen Elementen.

6.3   Modellierung „im Großen" und UML

Wir wollen die Anforderungen zur Modellierung und Darstellung von Architektur im Großen
in den folgenden Bereichen beleuchten:

- Gruppierungen und Zerlegungen
- Der „kleine Maßstab"
- Funktionen und Dienste
- Beziehungen und Verbindungen
- Prozesse
- Erläuterungen

6.3.1   Gruppierung, Zerlegung, Verfeinerung

Will man die Komplexität, aber auch nur die schiere Quantität der Gesamtlandschaft aller
Anwendungen eines Unternehmens modellieren und grafisch darstellen, so kommt man gar
nicht umhin – soll das Ganze überschaubar bleiben – geeignete Gruppen (oder Kategorien
oder Anwendungsbereiche ... oder wie immer man das nennen möchte) zu bilden. Denn
schließlich hat man es unter Umständen mit zig oder gar hunderten von einzelnen Anwendungen und mit tausenden oder mehr Datentabellen, Klassen (oder Programmen) zu tun.

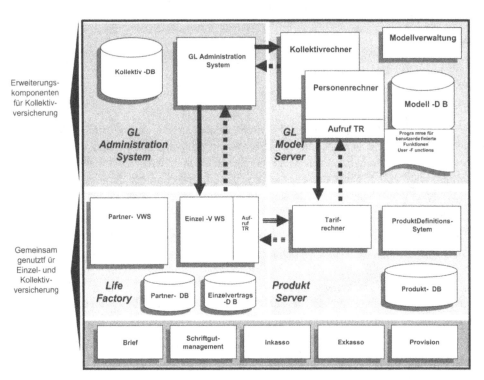

Abb. 6.4   Gruppierung und Zerlegung

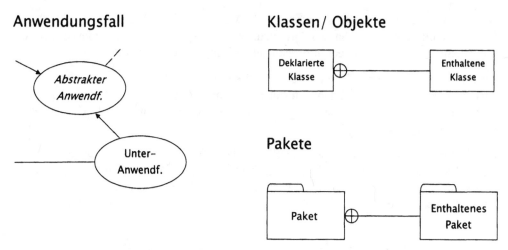

Anwendungsfall

Abstrakter Anwendf.

Unter-
Anwendf.

Klassen/ Objekte

Deklarierte Klasse — Enthaltene Klasse

Pakete

Paket — Enthaltenes Paket

Abb. 6.5   Notation für Gruppierung, Zerlegung, Verfeinerung

Wichtig für diese Gruppierungen von Anwendungen ist, dass man dann auch bei Bedarf einzelne Ausschnitte aus solch einem Gesamtbild herausgreifen und – möglichst ohne Bruch oder „Sprung" bei den verwendeten Symbolen – detaillierter darstellen kann, d.h. dass man sozusagen „hineinzoomen" kann. Denn gerade darin besteht eine wichtige Qualität von Modellen „im Großen" (also im „kleinen Maßstab"), dass sie nicht losgelöst von genaueren Darstellungen existieren, sondern dass sie eine „kanonische" Verbindung zu den Ausschnitten mit mehr Detailinformationen haben.

Die Gruppierung bzw. umgekehrt die Detaillierung, das Hineinzoomen wird nach Ansicht des Autors am besten dadurch dargestellt, dass die Bestandteile einer größeren Einheit auch grafisch innerhalb dieser größeren Einheit angeordnet werden. Das ist schon in Abb. 6.3 zu sehen; auch Abb. 6.4 zeigt intuitiv unmittelbar, aus welchen Komponenten die vier farblich unterschiedlich abgesetzten Anwendungsbereiche (GL Administration System, GL Model Server, Life Factory und Produkt Server) bestehen.

In frühen Versionen der UML war diese eingängige Darstellung von Gruppierung bzw. von Zerlegung und Verfeinerung mit der angebotenen Syntax nicht direkt möglich, spätestens ab Version 1.3 ist das Gruppieren in Paketen (und damit das „Hineinzoomen" in Pakete) vorgesehen [OMG 99]; das scheint jedoch unter UML-Modellierern nicht allzu bekannt zu sein, siehe z.B. die Notation in [FOW 00], vergleiche auch Abb. 6.5. In der Version 2.0 gewinnt die Darstellung von Grafiken innerhalb übergeordneter Elemente zum Zwecke der Gruppierung (und auch mit weitergehender Semantik) an Bedeutung [OMG 03] – ein Schritt in die richtige Richtung!

Diese Anforderung an die „Skalierbarkeit" der Darstellung über die Möglichkeiten, zur gröberen Ansicht durch Gruppierung bzw. umgekehrt zur Detaillierung durch Verfeinerung oder Hinein-Zoomen zu wechseln, gilt natürlich nicht nur für die Modellierung von Anwendungen, Anwendungs- oder Funktionsbereichen, sondern auch für die Darstellung von Prozessen und Abläufen, seien es nun die Geschäftsprozesse, die durch die Anwendungen unterstützt oder abgewickelt werden; oder seien es auch die Abläufe in der Anwendungslandschaft oder an den Schnittstellen zwischen den Anwendungen. Und genau das gleiche gilt auch für die Modellierung der Daten, d.h. der Informationen auf einer hohen Abstraktionsebene.

Auch hier fasst man gerne für eine Übersicht über die Gesamtstruktur der mit den Anwendungen des Unternehmens bearbeiteten Daten diese in groben Clustern zusammen, um diese groben Einheiten dann aufzulösen zu einzelnen Ausschnitten eines unternehmensweiten Daten- bzw. Objektmodells.

Für die Beschreibung von Zustandsmodellen ist dieser Mechanismus der Gruppierung bzw. Verfeinerung nach Eindruck des Autors auch bereits vor UML Version 2.0 eingängig gelöst: Hier wird durch die Symbole intuitiv erkennbar gezeigt, dass ein Zustand auf gröberer Ebene – nach Weglassen von Details – als Zusammenfassung von „Unterzuständen" definiert wird.

6.3.2   Darstellung des „sehr kleinen Maßstabes"

Im Zusammenhang mit der „Skalierung", d.h. mit den verschiedenen Maßstäben der Modellierung von sehr „klein" (d.h. abstrakt, mit wenig Details) bis „groß" (d.h. konkret, detailliert) stellt sich auch die Frage, inwieweit die Größe (oder auch Abstraktion) der dargestellten Einheiten in den Modellen, also in den grafischen Darstellungen durch verschiedene Symbole sichtbar gemacht wird – oder eben nicht.

Es geht hierbei zuerst einmal um die Frage, ob man Begriffe wie Komponente (oder Teil-Anwendung), Anwendung, Anwendungsbereich (oder Funktionsbereich) definieren und gegeneinander abgrenzen will; und falls ja, ob man diese zu unterscheidenden Dinge auch im Modell unterscheiden und durch unterschiedliche Symbole darstellen will.

Falls ja: Die UML bietet hier erstmal wenig Hilfe: Es gibt die Pakete, die sich als Modellelemente für die Darstellungen von Anwendungen und Zusammenfassungen oder Zerlegungen derselben anbieten[1]. Verwendet man im Modell also nur Pakete und für die Gruppierung bzw. Zerlegung die Enthaltenseins-Beziehung zwischen diesen, macht man die unterschiedliche Größe bzw. die Abstraktionsebene im Modell nicht sichtbar. Will man dies doch tun, muss man über das Sprachmittel der Stereotypen die verwendete Modellierungssprache um eigene Symbole erweitern. Das führt jedoch zwangsläufig dazu, dass man bei den Begriffen (wie Komponente, Anwendung, Anwendungsbereich o. ä.) keine einheitliche Sprache hat.[2]

Das gilt übrigens genauso für den Daten- bzw. Informationsteil der Modelle. Unter Systemanalytikern gibt es eine einigermaßen konsistente Vorstellung davon, was bei einer detaillier-

---

[1] Es ist allerdings auch denkbar, dass man zur Modellierung von Anwendungen das Symbol der Klasse verwendet, denn bei entsprechender Abstraktion von Details kann man eine Anwendung ja durchaus verstehen als eine Menge von gleichartigen Objekten mit Möglichkeiten, diese zu bearbeiten bzw. Informationen über diese zu liefern.

[2] Das ist natürlich ein Dilemma beim Entwurf einer Sprache generell: Für welche Bereiche bzw. Differenzierungen dessen, was man ausdrücken will, führt man spezielle Symbole ein (und stärkt damit die Einheitlichkeit der Verwendung zu Lasten des Umfanges der Sprache); und was wird mehr durch die Art der Nutzung der Sprache ausgedrückt (was zwar keine zusätzlichen Sprachkonstrukte verlangt, aber andererseits der Einheitlichkeit der erstellten Modelle abträglich ist).

ten fachlichen Beschreibung unter einer Klasse bzw. einer Entität ist zu verstehen ist. (Dazu tragen bei der klassischen ER-Modellierung u.a. die geforderten Normalisierungen bei, wie auch weitere „weiche", nicht-formale Kriterien wie z.B. Verstehbarkeit und Überschaubarkeit.) Dagegen gibt es eine solche Systematik für abstraktere, weniger detaillierte Sichten auf Daten und Informationen nicht.

Auch hier bietet die UML zur Skalierung wenig Unterstützung: Da gibt es die Klasse, aber ob man damit Einheiten modelliert, die in Komplexität und Umfang etwa den (atomaren) Klassen einer Implementierung in Java entsprechen, oder ob damit abstraktere Gebilde, die möglicherweise durch eine Vielzahl von Java-Klassen implementiert werden, modelliert werden, ist aus dem Modell nicht unmittelbar erkennbar.

Im Übrigen fehlt auch für den Teilbereich der Daten und Informationen die Systematik (und möglicherweise sogar eine halbwegs fundierte Methodik) zur Abstraktion und Zusammenfassung zu verschiedenen Abstraktionsebenen. Zumindest scheinen die Ansätze, die es in früheren Verfahren zur Analyse und Modellierung gab (z.B. Top Down Zerlegen bei Funktionen, Datenflüssen), bei den heutigen Methoden zur Analyse und Modellierung in Vergessenheit geraten zu sein.

6.3.3   Funktionen und Dienste

In Konsequenz dessen, dass es keine speziellen Modellelemente für die grobe Modellierung bzw. sehr hohe Abstraktion bei Daten und Informationen gibt, existieren auch keine speziellen Modellelemente, um die Dienste grob zu beschreiben, die die Anwendungen den Nutzern oder anderen Systemen über Schnittstellen zur Verfügung stellen.

Auf einer Detail-Ebene entsprechen die Dienste einer Anwendung den Methoden einer Klasse und können entsprechend in einem Klassen-Modell dargestellt werden. Natürlich kann man also Dienste mit denselben Sprachelementen wie die Methoden darstellen, macht dann aber – ebenso wie das für die oben angesprochene Modellierung von Daten im Großen gilt – nicht den Maßstab oder die Abstraktion bzw. Vereinfachung, Zusammenfassung sichtbar.

Ebenso kann man Use Cases zur Darstellung von Diensten einsetzen. Allerdings gilt hier ganz analog das gerade zu Klasse und Methoden Gesagte.

In jedem Fall positiv bei einem Einsatz der UML für die Modellierung im Großen im Hinblick auf die Dienste an den Schnittstellen der Systeme ist Folgendes. Durch den Einsatz einer Modellierungssprache, die dezidierte Sprachmittel für die Beschreibung von Diensten an Schnittstellen bereitstellt, wird man dazu angehalten, auch die von den Anwendungen angebotenen und zwischen den Systemen erbrachten Leistungen zu dokumentieren.

Hat man sich also entschieden, mit welchen Symbolen man größere Einheiten (wie Komponenten, Anwendungen, ...) darstellen möchte, gibt es – v. a. mit der Version 2.0 – Möglichkeiten, auch Schnittstellen und Protokolle zwischen diesen Einheiten darzustellen. Es gilt allerdings genau das in Abschnitt 6.3.2 Gesagte: Der Detaillierungs- bzw. Abstraktionsgrad dieser Darstellung ist nicht unmittelbar erkennbar.

6.3.4   Beziehungen und Verbindungen

Entsprechende Feststellungen wie oben zur Skalierung der Modellierung von Daten und
Informationen muss man allgemeiner für die verschiedenen Beziehungen zwischen den modellierten Einheiten, also zwischen den Anwendungen machen.

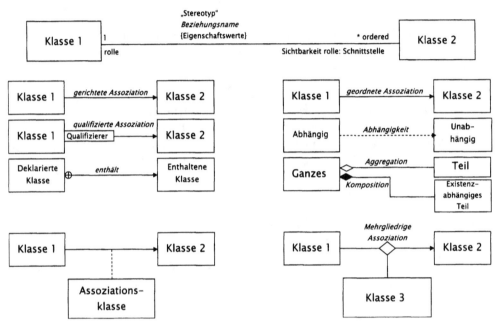

Abb. 6.6   Beziehungstypen zwischen Klassen

Die UML bietet eine Vielzahl von Beziehungstypen zwischen Klassen an (siehe Abb. 6.6),
die jedoch alle eher auf einer relativ implementierungsnahen Ebene sinnvoll sind. Will man
Beziehungen zwischen den Bausteinen einer Übersicht über eine größere Anwendungslandschaft darstellen, dann sind andere Beziehungstypen gefragt, wie z.B. A „benutzt Dienste
von" B; A „liefert Daten an" B; oder auch A „stößt Verarbeitung an in" B (synchron / asyn-
chron), siehe hierzu das erste Beispiel oben, Abb. 6.1.

Auch hier gibt es in der UML die Möglichkeiten, entsprechende Beziehungstypen über Ste-
reotypen geeignet zu definieren. Wie jedoch bereits oben gesagt, verlässt man damit den
Bereich einheitlicher standardisierter Sichtweisen. Eine besondere Unterstützung für das
Modellieren im Großen bietet die UML hier also nicht.

6.3.5   Prozesse

Unter Modellierern und Systemanalytikern wird immer wieder diskutiert, ob man nun besser
eine Methodik nebst Werkzeug speziell für die Modellierung von Geschäftsprozessen einset-

zen soll oder aber ob der Einsatz von UML vorzuziehen ist. Dennoch ist meines Erachtens unstrittig, dass die UML geeignete Mittel zur Modellierung von Geschäftsprozessen anbietet, wie auch einige Literatur zu diesem Thema zeigt [GBB 00, OWS 03, KÖS 04].

Erstaunlicherweise fällt hier auf, dass es keine Schwierigkeiten zu machen scheint, einen Prozess sehr abstrakt bzw. vereinfacht darzustellen – im Gegensatz zu den anderen vorher angesprochenen Aspekten der Modellierung im Großen.

Der Nutzen von UML ist – und zwar im Großen wie im Kleinen –, dass die Modellierung durchgängig von den Prozessen bis hin zu den Daten und Informationen möglich ist und auch oft so gelehrt und praktiziert wird. Die UML hilft also für die Modellierung und Darstellung von großen Übersichten schlicht dadurch, dass mit ihrem Einsatz in der Regel eine Methodik verbunden ist, die den Blick auf den Zusammenhang von Geschäftsmodell und Prozessen mit den Daten und Funktionen richtet.

6.3.6   Erläuterungen

Zum Schluss unserer Betrachtung verschiedener Aspekte von Modellierung und Darstellung speziell im Großen bzw. im kleinen Maßstab sei noch etwas genannt, was bei allen Modellen – seien sie nun detailliert und konkret oder grob vereinfachend und abstrakt – für die Praxis wichtig ist: Die Möglichkeit, die formalen Bestandteile des Modells anzureichern mit freien Erläuterungen und Beschreibungen.

Werden Darstellungen von Architektur im Großen ohne eine strukturierende Grundlage wie die UML erstellt, also mit ad-hoc definierten Bildern und Symbolen, kommt die Erläuterung zu den einzelnen Elementen der Darstellung oft zu kurz. Der Ersteller des Bildes hat diese zusätzlichen Informationen im Kopf, gibt sie vielleicht auch mündlich bei Präsentationen, in Diskussionen oder ähnlichem weiter, aber in der Darstellung selbst sind sie nicht enthalten – und damit bei späterer Verwendung in der Regel verloren.

Die UML bietet die Möglichkeit, zu den Modellelementen Erläuterungen zu hinterlegen. Wird von dieser Möglichkeit Gebrauch gemacht, so ist dies etwas, was der Qualität der erstellten Modelle zuträglich ist und dazu beiträgt, dass die Modelle auch weiterentwickelt werden können.

6.4   Zusammenfassung und Ergänzungen

Wir haben in den vorangegangenen Abschnitten einige wichtige Aspekte der Modellierung im Großen beleuchtet und versucht zu bewerten, inwiefern die UML dabei helfen kann. Dabei wurden einerseits verschiedene Aussagen zum Einsatz von UML selbst gemacht, andererseits gab es aber auch Feststellungen, die weniger die Nutzung speziell der Sprache UML, sondern die Nutzung überhaupt einer definierten Sprache betrafen.

Die Bewertungen zum Einsatz speziell der Sprache UML lassen sich folgendermaßen zusammenfassen:

- Grundsätzlich bietet die UML zwar Sprachelemente an, die man auch zur Modellierung im Großen verwenden kann[3]. Sie sind jedoch eigentlich geeignet zur Darstellung von Gegenständen auf einer Detaillierungsebene nahe den Implementierungen; sie werden jedenfalls meist so verwendet. Spezielle Konstrukte in den Modellen und in der Sprache zur Darstellung von größeren Daten- und Funktionsbereichen, von Zusammenfassungen vieler Subeinheiten, von Diensten etc. gibt es nicht.[4]
- Dabei kann man feststellen, dass dieser Mangel nicht allein in der Sprache liegt, sondern sicher auch daher rührt, dass es keine anerkannte Methodik für die Modellierung im Großen gibt. Ein Indiz dafür ist Folgendes: Die UML stammt eindeutig aus dem Bereich der objekt-orientierten Methoden. Bei der Modellierung „im Kleinen" hat das auch direkte Konsequenzen für die Anordnung von Elementen und Strukturierung der Modelle (Operationen zu den Klassen, Kapselung). Für ein Modell „im Großen", also z.B. für ein Modell einer Gesamt-Anwendungslandschaft eines Unternehmens, ist dagegen gar nicht klar, inwiefern ein solches Modell objekt-orientiert oder eben nicht objekt-orientiert ist. Oder als Frage formuliert: Worin unterschieden sich – bezüglich der Objekt-Orientierung – die heutigen Modelle der Anwendungslandschaft eines Unternehmens von denen, die vor zwanzig Jahren erstellt wurden?

Betrachtet man nun bei der Frage des Titels „... kann UML helfen?" weniger die spezielle Sprache UML, sondern vielmehr den Aspekt, dass überhaupt eine weit verbreitete definierte Sprache zum Einsatz kommt (im Gegensatz zu ad-hoc und beliebig gestalteten Darstellungen), kann man eine Antwort mit den folgenden drei Sätzen zusammenfassen:

- Die Nutzung einer Sprache für die Modellierung im Großen führt zu mehr Systematik bei der Modellierung selbst. Sie zwingt, sich explizit Gedanken zu machen, wie eigentlich die Modelle aussehen sollen.
- Ist die Sprache darüber hinaus ein weit verbreiteter Standard, so ermöglicht ihr Einsatz die breite Kommunikation von solchen Modellen im Großen – so ähnlich, wie die Entwurfsmuster auch durch die Darstellung mittels der weit verbreiteten einheitlichen Sprache UML große Resonanz und die heutige Verbreitung gefunden haben.
- Die Nutzung einer Sprache in Verbindung mit Werkzeugen zur Erstellung und Bearbeitung von Modellen in dieser Sprache fördert implizit die Pflegbarkeit der Modelle, die Möglichkeit sie weiterzuentwickeln.

Um den Kreis zu schließen, kann man ein weiteres Argument finden, welches dafür spricht, speziell die UML und nicht irgendeine andere Sprache für die Modellierung im Großen einzusetzen:

---

[3] Siehe dazu z.B. auch den Beitrag [TEN 04] von Thomas Tensi in diesem Buch.

[4] Es sei an dieser Stelle noch einmal die Analogie zu einer Landkarte herangezogen: Dort haben sich bestimmte Standards für die Darstellung verschiedener Maßstäbe etabliert, und es ist einem Kartenleser auch ohne Blick auf die Skalenangabe durchaus möglich zu erkennen, ob es sich bei einer Karte um eine Wanderkarte im großen Maßstab oder eine Straßenkarte im kleinen Maßstab handelt.

- Gelingt es nämlich, die UML – ggf. mit geeigneten Ergänzungen oder Modifikationen – für die Darstellung sehr vereinfachender grober Sichten auf große Zusammenhänge und Übersichten anzuwenden, so hat man damit eine Sprache zur durchgängigen Modellierung gefunden, von der „groben Skizze" bis zur „detaillierten Konstruktionszeichnung".

Es gibt also durchaus eine ganze Reihe von Punkten, die es lohnend erscheinen lassen, daran zu arbeiten, dass die UML auch für die Modellierung im Großen gut eingesetzt werden kann und eingesetzt wird.

Und wer muss daran arbeiten und die UML dann auch nutzen?

Das wird eher weniger von denen getrieben werden, für die Modelle im kleinen Maßstab in der Regel erstellt werden (den IT-Managern). Denn die kommen ja einerseits mit den ad-hoc und individuell gezeichneten Bildern und Grafiken ganz gut zurecht – zumindest meinen sie das. Sich in eine so komplizierte Materie einzuarbeiten wie sie die UML darstellt, gehört außerdem sicher nicht zu den Aufgaben der Entscheider im Management[5].

Somit ist der Einsatz der UML auch für die Modellierung im Großen Aufgabe der Spezialisten, der Architekten und Designer – bzw. er muss es werden. Diese Spezialisten müssen es sich zur Aufgabe machen, nicht nur untereinander und im Detail über Modelle mittels der UML zu sprechen, sondern sie müssen auch die Verantwortung dafür übernehmen, Außenstehenden, den für eine Gesamt-Anwendungslandschaft Verantwortlichen eine genügend abstrakte, auf das Wesentliche konzentrierte Sicht zu vermitteln.

Zum Schluss sei noch ein ganz persönlicher Eindruck und ein Anliegen generell für die Modellierung im Großen erwähnt: Die Weiterentwicklung der UML zu der bald verabschiedeten Version 2.0 macht die Sprache reicher und mächtiger, auch für die Modellierung der hier betrachteten großen Übersichten im kleinen Maßstab. Dabei wird die Sprache immer komplizierter[6] und die Konzepte zu ihrer Nutzung werden immer vielfältiger und damit auch immer weniger einheitlich. Wer einmal mitbekommen hat, wie sich UML-Kenner in leidenschaftlichen Diskussionen darüber austauschen, mit welch unterschiedlichen Diagrammtypen sie – je nach Vorlieben, Kundenwünschen etc. ... – ein und denselben Sachverhalt darstellen, der kann das sicher bestätigen. Das macht deutlich, dass es nicht nur darum geht, die UML um spezielle Sprachmittel für die Modellierung im Großen zu erweitern, sondern dass man auch daran arbeiten muss, einheitliche Sprachmuster, d.h. allgemein akzeptierte Konzepte für die Modellierung im Großen (wie auch im Kleinen) zu entwickeln.

---

[5] Um einem möglichen Missverständnis vorzubeugen: Natürlich muss sich auch ein (IT-)Manager der Komplexität seines Gegenstandes stellen, um ihn wirklich kompetent beurteilen und darüber richtig entscheiden zu können. Allerdings erscheint im Falle der UML die Komplexität der Sprache unangemessen hoch in Relation zu dem Nutzen, den sie dem Manager für seine Sicht auf Anwendungslandschaften bietet.

[6] In Verschärfung der vorigen Fußnote lässt sich ergänzen: Es kann natürlich sein, dass die UML mit ihren aktuellen Entwicklungen generell zu kompliziert geworden ist, also auch für die Modellierung im Kleinen durch Architekten und Software-Ingenieure. Diese Frage weiter zu untersuchen führt aber deutlich über das Thema des vorliegenden Artikels hinaus, und muss ggf. an anderer Stelle aufgegriffen werden.

6.5 Literatur

[FOW 97]   M. Fowler. *Analysis Patterns – Reusable Object Models*. Addison Wesley, 1997.

[FOW 00]   M. Fowler. *UML Distilled – A Brief Guide to the Standard Object Modeling Language*. Second Edition, Addison Wesley, 2000.

[GBB 00]   P. Grässle, H. Baumann, P. Baumann. *UML projektorientiert - Geschäftspro - zessmodellierung, IT-System-Spezifikation und Systemintegration mit der UML*. Galileo Press, 2000.

[GHJ+ 96]   E. Gamma, R. Helm, R. Johnson, J. Vlissides. *Entwurfsmuster – Elemente wiederverwendbarer objektorientierter Software*. Addison Wesley, 1996

[KÖS 04]   K. Köster. *Geschäftsprozessmodellierung im Kontext objektorientierter Ent- wurfstechniken*. In diesem Band.

[OMG 99]   Object Management Group. *Unified Modeling Language 1.3*. www.omg.org/ cgi-bin/doc?formal/00-03-01, März 2000

[OMG 02]   Object Management Group. *Unified Modeling Language 1.4*. www.omg.org/ cgi-bin/doc?formal/01-09-67, September 2001

[OMG 03]   Object Management Group. *Unified Modeling Language 1.5*. www.omg.org/ cgi-bin/doc?formal/03-03-01, März 2003

[OWS+ 03] B. Oesterreich, C. Weiss, C. Schröder, T. Weilkiens, A. Lenhard. *Objektorien- tierte Geschäftsprozessmodellierung mit der UML*. dpunkt.verlag, 2003.

[TEN 04]   Th. Tensi. *Anwendungslandschaftsmodelle als Mittel zur Nachverfolgung von unternehmensweiten Geschäftsprozessen*. In diesem Band.

7   OCL in der Praxis

Andreas Awenius, EmPowerTec AG

Die Object Constraint Language OCL ist eine formale Sprache, die im Rahmen der Object Management Group OMG (http://www.omg.org/) als Teil der UML-Spezifikation standardisiert ist. Zweck der OCL ist es, die bekannteren Elemente der UML, wie die verschiedenen Diagrammtypen und das Konzept der Use Cases durch eine formale Sprache zu ergänzen, mit der zusätzliche Informationen in einer präzisen und formal verifizierbaren Form erfasst werden können. UML-Modelle werden bei konsequentem Einsatz der OCL präziser und vollständiger.

Während die OCL in beachtlichem Maß Gegenstand akademischer Untersuchungen ist, gibt es bisher kaum Erfahrungen und Vorschläge zum Einsatz von OCL in kommerziellen Softwareentwicklungsprojekten. Der Beitrag möchte hier ansetzen und entsprechende Vorschläge für einen Einsatz der OCL in der Softwareentwicklungs-Praxis geben.

Über den Autor
Andreas Awenius, Jahrgang 1963, Diplom-Informatiker (FH), ist seit 1991 als Berater in Softwareentwicklungsprojekten für Kunden in der Finanz- und Telekommunikationsbranche tätig. 2001 war er an der Gründung der EmPowerTec AG beteiligt, für die er seit dieser Zeit als Vorstand tätig ist.

7.1   Einleitung

Die erste Fassung der OCL wurde 1995 im Rahmen eines Forschungsprojektes bei IBM definiert [WK 03]. Inspiriert waren die Forscher dabei von bereits existierenden formalen Spezifikationssprachen wir *Syntropy* und Z. Diese Sprachen schienen ihnen aber zu sehr an mathematischen Modellen orientiert, so dass sie eine Sprache anstrebten, deren Syntax und Grammatik leichter zugänglich sind und die besser auf die objektorientierte Denkweise abgestimmt ist. 1997 wurde die OCL bei der OMG zur Standardisierung eingereicht und auch angenommen.

Die ursprüngliche Motivation für die Verwendung von OCL war die Definition von Einschränkungen (*constraints*) innerhalb von UML-Modellen, also Bedingungen, die zu bestimmten Zeitpunkten erfüllt sein müssen. Beispielsweise müssen Vorbedingungen (*precon-

ditions) im Kontext einer Methode erfüllt sein, *bevor* die Methode aufgerufen wird, während Nachbedingungen (*postconditions*) erfüllt sein müssen, *nachdem* die Methode aufgerufen wurde. Bedingungen die sowohl vor als auch nach dem Aufruf einer Methode erfüllt sein müssen, werden Invarianten (*invariants*) genannt. Mittlerweile wird die Anwendbarkeit von OCL innerhalb eines objektorientierten Modells deutlich allgemeiner gesehen, weshalb wir im Folgenden von *OCL-Ausdrücken* (statt *constraints*) sprechen. In einem Modell können OCL-Ausdrücke beispielsweise sinnvoll eingesetzt werden zur Spezifikation von

- Einschränkungen
- Des Ergebnisses eines Methoden-Aufrufs, sofern die Methode den Zustand des Systems nicht ändert („queries", in der UML-Nomenklatur). Bei diesen OCL-Ausdrücken vom Typ *body* wird also keine Einschränkung mit OCL spezifiziert, sondern es wird das Ergebnis eines Methodenaufrufs selbst beschrieben.
- Bedingungen für Zustandsübergänge in Zustandsdiagrammen
- Initialwerten für Attribute und Assoziationen

Im Weiteren werden wir anhand eines einführenden Beispiels den Mehrwert der Verwendung von OCL in einem UML-Modell darstellen. Ferner gehen wir auf den zusätzlichen praktischen Nutzen von OCL bei der Implementierung von Software, beim Testen und bei der Erstellung der Dokumentation ein. Abschließend werden die Anforderungen an die Unterstützung von OCL in UML-Modellierungstools beschrieben und der Stand der Umsetzung bewertet. Der Beitrag bietet keine Einführung in OCL, hierzu empfehlen wir [WK 03], bzw. die Website http://www.klasse.nl.

7.2   Einführendes Beispiel

Um den Mehrwert durch Verwendung von OCL-Ausdrücken darzustellen, verwenden wir ein vereinfachtes Beispiel aus der Finanzwelt: die Modellierung eines Darlehens (Abb. 7.1).

Dieses Modell drückt folgende Zusammenhänge aus:

- Ein Kunde kann eine beliebige Anzahl Darlehen aufnehmen
- Ein Darlehen wird von genau einem Kunden aufgenommen
- Ein Kunde kann beliebig viele Sicherheiten besitzen
- Eine Sicherheit kann zur Absicherung von beliebig vielen Darlehen verwendet werden
- Ein Darlehen muss durch mindestens eine Sicherheit abgesichert werden
- Eine Sicherheit hat genau einen Besitzer

Das Diagramm erfasst die Anforderungen jedoch nicht vollständig. Beispielsweise könnte die beauftragende Bank folgende Regeln für ein zu implementierendes Softwaresystem fordern:

„Die Summe der monatlichen Raten aller Darlehen eines Kunden darf nicht mehr als die Hälfte des monatlichen Einkommens eines Kunden betragen und gleichzeitig müssen dem Kreditnehmer mindestens 1000 € von seinem verfügbaren Einkommen nach Abzug aller Ratenzahlungen verbleiben."

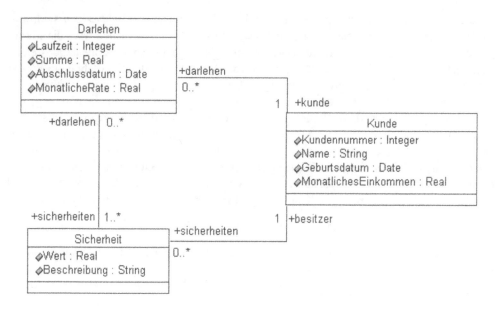

Abb. 7.1   Beispielmodell

Diese Regel soll eine Überschuldung des Kreditnehmers weniger wahrscheinlich machen.

„Die Summe des Wertes aller Sicherheiten eines Darlehens muss den Darlehenswert um mindestens 20% überschreiten. "

Damit stellt die Bank sicher, dass im Falle der Zahlungsunfähigkeit des Schuldners ihr Risiko ausreichend gedeckt ist.

„Die Summe eines Darlehens muss mindestens 10.000 € betragen. "

Damit soll sichergestellt werden, dass die Verwaltungs- und Abschlusskosten in einem vernünftigen Verhältnis zum Ertrag stehen.

Die oben genannten Regeln spiegeln grundsätzlich die Geschäftspolitik des Auftraggebers wieder. Es ist essentiell, derartige Informationen bereits in der Analyse-Phase zu erfassen, um teure Fehlerkorrekturen in späteren Projektphasen zu vermeiden. Abgesehen von diesen ‚business rules' gibt es aber auch einige evidente Zusammenhänge, die ebenfalls dokumentiert werden sollten. Dies erhöht die Wahrscheinlichkeit, dass sie auch bei der Implementierung des Systems beachtet werden:

„Ein Darlehen eines Kunden kann nur durch Sicherheiten gesichert werden, die dem Kunden auch gehören. "

„Ein Darlehensnehmer muss volljährig sein. "

Wie soll nun ein Systemanalytiker diese expliziten und impliziten Regeln beschreiben, so dass sie möglichst präzise und unmissverständlich sind und unmittelbar mit den betroffenen Klassen verknüpft sind?

Use Case Diagramme wären klar verfehlt, weil die obigen Regeln statischer Natur sind, während Use Cases von ihrer Natur her eher dynamisch sind. Eine Alternative wäre die Formulierung solcher Regeln in natürlicher Sprache unter Verwendung von Dokumentationsfeldern innerhalb des UML-Werkzeugs. Die damit verbundenen Nachteile (eingeschränkte Präzision, Abstieg vom standardisierten Niveau eines UML-Modells auf das proprietäre Niveau des Tools, keine formale Überprüfung, keine Möglichkeit zur automatischen Verarbeitung) wiegen aber so stark, dass diese Vorgehensweise niemand ernsthaft in Erwägung ziehen wird. Bleibt also lediglich die Erfassung in separaten Dokumenten, im besseren Falle mit speziellen Tools für das requirements engineering wie *Doors* (http://www.telelogic.com/products /doorsers/doors/) oder *Rational Requisite Pro* (http://www-306.ibm.com/software/awdtools /reqpro/). Damit wird die Synchronisation mit dem zugehörigen UML-Modell erheblich erschwert, da keine automatische Konsistenzprüfung mit dem Modell mehr möglich ist.

Bei Verwendung von OCL entfallen diese Nachteile, denn:

- Die Spezifikationen sind, da es sich um eine formale Sprache handelt, implizit präzise und eindeutig.
- Man verbleibt auf der standardisierten Ebene des UML-Modells in einer objektorientierten Betrachtungsweise.
- Die Spezifikationen können automatisch auf syntaktische und semantische Korrektheit in Bezug auf das Modell geprüft werden.
- Die OCL-Ausdrücke sind Teil des Modells. Die Wahrscheinlichkeit, dass sie mit dem Modell weiter gepflegt und bei Änderungen angepasst werden, ist erheblich größer.
- Im Sinne der Model Driven Architecture (MDA) ist es denkbar, automatisch Code aus OCL-Ausdrücken zu generieren. Damit ließe sich der „Generierungsgrad" eines Modells verbessern, und zwar genau an den kritischen Bereichen der volatilen Geschäftslogik. Das hierin vorhandene Potential wird derzeit noch von keinem Tool vollständig genutzt.

Insgesamt ermöglicht es die Verwendung von OCL also, Informationsgehalt, Präzision und damit letztendlich den Wert eines UML-Modells zu verbessern, was wiederum zu einem besseren Endprodukt bzw. produktiveren Entwicklungsverlauf führt.

Zur Illustration seien nun die obigen Beispiele als OCL-Ausdrücke dargestellt:

„Die Summe der monatlichen Raten aller Darlehen eines Kunden darf nicht mehr als die Hälfte des monatlichen Einkommens eines Kunden betragen und gleichzeitig müssen dem Kreditnehmer mindestens 1000 € von seinem verfügbaren Einkommen nach Abzug aller Ratenzahlungen verbleiben."

```
context Kunde
inv angemesseneRaten:
    darlehen.MonatlicheRate->sum() <=
    MonatlichesEinkommen / 2

inv minimalesEinkommen:
    MonatlichesEinkommen - darlehen.MonatlicheRate->sum()
    >= 1000
```

„Die Summe des Wertes aller Sicherheiten eines Darlehens muss den Darlehenswert um mindestens 20% überschreiten. "

```
context Darlehen
inv ausreichendeSicherheiten:
    sicherheiten.Wert->sum() >= Summe * 1.2
```

„Die Summe eines Darlehens muss mindestens 10.000 € betragen. "

```
inv minimaleSumme: Summe >= 10000
```

„Ein Darlehen eines Kunden kann nur durch Sicherheiten gesichert werden, die dem Darlehensnehmer auch gehören. "

```
inv nurEigeneSicherheiten:
    sicherheiten.besitzer->forAll(besitzer | besitzer = kunde)
```

„Ein Darlehensnehmer muss volljährig sein. "

```
inv volljaehrig:
    let yearDiff = Date::Now.Year - Geburtsdatum.Year,
        monthDiff = Date::Now.Month - Geburtsdatum.Month,
        dayDiff = Date::Now.Day - Geburtsdatum.Day
    in
    yearDiff > 18 or
    yearDiff = 18 and monthDiff > 0 or
    yearDiff = 18 and monthDiff = 0 and dayDiff >= 0
```

Das letztgenannte Beispiel deutet bereits an, dass auch eine Überspezifikation möglich ist und dann die Produktivität wieder negativ beeinflussen kann. Generell sollte man davon absehen, komplette Methodenimplementierungen auf Basis von OCL zu spezifizieren [Zsc 02]. Im obigen Beispiel hängt dies vom Projektkontext ab. Würde das Projekt etwa in Indien oder China umgesetzt werden, wäre eine derart präzise Definition des Begriffes *volljährig* vermutlich sinnvoll.

Wie oben dargestellt, kann OCL verwendet werden, um die fachlichen Anforderungen an ein Softwaresystem genauer zu beschreiben, kann also als Beitrag zur Anforderungsdefinition verstanden werden. OCL ist aber auch bei der technischen Spezifikation von Schnittstellen ein geeignetes Mittel, um Annahmen und Zusicherungen, die über die Signatur einer Operation hinausgehen, zu beschreiben. Üblicherweise werden hierzu spezielle Kommentare für JavaDoc, Doxygen (http://www.doxygen.org/) oder ähnliche Werkzeuge verwendet, die aber maschinell nicht auswertbar sind und bei denen die gleiche Gefahr der Ungenauigkeit bzw. Unvollständigkeit besteht wie bei den fachlichen Anforderungen. Bei der Arbeit mit einem UML-Modellierungstool ist allerdings die Verwendung dieser speziellen Kommentare nur bedingt möglich, da i.d.R. nur einfache Textfelder für die Kommentare zur Verfügung stehen. Dadurch würde ein Kommentar z.B. im Doxygen-Format weitgehend unlesbar und syntaktische Fehler würden nicht durch syntax highlighting sichtbar.

Ein Beispiel, für die verbesserte Präzision einer Schnittstelle mit OCL:

Gegeben sei eine Klasse *String* mit folgenden Methoden:

```
size(): Integer
at(position: Integer): String
```

Die Methode at liefert das Zeichen an der übergebenen Position zurück. Offensichtlich macht es keinen Sinn, als Parameter für diese Methode einen Wert < 0 oder >= der Anzahl der Zeichen zu übergeben.

In OCL würde man dies wie folgt beschreiben:

```
context String::at(position: Integer): String
pre: position >= 0 and position < size()
```

Neben dem Effekt der vollständigeren Beschreibung einer Schnittstelle deckt die präzise Spezifikation einer Schnittstelle oft Lücken in dieser auf und kann damit auch zu einem besseren Softwaredesign führen [Zsc 02]. Zusätzlich eignen sich derartige OCL-Ausdrücke sehr gut für die Erzeugung von Code, der die Beachtung der Einschränkungen zur Laufzeit überprüft.

Zusammenfassend bietet OCL die Möglichkeit, ein UML-Modell um wertvolle Informationen zu bereichern, die mit Diagrammen und Use Cases nicht ausgedrückt werden können.

7.3   Verwendung bei der Codierung

7.3.1   Manuelle Codierung unter Heranziehung von OCL-Ausdrücken

Selbst wenn die Möglichkeiten zur automatischen Codegenerierung des verwendeten UML-Tools genutzt werden, wird lediglich ein Teil des benötigten Codes generiert. Typischerweise handelt es sich dabei um die „Klassenhüllen", d.h. die Definitionen der Klassen, Methoden und weiterer für die Produktion der Software benötigter Artefakte. Ggf. wird noch der Code für Infrastruktur-relevante Funktionalitäten generiert, z.B. zur Implementierung der Persistenz. Die eigentliche Codierung der Methoden selbst wird von diesen Werkzeugen üblicherweise nicht geleistet und erfolgt deshalb durch die Softwareentwickler.

Dies ist insofern bedauerlich, da gerade der Code der Methoden typischerweise hohe Komplexität hat und oft an neue Anforderungen angepasst werden muss, aber vollkommen am Modell vorbei erstellt und gepflegt werden muss.

Wünschenswert wäre also die Spezifikation der Anwendungslogik selbst im UML-Modell. Denkbar wäre hier die Verwendung von Aktivitäts- und Sequenzdiagrammen in Verbindung mit Code-Fragmenten, die in OCL und *Action Language*[1] formuliert werden. Eine solche Vorgehensweise wird derzeit von keinem uns bekannten Werkzeug in einer Weise unterstützt, die zu höherer Produktivität als bei manueller Codeerstellung führt. Deshalb sehen wir die OCL-Bestandteile eines Modells eher als Teil der Anforderungsspezifikation, die einem Programmierer bei der Erstellung oder Änderung von Programmcode natürlich soweit wie möglich bekannt sein sollte. Die wesentliche Bereicherung durch OCL besteht also in der Codierungsphase darin, dass OCL eine sehr effiziente Möglichkeit darstellt, Teile der Anforderungen an ein Softwaresystem möglichst genau zu spezifizieren.

Um den Codierungsprozess optimal zu unterstützen, ist es essentiell, dass der Programmierer einfachen Zugriff auf alle OCL-Ausdrücke hat, die für das aktuell in Bearbeitung befindliche Fragment relevant sind. Nehmen wir an, der Entwickler möchte die Klasse *Kunde* erstellen. Der Codegenerator wird ihm die benötigten Dateien mit der Klassen- und den Methodendefinitionen erzeugen. Für die Implementierung der Methoden ist er jedoch auf sich allein gestellt und muss auf die ihm zur Verfügung stehenden Informationen zugreifen, z.B. Pflichtenheft, Use Cases, Klassendiagramme und OCL–Ausdrücke im Kontext der Klasse *Kunde*. Um eine maximale Produktivität zu gewährleisten, müssen die relevanten OCL-Ausdrücke mit geringem Aufwand aus dem Modell zu extrahieren sein.

In jedem Fall ist es sinnvoll, die OCL-Ausdrücke zu benennen, da sie damit sinnvoll in Übersichtslisten o.ä. dargestellt werden können. Also statt

```
context Darlehen
inv: Summe >= 10000
```

sollte man schreiben:

```
context Darlehen
inv minimaleSumme: Summe >= 10000
```

7.3.2 Automatische Generierung von Code aus OCL-Ausdrücken

Im Sinne der MDA [MM 03] ist eine möglichst weitgehende Spezifikation eines Softwaresystems auf Ebene des *Platform Independent Model* (PIM)[2] anzustreben. Im Vergleich zur statischen Struktur des Softwaresystems ist der dynamische Anteil, also die Algorithmen, Objektinteraktionen, Zustandsübergänge etc. von weitaus größerer Bedeutung, da hierin die spezifischen Funktionen der Software enthalten sind und auch der größere Bedarf für Ände-

---

[1]Eine Action Language ermöglicht die Veränderung einer Menge von Objekten. Im Rahmen der UML ist lediglich mit den sog. *Action Semantics* festgelegt, welche Möglichkeiten eine solche Sprache haben sollte, nicht jedoch eine konkrete Syntax und Grammatik [UML 03].

[2] Das PIM beschreibt das System ohne Bezugnahme auf eine technologische Plattform auf rein funktionaler Ebene.

rungen anfällt. Derzeit gibt es noch keine überzeugenden Lösungen, um diese dynamischen Anteile vollständig auf Ebene des PIMs zu beschreiben. Die OCL selbst könnte hierbei einen Beitrag leisten, allerdings nicht ohne Unterstützung durch weitere Verfahren bzw. Spracherweiterungen. Dies liegt an prinzipiellen Beschränkunken der OCL aufgrund ihrer Historie als Spezifikationssprache (fehlende „action semantics"[3] und fehlende Sprachkonstrukte für Fehlerbehandlung).

Sinnvoll ist außerdem die automatische Generierung von Code-Teilen, insbesondere als Unterstützung von Design By Contract (DBC)[4]. Die Implementierung derartiger Funktionalitäten für Java wird durch das Dresden-OCL-Toolkit [Fin 00] weitgehend unterstützt.

7.4   Verwendung im Rahmen des Testens

7.4.1   Manuell erstellte Tests

Sofern ein Entwickler einer Klasse selbst Unit-Tests für seinen Code erstellt, wird er automatisch die ihm vorliegenden Anforderungen, und damit auch die relevanten OCL-Ausdrücke, berücksichtigen. Sobald jedoch Tests von anderen Personen spezifiziert oder durchgeführt werden, sind die OCL-Ausdrücke wieder ein wertvoller Input, da sie das geforderte Systemverhalten exakt beschreiben. Auch in diesem Fall gilt, dass eine einfache Selektion aller relevanten OCL-Ausdrücke aus dem Modell Voraussetzung für einen produktiven Einsatz ist.

7.4.2   Generierung von Zusicherungen

Während die Generierung kompletter Methoden-Implementierungen im nichttrivialen Falle noch nicht möglich ist, sind die Probleme für die Generierung von Code-Fragmenten, die lediglich eine einzelne Berechnung implementieren, im Wesentlichen gelöst [Wib 00]. Diese Code-Fragmente eignen sich sehr gut für die Implementierung von Zusicherungen (*assertions*) im Programmcode auf Basis von Vorbedingungen, Nachbedingungen und Invarianten. Wie in [Typ 99] dargestellt, wirkt sich die intensive Verwendung von Zusicherungen positiv auf die Produktivität bei der Programmierung aus.

Je nach Projektphase und technischen Anforderungen können die generierten Zusicherungen wahlweise im Produktivcode oder lediglich im Testcode verwendet werden.

In [Fin 00] und auf http://dresden-ocl.sourceforge.net/ stehen die zugrunde liegenden wissenschaftlichen Untersuchungen und Quelltexte zur Verfügung. Das MDA-Werkzeug *ArcStyler* verwendet diese Software, um Zusicherungen aus OCL-Code zu generieren. Eine Einschrän-

---

[3] Es dürfen keine Methoden mit Seiteneffekten aufgerufen werden, die z.B. Werte verändern oder Objekte erzeugen, und es gibt kein Sprachmittel, um Zuweisungen zu beschreiben.

[4] Bei DBC werden explizit formulierte Annahmen, z.B. in Form von OCL-Ausdrücken, zur Laufzeit eines Softwaresystems überprüft.

kung ergibt sich daraus, dass das Dresden-OCL-Toolkit auf einem älteren Stand der OCL-Spezifikation beruht und nur die Java-Welt unterstützt.

7.5 Verwendung im Rahmen der Dokumentationserstellung

Eine gute Benutzerdokumentation – egal ob gedruckt oder elektronisch – sollte auch Informationen über Einschränkungen bei möglichen Benutzerinteraktionen enthalten. OCL-Ausdrücke sind auch hier eine wesentliche Grundlage für die Erstellung der Dokumentation. Man sollte allerdings bedenken, dass die technischen Redakteure, die die Dokumentation erstellen, möglicherweise nicht die erforderlichen Kenntnisse haben, um eine formale Sprache wie die OCL verstehen zu können. In diesem Fall ist abzuwägen, ob nötige Schulungen durchgeführt werden sollten oder auf die Verwendung von OCL im Rahmen der Dokumentationserstellung verzichtet wird.

Ggf. macht es auch Sinn, die OCL-Ausdrücke nur im Rahmen eines Dokumentationsreviews durch entsprechend geschulte Projektmitarbeiter zu berücksichtigen.

7.6 Toolsupport

7.6.1 Minimalanforderungen

Um OCL sinnvoll und produktiv einsetzen zu können, sollten die verwendeten Tools folgende Minimalanforderungen erfüllen:

Leistungsfähiger Editor
Das Editieren der OCL-Ausdrücke muss mit einem Editor möglich sein, der eine Produktivität auf hohem Niveau ermöglicht. Dazu zählen neben Standardleistungsmerkmalen wie undo/redo oder search/replace insbesondere:

- Syntax highlighting und Komplettierungsvorschläge während der Eingabe
- Die Möglichkeit, den Code ohne Verlassen des Editors auf Fehler prüfen zu lassen

OCL-Ausdrücke in Diagrammen
Es sollte möglich sein, OCL-Ausdrücke in Notizen auf Diagrammen einzutragen. Diese Ausdrücke sollten natürlich auch auf Korrektheit geprüft werden. Da eine Notiz auch beliebigen Freitext enthalten kann, muss eine Konvention definiert werden, die einen Bereich der Notiz als OCL-Ausdruck identifiziert wie in Abb. 7.2.

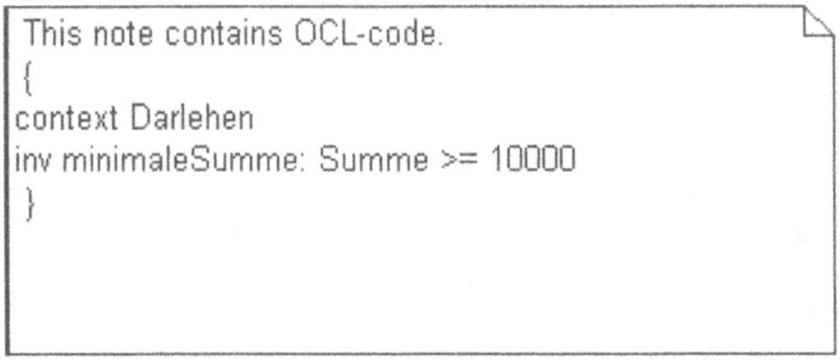

```
This note contains OCL-code.
{
context Darlehen
inv minimaleSumme: Summe >= 10000
 }
```

Abb. 7.2 OCL-Ausdruck in Notiz

Hier wird Text zwischen einer öffnenden und einer schließenden geschweiften Klammer als OCL-Ausdruck betrachtet (beruhend auf einem Vorschlag in [WK 03]).

Sinnvoll ist auch die Möglichkeit, die Bedingungen für Zustandsübergänge in Zustandsdiagrammen mit Hilfe von OCL-Ausdrücken zu spezifizieren.

Einfache Ansteuerung der Code-Eingabe

Es muss für den Benutzer einfach sein, zu allen relevanten Elementen des Modells, bei denen dies Sinn macht, OCL-Ausdrücke eingeben zu können. Typischerweise könnte dies über ein Kontextmenü „edit OCL" des jeweiligen Modellelementes geschehen. Als Modellelemente, mit denen man OCL-Ausdrücke assoziieren kann, kommen z.B. in Frage:

- Klassen
- Methoden
- Attribute
- Assoziationen
- Zustandsübergänge in Zustandsdiagrammen

Umfassende Prüfung der OCL-Ausdrücke auf Korrektheit

Eine umfassende Prüfung der OCL-Ausdrücke ist die zentrale Forderung an den Toolsupport. Da OCL eine formale Sprache ist, können OCL-Ausdrücke problemlos maschinell geprüft werden. Neben einer syntaktischen Prüfung muss auch die korrekte Verwendung von Modellelementen geprüft werden, wozu insbesondere das Vorhandensein des Modellelements überhaupt und die Typverträglichkeit der Teilausdrücke selbst zählen.

Darüber hinaus gibt es noch weitere Fehlermöglichkeiten, die im Rahmen einer automatischen Code-Prüfung geprüft werden sollten, z.B.:

- Eine Assoziation wird verwendet, die im Modell als „nicht navigierbar" markiert ist.
- Der Typ des Ausdrucks passt nicht zum Kontext, z.B. *pre* bei einer Klasse als Kontext.
- Die Iteratoren[5] werden nicht korrekt verwendet.

---

[5] Iteratoren sind ein spezielles OCL-Konstrukt, mit dem Schleifen formuliert werden

Wenn wir im Folgenden von einer Prüfung auf semantische Korrektheit von OCL-Ausdrücken sprechen, sind die oben beschriebenen Prüfungen gemeint. Eine echte semantische Prüfung auf inhaltliche Korrektheit der OCL-Ausdrücke ist naturgemäß nicht automatisierbar.

Prüfung aller OCL-Ausdrücke

Da ein bestimmtes Modellelement, z.B. eine Klasse, in beliebig vielen OCL-Ausdrücken in einem Modell verwendet werden kann, muss es möglich sein, alle OCL-Ausdrücke in einem Modell automatisch zu prüfen. Dies ist z.B. nach größeren Umbauten wie dem Umbenennen von Klassen, Methoden oder Attributen sinnvoll, um nun inkorrekte OCL-Ausdrücke zu finden.

Eine solche komplette Prüfung aller OCL-Ausdrücke wird, je nach Größe des Modells und Umfang des OCL-Codes, relativ viel Zeit beanspruchen und sollte deshalb ohne weitere Benutzerinteraktion stattfinden. Außerdem sollte es möglich sein, eine laufende Prüfung abzubrechen.

Differenziertes Anstoßen der Code-Prüfungen

Da eine komplette Prüfung aller OCL-Ausdrücke bei einem großen Modell lange dauern kann, muss es möglich sein, die OCL-Ausdrücke in einem kleineren Kontext zu prüfen, z.B. alle OCL-Ausdrücke, die einer oder mehreren ausgewählten Klassen zugeordnet wurden oder alle OCL-Ausdrücke in einem bestimmten Diagramm.

Möglichkeit des strukturierten Exports von OCL-Ausdrücken

Ein Export aller OCL-Ausdrücke ist aus mehreren Gründen sinnvoll:

- Sollte ein Wechsel des UML-Modellierungstools anstehen, können die OCL-Ausdrücke tool-gestützt in das neue Modell übernommen werden.
- Ein Export der OCL-Ausdrücke ist die Vorraussetzung für eine effektive Weiterverarbeitung im Rahmen der Codierung, des Tests und der Dokumentationserstellung.

7.6.2   Wünschenswerte Leistungsmerkmale

Impliziter Kontext

Oft kann aufgrund der Benutzer-Interaktion ein sinnvoller Kontext für einen OCL-Ausdruck angenommen werden. Wenn z.B. das Kontextmenü einer Klasse einen Eintrag *edit OCL* enthält und der Benutzer selektiert diesen Eintrag, kann man davon ausgehen, dass die selektierte Klasse als Kontext verwendet werden soll.

Integration in generierte Online-Dokumentation

Wenn ein UML-Werkzeug zur Generierung von Code verwendet wird, sollte es auch einen Beitrag zur Generierung einer guten Online-Dokumentation leisten, beispielsweise durch Erzeugen von JavaDoc-Kommentaren im generierten Quellcode. OCL-Ausdrücke sollten in derartige Kommentare in geeigneter Form eingebunden werden. Doxygen kennt die tags *@pre*, *@post* und *@invariant*, JavaDoc kennt keine vordefinierten tags für diesen Zweck, kann aber durch Doclets erweitert werden.

Präsentation aller relevanten OCL-Ausdrücke
Angenommen, ein Programmierer möchte die Klasse *Kunde* implementieren. Dazu sollte er neben den diversen Diagrammen und Use-Cases auch alle relevanten OCL-Ausdrücke kennen. Es wäre also wünschenswert, aus dem UML-Modell die relevante Teilmenge von OCL-Ausdrücken extrahieren zu können. Diese Ausdrücke sollten dann möglichst übersichtlich dargestellt werden. Im Sinne des Anforderungsmanagements sollte es möglich sein, zu jedem OCL-Ausdruck seinen Status im Hinblick auf einen bestimmten Aspekt (z.B. Codierung, Test, Dokumentation) zu verfolgen.

7.6.3   Aktueller Stand

Wie in [TRF 02] ausgeführt, ist die Unterstützung von OCL in den aktuellen UML-Werkzeugen im Allgemeinen gering ausgeprägt. Die meisten UML-Modellierungstools unterstützen OCL lediglich zur Formulierung von Einschränkungen. Üblicherweise gibt es weder eine weitergehende Unterstützung beim Editieren von OCL-Ausdrücken noch weitergehende syntaktische und semantische Prüfungen der eingegebenen Ausdrücke. Einzige uns bekannte Ausnahme ist *ArgoUML* (http://argouml.tigris.org/) bzw. dessen kommerzielle Variante *Poseidon* von *gentleware* (http://www.gentleware.de/), welche das Dresden-OCL-Toolkit einbinden. Im Weiteren werden einige spezielle Tools für die Verwendung von OCL vorgestellt.

Dresden OCL-Toolkit
An der Universität Dresden wird bereits seit ca. 5 Jahren rege im Bereich der OCL geforscht, was eine Reihe von Diplomarbeiten zu diesem Thema und eine recht umfangreiche Sammlung von Komponenten zur Verwendung von OCL in Java-Anwendungen hervorgebracht hat. Das Dresden OCL-Toolkit (http://dresden-ocl.sourceforge.net/) ist modular aufgebaut und umfasst folgende Bausteine:

- Einen Parser, der die (veraltete) Version 1.3 der OCL verarbeitet.
- Ein Modul für die semantische Prüfung eines OCL-Ausdrucks im Kontext eines gegebenen Modells.
- Code-Generatoren für Java und SQL.
- Eine Laufzeitbibliothek, die die OCL-Standardbibliothek in Java-Programmen für den generierten Code bereitstellt.

Modelle werden über XMI eingelesen oder können programmatisch durch Implementierung bestimmter Interfaces angebunden werden.

Octopus

Octopus (http://www.klasse.nl/ocl/octopus-intro.html) ist relativ neu und wurde von Jos
Warmer erstellt, welcher maßgeblich die Entwicklung der OCL vorantreibt. Es implementiert den aktuellen Sprachstandard 2.0 und ist konzipiert als Plugin für die Eclipse-IDE
(http://www.eclipse.org/). Octopus ermöglicht die Eingabe von OCL-Ausdrücken mit einem
komfortablen Editor und die vollständige syntaktische und semantische Prüfung der Ausdrücke in Bezug zu einem Modell. Es nutzt ein eigenes Textformat für die Definition eines Modells und bietet zusätzlich die Möglichkeit über ein mitgeliefertes Script aus einem Rational
Rose-Modell eine Octopus-konforme Modellspezifikation zu erzeugen. OCL-Ausdrücke
werden in separaten Textdateien gespeichert. Aufgrund dieser Einschränkungen und insbesondere aufgrund der fehlenden Integration in ein Modellierungswerkzeug kann Octopus
jedoch nicht für die produktive und weit reichende Verwendung von OCL in größeren Softwareprojekten empfohlen werden.

USE

USE (http://dustbin.informatik.uni-bremen.de/projects/USE/) ist kein UML-Modellierungs-
werkzeug, sondern ein Werkzeug, um basierend auf einem Modell konkrete Objekt-
Instanzen zu erzeugen und Interaktionen zwischen diesen Instanzen auszuführen. Zu diesem
Zweck kennt die Sprache von USE Anweisungen, um Objekte zu erzeugen, Beziehungen zu
etablieren, zu löschen, sowie um Werte zu setzen und Methoden aufzurufen. Dabei können
OCL-Ausdrücke spezifiziert werden, die während der Ausführung einer solchen Sequenz
von USE-Anweisungen überprüft werden. USE dient hauptsächlich dazu, das Modell und die
OCL-Ausdrücke auf semantische Korrektheit zu prüfen. Da es ein eigenes Dateiformat verwendet und keinen Import aus reinen UML-Modellierungstools kennt, ist sein Anwendungsbereich recht eingeschränkt.

OCLE

Das *Object Constraint Language Environment* (http://lci.cs.ubbcluj.ro/ocle/) wurde an der
Babes-Bolyai Universität in Rumänien entwickelt und erfreut sich kontinuierlicher Weiterentwicklung.

OCLE kann ein Modell im XMI-Format einlesen und erlaubt es, OCL-Ausdrücke innerhalb
dieses Modells zu prüfen. Ein herausragendes Leistungsmerkmal von OCLE ist die Möglichkeit, OCL-Ausdrücke auf Ebene des Metamodells auswerten zu lassen. Damit lassen sich
vielfältige Anforderungen an ein UML-Modell überprüfen, beispielsweise dass die beiden
Enden einer Assoziation verschiedene Namen haben müssen oder dass keine Mehrfachvererbung verwendet wird.

Borland Bold

Mit Hilfe von Bold können aus einem UML-Modell Geschäftsobjekte, Persistenzlayer und
Anbindungen an ein GUI implementiert werden. Bold nutzt OCL intensiv, um das Verhalten
der Geschäftsobjekte zu beschreiben. 2002 wurde die Herstellerfirma BoldSoft und damit
auch Bold (ehemals *ModelRun* genannt) von Borland übernommen, scheint dort aber relativ
wenig Beachtung zu finden.

EmPowerTec Rational Rose OCL-AddIn

EmPowerTec (http://www.empowertec.de) vertreibt ein AddIn für Rational Rose, das die produktive Verwendung von OCL mit Rational Rose ermöglicht. Neben Octopus und OCLE ist es das einzige Produkt, das den aktuellen Standard 2.0 von OCL unterstützt.

7.7 Weitergehende Anwendungen der OCL

7.7.1 Modellvalidierung

Die in der UML verwendeten Ausdrucksmöglichkeiten und deren mögliche Kombinationen sind im sogenannten UML-Metamodell beschrieben. Da dieses Metamodell wiederum in UML definiert ist, wäre es möglich, OCL-Ausdrücke auch auf der Ebene des UML-Metamodells zu verwenden. Diese Ausdrücke beziehen sich dann nicht auf konkrete, aus dem Modell abgeleitete Instanzen, sondern auf das Modell selbst. Damit können OCL-Einschränkungen verwendet werden, um bestimmte Regeln zu definieren, die ein konkretes Modell einhalten sollte.

Die Einhaltung solcher Regeln kann zum einen aufgrund unternehmensspezifischer Vorgaben (Richtlinien für die UML-Modellierung) gewünscht sein. Zum anderen kann sie aber erforderlich sein, wenn das Modell als Grundlage für die Generierung von Code bzw. weiteren Modellen (PSMs im Sinne der MDA) verwendet wird. In diesem Fall werden nämlich oft konkrete Anforderungen an ein Modell gestellt, deren Nichteinhaltung zu Fehlern bei der weiteren Verarbeitung der generierten Artefakte führen würde.

Beispielsweise könnte im Metamodell definiert sein, dass eine Klasse mehrere andere Klassen als Superklassen haben kann, wie dies in Abbildung 7.3 dargestellt wird.

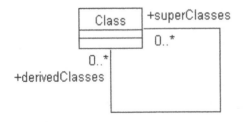

Abb. 7.3 Metamodell (Auszug)

Dieses Metamodell würde es erlauben, im Modell eines konkreten Softwaresystems einer Klasse mehrere Superklassen hinzuzufügen (Mehrfachvererbung). Falls das Modell im Rahmen einer MDA-Architektur für die Generierung von Sprachen, die nur Einfachvererbung unterstützen (z.B. Java oder die .NET-Sprachen), verwendet wird, wäre eine solche Modellierung fehlerhaft. Durch ein OCL-Constraint kann dies sehr einfach beschrieben werden:

```
context Class
inv noMultipleInheritance: superClasses->size() < 2
```

Um diese Regeln nicht nur zu dokumentieren, sondern die Einhaltung auch zu überwachen, wird ein OCL-Interpreter benötigt, der innerhalb des verwendeten Modellierungstools ausgeführt wird.

Derzeit unterstützen das OCLE und das Open Source MDA-Tool AndroMDA (http://www.andromda.org/) eine solche Vorgehensweise. Der angekündigte Rational Software Modeler von IBM Rational soll ebenfalls eine OCL-basierte Überprüfung von Architekturrichtlinien bieten, war aber zum Zeitpunkt der Drucklegung noch nicht verfügbar.

7.7.2 Transformationsdefinition im Rahmen der MDA

Die in diesem Beitrag beschriebenen Anwendungsmöglichkeiten der OCL wurden im Hinblick auf kommerzielle Softwareprojekte, in denen gängige Modellierungstools wie *Rational Rose* oder *Together* eingesetzt werden, beschrieben. In diesem Abschnitt wird kurz auf potentielle Einsatzmöglichkeiten der OCL im Rahmen der Model Driven Architecture eingegangen. Unseres Wissens nach gibt es derzeit noch keine konkreten Anwendungen für einen derartigen Einsatz der OCL.

Im Rahmen der MDA wird ein *platform independent model* (PIM) in einem oder mehreren Transformationsschritten in ein *platform specific model* (PSM) umgesetzt, aus dem letzen Endes der eigentliche Programmcode generiert wird.

Die Transformation eines PIM in ein PSM wird durch ein Tool durchgeführt, das das Metamodell des PIM kennt. Basierend auf diesem Metamodell wird es mit einer Transformationsvorschrift gefüttert, auf deren Basis es das PSM erzeugt. Für die Erstellung solcher Transformationsvorschriften gibt es noch keinen Standard, jedoch scheint OCL eine sinnvolle Wahl für eine dafür zu verwendende Transformationssprache zu sein:

*   OCL wird bereits auf der Ebene des PIM verwendet, um das Modell vollständiger und präziser zu machen.
*   OCL wird verwendet, um das UML Metamodell zu definieren. Es liegen also bereits erhebliche Erfahrungen mit der Verwendung von OCL auf einem Metamodell vor.
*   OCL ist eine standardisierte Sprache.

Die OCL selbst reicht allerdings nicht, um Transformationen vollständig zu beschreiben. In [WKB 03] ist eine konkrete Transformationssprache basierend auf der OCL beschrieben. Die OMG hat einen RFP (Request For Proposal) für eine derartige Sprache durchgeführt, (http://www.omg.org/cgi-bin/doc?ad/2002-4-10), die dort QVT (Query/View/Transformations) genannt wird. Es ist zu erwarten, dass die entsprechenden Vorschläge erheblichen Gebrauch von der OCL machen werden. Weitere Informationen zu diesem Thema findet man unter http://qvtp.org/.

7.8   Zusammenfassung

Mit Hilfe von OCL können UML-Modelle um wertvolle Informationen bereichert werden, die sich bis zu einem gewissen Grad automatisch prüfen und maschinell weiterverarbeiten lassen. Die Informationen können zum einen Teil der Anforderungsbeschreibung sein und fachliche Zusammenhänge beschreiben. Zum anderen lässt sich die OCL benutzen, um die Schnittstellen von wieder verwendbaren Komponenten präziser zu beschreiben.

Weiterhin können OCL-Ausdrücke herangezogen werden, um die Codierung, die Erstellung von Testsoftware und Testbeschreibungen und die Erstellung von Dokumentation zu unterstützen.

Für einen produktiven Einsatz der OCL ist guter Toolsupport erforderlich. Eine effiziente Eingabe der OCL-Ausdrücke im verwendeten UML-Tool ist die Basis. Weiterhin ist eine umfassende syntaktische und semantische Prüfung der OCL-Ausdrücke anzustreben. Darüber hinaus sollte es möglich sein, OCL-Ausdrücke nach Bedarf aus dem Modell extrahieren zu können. Dies macht es wahrscheinlicher, dass alle relevanten Anforderungen im Rahmen der weiteren Projektaktivitäten wie Codierung, Testen und Dokumentationserstellung berücksichtigt werden.

Im Allgemeinen ist die Unterstützung von OCL in den marktgängigen kommerziellen UML-Tools noch schlecht. Wie in den vorangegangenen Kapiteln dargestellt, gibt es verschiedene Open Source Tools, von denen aber aufgrund fehlender oder unvollständiger Integration in marktübliche Modellierungswerkzeuge kein signifikanter Beitrag zur Produktivitätssteigerung in kommerziellen Softwareprojekten zu erwarten ist.

In den letzten Jahren haben allerdings die zunehmende Verwendung der OCL in verschiedenen OMG-Spezifikationen und die vermehrte Aufmerksamkeit für vollständige und präzise Modelle im Rahmen der MDA zu einer stetig vergrößerten Wahrnehmung der OCL geführt. Ob diese Entwicklung zu einer selbstverständlichen Verwendung der OCL in kommerziellen Softwareprojekten führen wird, liegt weitgehend an der Unterstützung der Tool-Hersteller und der Beachtung der OCL in Literatur, Tagungen und Schulungen.

7.9   Literatur

[Fin 00]   F. Finger. *Entwurf und Implementation eines modularen OCL-Compilers*, Diplomarbeit an der Universität Dresden, 2000

[MM 03]   J. Miller, J. Mukerji. *MDA Guide 1.0.1*. OMG Publication

[TRF 02]   A. Toval, V. Requena, J. L. Fernandéz. *Emerging OCL Tools*. In: Software and Systems Modeling Volume 2, Number 4 (2003), S. 248-261.

[Typ 99]   Typke Rainer. *Die Nützlichkeit von Zusicherungen als Hilfsmittel beim Programmieren: Ein kontrolliertes Experiment*. Master's thesis, Fakultät für Informatik, Universität Karlsruhe, 1999.

[UML 03]   Object Management Group. *UML 1.5 Specification*, Spezifikation der OMG

[Wib 00]   Wiebicke Ralf. *Utility Support for Checking OCL Business Rules*. In: Java Programs

[WK 03]   J. Warmer, A. Kleppe. *The Object Constraint Language Second Edition*. Addison-Wesley, 2003.

[WKB 03]   J. Warmer, A. Kleppe, W. Bast. *MDA Explained*. Addison-Wesley, 2003

[Zsc 02]   S. Zschaler. *Evaluation der Praxistauglichkeit von OCL-Spezifikationen*, Diplomarbeit an der Universität Dresden

8 Systematischer Entwurf zugriffssicherer Systeme

Ruth Breu, Universität Innsbruck

In unserer zunehmend vernetzten Welt spielt Zugriffssicherheit von IT-Systemen eine immer wichtigere Rolle. Heutige Prozessmodelle wie der Unified Process oder das V-Modell tragen diesem Aspekt jedoch noch kaum Rechnung und behandeln Zugriffssicherheit als eine nicht-funktionale Eigenschaft unter vielen.

Der Beitrag stellt ein Prozessmodell vor, das den iterativen, objektorientierten Softwareentwurf um die systematische Behandlung von Zugriffssicherheit erweitert. Aspekte, die im Beitrag behandelt werden, sind die Spezifikation von Sicherheitsanforderungen im Kontext objektorientierter Entwurfsmethoden, das Management von Bedrohungen und Risiken im Software Lifecycle und das systematische Ergreifen von Sicherheitsmaßnahmen.

Über die Autorin
Ruth Breu ist seit 2002 Leiterin der Forschungsgruppe Quality Engineering an der Universität Innsbruck. Sie beschäftigt sich seit Jahren mit Methoden und Techniken objektorientierten Entwurfs und ist Autorin zweier Bücher und internationaler Publikationen. Vor ihrer Rückkehr zur Hochschule war sie mehrere Jahre als Beraterin für Softwareanalyse in der Praxis tätig.

8.1 Einleitung

Mit der zunehmenden Vernetzung von IT-Systemen wird der Aspekt der Zugriffssicherheit in den nächsten Jahren zu einem der wichtigsten Qualitätskriterien von Softwaresystemen werden. Insbesondere erfordern neue Web-Technologien und eine Vielfalt neuartiger mobiler Endgeräte, die eine Abwicklung von Geschäftsprozessen über System- und Unternehmensgrenzen hinweg ermöglichen, ein hohes Maß an Vertrauen der beteiligten Geschäftspartner.

Die Erfahrung zeigt, dass Sicherheit keine Eigenschaft ist, die ein System entweder besitzt oder nicht, sondern dass Sicherheit immer im Kontext vieler Faktoren gesehen werden muss. Dazu zählt auf der einen Seite der Schaden, den ein erfolgreicher Angriff dem Unternehmen oder der Organisation zufügt. Dieser kann finanzieller Natur sein, kann aber auch die Verletzung von Gesetzen oder den Vertrauensverlust von Anwendern bedeuten. Auf der anderen Seite belasten Sicherheitsmaßnahmen das Projektbudget, verschlechtern unter Umständen die Performanz des Systems oder schränken die Benutzungsmöglichkeiten und Flexibilität des Systems für die Anwender[1] ein.

Beim Entwurf sicherheitskritischer Systeme muss es also immer darum gehen, Einflussfaktoren abzuwägen und durch Treffen geeigneter Maßnahmen einen für die Anwendung akzeptablen Grad an Sicherheit zu erreichen. Der Erhebung von Sicherheitsanforderungen und der Analyse und Bewertung von Bedrohungen kommt daher im Entwurfsprozess sicherheitskritischer Systeme große Bedeutung zu.

Heutige Softwareentwicklungsmethoden wie der Unified Software Development Process [JBR 99], Catalysis [DW 99] oder das V-Modell [V] tragen diesem Umstand jedoch noch kaum Rechnung. In ihnen werden Aspekte der Zugriffssicherheit fast ausnahmslos als nichtfunktionale Anforderungen behandelt, deren Erhebung, Bewertung und Realisierung methodisch nicht unterstützt wird.

In diesem Beitrag wird ein Ansatz vorgestellt, der den Aspekt der Zugriffssicherheit eng in objektorientiertes Entwerfen integriert. Das Prozessmodell PROSECO baut auf einem objektorientierten Kernprozess auf, der unterschiedliche Abstraktionsebenen (z.B. Geschäftsprozessebene und Anwendungsarchitektur) unterscheidet, UML als Modellierungssprache verwendet und Prozesselemente wie inkrementellen und iterativen Entwurf beinhaltet.

Bei der Erweiterung um Aspekte der Zugriffssicherheit verfolgen wir die nachfolgend diskutierten Ziele:

Erheben und Dokumentieren von Anforderungen und Lösungen
Bevor Mechanismen zum Schutz von Information eingesetzt werden, muss erhoben und dokumentiert werden, welche Schutzziele verfolgt werden. Die Trennung von Anforderungen und Lösungen ist eines der fundamentalen Prinzipien im Software Engineering und für sicherheitskritische Systeme sowohl für den Entwurf als auch für die Dokumentation unverzichtbar. Beispiele für Sicherheitsanforderungen sind die Vertraulichkeit und Integrität (Authentizität) von Informationen, die Nicht-Abstreitbarkeit von Aktionen oder die Verfügbarkeit von Systemdiensten.

Für das Einhalten von Sicherheitsbedingungen im gesamten Softwarelebenszyklus ist daneben auch die Nachverfolgbarkeit von Eigenschaften ein wichtiges Ziel. So soll das Austauschen einer Sicherheitskomponente zur erneuten Überprüfung der Sicherheitseigenschaften führen, die mit dieser Komponente verbunden sind.

---

[1] Der Leser/die Leserin wird gebeten, im weiteren die weiblichen Formen jeweils zu ergänzen.

Trennung von Abstraktionsebenen

Eng mit der Trennung von Anforderungen und Maßnahmen ist die Trennung von Abstraktionsebenen verbunden. Beispiele für Abstraktionsebenen sind die fachliche, geschäftsorientierte Ebene oder die technische, software-zentrierte Ebene. Sowohl Sicherheitsanforderungen als auch Sicherheitsmaßnahmen sollen auf der für sie adäquaten Ebene beschrieben werden. Dies reicht von der Dokumentation organisatorischer Anforderungen im Geschäftsprozessmodell (z.B. Vier-Augen-Prinzip) bis zur Definition von Sicherheitskomponenten in der technischen Softwarearchitektur. Anforderungen und Maßnahmen müssen dabei nicht immer auf unterschiedlichen Ebenen angesiedelt sein. So kann z.B. das Vier-Augen-Prinzip durch eine organisatorische Maßnahme auf gleicher Ebene durchgesetzt werden.

Systematischer Übergang von Anforderungen zu Lösungen

Unser Ziel ist es, einen Weg aufzuzeigen, der das systematische Übergehen von Sicherheitsanforderungen zu Lösungen unterstützt. Zwei Aspekte sind hierfür entscheidend: Zum einen erfordert die adäquate Auswahl von Maßnahmen die Kenntnis von Bedrohungen und Risiken. Unser Sicherheitsprozess integriert deshalb die Bedrohungsanalyse und eine (qualitative) Risikoanalyse in den Softwareentwurf.

Zum anderen sollte die Auswahl der Maßnahmen selbst unterstützt werden. Eine Möglichkeit dafür ist der Einsatz von Security Patterns im Entwurf. Security Patterns können auf vielen Ebenen definiert werden und reichen von kryptographischen Patterns bis zu Rollen- und Sitzungskonzepten und Architekturpatterns [Sch 03, SEC-P]. Ein anderer Weg beruht auf den Ideen der Model Driven Architecture [Fra 03, MSU 04]. *Model Driven Security* generiert Sicherheitskomponenten aus Anforderungen heraus und unterstützt somit die Realisierung sicherheitskritischer Systeme auf hohem Abstraktionsniveau. Das von unserer Forschungsgruppe entwickelte System SECTINO [BHW 04, BHW+ 04, ABB 04] generiert Sicherheitskomponenten im Kontext einer Referenzarchitektur für unternehmensübergreifenden Workflows und Web Services.

Übersicht über diesen Beitrag

In Abschnitt 8.2 wird kurz der objektorientierte Kernprozess skizziert, in den die sicherheitsrelevanten Aktivitäten und Artefakte integriert werden. Der Sicherheitsprozess PROSECO selbst wird in Abschnitt 8.3 vorgestellt. Aufgrund seiner Komplexität wird der Aspekt der Entwicklung von Rechtemodellen dabei zunächst ausgespart und in Abschnitt 8.4 separat behandelt. Abschnitt 8.5 gibt eine Zusammenfassung.

Im Weiteren wird der Einfachheit halber meist der Begriff *Sicherheit* verwendet. Gemeint ist damit Sicherheit im Sinne des englischen Begriffs *Security*, der mit dem Schutz gegen beabsichtige Angriffe, Datenspionage und Korruption verbunden ist. Sicherheit im Sinne von *Safety*, also dem Schutz vor gefährlichem Fehlverhalten von technischen Systemen, wird in diesem Beitrag nicht behandelt.

8.2   Der objektorientierte Kernprozess

Weit davon entfernt, einen vollständigen Softwareentwicklungsprozess zu beschreiben, werden in diesem Abschnitt lediglich die Kernkonzepte des Vorgehensmodells vorgestellt, auf dem die weiteren Abschnitte aufbauen. Dieses Vorgehensmodell enthält die wesentlichen Elemente eines objektorientierten Prozessmodells nach Vorbild des Unified Software Development Process [JBR 99]. Wir beschränken uns dabei auf die Aktivitäten des Softwareentwurfs im engeren Sinn. Unterstützende Aktivitäten der Bereiche Qualitätssicherung, Konfigurations- und Projektmanagement werden in diesem Beitrag nicht behandelt.

Abb. 8.1 zeigt die wichtigsten Aktivitäten und Dokumenttypen des Kernprozesses zusammen mit den Abhängigkeiten. Danach werden die Dokumenttypen, die wir im Weiteren als *Basisdokumente* bezeichnen werden, kurz charakterisiert und das Prinzip des *iterativen Entwurfs* skizziert. Im Folgenden werden wir als Fallbeispiel das System TicketOrder betrachten, das einen webbasierten Dienst zum elektronischen Bestellen von Tickets (z.B. Kinoeintrittskarten) anbietet.

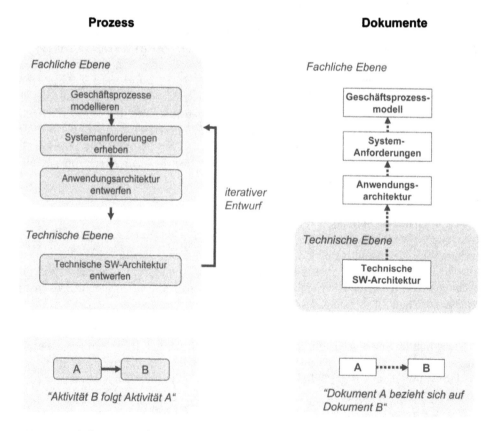

Abb. 8.1 Der objektorientierte Kernprozess

8.2.1   Das Geschäftsprozessmodell

Das Geschäftsprozessmodell erfasst die Arbeitsabläufe und organisatorischen Strukturen, in die das IT-System eingebettet ist. Das Modell beschreibt,

- wer im Anwendungsbereich agiert (*Akteure*),
- welche *Arbeitsschritte* oder *Aktionen* die Akteure ausführen,
- welche *Objekte* für den Anwendungsbereich charakteristisch sind.

Im Geschäftsprozess der Bestellung einer Eintrittskarte haben wir es mit den Akteuren *Kunde*, *Bestellservice* und *Ticketaussteller* zu tun. Der Kunde bestellt das Ticket beim Bestellservice mit den erforderlichen Daten und der Kreditkartennummer. Der Bestellservice bearbeitet die eingehende Bestellung, belastet die Kreditkarte und sendet dem Kunden eine Identifikationsnummer (Ticket-ID). Vor Veranstaltungsbeginn geht der Kunde zum Ticketaussteller und lässt sich anhand der Ticket-ID ein Ticket (auf Papier) ausstellen. Objekte, die in diesem Geschäftsprozess eine Rolle spielen, sind das *Ticket*, die *Veranstaltung*, auf die sich das Ticket bezieht und der *Veranstaltungstyp* (z.B. *Herr der Ringe*).

Akteure, Aktionen und Objekte werden in mehreren Diagrammen modelliert. Im UML-Kontext umfasst dies

- Aktivitätsdiagramme, die den Prozess mit seinen Aktionen modellieren, und
- Klassendiagramme, die die Struktur der Objekte und die organisatorische Struktur des Unternehmens abbilden.

Abb. 8.2 zeigt das Aktivitätsdiagramm, das den Ablauf einer Ticketbestellung modelliert, Abb. 8.3 zeigt ein (vereinfachtes) Klassendiagramm der fachlichen Konzepte. Ein Organisationsmodell ist im Fallbeispiel nicht notwendig.

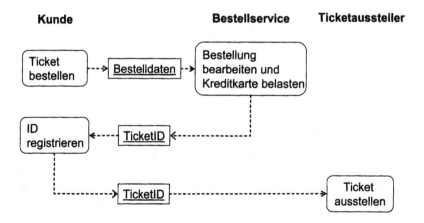

Abb. 8.2 Geschäftsprozess Bestellabwicklung

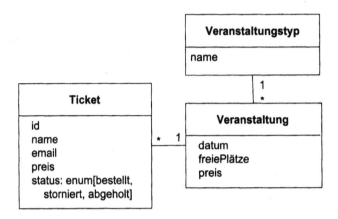

Abb. 8.3 Klassendiagramm der fachlichen Konzepte

8.2.2   Die Systemanforderungen

Während das Geschäftsprozessmodell unabhängig vom IT-System ist und sich auf die umgebenden Arbeitsabläufe konzentriert, beschreiben die Systemanforderungen das IT-System aus Nutzersicht. Auf der Grundlage des Konzepts der *Use Cases* werden die Dienste, die das System seinen Nutzern anbietet, identifiziert und textuell beschrieben. Die Use Cases decken zusammen die gesamte Funktionalität des Systems ab.

Grundkonzepte des Use Case-Modells sind

- die *Akteure*, die mit dem System interagieren,
- die *Use Cases*,
- die *Objekte*, die in die Use Cases involviert sind.

Die Akteure im Use Case-Modell repräsentieren nicht nur Personen, sondern auch Sensoren, Aktuatoren und externe Systeme. Neben dem *Kunden* und dem *Ticketaussteller* haben wir für das TicketOrder-System die weiteren Akteure *Kreditkartensystem* und *Administrator*. Beispiele für Use Cases sind die *Bestellabwicklung*, die *Stornierung* oder das *Einpflegen* von Veranstaltungen.

Die Systemanforderungen bestehen aus zwei Teildokumenten,

- dem Use Case-Diagramm zusammen mit der textuellen Beschreibung der Use Cases und
- dem Klassendiagramm zur Beschreibung der statischen Konzepte[2].

Meist ist das Klassendiagramm der Systemanforderungen dieselbe oder eine verfeinerte Version des Klassendiagramms des Geschäftsprozessmodells.

---

[2]   Oft wird das Klassendiagramm auch erst in späteren Phasen erstellt. In Zusammenhang mit der Modellierung von Geschäftsprozessen empfiehlt sich jedoch eine frühzeitige fachliche Modellierung von Objekten.

Die textuelle Beschreibung eines Use Cases umfasst Aspekte wie Vor- und Nachbedingungen, den Ablauf der Interaktion, Ausnahmen und Varianten. Abb. 8.4 zeigt als Beispiel den Use Case *Bestellabwicklung*.

Use Case Bestellabwicklung

Akteur Kunde

Input Name, E-Mail, Veranstaltung, Kreditkartennummer

Output Ticket-ID

Beschreibung

1. Anhand der Eingabedaten prüft das System, ob ein Ticket ausgegeben werden kann.

2. Die Gültigkeit der Kreditkarte wird überprüft.

3. Ein neues Ticket-Objekt mit einer eindeutigen TicketID wird angelegt.

4. Die Kreditkarte wird belastet.

5. Der Kunde erhält auf der Webseite eine Meldung über die erfolgreiche Durchführung der Bestellung. Die TicketID wird dem Kunden angezeigt.

Varianten

1a. Das Ticket kann nicht ausgestellt werden. Der Kunde erhält eine Meldung.

2a. Die Kreditkarte ist ungültig. Der Kunde erhält eine Meldung, kann die Nummer korrigieren oder den Vorgang abbrechen.

Abb. 8.4 Use Case Bestellabwicklung

8.2.3   Die Anwendungsarchitektur

In der Anwendungsarchitektur wird die Beschreibungsebene verfeinert. Dies bedeutet zum einen, dass das System in *logische Komponenten* unterteilt wird. Jede Komponente ist für einen Teil der Systemstruktur und des Systemverhaltens verantwortlich. Das Bilden von Schnittstellen ermöglicht die unabhängige Entwicklung der Komponenten in späteren Phasen.

Zum anderen werden die textuellen Beschreibungen der Use Cases aus den Systemanforderungen in der Anwendungsarchitektur in *Szenarios* verfeinert und formalisiert. Die Szenarios beschreiben die Use Cases als Nachrichtenflüsse zwischen Objekten. Auf diese Weise wird eine objektorientierte Sicht des Gesamtsystems entworfen. Im UML-Kontext werden im Rahmen der Anwendungsarchitektur typischerweise folgende Diagrammarten verwendet:

*   Ein oder mehrere Klassendiagramme, die die logischen Komponenten mit ihren Schnittstellen und den enthaltenen Klassen beschreiben.
*   Eine Menge von Sequenzdiagrammen, die sich auf die Use Cases beziehen.
*   Zustandsdiagramme, die komplexe Prozesse oder den Wechsel von Objektzuständen beschreiben.

Geschäftsprozessmodell, Systemanforderungen und Anwendungsarchitektur haben gemeinsam, dass sie eine fachliche Sicht einnehmen und unabhängig von der technischen Plattform sind. Abb. 8.5 zeigt als Beispiel ein Szenario für den Use Case *Bestellabwicklung*.

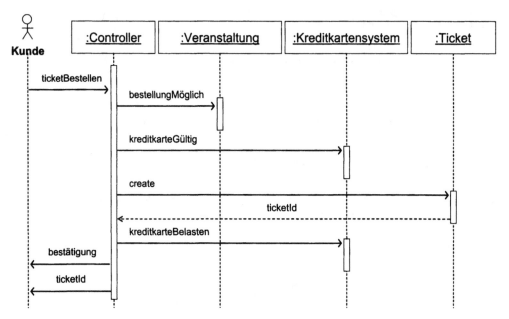

Abb. 8.5 Szenario für den Use Case Bestellabwicklung

8.2.4 Die technische Softwarearchitektur

Die (technische) Softwarearchitektur nimmt eine plattformabhängige Sicht des Systems ein. Auf dieser Abstraktionsebene werden Hard- und Softwareplattform gewählt und die Softwarekomponenten konzipiert. Dies beinhaltet typischerweise die folgenden Aspekte:

- Entwurf der verteilten Struktur
- Wahl von Plattformen und Frameworks (J2EE, .NET usw.)
- Entwurf der Datenbank
- Entwurf der Softwarekomponenten mit ihren Schnittstellen (z.B. GUI, Persistenzschicht)

8.2.5 Iterativer Entwurf

Außer den Dokumenttypen wird ein Vorgehensmodell durch die Abfolge und Beziehungen der Aktivitäten bestimmt. In dieser Hinsicht ist *iterative* und *inkrementelle* Entwicklung eines der wichtigsten Konzepte in modernen Vorgehensmodellen. Anders als im Wasserfallmodell werden die Dokumente nicht nacheinander, sondern iterativ entwickelt. Die Grundidee dabei ist, dass das System nicht als Ganzes, sondern in Ausbaustufen (*Inkrementen*) entwickelt wird, beginnend mit der Kernfunktionalität und endend im vollständigen

System. Für die Systemanforderungen bedeutet dies zum Beispiel, dass nicht alle Use Cases in einem Schritt detailliert spezifiziert werden, sondern nur die grundlegenden. Die übrigen Use Cases werden in späteren Inkrementen ausgearbeitet.

8.3   Der Sicherheitsprozess PROSECO

Die Basis des erweiterten Sicherheitsprozesses ist die Einführung eines Mikroprozesses, den wir *Sicherheitsanalyse* nennen. In Abschnitt 8.3.1 behandeln wir die Grundidee dieses Mikroprozesses und seine Integration in den Kernprozess. Abschnitt 8.3.2 beschäftigt sich mit den sicherheitsspezifischen Erweiterungen der Basisdokumente.

8.3.1   Die Sicherheitsanalyse

Sicherheitsrelevante Aspekte im Softwarelifecycle werden in unserem Ansatz in den fünf Schritten verfolgt, die Tabelle 8.1 zeigt.

Tabelle 8.1 Die fünf Schritte der Sicherheitsanalyse

4. *Erheben von Sicherheitsanforderungen* – Spezifiziere Sicherheitsanforderungen im Kontext der Basisdokumente
5. *Identifikation von Bedrohungen* – Analysiere und dokumentiere Angriffe, die mit den Sicherheitsanforderungen verbunden sind
6. *Risikobewertung* – Schätze die Wahrscheinlichkeit jeder Bedrohung und den damit angerichteten Schaden entweder qualitativ oder quantitativ
7. *Auswahl von Maßnahmen* – Wähle oder konzipiere auf der Basis der Risikobewertung geeignete Maßnahmen und integriere die Spezifikation dieser Maßnahmen in die Basisdokumente
8. *Korrektheitsprüfung* – Prüfe die Korrektheit der getroffenen Maßnahmen (informell oder formal) gegen die damit verbundenen Anforderungen und entscheide, welche Maßnahmen noch getroffen werden müssen

In vielen Fällen erfolgen diese fünf Schritte nicht in strikter Reihenfolge. So kann es, abhängig vom Entwicklungsbereich und den vorhandenen Dokumenten, günstig sein, die Bedrohungen und die Anforderungen gemeinsam zu analysieren.

Im Beispiel von Abb. 8.6 werden die fünf Schritte am Beispiel der Fallstudie TicketOrder informell skizziert.

---

1.   Im Geschäftsprozessmodell werden (unter anderem) folgende Sicherheitsanforderungen dokumentiert:
     –   Beim Senden der Ticket-ID des Tickets vom Bestellservice an den Kunden wird die Ticket-ID vertraulich behandelt (A1).
     –   Der Bestellservice muss sich dem Kunden gegenüber authentifizieren (A2).
     –   Der Kunde authentifiziert sich schwach durch Angabe von Name, E-Mail und Kreditkartennummer (A3).
     –   Die Ticket-IDs sind fälschungssicher (A4).

2.   Folgende Bedrohungen bezüglich der obigen Sicherheitsziele werden identifiziert:
     –   Ein unbekannter Dritter hört die Kommunikation zwischen Kunde und Bestellservice ab, um das Ticket für sich zu nutzen (B1).
     –   Ein unbekannter Knoten gibt sich als Bestellservice aus, belastet die eingegebenen Kreditkarten und liefert ungültige Ticket-IDs an die Kunden (B2).
     –   Der Kunde kommuniziert unter einer falschen Identität (z.B. mit Hilfe einer gestohlenen Kreditkartennummer) (B3).
     –   Ein Dritter generiert gültige Ticket-IDs und lässt sich damit beim Ticketaussteller Tickets ausstellen (B4).

3.   Die Wahrscheinlichkeit des Auftretens der Bedrohungen ist hoch, der mögliche Schaden ebenfalls.

4.   Zur Kommunikation zwischen Kunde und Bestellservice wird das https-Protokoll eingesetzt. Diese Maßnahme wird in der Technischen SW-Architektur dokumentiert.
     Die Ticket-IDs werden aus einem großen Wertebereich gewählt und werden nicht sequentiell ausgestellt.

5.   Anforderungen A1 und A2 werden durch das https-Protokoll erfüllt. Bedrohung B3 wird in Kauf genommen. Die Wahrscheinlichkeit für eine erfolgreiche Fälschung der Ticket-IDs ist gering (B4), da die Ausstellung der Tickets persönlich erfolgt.

Abb. 8.6 Skizze einer Sicherheitsanalyse

In unserem Prozessmodell wird die Sicherheitsanalyse als Mikroprozess betrachtet, der *auf jeder Abstraktionsebene* und *für jedes Inkrement* durchgeführt wird. Damit sind die folgenden Vorteile verbunden:

•   Anforderungen und Maßnahmen werden auf der jeweils geeigneten Abstraktionsebene behandelt und beschrieben. Zum Beispiel können Fachexperten eine Zugriffspolitik auf der fachlichen Use Case-Ebene entwerfen, während SW-Architekten Authentifizierungsmechanismen auf der Ebene von Web Services konzipieren.

•   Jede Sicherheitsanforderung kann über die Abstraktionsebenen hinweg nachverfolgt werden. Präziser formuliert wird jede Anforderung mit einer oder mehreren Anforderungen oder mit Maßnahmen auf der gleichen oder einer niedrigeren Abstraktionsebene verbunden.

Dokumenttypen des Sicherheitsprozesses

Innerhalb des Sicherheitsprozesses werden folgende Dokumente erstellt:

- Alle Dokumente des Kernprozesses sind auch Dokumente des Sicherheitsprozesses. Wir erweitern diese Dokumenttypen um Methoden und Techniken, um Sicherheitseigenschaften auf der gegebenen Abstraktionsebene ausdrücken zu können. Diese Erweiterungen werden in Abschnitt 8.3.2 näher beschrieben.
- Wir definieren zwei weitere Dokumenttypen – die *Fachlichen Risiken* und die *Technischen Risiken*.

Die Fachlichen und Technischen Risiken ergänzen die Spezifikation von Anforderungen und bilden eine Basis für die Auswahl geeigneter Sicherheitsmaßnahmen und Testfälle. Die fachlichen Risiken werden auf Grundlage der fachlichen Basisdokumente (Geschäftsprozessmodell, Systemanforderungen, Anwendungsarchitektur) analysiert und bewerten das Geschäftsrisiko, das mit Angriffen auf das zu entwickelnde IT-System verbunden ist.

Die Technischen Risiken werden auf der Basis der technischen Softwarearchitektur bewertet, z.B. mit Techniken des Security Auditing. Eine technische Risikoanalyse muss beispielsweise für die technische Infrastruktur erstellt werden, auf dem das zu entwickelnde IT-System aufbaut. Um geeignete Maßnahmen zu ergreifen, müssen die technischen Risiken mit fachlichen Risiken verbunden werden (z.B. muss ein unsicherer Kanal mit der fachlichen Information verbunden werden, die über ihn fließt und mit dem fachlichen Risiko von Angriffen).

Durch die unabhängige Evaluation von fachlichen und technischen Risiken werden zwei orthogonale Sichtweisen eingenommen, die insgesamt zu einer systematischen und tragfähigen Analyse führen. Abb. 8.7 fasst die Aktivitäten und Dokumenttypen des Sicherheitsprozesses zusammen.

Ein wichtiger Aspekt in unserer Methode ist die Spezifikation von Sicherheitsanforderungen in den Basisdokumenten. Dabei betrachten wir folgende allgemein gültigen Kriterien:

- *Vertraulichkeit* – Verhinderung unautorisierter Informationsgewinnung
- *Integrität* – Verhinderung unautorisierter Manipulation von Information
- *Authentizität* – Echtheit und Glaubwürdigkeit von Akteuren und Objekten
- *Verbindlichkeit* – Gewährleistung verbindlicher Aktionen; dies sind Aktionen, die nicht im Nachhinein abgestritten werden können
- *Verfügbarkeit* – authentifizierte Akteure werden in der Wahrnehmung ihrer Berechtigungen nicht unautorisiert beeinträchtigt
- *Anonymisierung* – Informationen und Aktionen können nicht bestimmten Akteuren zugeordnet werden

Die Sicherheitsanforderungen können textuell oder formal beschrieben werden. Zusätzlich definieren wir einen Satz von Notationen, die in UML-Modellen verwendet werden und mit deren Hilfe die Basisdokumente systematisch bezüglich der damit verbundenen Anforderungen überprüft werden können. Einige dieser Notationen werden in Abschnitt 8.3.2 vorgestellt. Der Aspekt der Rechtemodellierung wird in Abschnitt 8.4 separat behandelt. Eine formale Spezifikation von Sicherheitsanforderungen, die einen formalen Beweis von Korrektheit erlaubt, wird in unserer Methode derzeit noch nicht unterstützt.

Prozess

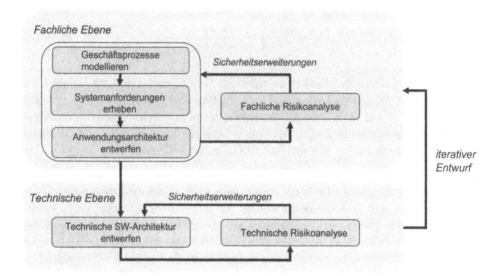

Dokumente

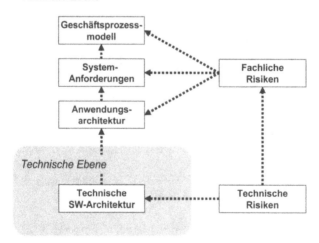

Abb. 8.7 Der Sicherheitsprozess PROSECO

8.3.2 Die erweiterten Basisdokumente

Im Folgenden beschreiben wir für jedes Basisdokument kurz, welche Sicherheitsanforderungen modelliert werden und welche Art von Sicherheitsmaßnahmen das Basisdokument typischerweise enthält. Für eine detaillierte Beschreibung sei auf [Pop 04] verwiesen.

Geschäftsprozessmodell
Die Sicherheitsanalyse eines gegebenen Geschäftsprozessmodells berücksichtigt folgende Schutzziele:

Vertraulichkeit (engl. *confidentiality*) und *Integrität* (engl. *integrity*) betrifft auf Ebene des Geschäftsprozessmodells zwei unterschiedliche Aspekte. Zum einen werden die fachlichen Objekte bzw. Klassen im Klassendiagramm einer ersten groben Analyse bezüglich der Zugriffsrechte unterzogen. Dabei wird festgelegt, welche Rechte die Akteure bezüglich der fachlichen Objekte besitzen (z.B. Lesen, Schreiben, Kreieren und Löschen von Objekten). Außerdem werden Anforderungen an die ausführenden Akteure wie Vier-Augen-Prinzip und Trennung von Verantwortlichkeiten (*separation of duties*) im Modell dokumentiert.

Der zweite Aspekt bezieht sich auf die Vertraulichkeit und Integrität von ausgetauschten Objekten in den Prozessen. Zum Beispiel versehen wir alle Objektflüsse im Aktivitätsdiagramm von Abb. 8.2, das den Bestellvorgang eines Tickets beschreibt, mit der Anforderung *vertraulich* und *signiert*. Abb. 8.8 zeigt einen Ausschnitt des Prozesses mit der erweiterten PROSECO-Notation.

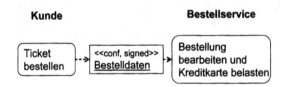

Abb. 8.8 Objektfluss mit den Sicherheitsanforderungen Vertraulichkeit und Integrität

Authentizität und *Anonymität* sind Anforderungen, die Akteure und die von ihnen durchgeführten Aktionen im Geschäftsprozessmodell betreffen. Zum einen bezieht sich Authentizität und Anonymität auf die Beziehung kooperierender Partner.
Abb. 8.9 zeigt wieder einen Ausschnitt aus der Ticketbestellung, in dem festgelegt wird, dass sich der Bestellservice gegenüber dem Kunden authentifizieren muss.

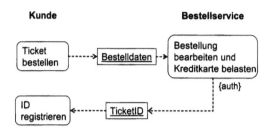

Abb. 8.9 Authentizität

Zum anderen werden diejenigen Aktionen im Modell markiert, bei denen die Authentizität oder Anonymität des ausführenden Akteurs erforderlich ist. Die Authentizität bzw. Anonymität bezieht sich hierbei auf ein gegebenes System (z.B. das zu entwickelnde IT-System oder ein Abb. 8.10 zeigt als Beispiel die Anforderung, dass der Ticketaussteller beim Ausstellen des Tickets (dem IT-System gegenüber) authentifiziert sein muss.

Abb. 8.10 Authentifizierung bei Aktionen

Nicht-Abstreitbarkeit oder *Verbindlichkeit* (engl. *non-repudiation*) ist eine weitere Anforderung, die Akteure und Aktionen betrifft. Analog zur Authentizität bezieht sich Nicht-Abstreitbarkeit auf die Kooperation von Akteuren. Das Modellfragment in Abb. 8.11 fordert die Verbindlichkeit der versendeten Ticket-ID. Genauso wie die Authentizität kann sich die Nicht-Abstreitbarkeit außerdem auch auf Aktionen beziehen.

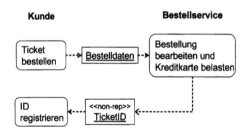

Abb. 8.11 Nicht-Abstreitbarkeit

In den fachlichen Risiken werden alle Bedrohungen und Risiken, die sich auf das Geschäftsprozessmodell beziehen, dokumentiert. Da viele fachliche Bedrohungen aus der Kooperation zwischen Akteuren resultieren und diese Kooperationen im Geschäftsprozessmodell im Zentrum stehen, hat die systematische Analyse des Geschäftsprozessmodells große Bedeutung für die fachliche Sicherheitsanalyse.

Systemanforderungen

In den Systemanforderungen werden die Sicherheitsanforderungen aus dem Geschäftsprozessmodell detailliert und in den Kontext der Use Cases gestellt. Die Sicherheitsaspekte werden in die textuelle Beschreibung der Use Cases mit aufgenommen. Dazu wird die schematische textuelle Beschreibung der Use Cases erweitert um einen Abschnitt **security**, in dem sicherheitsrelevante Anforderungen und Maßnahmen spezifiziert werden. Außerdem können Sicherheitsanforderungen zu neuen Use Cases führen (wie z.B. dem Use Case *Anmelden*, in dem die Authentifizierung der Nutzer stattfindet oder dem Use Case *Logging-Analyse*, in dem Logging-Informationen analysiert werden).

Als Beispiel wird die textuelle Beschreibung des Use Cases Bestellabwicklung um den in Abb. 8.12 dargestellten Security-Abschnitt erweitert.

Use Case Bestellabwicklung

... (textuelle Beschreibung wie in Abb. 8.4)

Security

S1 Das System muss die Vertraulichkeit und Integrität der Eingabedaten gewährleisten.

S2 Das System muss sich dem Kunden gegenüber authentifizieren.

S3 Der Versand des Tickets wird vom System geloggt.

S4 Die Verbindung zum Kreditkartensystem muss abhör- und fälschungssicher sein.

S5 Der Use Case muss rund um die Uhr verfügbar sein mit einer Ausfallzeit von maximal einem Tag pro Monat.

Abb. 8.12 Security-Abschnitt des Use Cases Bestellabwicklung

Die Anforderungen S1 bis S3 resultieren aus den Anforderungen des Geschäftsprozessmodells. S3 ist eine Anforderung, die sich auf die Nicht-Abstreitbarkeit der versendeten Ticket-ID bezieht (vgl. Abb. 8.11). Das Loggen der versendeten Ticket-IDs erlaubt dabei zwar nicht den Beweis des Eintreffens der Ticket-ID beim Kunden, stellt jedoch ein für den Bestellservice akzeptables Maß an Sicherheit her.

Neue Sicherheitsanforderungen auf der Ebene der Use Cases beziehen die Kommunikation mit externen Systemen mit ein. In unserem Beispiel betrifft dies die Schnittstelle des Kreditkartensystems (Anforderung S4). Eine weitere Sicherheitsanforderung, die auf dieser Abstraktionsebene ins Spiel kommt, ist die Verfügbarkeit. Anforderung S5 gibt die minimale Verfügbarkeit des Use Cases vor. Außerdem wird innerhalb der Systemanforderungen das Rechtemodell aus dem Geschäftsprozessmodell detailliert und auf die IT-Sicht angepasst. Wir werden darauf in Abschnitt 8.4 näher eingehen.

Die Sicherheitsanalyse der Use Cases führt im Allgemeinen zu weiteren Bedrohungen, z.B. den Datenaustausch mit externen Systemen betreffend. Diese Bedrohungen werden in den

Fachlichen Risiken dokumentiert und mit den relevanten Teilen der Systemanforderungen verbunden.

Die Anwendungsarchitektur

Ausgehend von den Sicherheitsanforderungen des Use Case Modells und ausgehend von den bereits identifizierten fachlichen Bedrohungen und Risiken werden in der Anwendungsarchitektur im Kern Maßnahmen auf fachlicher Ebene entworfen. Dies beinhaltet die folgenden Aspekte:

- Definition logischer Sicherheitskomponenten und ihrer Schnittstellen
- Erweiterung der bestehenden Szenarios, die den Nachrichtenfluss bei Ausführung von Use Cases beschreiben, um sicherheitsspezifische Nachrichten

Bei Entwurf der (Sicherheits-)Anwendungsarchitektur werden typischerweise folgende Typen von Maßnahmen ergriffen:

- Verwenden von Authentifizierungsprozeduren
- Entwicklung eines detaillierten Rechtemodells und der Architektur der Rechteprüfung auf Anwendungsebene
- Maßnahmen zum Aufdecken und Verfolgen von Angriffen (z.B. für Authentifizierung und Rechteüberprüfung)
- Einführung von Sicherheitsprotokollen für Nicht-Abstreitbarkeit, Anonymität, Datenintegrität und Vertraulichkeit

In unserer Fallstudie erweitern wir das Szenario aus Abb. 8.5 auf der Basis der Sicherheitsanforderungen aus der Use Case-Beschreibung (Abb. 8.12) durch die folgenden Maßnahmen: (1) Verwendung einer sicheren Kommunikationsverbindung zwischen Kunde und Bestellservice und (2) Loggen des Versands der Ticket-ID im Ticket-Objekt durch Angabe eines Zeitstempels (Abb. 8.13).

Im allgemeinen Fall erfordert die Korrektheitsprüfung der gewählten Lösungen in Bezug auf die Anforderungen komplexe Untersuchungen oder mathematische Beweise. Dem systematischen, standardisierten Übergang von Anforderungen zu Lösungen kommt deshalb große Bedeutung zu.

Ein möglicher Weg ist dabei die Anwendung von *Security Patterns*. Auch wenn es heute bereits einige Ansätze zu einer systematischen Verwendung von Security Patterns gibt [YB 97, Fer 01, Bla 02, Sch 03], bleiben hinsichtlich der Integration von Security Patterns in konkrete Modelle noch viele Fragen offen. Diese betreffen z.B. die Verhaltensbeschreibungen von patternbasierten Modellen und die Wechselbeziehungen unterschiedlicher Patterns.

Ein anderer Weg für den systematischen Übergang von Anforderungen zu Lösungen ist der *modellgetriebene Ansatz. Model Driven Security* zielt auf die Generierung von Sicherheitskomponenten aus Anforderungen heraus. So generiert das von unserer Forschungsgruppe entwickelte SECTINO-System Sicherheitskomponenten im Kontext systemübergreifender Workflows und Web Services [BHW 04, BHW+ 04, ABB 04]. Die betrachteten Sicherheitsanforderungen betreffen dabei z.B. die Vertraulichkeit und Integrität von (XML)-Dokumen-

ten, die kooperierende Partner austauschen. Zudem erlaubt das System die plattformunbhän-
gige prädikative Beschreibung von Zugriffsmodellen. Ein ähnlicher Ansatz hierzu wird von
Basin et al. [LBD 02] im Kontext von J2EE verfolgt.

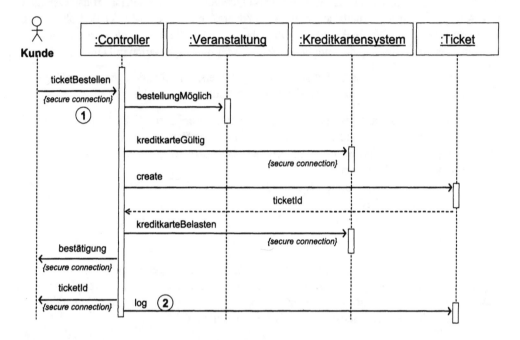

Abb. 8.13 Erweitertes Szenario für die Bestellabwicklung

Die Bedrohungen, die auf der Ebene der Anwendungsarchitektur identifiziert werden, sind
auf die gewählten Lösungen bezogen. Es bleibt in unserem Beispiel die Bedrohung, dass der
Kunde unter einer falschen Identität im System agiert, in der gewählten Anwendungsarchitektur bestehen.

Die Softwarearchitektur
Die Sicherheitsanalyse auf Ebene der technischen Softwarearchitektur beinhaltet den Entwurf der Basisarchitektur, die Analyse technischer Bedrohungen und den Entwurf der Sicherheitskomponenten.

In einem ersten Schritt wird die Basisarchitektur entworfen. Sie beinhaltet unter anderem die
Konzeption der verteilten Struktur des Systems, den Entwurf der Datenbankstruktur, die Wahl
von Programmiersprachen und Frameworks und die Definition von Softwarekomponenten.

Aufbauend auf der Grundstruktur des Systems können die technischen Bedrohungen analysiert werden. Die technischen Bedrohungen werden unabhängig vom Anwendungsbereich
analysiert, z.B. auf der Basis von Checklisten [Mei 03, BSI 01, Pel 01]. Beispiele für technische Bedrohungen in einer konkreten Architektur sind Abhöraktionen, Netzwerkangriffe und
Systempenetration.

Jede der technischen Bedrohungen wird anschließend mit einer oder mehreren fachlichen Bedrohungen in Beziehung gesetzt (*Welcher fachliche Schaden wird durch eine Abhöraktion eines unsicheren Kanals verursacht?*). Die unabhängige Analyse von technischer und fachlicher Ebene und das anschließende Herstellen von Querverbindungen unterstützt das systematische Aufspüren von Sicherheitslücken auf allen Abstraktionsebenen. Mit der Bedrohungsanalyse verbunden ist wieder die Bewertung möglicher Schäden. Sie bezieht die technischen Möglichkeiten der Angreifer und den möglichen Schaden für die Organisation mit ein.

Im letzten Schritt werden die Sicherheitskomponenten entworfen und gegen die Anforderungen geprüft. Dabei spielen typischerweise folgende Aspekte eine Rolle:

- Umsetzung der Sicherheitsaspekte der Anwendungsarchitektur (z.B. Protokolle, als sicher deklarierte Kanäle) auf Ebene der technischen Plattform
- Auswahl spezieller Hardware-Komponenten (z.B. Smartcards, Kartenleser)
- Zugriffskontrolle der Datenbanken
- Auswahl vordefinierter Komponenten oder Frameworks, die Sicherheitslösungen unterstützen (z.B. PGP, J2EE usw.)
- Treffen von Maßnahmen hinsichtlich der Verfügbarkeit von Systemdiensten, der Verfolgung von Angriffen und des Desaster Recovery

Natürlich kann die Systemarchitektur nicht losgelöst von der umgebenden Plattform betrachtet werden. Abhängig von der Umgebung, in der das zu entwickelnde IT-System laufen soll, muss auch der Grundschutz des Systems (z.B. durch Firewalls, Intrusion Detection oder Virenscanner) in die Sicherheitsanalyse mit einbezogen werden.

8.4   Schrittweise Entwicklung von Rechtemodellen

Das Rollen- oder Zugriffsmodell stellt einen zentralen Aspekt für die Sicherheit eines Systems dar. Es ist verantwortlich dafür, dass nur diejenigen Akteure (Personen oder externe Systeme) Zugang zu Informationen erhalten, die hierfür vorgesehen sind. Angriffe müssen dabei sowohl nach außen (durch unbekannte Dritte) als auch nach innen (durch authentifizierte Nutzer) abgewehrt werden. Mit der zunehmenden Zahl an Webapplikationen mit kooperierenden Partnern wächst die Bedeutung von Rechtemodellen. Beispiele hierfür sind Anwendungen im e-Government, Gesundheitsbereich und im e-Learning.

Innerhalb des Entwurfs eines sicherheitskritischen Systems nimmt die Entwicklung des Rechtemodells eine Sonderrolle ein, und zwar aus mehreren Gründen. Zum einen gibt es für Rechte- und Zugriffsmodelle eine Fülle von Konzepten und Techniken, die in den Entwurf mit einbezogen werden müssen. Dazu zählt das RBAC-Modell (role based access control [FSG+01, FCK03]), das Zugriffsrechte an Benutzer auf der Basis von Rollen vergibt, oder andere Techniken der Rechtekontrolle, die z.B. auf der Vergabe von Zertifikaten oder der Verwendung personalisierter Information aufbauen.

Zum anderen ist die Entwicklung eines Rechtemodells eine äußerst komplexe Aufgabe, die sich über alle Entwurfsaktivitäten erstreckt. Dabei ist die Abstimmung mit dem Kunden bzw.

dem Endanwender wichtig, um für das System das richtige Maß an Benutzerflexiblität auf
der einen und Zugriffssicherheit auf der anderen Seite zu finden. Außerdem sind in die korrekte Implementierung des Rechtemodells oftmals viele Komponenten, von der Benutzungs-
oberfläche bis zur Datenbank, involviert.

In diesem Abschnitt stellen wir einen Ansatz vor, der die schrittweise Entwicklung eines
Rollenmodells innerhalb des objektorientierten Basisprozesses aus Abschnitt 8.2 unterstützt.
Kern unserer Methode ist ein Modell, das Berechtigungen als spezielle Vorbedingungen mit
einem eingebauten Rollenkonzept betrachtet. Im Kontext Use Case-orientierten Entwurfs
verwenden wir den Begriff der *Akteure*, um Rollen zu modellieren. In diesem Sinne betrachten wir eine Berechtigung als Bedingung, unter der ein Akteur das Recht hat, eine Methode
eines Objekts aufzurufen.

Weil Akteure eine zentrale Rolle in unserer Methode spielen, nennen wir unsere Methode
akteur-zentriert [BP 04]. Im UML-Kontext werden die Berechtigungen durch OCL-
Prädikate [WK 04] spezifiziert. Abschnitt 8.4.1 präsentiert dieses Kernmodell.

Das Kernmodell ist plattform- und Rechtekonzept-unabhängig, jedoch in seiner detaillierten
Sicht nur für den fachlichen Feinentwurf geeignet. Deshalb definieren wir eine Reihe von
Erweiterungen, die die Methode auf die Anwendung im Gesamtentwurf anpassen. Die in
Abschnitt 8.4.2 vorgestellte Erweiterung erlaubt das Clustern von Berechtigungen, Abschnitt
8.4.3 und 8.4.4 beschäftigen sich mit der Spezifikation von Berechtigungen im Geschäfts-
prozess- bzw. Use Case-Modell. Auf diese Weise erhalten wir eine schrittweise Methode, die
von textuellen Anforderungen bis zu prädikativen Beschreibungen reicht, die in Code übersetzt werden können.

8.4.1   Akteurzentriertes Modellieren von Berechtigungen

Der zentrale Begriff für das Erfassen von Nutzern und ihren Rollen im Geschäftsprozess-
und Use Case-Modell ist der des *Akteurs*. Beispielsweise steht im Geschäftsprozessmodell
ein Akteur für eine Person (oder genauer, für eine Person in einer bestimmten Rolle), die
innerhalb eines Geschäftsprozess aktiv ist.

Die Schlüsselidee zur Modellierung von Benutzerrechten in unserem Ansatz ist, dass Akteure eine bestimmte Berechtigung bezüglich der Objekte des Klassenmodells besitzen. Die
Trennung von Rollenkonzept und Klassen hat den Vorteil, dass die Art und Weise, wie Rollen im System repräsentiert werden, während der Anforderungserhebung noch nicht festgelegt werden muss.

In dieser Hinsicht verwendet unser Kernansatz zwei Modelle – das *Rollen-* oder *Akteursmodell* und das *Klassenmodell*. Das Rollenmodell wird während des Entwurfsprozesses in Verbindung mit dem Use Case-Modell entwickelt und ist Teil des Use Case-Diagramms. Abb.
8.14 skizziert das Rollen- und Klassenmodell für das Beispiel TimeTool. TimeTool ist ein
Ausschnitt eines Projektmanagementwerkzeugs, in dem Teammitglieder von Softwareprojekten gearbeitete Stunden buchen können und Projektmanager Projektbudgets überwachen
können.

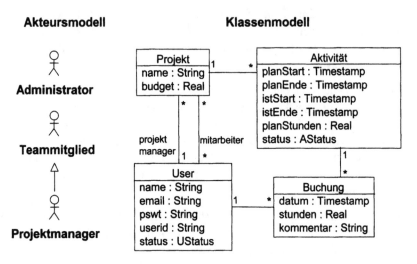

Abb. 8.14 Akteure und Klassen von TimeTool

Berechtigungen im Kernmodell sind Vorbedingungen von Methoden mit einem eingebauten Akteursbegriff. Genauer ist jede Methode *m* in einer Klasse *C* verbunden mit einer *Berechtigung*

$$perm_{C,m},$$

die spezifiziert, unter welcher Bedingung Akteure das Recht haben, die Methode *m* in einem Objekt der Klasse *C* aufzurufen. Die Berechtigung kann vom aufrufenden Akteur, dem aktuellen Objekt und den Methodenparametern abhängen.

Als speziellem Konstrukt erlaubt das Kernmodell die Verbindung zwischen Akteuren und Klassen. Eine solche Verbindung ist in Fällen notwendig, in denen die Berechtigung von der internen Präsentation des Akteurs abhängt, wie im Beispiel *„Ein Teammitglied darf lesend auf eigene Buchungen zugreifen"*. Um solche Typen von Berechtigungen formal ausdrücken zu können, verwenden wir die *Repräsentationsfunktion*

$$rep,$$

die Akteure auf Objekte einer Klasse im Klassendiagramm abbildet. Diese Klasse (in den meisten Fällen eine Klasse wie *User*) repräsentiert die Akteure innerhalb des Systems. Tatsächlich ist die Funktion *rep* eine abstrakte Sicht der Authentifizierungsprozedur in der Implementierung.

Um einen homogenen Spezifikationsansatz innerhalb OCL zu erhalten, erweitern wir das Klassendiagramm intern um eine Klassenhierarchie, die die Akteursrollen repräsentiert. In unserem Beispiel erhalten wir die Klassenhierarchie von Abb. 8.15.

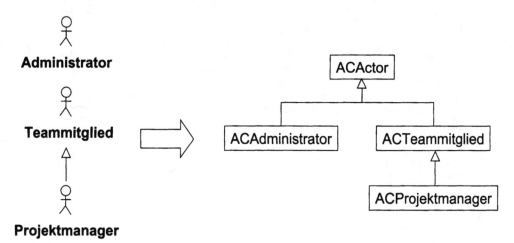

Abb. 8.15 Interne Klassensicht des Rollenmodells

Die Klasse *ACActor* wird als Superklasse aller Akteursklassen eingeführt. Im Rollenmodell können Akteure mit Attributen versehen werden. Diese Attribute repräsentieren den Input, der zur Authentifizierung des Akteurs innerhalb des Systems notwendig ist. Im vielen Fällen ist dies die Benutzerkennung und das Passwort, möglich sind aber auch Zertifikate, biometrische Daten oder keine Information (wenn der Akteur im System anonym bleibt).

Wie wir an den folgenden Beispielen demonstrieren werden, verwenden wir für die Spezifikation der Repräsentationsfunktion *rep* und der Methodenberechtigungen prädikative Ausdrücke in OCL.

Spezifikation der Repräsentationsfunktion
Im Rollenmodell wird jeder Akteurstyp mit der (Query)-Methode

```
rep (): Object
```

verbunden.

Abb. 8.16 zeigt die Spezifikation von rep für Teammitglieder durch eine Nachbedingung. Jedes Teammitglied wird dabei intern durch ein Objekt der Klasse User repräsentiert. [3]

Im allgemeinen Fall kann die Funktion rep auch komplexer sein. Zum Beispiel könnten wir für jeden Subakteur *Projektmanager* pm zusätzlich fordern, dass die interne Repräsentation (ein User-Objekt) mit einer nicht-leeren Liste von Projekten verbunden ist, dessen Projektleiter pm ist.

---

[3] Die OCL-Funktion oclIsTypeOf führt einen Type-Cast von einem Supertyp auf den Subtyp durch.

Akteursmodell   **Klassenmodell**

Teammitglied

ACTeammitglied
userid
pswt
rep () :Object

User
name
email
pswt
userid
status

```
context ACTeammitglied :: rep() : Object
  post:
    let u : User = result.oclAsType(User) in
    result.oclIsTypeOf(User)
    and
    u.state = #active
    and u.userid = userid and u.pswt = pswt
```

Abb. 8.16 Spezifikation der Repräsentationsfunktion für Teammitglieder

Spezifikation der Methodenberechtigungen
In unserem Kernmodell wird jede Methode mit Vorbedingungen der Form

```
perm [act: Act]: cond
```

für Akteurstypen `Act` verbunden. Die Bedingung `cond` wird durch einen OCL-Ausdruck beschrieben. In der Bedingung kann die Repräsentationsfunktion verwendet werden, wenn eine Verbindung des Akteurs und seiner internen Repräsentation benötigt wird.

Beispiel 1 *Ein Teammitglied kann seine eigenen Buchungen lesen, unabhängig vom Projekt, auf das die Buchung erfolgt ist* (die Berechtigung wird beispielhaft für die Methode `gibBuchungsDatum` gezeigt).

```
context Buchung :: gibBuchungsDatum ()
  perm [act : ACTeammitglied]:
    self.user = act.rep()
```

Beispiel 2 *Ein Projektmanager kann alle Buchungen von Projekten lesen, deren Projektleiter er ist.*

```
context Buchung :: gibBuchungsDatum ()
  perm [act : ACProjektmanager]:
    self.aktivität.projekt.projektmanager = act.rep()
```

Beispiel 3 *Ein Teammitglied kann eigene Buchungen verändern, wenn die zugehörige Aktivität nicht eingefroren ist.*

```
context Buchung :: ändere (datum: Timestamp,
              stunden: Real, kommentar: String)
   perm [act : ACTeammitglied] :
      self.user = act.rep() and
      self.aktivität.status <> #frozen
```

Hinsichtlich der Bedeutung einer Methodenberechtigung ist es wichtig zu erwähnen, dass der gegebene Akteur nicht der Aufrufer der Methode ist, sondern für denjenigen steht, der den Aufruf der Methode von außerhalb des Systems initiiert (und dabei evtl. eine Kette von Methodenaufrufen auslöst). In der Implementierung kann der Akteur durch einen zusätzlichen Methodenparameter oder, wie in J2EE, durch eine Methoden-Infrastruktur gehandhabt werden.

Vererbung von Berechtigungen

In zwei Punkten gibt es eine Wechselwirkung zwischen Methodenberechtigungen und dem Begriff von Generalisierung bzw. Spezialisierung.

Der erste Aspekt bezieht sich auf die Akteurshierarchie. Berechtigungen, die für Akteure eines gegebenen Typs spezifiziert werden, gelten auch für Akteure von Subtypen. Wenn wir zu Beispiel 1 und 2 zurückblicken und mit einbeziehen, dass *Projektmanager* ein Subtyp von *Teammitglied* ist, können wir folgern, dass Projektmanager Zugriff auf alle eigenen Buchungen besitzen (geerbte Berechtigung, Beispiel 1) und zusätzlich auf alle Buchungen von Teammitgliedern der eigenen Projekte („eigene" Berechtigung, Beispiel 2).

Der zweite Aspekt bezieht sich auf die Generalisierungs-/Spezialisierungsbeziehungen im Klassenmodell. Wie bei Vorbedingungen üblich erben Methoden von Subklassen die Berechtigungen ihrer Superklassen. Zusätzlich sehen wir die Möglichkeit vor, dass Berechtigungen in Superklassen unspezifiziert bleiben.

Modellierung und Implementieren von Zugriffsmodellen

In diesem Abschnitt sollen kurz die Entwurfsschritte skizziert werden, die während des Entwurfs notwendig sind, um ein lauffähiges Zugriffsmodell zu erhalten. Dabei spielen zwei wichtige Entwurfsentscheidungen eine Rolle:

- Wahl eines geeigneten Paradigmas für die Rechtezuteilung (z.B. Rollen, Gruppen oder Zertifikate)
- Die Wahl von konfigurierbaren und hartcodierten Teilen des Zugriffsmodells

Obwohl unsere Methode während der Modellierung auf dem Paradigma der Rollen (Akteure) beruht, kann auf Implementierungsebene jedes beliebige Paradigma gewählt werden. Zum Beispiel können wir für die Modellierung Akteure *Teammitglied* und *Administrator* definieren, aber für die Implementierung ein Gruppenkonzept wählen (und eine Klasse Gruppe ins Klassendiagramm hinzufügen).

Eng mit der Wahl des Paradigmas für die Rechtezuteilung verbunden ist der Anteil konfigurierbarer Teile im Zugriffsmodell. Entwickler, die Methodenberechtigungen spezifizieren, entscheiden, welche Teile des Zugriffsmodells zur Laufzeit konfigurierbar sein sollen. Zum Beispiel soll das Recht eines Teammitglieds zur Modifikation von Buchungen zur Laufzeit eingestellt werden können. Dies wird in der folgenden Spezifikation ausgedrückt:

```
context Buchung :: ändere (datum: Timestamp,
               stunden: Real, kommentar: String)
  perm [act : ACTeammitglied]:
     user = act.rep() and
      aktivität.status <> #frozen and
      Buchung.änderePerm() = true
```

Hier ist änderePerm eine statische Methode in der Klasse Buchung, deren Ergebnis zur Laufzeit eingestellt werden kann (z.B. durch Setzen eines Flags durch eine Methode set-Perm). Natürlich muss nun im nächsten Schritt festgelegt werden, welcher Akteur die Berechtigung zur Veränderung konfigurierbarer Teile im Zugriffsmodell hat. In unserem Beispiel entscheiden wir uns, dass dieses Recht nur der Administrator besitzt.

```
context Buchung :: setPerm ( flag : Bool )
  perm [act : ACAdministrator] : true
```

Als Ergebnis dieser Entwurfsschritte erhalten wir

- ein Klassendiagramm, das die Klassen enthält, die die Basis für das gewählte Paradigma der Rechtezuteilung bilden (z.B. Gruppe oder Rolle)
- Methodenberechtigungen mit fixen und konfigurierbaren Anteilen

Das resultierende Zugriffsmodell hat Auswirkungen auf unterschiedliche Schichten der Implementierung von der graphischen Oberfläche bis zum Anwendungskern und der Datenbank. Prädikativ formulierte Zugriffsberechtigungen besitzen zudem ein großes Potential für Codegenerierung. Basin et al. [LBD 02] haben dies für das J2EE-Framework gezeigt. Unsere Gruppe entwickelt eine Übersetzung von Berechtigungsmodellen in die Sprache XACML [XACML], die eine plattformunabhängige Beschreibung von Zugriffsmodellen für kooperierende Partner auf XML-Ebene ermöglicht [ABB 04].

8.4.2   Clustern von Berechtigungen

Das feingranulare Kernmodell für Methodenberechtigungen, das im letzten Abschnitt vorgestellt wurde, bietet eine größtmögliche Ausdrucksmächtigkeit für die Spezifikation von Rechten in allen Phasen der Entwicklung. Es ist jedoch auch klar, dass für praktische Anwendungen ein Aggregationsmechanismus benötigt wird, der es erlaubt, grobgranulare Berechtigungen ausdrücken zu können. Zu diesem Zweck führen wir den Begriff von *Methodenkategorien* ein. Eine Methodenkategorie *CAT* besteht im wesentlichen aus Methoden

$$CAT \subseteq METH,$$

wobei *METH* die Menge aller Methoden im System ist. Kategorien können Methoden einer einzigen Klasse enthalten (wir verwenden in diesem Fall den Klassennamen als Index) oder von unterschiedlichen. Außerdem können Methodenkategorien hierarchisch aufgebaut sein, d.h. andere Kategorien enthalten.

Wir definieren einige Kategorien vor:

ReadC   die Kategorie aller lesenden Methoden der Klasse C (Methoden, die den Objektzustand unverändert lassen)

UpdateC   die Kategorie aller modizierenden Methoden der Klasse C (Methoden, die möglicherweise den Objekzustand verändern)

CreateC   die Kategorie aller Kreierungsmethoden der Klasse C

Außerdem definieren wir, dass alle get und set Methoden in der Kategorie ReadC bzw. UpdateC enthalten sind. Zu beachten ist, dass es Methoden geben kann, die beiden dieser Kategorien angehören.

Auf der Basis der Methodenkategorien führen wir grobgranulare *Kategorie-Berechtigungen* ein. Kategorieberechtigungen können vom aufrufenden Akteur abhängen und, im Fall von Kategorien, die nur Methoden einer einzigen Klasse enthalten, vom aktuellen Objekt.

Als Beispiel kann der Ausdruck „*Ein Teammitglied kann alle eigenen Buchungen lesen*" durch die folgende Kategorie-Berechtigung ausgedrückt werden:

```
context Buchung :: category ReadBuchung
perm [act : ACTeammitglied] : self.user = act.rep()
```

Die Menge vordefinierter Methodenkategorien kann um benutzerdefinierte Kategorien erweitert werden. Dies ist beispielsweise ratsam, wenn ein ganzer Teil des Klassendiagramms mit der gleichen Berechtigung assoziiert wird (z.B. der Berechtigung true). Ein weiteres Beispiel, in dem eine Kategorisierung nützlich ist, ist das folgende: Die Attribute einer Klasse (z.B. Person) werden in sensible Attribute (z.B. Gehalt) und unkritische Attribute (z.B. Name und Adresse) unterteilt.

8.4.3   Modellieren von Berechtigungen im Geschäftsprozessmodell

Im Kontext des objektorientierten Basisprozesses gesehen ist das Kernmodell für die Spezifikation von Berechtigungen auf der Abstraktionsebene der Anwendungsarchitektur angesiedelt. In diesem Abschnitt und dem folgenden werden nun die Entwurfsschritte diskutiert, die der Erstellung des detaillierten prädikativen Rechtemodells vorangehen und die im Kontext des Geschäftsprozess- bzw. des Use Case-Modells durchgeführt werden.

Zunächst einmal ist das Geschäftsprozessmodell das geeignete Artefakt, um eine erste Version des Rollen- oder Akteursmodells zu entwickeln. In vielen Anwendungen reflektiert das Rollenmodell die Rollen und Funktionen der organisatorischen Struktur des Unternehmens. Abb. 8.17 zeigt zum Beispiel die Struktur des Unternehmens, für das TimeTool entwickelt wurde.

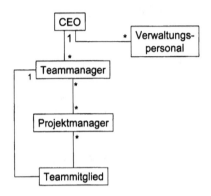

Abb. 8.17 Organisationsmodell in der TimeTool-Fallstudie

Auf der Basis des organisatorischen Modells, das Teil des Geschäftsprozessmodells ist, wird eine erste Version des Rollenmodells entwickelt. Dabei wird entschieden, welche Subjekte im organisatorischen Modell mit Berechtigungsprofilen bezüglich der Ausführung von Aktionen und dem Zugriff auf Informationen ausgestattet werden müssen.

In unserem Beispiel entscheiden wir uns, Akteure *CEO*, *Teammanager*, *Projektmanager* und *Teammitglied* zu definieren. Der Akteur *Controller* wird als relevante Rolle im Verwaltungspersonal identifiziert.

Zusätzlich definieren wir eine Menge von Bedingungen im Akteursmodell. Diese Bedingungen formulieren organisatorische Anforderungen, wie z.B. das Vier-Augen-Prinzip und die Trennung von Verantwortlichkeiten. Diese Bedingungen können in textueller Form beschrieben werden, aber auch formal durch OCL-Ausdrücke.

Dazu machen wir die Modellannahme, dass Akteure Personen in einer bestimmten Rolle repräsentieren. Da diese Personen mehrere Rollen einnehmen können, unterscheiden wir zwischen Akteuren (die durch die Akteurstypen gegeben sind) und Individuen (die durch eine vordefinierte Klasse Individual gegeben sind). Jeder Akteurstyp besitzt zwei Klassenattribute

```
individuals : Set (Individual)
#instances: Integer
```

wobei wir implizit annehmen, dass zwei Akteure des gleichen Typs nicht mit demselben Individuum verbunden sind.

Wir geben folgende Beispiele für formal definierte Bedingungen:

```
-- es gibt nur einen CEO
CEO.#instances = 1
-- Controller und Teammanager sind disjunkte Rollen
(Teammanager.individuals
      → intersection (Controller.individuals)
      → isEmpty) = true
```

In den Aktivitätsdiagrammen des Prozessmodells verbinden wir jede Aktion mit dem ausführenden Akteur. Dies ermöglicht die Formulierung von Bedingungen im Kontext eines Prozesses (die z.B. fordern können, dass die zwei Unterzeichner eines Vertrags unterschiedliche Personen sein müssen).

Das Akteursmodell wird ergänzt durch ein grobes Zugriffsmodell im Kontext des Klassendiagramms der fachlichen Objekte. In diesem Zugriffsmodell werden die Berechtigungen der Akteure hinsichtlich der fachlichen Objekte in textueller Weise beschrieben (Abb. 8.18). In dieser Phase können grobe Zugriffskategorien, wie z.B. R = read, W = write/modify und C = create, verwendet werden.

Akteur → ↓ *Klasse*		**Teammitglied**		**Projektmanager**
Buchung	R:	alle eigenen Buchungen (unabhängig vom Projekt)	R/W/C:	alle Buchungen von Aktivitäten eigener Projekte
	W/C:	eigene Buchungen von freigegebenen Aktivitäten		
Aktivität	R:	alle Aktivitäten von Projekten, die dem Akteur zugeordnet sind	R/W:	alle Aktvitäten von eigenen Projekten
	W/C:	-	C:	-
...				

Abb. 8.18 Grobes Zugriffsmodell für Teammitglieder und Projektmanager

8.4.4 Modellieren von Berechtigungen in den Systemanforderungen

Während der Use Case-Modellierung treffen die Entwickler (meist zusammen mit den Auftraggebern oder Endanwendern) wichtige Entwurfsentscheidungen bezüglich der Art und Weise, wie die Benutzer mit dem System interagieren. Da es starke Abhängigkeiten zwischen dem Zugriffsmodell und den Use Cases gibt, muss der Kern des Zugriffsmodells während der Use Case-Modellierung entworfen werden. Dies betrifft eine Reihe von Aspekten, die im Folgenden kurz skizziert werden.

Wahl des Basiskonzepts für die Rechtezuteilung. Da das Paradigma für die Rechtezuteilung (z.B. Rollen oder Gruppen) Einfluss auf die Flexibilität des Systems hinsichtlich seiner Konfigurierbarkeit besitzt, muss dieser zu diesem Zeitpunkt gewählt werden. Außerdem muss grob festgelegt werden, welche Teile des Zugriffsmodells hartcodiert werden, und welche Teile konfigurierbar sein sollen.

Ausarbeitung des Zugriffsmodells. Die textuelle Beschreibung der Berechtigungen im Klassendiagramm des Geschäftsprozessmodells muss auf das Basiskonzept der Rechtezuteilung und auf das Klassendiagramm der Systemanforderungen angepasst und weiterentwickelt werden.

Definition des Akteursmodells. Auf der Basis des Akteurs- oder Rollenmodells im Geschäftsprozessmodell wird ein neues Akteursmodell entwickelt. Im Gegensatz zum vorhergehenden Akteursmodell enthält das neue Akteursmodell nur Akteure, die direkt mit dem IT-System interagieren. Dafür können aber Akteure hinzukommen, die externe Systeme repräsentieren. Das neue Akteursmodell wird in das Use Case-Diagramm integriert.

Definition von Use Cases für die Authentifizierung. Abhängig von der Anwendung werden Use Cases für die Authentifizierung benötigt, möglicherweise auf verschiedenen Sicherheitsstufen. Andere Use Cases können sich auf die Authentifizierungs-Use Cases durch eine *use*-Beziehung oder durch Vorbedingungen beziehen (*„User ist authentifiziert"*). Auf dieser Abstraktionsstufe muss die technische Realisierung der Authentifizierung (z.B. durch Passwort oder Smartcard) noch nicht festgelegt werden.

Berechtigungen für Use Cases. Auf der Use Case-Ebene werden Methodenberechtigungen abstrahiert zu Use Case-Berechtigungen. Use Case-Berechtigungen sind Vorbedingungen, die festlegen, wann der initiierende Akteur das Recht hat, den gegebenen Use Case zu starten.

In späteren Phasen des Entwurfs sind die informellen Use Case-Berechtigungen und das textuelle Zugriffsmodell der Ausgangspunkt für die Entwicklung des formalen Zugriffsmodells.

Modellierung von Bedingungen. Die Bedingungen an Akteure, die im Geschäftsprozessmodell definiert wurden, werden auf der Ebene der Use Cases umgesetzt.

Zum Beispiel wird die Anforderung

```
CEO.#instances = 1
```

auf Use Case-Ebene realisiert durch die Klasseninvariante

```
context User inv:
      User.allInstances → select (role = #CEO) →
      size = 1
```

Dabei nehmen wir hier an, dass Objekte der Klasse `User` durch das Attribut `role` eine zugeordnete Rolle besitzen.

Darüber hinaus werden auf Ebene der Use Cases auch neue Bedingungen hinsichtlich der statischen und dynamischen Trennung von Verantwortlichkeiten (*separation of duties*) gestellt. Beispiele dafür sind

- Use Cases, die nur unter gegenseitigem Ausschluss durchgeführt werden dürfen oder
- die Bedingung, dass ein User nicht zwei Use Cases ausführen darf, die auf dem gleichen Objekt operieren.

Beide Bedingungen können als Use Case-Berechtigungen formuliert werden unter Verwendung eines Flags in den Objektzuständen.

8.5   Zusammenfassung und Ausblick

In den vorangegangenen Abschnitten haben wir das PROSECO-Vorgehensmodell für den Entwurf zugriffssicherer Systeme vorgestellt. PROSECO erweitert einen objektorientierten Kernprozess um einen Mikroprozess der Sicherheitsanalyse, dessen Schritte wiederholt während des Entwurfs durchlaufen werden.

Gegenwärtig wird das Vorgehensmodell in Pilotprojekten evaluiert. Unser Ziel ist die Entwicklung eines werkzeuggestützten Prozesses, der für den industriellen Einsatz geeignet ist. Erweiterungen sind in mehreren Richtungen geplant. Zum einen soll die Darstellung und Nachverfolgung von Anforderungen, Bedrohungen und Maßnahmen werkzeugseitig unterstützt werden. Zum anderen planen wir eine Integration unseres Ansatzes mit Vorgaben durch Zertifizierungsstandards wie den Common Criteria [CC]. Eine weitere Richtung gibt der modellgetriebene Ansatz vor. Systeme wie SECTINO, die Sicherheitskomponenten aus Anforderungen heraus generieren, zeigen großes Potential für die Entwicklung sicherer Systeme auf hohem Abstraktionsniveau.

8.6   Literatur

[ABB 04]   M. Alam, R. Breu, M. Breu. *Model Driven Security for Web Services*. Akzeptiert für INMIC 2004.

[BHW 04]   R. Breu, M. Hafner, B. Weber. *Modeling and Realizing Security-Critical Inter-Organizational Workflows*. In: Proc. IASSE 2004.

[BHW+ 04]   R. Breu, M. Hafner, B. Weber, A. Nowak. *Modellierung und Realisierung sicherheitskritischer unternehmensübergreifender Workflows*. In: Proc. Elektronische Geschäftsprozesse 2004, Klagenfurt.

[BP 04]   R. Breu, G. Popp. *Actor-Centric Modelling of Access Rights. Proc.* FASE
             2004. Springer LNCS Vol. 2984, S. 165-179, 2004.

[BSI 01]   Bundesamt für Sicherheit in der Informationstechnologie. *IT Baseline Protec-
             tion Manual.* Bonn, 2001. http://www.bsi.de/gshb/english/menue.htm

[CC]   http://csrc.nist.gov/cc/

[DW 99]   D. D´Souza, A. Wills. Components *and Frameworks with UML – The Cataly-
             sis Approach.* Addison-Wesley, 1999.

[Fra 03]   D. Frankel. *Model Driven Architecture.* Wiley, 2003.

[FCK03]   Ferraiolo, D.F., Chandramouli, R., Kuhn, D.R. *Role-Based Access Controll.*
             first edn. Artech House Publishers (2003)

[FSG+01]   Ferraiolo, D.F., Sandhu, R., Gavrila, S., Kuhn, D.R., Chandramouli, R. *Pro-
             posed NIST Standard for Role-Based Access Control.* In: ACM Transactions
             on Information and System Security. Number 3. ACM (2001) 224-274
             http://csrc.nist.gov/rbac/rbacSTD-ACM.pdf

[JBR 99]   I. Jacobson, G. Booch, J. Rumbaugh. *The Unified Software Development
             Process.* Addison-Wesley, 1999.

[LBD 02]   T. Lodderstedt, D. Basin, J. Doser. *Secureuml: A uml-based modeling lan-
             guage for model-driven security.* In: J.-M. Jézéquel, H. Hussmann, S. Cook
             (eds.): UML 2002. Lecture Notes in Computer Science, vol. 2460, Springer,
             2002.

[Mei 03]   J.D. Meier et al. *Improving Web Application Security, Threats and Counter-
             measures.* Microsoft Corporation, 2003

[MSU 04]   S. Mellor, K. Scott, A. Uhl, D.Weise. *MDA Distilled: Principles of Model-
             Driven Architecture.* Addison-Wesley, 2004.

[Pel 01]   T. R. Peltier. *Information Security Risk Analysis.* Auerbach, 2001.

[Pop 04]   G. Popp: *Vorgehensmodelle für die Entwicklung sicherer Systeme.* Dissertati-
             on, Technische Universität München, 2004.

[Sch 03]   M. Schumacher. *Security Engineering with Patterns.* Lecture Notes in Compu-
             ter Science vol. 2754, Springer, 2003.

[SEC-P]   http://www.securitypatterns.org/

[V]   www.v-modell.iabg.de

[WK 04]   J. Warmer, A. Kleppe. *The Object Constraint Language.* 2nd edition, Addison-
             Wesley, 2004.

[XACML]   http://www.oasis-open.org

9 Unternehmensweite Modellintegration

Peter Klement, sd&m AG

Es ist das Ziel von Modellen, komplexe Zusammenhänge verständlich darzustellen. Mit diesem Ziel vor Augen, ist in den letzten Jahrzehnten in den Fachbereichen und in der IT eine umfangreiche Anzahl von Modellen entstanden. Dabei wurden in der Regel die Abhängigkeiten zwischen den Modellen vernachlässigt. Erschwerend kommt hinzu, dass sich die IT an den Bedürfnissen der Fachbereiche orientieren soll. Hier treffen jedoch zwei Welten aufeinander, die nicht nur eine unterschiedliche Sprache sprechen, sondern immer noch in getrennten Modellwelten leben.

Dieses Kapitel stellt einen integrierten Modellierungsansatz vor, der nicht nur die Abhängigkeiten zwischen Modellen innerhalb und zwischen Modellierungswelten berücksichtigt, sondern auch hilft, das Thema Business-IT-Alignment voranzubringen. Dabei wird das Mittel der Enterprise Architecture verwendet, um eine integrierte, unternehmensweite Architekturlandschaft entstehen zu lassen.

Über den Autor
Peter Klement ist Diplom-Informatiker und seit über 10 Jahren als IT-Berater tätig. Er hat als IT-Architekt, Projektmanager, IT-Manager, Softwareentwickler und IT-Infrastruktur-Spezialist für namhafte Unternehmen wie Lufthansa, HypoVereinsbank, ARAG Versicherungen, Infineon und Microsoft gearbeitet. Sein Schwerpunkt liegt zurzeit im Bereich Enterprise Architectures. Durch sein Engagement trägt er zur Weiterentwicklung dieses Themas bei, beispielsweise durch sein im Jahre 2004 erschienenes Buch „Integrated Enterprise Architectures" [PKl 04]. Er ist per E-Mail unter peter.klement@sdm.de erreichbar.

9.1 Einleitung

In der Praxis trifft man immer wieder auf Situationen, wo Modelle und Architekturen isoliert betrachtet werden, nicht aktuell sind oder teilweise widersprüchliche Informationen enthalten. Dies resultiert aus der Tatsache, dass Abhängigkeiten nicht explizit festgehalten werden und ein integrierter Change-Management-Prozess für Modelle und Architekturen häufig fehlt. Erschwerend hinzukommen die, in der Regel, getrennten Modellierungswelten „Fachbereich" und „IT", mit ihren jeweils eigenen Begrifflichkeiten, Notationen, Prozessen und Strukturen. Wie können nun diese unterschiedlichen Modelle unternehmensweit integriert werden? Der in diesem Kapitel vorgestellt Ansatz verwendet das Mittel „Enterprise Architecture", um diese Herausforderung erfolgreich zu meistern. Dabei wird eine Enterprise Architecture nicht aus einer reinen IT-Perspektive heraus betrachtet, sondern es stehen die Geschäftprozesse im Vordergrund.

Zunächst wird eine Architekturlandschaft für eine Enterprise Architecture vorgestellt. Anschließend wird das Thema Modellintegration intensiv beleuchtet. Als nächstes wird beschrieben, welche Rolle Tools bei der Erstellung und Weiterentwicklung einer Enterprise Architecture spielen. Abschließend wird ein Vorgehensmodell für eine unternehmensweite Modellintegration vorgestellt.

Der in diesem Kapitel dargestellte Lösungsansatz ist aus der Tätigkeit des Autors für die Lufthansa hervorgegangen. Inhaltlich ist die Lösung durch folgende Herausforderungen innerhalb des Lufthansa-Konzerns getrieben:

- Übersicht über die Architekturlandschaft für Web-Anwendungen im Lufthansa-Intranet
- Zusammenarbeit zwischen den Fachbereichen im Lufthansa-Konzern und diversen IT-Service-Providern
- Einführung eines unternehmensweiten Geschäftsprozessmanagements

Auch wenn der hier beschriebene Lösungsansatz auf Basis der Anforderungen eines bestimmten Unternehmens hervorgegangen ist, so kann er dennoch als Vorlage für andere Firmen und Organisationen dienen. Auch im Bereich der Architekturen steht man in gewissem Sinne vor einer Make-Or-Buy Entscheidung. Im Hinblick auf die Thematik Wiederverwendung empfiehlt es sich, vorhandene Architekturen für die eigene Enterprise Architecture zu verwenden und bei Bedarf anzupassen.

Einige der in diesem Abschnitt vorgestellten Ansätze sind noch in einen prototypischen Zustand. Erste Erfahrungen in der Praxis sind sehr ermutigend und zeigen, dass mit diesem Vorgehen einige Herausforderungen bei der unternehmensweiten Modellierung sehr gut gemeistert werden können.

Know-how für dieses Kapitel
Die Leserin, bzw. der Leser dieses Kapitels sollten zum besseren Verständnis folgende Kenntnisse mitbringen:

- IT- oder Software-Architekturen
- UML
- Geschäftsprozesse

9.2   Architekturlandschaft

Eine Architekturlandschaft beschreibt alle im Unternehmen vorhandenen Architekturen, sowie deren Zusammenhänge und Abhängigkeiten. In diesem Sinne setzt der Autor den Begriff Architekturlandschaft mit dem Begriff der Enterprise Architecture gleich.

Die in diesem Kapitel dargestellte Enterprise Architecture gliedert sich in drei Ebenen. Die beiden ersten Ebenen stellen die Struktur der Architekturlandschaft dar, die aus Business Architectures, Systems Architectures und Solution Architectures besteht. Die dritte Ebene besteht aus den Komponenten der einzelnen Architekturen. Eine Übersicht ist in Abb. 9.1 dargestellt.

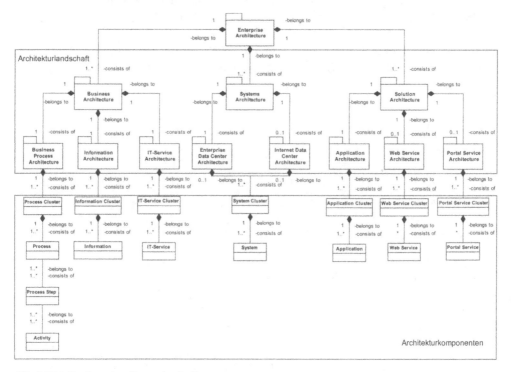

Abb. 9.1 Die Struktur einer Enterprise Architecture

Hier noch einige Erläuterungen zu Abb. 9.1. Die Architekturen sind als UML-Pakete dargestellt, die Architekturkomponenten als UML-Klassen. Die Abhängigkeiten zwischen den Architekturen ergeben sich über die Abhängigkeiten der Architekturkomponenten. Dies ist Thema des Abschnitts Modellintegration. In diesem Abschnitt wird nur die Struktur dargestellt und die einzelnen Architekturen und Architekturkomponenten erläutert.

Die drei Architekturen der obersten Ebene lassen sich im Unternehmen bestimmten Bereichen zuordnen:

- **Business Architecture:** Fachbereich oder Gesellschaft in einem Konzern
- **Solution Architecture:** IT-Bereich (Anwendungsentwicklung)
- **Systems Architecture:** IT-Bereich (Infrastruktur)

Alle drei Bereiche müssen gut zusammen spielen, damit ein Unternehmen die IT erfolgreich für sein Geschäft einsetzen kann. In der Praxis treffen hier jedoch unterschiedliche Welten aufeinander. Aus diesem Grund sind neben der Integration der Modelle auch noch andere integrative Maßnahmen zu ergreifen:

- **Strategie-Integration:** Die Strategien der unterschiedlichen Bereiche müssen aufeinander abgestimmt werden und gemeinsame Ziele definiert werden.
- **Mitarbeiter-Integration:** Die Menschen aus den verschiedenen Bereichen müssen einander verstehen, akzeptieren und respektieren. Außerdem muss ein Vertrauensverhältnis geschaffen werden, um die Zusammenarbeit effektiv gestalten zu können.
- **Prozess-Integration:** Die Prozesse in den einzelnen Bereichen müssen aufeinander abgestimmt werden. Hier kann ein Process Competence Center helfen.

Eine Architekturlandschaft sollte auch aktiv verwaltet werden. In diesem Zusammenhang haben sich in der Praxis eine Handvoll von Architektureigenschaften als wichtig herausgestellt, die in Abb. 9.2 dargestellt werden.

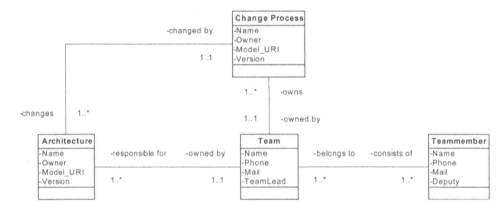

Abb. 9.2 Architektureigenschaften

Hier noch einige Erläuterungen zu Abb. 9.2. Für eine Architektur ist ein Team zuständig, welches aus Teammitgliedern besteht. Jedes Teammitglied hat einen Stellvertreter (Deputy). Mit Hilfe eines definierten Änderungsprozesses (Change Process) wird die Architektur aktuell gehalten und ständig weiterentwickelt.

Für die Architekturkomponenten gibt es ebenfalls interessante Eigenschaften. Diese sind je nach Komponente unterschiedlich und werden im Abschnitt „Modellintegration" beschrieben.

9.2.1   Business Architecture

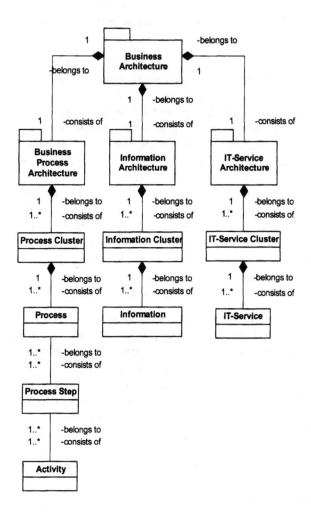

Abb. 9.3 Business Architecture

Der Inhalt einer Business Architecture als Bestandteil einer Enterprise Architecture, sind Prozesse, Informationen und IT-Services. Mehrere Business Architectures können beispielsweise dann nötig sein, wenn das Unternehmen aus Einzelgesellschaften oder Konzernbereichen besteht. Bei der Lufthansa wären dies zum Beispiel die „Lufthansa Passage Airlines", die „Lufthansa Systems Business Solutions", die „Lufthansa Systems Infratec", usw. Im Extremfall könnte sogar die Business Architecture in mehrere Ebenen unterteilt werden. Sollte jeder Bereich innerhalb eines Unternehmensteils für sein eigenes Business verantwortlich sein, würde für jeden dieser Bereiche eine eigene Business Architecture entstehen. Die Business Architecture für die „Lufthansa Systems Infratec" würde dann zum Beispiel aus

den Business Architectures für „Account Management", „Controlling", „Global Services",
„Communication Services" und „Enterprise Data Center" bestehen.

Eine Business Architecture besteht aus drei Architekturen, die unterschiedliche Sichten auf
das Business bieten. Dies ist in Abb 9.3 dargestellt.

Die **Business Process Architecture** beschreibt sämtliche Prozesse mit allen relevanten Informationen. In der Regel sind dies Input und Output, die zu verarbeitenden Informationen
und die beteiligten Organisationseinheiten, bzw. Rollen, sowie die benötigten IT-Services.
Das hier dargestellte Modell ermöglicht eine Detaillierung über 4 Ebenen. Eine Aktivität
(Activity) ist ein atomarer Arbeitsschritt, der aus Modellierungssicht nicht weiter sinnvoll zu
zerlegen ist. Ein Prozessschritt (Process Step) ist eine zusammenhängende Folge von Aktivi-
täten, die von derselben Person, demselben Team oder demselben System erbracht wird. Die
Definition von Prozessgrenzen ist für den Modellierer ein schwieriges Unterfangen. Ein
Prozess sollte ein Ergebnis liefern, das für einen Kunden oder das Unternehmen selbst einen
Mehrwert darstellt. Ein Prozess-Cluster ist eine Sammlung von zusammenhängenden Pro-
zessen. Dies kann eine Prozesskette, z.B. „Bestellung", oder sich ergänzende Prozesse, z.B.
„Produktmanagement" sein. Als Beschreibungssprache können für eine Business Process
Architecture die ereignisgesteuerten Prozessketten (EPK) oder die UML eingesetzt werden.
Bedingt durch den gewählten Praxisbezug dieses Kapitels, werden für die Modelle EPKs
verwendet. In Abb. 9.4 wird ein Beispiel für die 4 Modellierungsebenen gezeigt.

Die **Information Architecture** beschreibt sämtliche fachliche Informationen, die durch die
definierten Prozesse in der Business Process Architecture erzeugt oder verarbeitet werden.
Dabei können die Informationen elektronisch, in Papier- oder sonstiger Form vorliegen.
Beschreibt eine einzige Business Architecture das gesamte Unternehmen, werden sich erfah-
rene Datenmodellierer bei der Information Architecture (IA) sicherlich an das Thema unternehmensweite Datenmodellierung (UDM) erinnert fühlen. Das Thema war Anfang der 90er
Jahre beliebt, wurde aber in vielen Unternehmen einige Zeit nach Einführung erfolglos eingestellt. Bei der IA im Rahmen der Business Architecture geht es nicht um sämtliche elektronisch verfügbaren Daten im Unternehmen, sondern um die fachlichen Informationen in
Zusammenhang mit den Geschäftsprozessen. Bei entsprechender Werkzeugunterstützung
entstehen die Informationen in Form von Klassen in der Information Architecture bei der
Modellierung der Prozesse. Was dann noch explizit zu tun ist, ist die Modellierung der Beziehungen zwischen den Informationen. Informations-Cluster bieten die Möglichkeit sehr
große Modelle sinnvoll zu strukturieren. Als Beschreibungssprache für die Information Architecture sollte UML verwendet werden. Damit ist eine ausreichende Werkzeugunterstützung sichergestellt. Außerdem können so auch die Welten „Fachbereich" und „IT" ein wenig
enger zusammenrücken – Ein erster wichtiger Schritt in Richtung der Integration. In Abb.
9.5 wird ein Beispiel für die beiden Modellierungsebenen gezeigt.

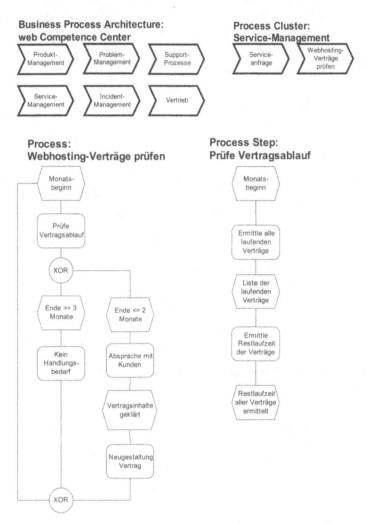

Business Process Architecture:
web Competence Center

- Produkt-Management
- Problem-Management
- Support-Prozesse
- Service-Management
- Incident-Management
- Vertrieb

Process Cluster:
Service-Management

- Service-anfrage
- Webhosting-Verträge prüfen

Process:
Webhosting-Verträge prüfen

- Monats-beginn
- Prüfe Vertragsablauf
- XOR
- Ende >= 3 Monate
- Ende <= 2 Monate
- Kein Handlungs-bedarf
- Absprache mit Kunden
- Vertragsinhalte geklärt
- Neugestaltung Vertrag
- XOR

Process Step:
Prüfe Vertragsablauf

- Monats-beginn
- Ermittle alle laufenden Verträge
- Liste der laufenden Verträge
- Ermittle Restlaufzeit der Verträge
- Restlaufzeit aller Verträge ermittelt

Abb. 9.4 Modellierungsebenen in einer Business Process Architecture

Die **IT-Service Architecture** beschreibt die IT-Funktionen, die von den Prozessen benötigt werden. Ein IT-Service stellt dabei einen Satz von fachlichen Funktionen zur Verfügung, die thematisch zusammengehören. Kenner des Themas Web Services oder Service-Oriented-Architecture (SOA) können bei der Modellierung ihr Wissen um diese Thematiken zielgerichtet einbringen. Die IT-Service Architecture sollte eine Service-Oriented-Architecture sein, die auf Web Services basiert.

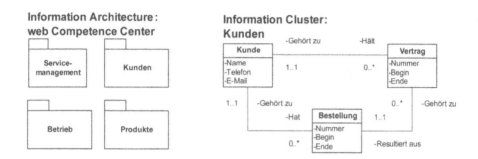

Abb. 9.5 Modellierungsebenen in einer Information Architecture

Für diejenigen, die sich mit den Themen SOA und Web Services noch nicht beschäftigen konnten, hier ein paar Worte zu Erläuterung. Web Services sind Software-Komponenten, die definierte Funktionen einem aufrufenden Programm anbieten. Es handelt sich im Prinzip um einen so genannten Remote Function Call (RFC), jedoch mit dem Unterschied, dass die Definition der Services, der Aufruf und die übertragenen Daten auf Internet-Standards wie XML, HTTP und SOAP basieren. Web Services besitzen keine Benutzeroberfläche und dienen damit nur der Kommunikation zwischen Programmen. Service-Oriented-Architectures bauen in der Regel auf einzelnen IT-Services als einzelnen Architekturkomponenten auf. Im Vordergrund stehen die zur Verfügung gestellten Funktionen eines Dienstes.

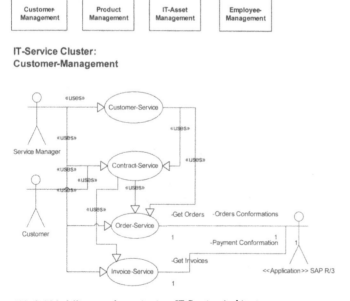

Abb. 9.6 Modellierungsebenen in einer IT-Service Architecture

Sollte die Anzahl der IT-Services in der Architektur zu groß werden und dadurch die Übersichtlichkeit und Verständlichkeit leiden, können IT-Service Cluster als Strukturierungsele-
ment eingesetzt werden. Als Beschreibungssprache kann auch hier die UML zum Einsatz
kommen. Als besonders geeignet hat sich hier in der Praxis die Verwendung von UML Use
Cases gezeigt. In Abb. 9.6 wird ein Beispiel für die beiden Modellierungsebenen gezeigt.

9.2.2   Solution Architecture

Der Inhalt einer Solution Architecture sind Applikationen, Web Services und Portal Services.
Mehrere Solution Architectures können beispielsweise dann nötig sein, wenn das Unternehmen aus Einzelgesellschaften oder Konzernbereichen besteht. Bei der Lufthansa wären dies
zum Beispiel die „Lufthansa Passage Airlines", die „Lufthansa Systems Business Solutions",
die „Lufthansa Systems Infratec", usw. Im Extremfall könnte sogar die Solution Architecture
in mehrere Ebenen unterteilt werden. Sollte jeder Bereich innerhalb eines Unternehmensteil
für seine eigenen IT-Lösungen verantwortlich sein, würde für jeden dieser Bereiche eine
eigene Solution Architecture entstehen. Die Solution Architecture für die „Lufthansa Systems Infratec" würde dann aus den Solution Architectures für „Account Management",
„Controlling", „Global Services", „Communication Services" und „Enterprise Data Center"
bestehen.

Eine Solution Architecture besteht aus drei Architekturen, die unterschiedliche Sichten auf
eine IT-Lösung bieten. Dies ist in Abb. 9.7 dargestellt.

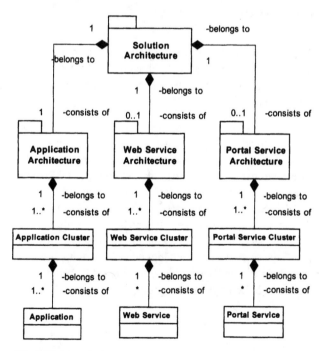

Abb. 9.7 Solution Architecture

Die **Application Architecture** beschreibt alle Applikationen, die zu einer IT-Lösung gehören. Dabei kann es sich um Standardanwendungen oder individuell programmierte Lösungen handeln. Sollte die Anzahl der Applikationen zu groß und unübersichtlich werden, können Application Cluster gebildet werden. Diese können beispielsweise technologisch oder organisatorisch strukturiert werden. Als Beschreibungssprache ist für diesen Zweck wiederum die UML geeignet. In Abb. 9.8 wird ein Beispiel für die beiden Modellierungsebenen gezeigt.

Application Architecture:
eBase

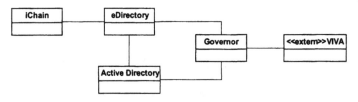

Application Cluster:
Identity Management

Abb. 9.8 Modellierungsebenen in einer Application Architecture

In Abb. 9.8 werden innerhalb des Application Clusters die Applikationen und deren Kommunikationswege dargestellt. Applikationen die nicht zur betrachteten Application Architecture gehören, aber mit Applikationen innerhalb der dargestellten Architektur kommunizieren, werden mit dem Stereotyp «extern» gekennzeichnet.

Die **Web Service Architecture** beschreibt alle Web Services, die zu einer IT-Lösung gehören. Es kann durchaus vorkommen, dass vorhandene IT-Lösungen keine Web Services besitzen. Dann existiert diese Architektur als Bestandteil der Solution Architecture nicht. Web Services bilden eine Service-orientierte Schnittstelle zu den Applikationen einer IT-Lösung. Dabei können die Web Services von den Applikationen selbst zur Verfügung gestellt werden oder es existieren selbst entwickelte Web Services. Diese stellen die Funktionalitäten der Applikationen in einer IT-Lösung über so genannte Wrapper zur Verfügung. Sollte die Anzahl der Web Services zu groß und unübersichtlich werden, können Web Service Cluster gebildet werden. Diese werden in der Regel nach zusammenhängenden Diensten (Services) strukturiert. Als Beschreibungssprache ist für diesen Zweck wiederum die UML geeignet. In Abb. 9.9 wird ein Beispiel für die beiden Modellierungsebenen gezeigt.

Web Service Architecture:
eBase

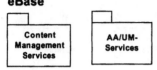

Web Service Cluster:
AA/UM-Services

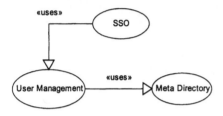

Abb. 9.9 Modellierungsebenen in einer Web Service Architecture

Die einzelnen Web Services können andere Web Services benutzen (Beziehung: uses), um ihre Aufgabe zu erfüllen. Hier werden die Dienste als Use Cases dargestellt, da sie ein Abbild der IT-Service Architecture innerhalb der Business Architecture sind.

Die **Portal Service Architecture** beschreibt alle Portal Services, die zu einer IT-Lösung gehören. Portal Services bilden für die Endbenutzer die Schnittstelle zu den Applikationen einer IT-Lösung. Es wird dabei davon ausgegangen, dass die Applikationen über ein Enterprise Portal integriert werden. Portal Services sind die Bereiche des Portals, die für den Benutzer zusammenhängenden Funktionalitäten bieten. Beispiel wäre hier ein Bereich „Employee Self Services", im dem der Mitarbeiter seine persönlichen Daten sehen und teilweise ändern kann. Es kann durchaus vorkommen, dass vorhandene IT-Lösungen keine Portal Services besitzen. Die Applikationen sind für die Endbenutzer dann nur über die jeweilige Benutzeroberfläche der Applikation zugänglich. In diesem Fall existiert diese Architektur als Bestandteil der Solution Architecture nicht. Sollte die Anzahl der Portal Services zu groß und unübersichtlich werden, können Portal Service Cluster gebildet werden. Diese werden in der Regel nach Bereichen im Portal strukturiert. Als Beschreibungssprache ist für diese Architektur wiederum die UML geeignet. In Abb. 9.10 wird ein Beispiel für die beiden Modellierungsebenen gezeigt.

Portal Service Architecture:
eBase

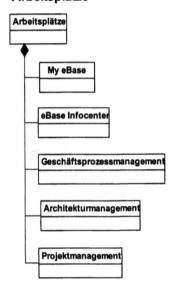

Gesellschaften	Arbeitsplätze	Arbeit& Leben	Wissen	Marktplatz

Portal Service Cluster:
Arbeitsplätze

Arbeitsplätze

My eBase

eBase Infocenter

Geschäftsprozessmanagement

Architekturmanagement

Projektmanagement

Abb. 9.10 Modellierungsebenen in einer Portal Service Architecture

Abb. 9.10 zeigt den Aufbau eines Enterprise Portals. Die Portal Service Architecture zeigt die einzelnen Bereiche eines Portals und der Portal Service Cluster den Aufbau eines bestimmten Bereichs.

9.2.3   Systems Architecture

Der Inhalt einer Systems Architecture sind IT-Systeme. Mehrere Systems Architectures können beispielsweise dann nötig sein, wenn das Unternehmen aus Einzelgesellschaften oder Konzernbereichen besteht und diese für ihre IT-Systeme selbst verantwortlich sind. Bei der Lufthansa wären dies zum Beispiel die „Lufthansa Passage Airlines", die „Lufthansa Systems Business Solutions", die „Lufthansa Systems Infratec", usw. Im Extremfall könnte sogar die Systems Architecture in mehrere Ebenen unterteilt werden. Sollte jeder Bereich innerhalb eines Unternehmensteil für seine eigenen IT-Systeme verantwortlich sein, würde für jeden dieser Bereiche eine eigene Systems Architecture entstehen. Die Systems Architecture für die „Lufthansa Systems Infratec" würde dann aus den Systems Architectures für „Account Management", „Controlling", „Global Services", „Communication Services" und „Enterprise Data Center" bestehen.

Eine Systems Architecture besteht aus zwei Architekturen, die unterschiedliche Sichten auf eine Systemlandschaft bieten. Dies ist in Abb. 9.11 dargestellt.

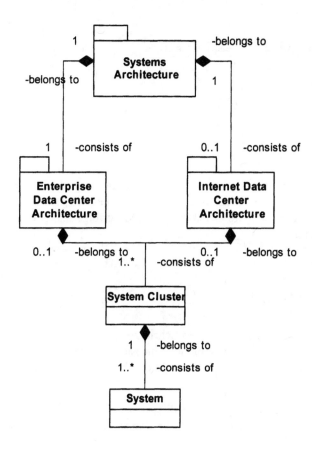

Abb. 9.11 Systems Architecture

Die **Enterprise Data Center Architecture** beschreibt alle IT-Systeme, die im internen Netzwerk eines Unternehmens, bzw. Bereiches stehen. Sollte die Anzahl der IT-Systeme zu groß und unübersichtlich werden, können System Cluster gebildet werden. Diese werden in der Regel nach Diensten, wie beispielsweise Mail oder Datenbanken strukturiert. Als Beschreibungssprache ist für diese Architektur wiederum die UML geeignet. In Abb. 9.12 wird ein Beispiel für die beiden Modellierungsebenen gezeigt.

EDC Architecture:
web Competence Center

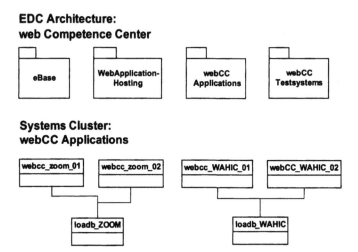

Abb. 9.12 Modellierungsebenen in einer Enterprise Data Center Architecture

Die **Internet Data Center Architecture** beschreibt alle IT-Systeme, die in einer De-
militarized Zone (DMZ) stehen und damit von außen, beispielsweise über das Internet oder
durch Einwahlverbindungen erreichbar sind. Die Darstellung in UML erfolgt analog die der
Enterprise Data Center Architecture.

9.3   Modellintegration

Die Strukturierung der Modelllandschaft stellt den ersten Schritt zu einer erfolgreichen, unternehmensweiten Modellierung dar. Die Sicherstellung der Konsistenz der Modelle und die
Darstellung der Abhängigkeiten zwischen diesen ist der nächste Schritt. Diese sind die beiden primären Ziele der Modellintegration.

In diesem Abschnitt wird die Integration der unterschiedlichen Architekturmodelle einer
Enterprise Architecture dargestellt. Die Integration umfasst die Darstellung der Abhängigkeiten und Zusammenhänge zwischen den Architekturkomponenten. Wie im vorherigen Abschnitt beschrieben, können Architekturkomponenten aller Architekturen in so genannte
Cluster zusammengefasst werden. Da diese nur als Strukturelemente verwendet werden, die
der Übersichtlichkeit der Modelle dienen, brauchen sie bei der Integration der Modelle nicht
berücksichtigt werden. Die Modellintegration wird über ein so genanntes Integrationsmodell
beschrieben, welches folgende Architekturkomponenten enthält:

- Process (Business Architecture – Business Process Architecture)
- Process Step (Business Architecture – Business Process Architecture)
- Activity (Business Architecture – Business Process Architecture)
- Information (Business Architecture – Information Architecture)
- IT-Service (Business Architecture – IT-Service Architecture)

- System (Systems Architecture – Enterprise & Internet Data Center Architecture)
- Application (Solution Architecture – Application Architecture)
- Web Service (Solution Architecture – Web Service Architecture)
- Portal Service (Solution Architecture – Portal Service Architecture)

In Abb. 9.13 wird ein Metamodell für die Integration dieser Architekturkomponenten darge-stellt.

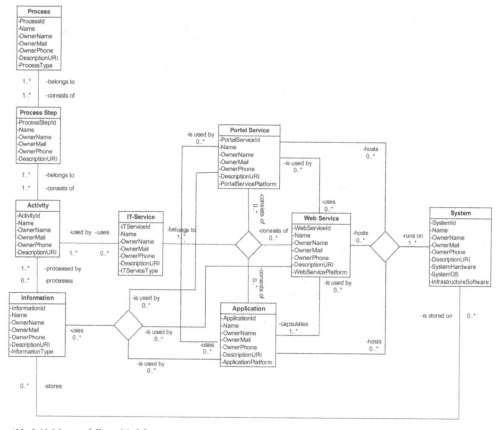

Abb. 9.13 Metamodell zur Modelintegration

Einheitliche Informationen (Metadaten) zu den einzelnen Architekturkomponenten und ins-besondere deren Beziehungen zueinander lassen sich in den einzelnen Modellen nur schwer verwalten. Zum einen sind die Möglichkeiten der Metadaten-Beschreibung in den Modellen unterschiedlich und zum anderen werden die Modelle in unterschiedlichen Tools beschrie-ben, was vor allem die konsistente Darstellung der Beziehungen erschwert. Diese Problema-tik lässt sich auf zwei verschiedenen Wegen lösen. Zum einen kann ein Modellierungswerk-zeug eingesetzt werden, mit dem sämtliche Modelle erstellt werden. Damit können die Me-tadaten einheitlich gestaltet werden und die Beziehungen konsistent festgehalten werden. Die zweite Alternative ist die separate Modellierung der Architekturen in den entsprechenden, speziellen Modellierungstools und die Modellintegration in einem eigenen Werkzeug, das alle im Unternehmen eingesetzten Beschreibungssprachen unterstützt. Diese Thematik wird noch einmal im Abschnitt „Tool-Unterstützung" detaillierter betrachtet.

Die Beziehungen zwischen den einzelnen Modellelementen in Abb. 9.13 werden nun aus Sicht der einzelnen Architekturkomponenten beschrieben.

9.3.1   Process

Ein Prozess besteht aus ein oder mehreren Prozessschritten. Da der hier vorgestellte Modellierungsansatz geschäftsprozessgetrieben ist, ist der Prozess sozusagen die „Mutter" aller Architekturkomponenten. Zu einem Prozess sollten folgende Metadaten vorhanden sein:

- **ProcessId:** Unternehmensweit eindeutige Kennung des Prozesses,
- **Name:** Bezeichnung des Prozesses
- **OwnerName:** Name des Prozessverantwortlichen
- **OwnerMail:** E-Mail Adresse des Prozessverantwortlichen
- **OwnerPhone:** Telefonnummer des Prozessverantwortlichen
- **DescriptionURI:** Speicherort der Prozessbeschreibung, beispielsweise ein Verweis auf Web-Seiten mit dem entsprechenden Prozessmodel. URI steht für Uniform Resource Identifier und bezeichnet eine im Internet eindeutige Kennung eines Objektes,
- **ProcessType:** Kategorie des Prozesses, z.B. Kernprozess, Supportprozess, o.ä.

9.3.2   Process Step

Ein Prozessschritt gehört zu ein oder mehreren Prozessen. Durch diese n:m-Beziehung zwischen Prozess und Prozessschritt ist eine Wiederverwendung eines Prozessschritts in mehreren Prozessen möglich. Dieser Aspekt der Wiederverwendung von Architekturkomponenten wird leider in der Praxis im Augenblick noch zu wenig berücksichtigt. Ähnlich wie beim Thema Wiederverwendung von Software-Komponenten sind für eine erfolgreiche Implementierung organisatorische und technische Anpassungen im Unternehmen vorzunehmen. Ein Prozessschritt besteht aus einer oder mehreren Aktivitäten. Zu einem Prozessschritt sollten folgende Metadaten vorhanden sein:

- **ProcessStepId:** Unternehmensweit eindeutige Kennung eines Prozessschritts.
- **Name:** Bezeichnung des Prozessschritts
- **OwnerName:** Name des Prozessschrittverantwortlichen
- **OwnerMail:** E-Mail Adresse des Prozessschrittverantwortlichen
- **OwnerPhone:** Telefonnummer des Prozessschrittverantwortlichen
- **DescriptionURI:** Speicherort der Prozessschrittbeschreibung, beispielsweise ein Verweis auf Web-Seiten mit dem entsprechenden Prozessmodell

9.3.3   Activity

Eine Aktivität gehört zu ein oder mehreren Prozessschritten. Durch diese n:m-Beziehung zwischen Aktivität und Prozessschritt ist eine Wiederverwendung einer Aktivität in mehreren Prozessschritten, bzw. Prozessen möglich. Das Thema Wiederverwendung im Bereich der Geschäftsprozesse wurde ja schon im vorherigen Abschnitt kurz beleuchtet. Eine Aktivität kann mehrere Informationen verarbeiten und IT-Service nutzen. Zu einer Aktivität sollten folgende Metadaten vorhanden sein:

- **ActivityId:** Unternehmensweit eindeutige Kennung eines Prozessschritts
- **Name:** Bezeichnung der Aktivität
- **OwnerName:** Name des Aktivitätsverantwortlichen
- **OwnerMail:** E-Mail Adresse des Aktivitätsverantwortlichen
- **OwnerPhone:** Telefonnummer des Aktivitätsverantwortlichen
- **DescriptionURI:** Speicherort der Aktivitätsbeschreibung, beispielsweise ein Verweis auf Web-Seiten mit dem entsprechenden Prozessmodell

9.3.4   Information

Eine Information wird von einer oder mehreren Aktivitäten verarbeitet. Eine Information kann auf mehreren IT-Systemen gespeichert und von mehreren Applikationen, Web Services oder Portal Services verarbeitet werden. Zu einer Information sollten folgende Metadaten vorhanden sein:

- **InformationId:** Unternehmensweit eindeutige Kennung einer Information
- **Name:** Bezeichnung der Information
- **OwnerName:** Name des Informationsverantwortlichen
- **OwnerMail:** E-Mail Adresse des Informationsverantwortlichen
- **OwnerPhone:** Telefonnummer des Informationsverantwortlichen
- **DescriptionURI:** Speicherort der Informationsbeschreibung, beispielsweise ein Verweis auf Web-Seiten mit dem entsprechenden Informationsmodel
- **InformationType:** Kategorie der Information, beispielsweise elektronisch oder Papierbasierend

9.3.5   IT-Service

Ein IT-Service wird von einer oder mehreren Aktivitäten verwendet. Er besteht aus mehreren Applikationen, Web Services oder Portal Services, die die Implementierung des IT-Service darstellen. Zu einem IT-Service sollten folgende Metadaten vorhanden sein:

- **ITServiceId:** Unternehmensweit eindeutige Kennung eines IT-Service
- **Name:** Bezeichnung des IT-Service
- **OwnerName:** Name des IT-Service-Verantwortlichen
- **OwnerMail:** E-Mail Adresse des IT-Service-Verantwortlichen
- **OwnerPhone:** Telefonnummer des IT-Service-Verantwortlichen

- **DescriptionURI:** Speicherort der IT-Service-Beschreibung, beispielsweise ein Verweis auf Web-Seiten mit dem entsprechenden IT-Service-Model
- **ITServiceType:** Kategorie des IT-Service, beispielsweise intern oder extern (Outsourcing)

9.3.6   Portal Service

Ein Portal Service gehört zu einem oder mehreren IT-Services. Er kann mehrere Applikationen und/oder Web Services nutzen. Ein Portal Service kann mehrere Informationen nutzen und läuft auf einem oder mehreren IT-Systemen. Zu einem Portal Service sollten folgende Metadaten vorhanden sein:

- **PortalServiceId:** Unternehmensweit eindeutige Kennung eines Portal Services
- **Name:** Bezeichnung des Portal Service
- **OwnerName:** Name des Portal-Service-Verantwortlichen
- **OwnerMail:** E-Mail Adresse des Portal-Service-Verantwortlichen
- **OwnerPhone:** Telefonnummer des Portal-Service-Verantwortlichen
- **DescriptionURI:** Speicherort der Portal-Service-Beschreibung, beispielsweise ein Verweis auf Web-Seiten mit dem entsprechenden Portal-Service-Model
- **PortalServicePlatform:** Auf welcher technischen Plattform ist der Portal Service implementiert, beispielsweise SAP® Enterprise Portal

9.3.7   Web Service

Ein Web Service gehört zu einem oder mehreren IT-Services. Er kapselt ein oder mehrere Applikationen und kann von mehreren Portal Services verwendet werden. Ein Web Service kann mehrere Informationen nutzen und läuft auf einem oder mehreren IT-Systemen. Zu einem Web Service sollten folgende Metadaten vorhanden sein:

- **WebServiceId:** Unternehmensweit eindeutige Kennung eines Web Services
- **Name:** Bezeichnung des Web Service
- **OwnerName:** Name des Web-Service-Verantwortlichen
- **OwnerMail:** E-Mail Adresse des Web-Service-Verantwortlichen
- **OwnerPhone:** Telefonnummer des Web-Service-Verantwortlichen
- **DescriptionURI:** Verweis auf die mit WSDL definierte Web-Service-Beschreibung
- **WebServicePlatform:** Auf welcher technischen Plattform ist der Web Service implementiert, beispielsweise Microsoft .NET

9.3.8   Application

Eine Applikation gehört zu einem oder mehreren IT-Services. Sie kann von mehreren Portal und Web Services verwendet werden. Eine Applikation kann mehrere Informationen nutzen und läuft auf einem oder mehreren IT-Systemen. Zu einer Applikation sollten folgende Metadaten vorhanden sein:

- **ApplicationId:** Unternehmensweit eindeutige Kennung einer Applikation
- **Name:** Bezeichnung der Applikation
- **OwnerName:** Name des Applikationsverantwortlichen
- **OwnerMail:** E-Mail Adresse des Applikationsverantwortlichen
- **OwnerPhone:** Telefonnummer des Applikationsverantwortlichen
- **DescriptionURI:** Speicherort der Applikationsbeschreibung, beispielsweise ein Verweis auf Web-Seiten mit dem entsprechenden Applikationsmodell
- **ApplicationPlatform:** Auf welcher technischen Plattform ist die Applikation implementiert, beispielsweise SIEBEL Sales

9.3.9   System

Ein IT-System kann mehrere Informationen speichern und stellt außerdem die technische Infrastruktur für Portal Services, Web Services und Applikationen bereit. Ein Server ist beispielsweise ein IT-System. Zu einem IT-System sollten folgende Metadaten vorhanden sein:

- **SystemId:** Unternehmensweit eindeutige Kennung eines IT-Systems
- **Name:** Bezeichnung des Systems
- **OwnerName:** Name des Systemverantwortlichen
- **OwnerMail:** E-Mail Adresse des Systemverantwortlichen
- **OwnerPhone:** Telefonnummer des Systemverantwortlichen
- **DescriptionURI:** Speicherort der Systembeschreibung, beispielsweise ein Verweis auf entsprechende Web-Seiten
- **SystemHardware:** Beschreibt stichwortartig, auf welchen Hardware das System basiert, beispielsweise „HP/Compaq Proliant DL 380"
- **SystemOS:** Beschreibt das verwendete Betriebssystem, z.B. „Cisco IOS®"
- **InfrastructureSoftware:** Enthält eine Liste der auf dem System installierten Infrastruktursoftware, beispielsweise „Apache – Tomcat – JBoss – MySQL"

9.3.10   Beispiel für ein Integrationsmodell

Nach der Beschreibung der einzelnen Komponenten eines Integrationsmodells wird in Abb. 9.14 ein konkretes Beispiel dargestellt. Es handelt sich um einen Ausschnitt aus dem Integrationsmodell für das web Competence Center der Lufthansa Systems.

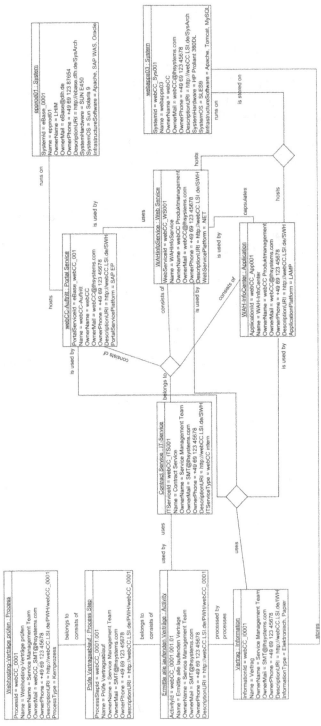

Abb. 9.14 Beispiel für eine Modellintegration

Die Darstellung der konkreten Ausprägungen von Architekturkomponenten als UML-Modell weist einen deutlichen Schwachpunkt auf. Bei einer großen Anzahl von Architekturkomponenten wird das statische UML-Modell sehr schnell recht unübersichtlich. Dies zeigen die Erfahrungen aus der Praxis. Um das Thema Übersichtlichkeit in den Griff zu gekommen, haben sich folgende Maßnahmen als sehr hilfreich erwiesen.

- **Modellierung innerhalb einer Architektur:** Zunächst wird nur innerhalb einer definierten Architektur modelliert, z.B. Business Architecture oder Business Process Architecture. Dies betrifft die Struktur und die Beziehungen der Architekturkomponenten innerhalb einer Architektur.
- **Integration durch Verlinkung:** Aus Sicht einer Architekturkomponente werden Links zu den Architekturkomponenten anderer Architekturmodelle erstellt. Diese Links sollten als „Integration-Links" besonders gekennzeichnet sein.
- **„View-orientierte" Darstellung der Integration:** Im Modell werden zunächst nur Struktur und Beziehungen innerhalb einer Architektur dargestellt. Wird eine bestimmte Architekturkomponente ausgewählt, kann ein so genannter „Integration-View" angezeigt werden, der die Beziehungen zu Architekturkomponenten in der eigenen und anderen Architekturmodellen darstellt. Dabei werden die externen Architekturkomponenten besonders gekennzeichnet. Dies ist möglich, da die entsprechenden Beziehungen als „Integration-Links" markiert wurden.

Die Navigation durch die Modelle erfolgt damit analog zu der Navigation durch Web-Sites. Damit ist auch die Basis für die Navigation durch eine HTML-basierte Dokumentation geschaffen.

9.4   Tool-Unterstützung

Die Integration von Modellen stellt besondere Anforderungen an die Tool-Landschaft eines Unternehmens. Als minimale Anforderungen muss es möglich sein, die Architekturkomponenten innerhalb einer Architektur zu verknüpfen. Dies ist in der Regel problemlos möglich. Eine größere Herausforderung ist es, die Architekturkomponenten unterschiedlicher Architekturen zu verknüpfen, die mit unterschiedlichen Beschreibungssprachen modelliert wurden. Auch hier gibt es bereits passende Tools auf dem Markt. So kann beispielsweise in dem Tool ARIS™ der Firma IDS Scheer ein Geschäftsprozess, der mit EPK beschrieben ist, mit den benötigten Informationen, die in einem UML-Klassenmodell beschrieben werden, integriert werden. Es ist also eine Modellintegration auch über die Grenzen einer Beschreibungssprache hinaus möglich. Ein weiteres Tool-Beispiel ist das Produkt iServer der Firma Orbus Software. Dieses Werkzeug unterstützt ebenfalls unterschiedliche Beschreibungssprachen. Das Produkt bietet darüber hinaus zwei nützliche Funktionen. Zum einen können eigene Beschreibungssprachen über Metamodelle durch den Nutzer selbst integriert werden. Zum anderen können Abhängigkeiten simuliert werden. Der Verantwortliche kann beispielsweise sehen, was passiert, wenn ein bestimmtes IT-System ausfällt. Das Tool zeigt alle betroffenen Architekturkomponenten an. Durch das Erkennen solchen Abhängigkeiten können gezielt

Maßnahmen diskutiert und ergriffen werden, um einzelne Komponenten ausfallsicherer zu gestalten.

Eine besondere Schwierigkeit entsteht dann, wenn im Unternehmen mehrere Tools zum Einsatz kommen. Hier sind unterschiedliche Integrationsansätze denkbar.

- **Integrationstool:** Die Daten sämtlicher Modelle werden in ein Tool importiert, dass sämtliche Beschreibungssprachen unterstützt. Die Abhängigkeiten werden dort nachmodelliert. Durch den XMI-Standard wird der Datenaustausch erleichtert. Dennoch müssen unter Umständen noch Schnittstellen entwickelt werden.
- **Link-Integration:** Die einzelnen Tools exportieren ihre Modelle in HTML, wobei idealer Weise jedes Modellelement über eine eigene URL erreichbar ist. Die Tools müssen zusätzlich in der Lage sein, einem Modellelement als Eigenschaft einen oder mehrere URL-Links zu Elementen anderer Modelle zuordnen zu können.

Weitere Anforderungen an ein Tool sind:

- Versionierung der Modelle
- Publikation der Modelle als HTML
- Abgestuftes Berechtigungskonzept
- Integration von UML-Modellen in Software-Entwicklungsumgebungen
- Konsistente Modellierung durch verteilte Teams

Einige dieser Anforderungen lassen sich klassisch durch Content Management oder Knowledge Management Systeme lösen.

9.5   Vorgehensmodell

Die unternehmensweite Integration von Modellen wird sinnvoller Weise in das Vorgehensmodell zur Erstellung einer Enterprise Architecture integriert. Angelehnt an den Lebenszyklus Plan-Build-Run einer IT-Lösung kann das Vorgehensmodell in drei Phasen untergliedert werden.

Abb. 9.15 Phasen eines Vorgehensmodells zur Erstellung einer Enterprise Architecture

Die in Abb. 9.15 dargestellte erste Phase „Plan" wird von einer EA-Taskforce durchgeführt. Dies ist ein Team von Business- und IT-Architekten, die direkt der Geschäftsleitung unterstehen. Sollte im Unternehmen keine Erfahrung mit der Thematik Enterprise Architecture vorhanden sein, empfiehlt sich ein erfahrener, externer Berater oder Coach. Bei externer Unterstützung ist unbedingt darauf zu achten, dass das Know-how so bald als möglich in das eigene Unternehmen übertragen wird. Externe sollten den ersten Entwurf der Enterprise Architecture nicht alleine ausgestalten, sondern eher die internen Mitarbeiter unterstützen. Da die Enterprise Architecture entscheidend für den Erfolg eines Unternehmens ist, benötigt sie die explizite Unterstützung des Top-Managements und die erforderlichen Ressourcen. Die Phase „Plan" lässt sich wie folgt unterteilen:

- **Drivers:** Zunächst sollte die Motivation für die Erstellung einer Enterprise Architecture festgehalten werden. Der nächste Schritt ist die Definition von Zielen, die mit der Erstellung der EA im Unternehmen verfolgt werden. Zum Abschluss sollte der Nutzen einer Enteprise Architecture explizit erarbeitet werden.
- **Strategy:** Auf Basis der definierten Ziele kann eine Strategie erstellt werden, wie diese Ziele zu erreichen sind. Dies kann mit der Methodik „Balanced Score Cards" modelliert werden. Ein Punkt der unbedingt zu beachten ist, ist eine Kommunikationsstrategie für die Enterprise Architecture. Nur durch die klare Herausstellung des Nutzens und der Ergebnisse wird eine Enterprise Architecture im Unternehmen von allen Stakeholdern akzeptiert werden. Nur wenn eine EA akzeptiert wird, kann sie Nutzen bringen und durch gute Ideen, aus den unterschiedlichsten Bereichen des Unternehmens, weiterentwickelt werden.
- **Standards:** Hier werden die Modellierungsstandards wie Beschreibungssprachen, Namenskonventionen und Tools festgelegt.
- **Scope&Structure:** Der nächste Schritt ist die Definition der Struktur der Enterprise Architecture. Hierbei entsteht ein Metamodell, aus dem heraus in der nächsten Phase des Vorgehensmodells die eigentliche EA entwickelt wird.
- **Change Management:** Auf Basis des festgelegten Umfangs und der Struktur einer Enterprise Architecture können die Stakeholder ermittelt werden. Mit diesen zusammen werden Strukturen und Prozesse definiert, die der ständigen Weiterentwicklung der EA dienen. Es entsteht also ein Change Management Verfahren für eine Enterprise Architecture. Wichtig ist, dass ein ausgewogenes Verhältnis von Fachbereichen und IT das Change Management verantwortet. Gemeinsame Entscheidungen fördern die Akzeptanz der EA im gesamten Unternehmen und bringen die Business- und IT-Welt ein Stück näher zusammen.

In der zweiten Phase „Develop" wird die Enterprise Architecture entwickelt. Die Stakeholder stellen zusammen mit der EA-Taskforce ein Projektteam auf. Diese Phase kann in zwei Schritte untergliedert werden.

- **Asset Identification:** Zunächst wird anhand der EA-Struktur der Ist-Zustand im Unternehmen aufgenommen. Die ermittelten Inhalte werden dabei in die definierte Struktur gefüllt.
- **Gap Modelling:** Die nach der Ist-Aufnahme noch existierenden Lücken werden modelliert.

Die dritte und letzte Phase „Change" beschäftigt sich mit der Weiterentwicklung der Enterprise Architecture. Dabei werden auch alle Punkte der erste Phase regelmäßig oder ereignisgesteuert geprüft. Inhaltliche Änderungen der EA können aus unterschiedlichen Quellen kommen, beispielsweise:

- Änderung der Geschäftsstrategie
- Marktbeobachtung
- Forschungsergebnisse
- Projekte
- Operatives Geschäft

9.6   Lessons Learned

Aus aktuellen und vergangenen Architekturprojekten hat der Autor seine Erkenntnisse, was für den Erfolg einer Enterprise Architecture Initiative ausschlaggebend ist, in Form der in diesem Abschnitt vorgestellten Lessons Learned dokumentiert.

- **Der Faktor Mensch:** Menschen bestimmen hauptsächlich den Erfolg von Unternehmen im Allgemeinen und Projekten im Besondern. Deshalb ist die Integration von Menschen, die zusammenarbeiten, überaus wichtig. Dies sollte nicht allein dem Zufall überlassen werden, sondern in gewissem Umfang auch geplant und organisiert werden.
- **Prozessmodellierung:** Prozesse müssen nicht immer detailliert modelliert werden. Die Menschen brauchen auch kreative und individuelle Gestaltungsmöglichkeiten. In dem Buch „Peopleware" von Tom DeMarco [TDMTLi 99] findet man auch dazu einige interessante Ansätze.
- **Kommunikation:** Die Kommunikation muss rechtzeitig und zielgruppengerecht erfolgen.
- **Veränderungen:** Veränderung muss im Unternehmen als einzige Konstante etabliert werden. Dies erfordert meistens eine Neuorientierung der Mitarbeiter. Aber nur so kann ein Unternehmen auf sich ändernde Anforderungen schnell reagieren bzw. erfolgreich auf dem Markt agieren.
- **80/20-Lösungen:** Es sollte ein erster schneller Entwurf entstehen, der abgestimmt wird. Mit einem ersten Entwurf einer Enterprise Architecture, die einen Fertigstellungsgrad von ca. 80% hat, kann in Projekten schon gearbeitet werden.
- **Wachsen an Projekten und im operativen Betrieb:** Eine Optimierung kann nur durch den Einsatz von Lösungen in der Praxis erfolgen. Ebenso wachsen die Erfahrungen der Beteiligten nur durch aktives Tun und nicht durch theoretische Trainings.
- **Verantwortlichkeit und Kompetenz:** Die Verantwortlichkeiten müssen eindeutig geklärt sein. Die Verantwortlichen müssen die erforderliche Kompetenz haben, um ihrer Verantwortlichkeit gerecht werden zu können.
- **Termine für Entscheidungen:** Häufig können Entscheidungen nicht unmittelbar getroffen werden. Es sollten jedoch auch Termine für Entscheidungen gesetzt werden.
- **Eskalationswege:** Eskalationswege sollten nicht nur festlegt werden, sondern es sollten auch Spielregeln für den Umgang mit Eskalationswegen entwickelt werden. So könnte beispielsweise die Beschreitung eines Eskalationsweges angekündigt werden.
- **Externe Reviewer und Coaches:** Externe haben häufig nicht nur einen anderen Blick auf die Dinge, sondern können diese in der Regel auch objektiver beurteilen.

- **Umgang mit Erfolgen:** Häufig hört man immer nur von Problemen. Doch sollten auch Erfolge unbedingt kommuniziert und gefeiert werden. Dies trägt zur Motivation der Beteiligten bei.
- **Umgang mit Zielen:** Gesetzte Ziele sollten kommuniziert werden. Die Zielerreichung muss gemessen und kommuniziert werden.

9.7 Zusammenfassung

Fachbereich und IT nutzen Modelle zur Darstellung von Prozessen, Informationen und IT-Systemen, wobei unterschiedliche Begrifflichkeiten, Notationen und Werkzeuge zum Einsatz kommen. Eine unternehmensweite Modellintegration soll helfen, diese Welten zu integrieren, damit die IT gezielt zum Unternehmenserfolg beitragen kann. Mit dem Ansatz der Enterprise Architecture kann diese Herausforderung erfolgreich gemeistert werden.

Nachdem die Struktur einer Enterprise Architecture festgelegt wurde, kann explizit über die Abhängigkeiten und Zusammenhänge der einzelnen Architekturkomponenten nachgedacht werden. Daraus entsteht ein Metamodell, welches die Integration der Architekturen als UML-Modell darstellen kann. Neben dem ersten Entwurf einer Enterprise Architecture ist es wichtig, die ständige Weiterentwicklung frühzeitig zu planen, sowie den Nutzen herauszuarbeiten und zu kommunizieren.

9.8 Literatur

[PKl 04]   Peter Klement. *Integrated Enterprise Architectures*. Microsoft Press, 2004.

[TDMTLi 99]Tom DeMarco, Timothy Lister. Peopleware. Dorset House Publishing Co, 1999

Weiterführende Literatur zum Thema
Michael Hammer, James Champy. *Reengineering the Corporation*. HarperBusiness, 2004

Robert S. Kaplan, David P. Norton. *The Balanced Scorecard*. Harvard Business School Press, 1996.

Steven Spewak, Steven C. Hill. *Enterprise Architecture Planning*. John Wiley & Sons, 1993

10 Ein praktischer Leitfaden für eine iterative Softwareentwicklung

Oliver Wiegert, iteratec GmbH

Die Anforderungen an zu entwickelnde Softwaresysteme ändern sich – meist noch bevor das System fertig gestellt ist. Dies ist ein entscheidender Grund für ein iteratives Vorgehen. Die Vermeidung des Big Bang am Projektende und die Notwendigkeit, die Systeme zukunftsfähig zu gestalten, sind weitere Gründe hierfür.

Iterative Softwareentwicklung wird seit ihrem Bekanntwerden immer wieder in Verbindung gebracht mit objektorientierter, komponentenbasierter Softwareentwicklung. Dies liegt darin begründet, dass iterative Vorgehensmodelle bestens geeignet sind zur Entwicklung neuer objektorientierter Softwaresysteme. Betrachtet man jedoch die Gründe, warum Software iterativ entwickelt werden sollte, so gibt es keinen Hinweis darauf, warum eine iterative Vorgehensweise sich auf die Entwicklung objektorientierter, komponentenbasierter Systeme beschränken sollte. Ein komponentenbasierter Entwurf und die Verwendung objektorientierter Programmiersprachen unterstützen iteratives Vorgehen. Aber auch bei der Neu- und Weiterentwicklung nicht-objektorientierter Systeme ist eine iterative Herangehensweise entscheidend für den Projekterfolg. Beschränkt man sich auf den Kern iterativen Vorgehens, so kann iterative Softwareentwicklung auch in einem Umfeld gewinnbringend eingesetzt werden, in dem sie heute üblicherweise noch nicht genutzt wird. Genau hierzu möchte der vorliegende Beitrag motivieren und dem Leser die eine oder andere Hilfestellung zur Hand geben, um hierbei erfolgreich zu sein.

Nach einer Motivation für eine iterative Entwicklung werden die Kerne sequentieller und iterativer Entwicklungsprozesse herausgearbeitet, um so die wesentlichen Unterschiede zwischen beiden Ansätzen und die Vorteile iterativen Vorgehens deutlich zu machen. Anschließend erfolgt eine Beschreibung eines schlanken und damit schnell an das Umfeld anpassbaren iterativen Vorgehensmodells. Dieses spiegelt die langjährigen Erfahrungen wider, die iteratec in vielen Projekten unterschiedlichster Größe und in unterschiedlichsten Branchen in Bezug auf sinnvoll anwendbare und gewinnbringende Vorgehensweisen gesammelt hat. Danach wird auf einige projekttypspezifische Anpassungen und Spezialfälle eingegangen. Der Beitrag schließt mit einer Zusammenfassung und Abgrenzung zu anderen iterativen Vorgehensweisen.

Über den Autor
Oliver Wiegert, geboren 1963, studierte Elektrotechnik an der Universität Kaiserslautern und promovierte dort 1996 im Themenbereich „Änderbarkeit und Objektorientierung". Seit 1998 ist er bei iteratec GmbH als Softwareberater mit den Schwerpunkten Projektmanagement, Anforderungsanalyse, Objektorientierung und Modellierung tätig.

10.1   Motivation – Risiken und Vermeidungsstrategien

Rein sequentielle Entwicklung im Projekt zeichnet sich dadurch aus, dass zunächst alle Anforderungen analysiert und verbindlich mit dem Auftraggeber vereinbart werden. Danach werden fachliche und technische Architektur des Systems gemäß diesen funktionalen und nicht-funktionalen Anforderungen erarbeitet und festgelegt. Für jede Komponente[1] erfolgt anschließend der entsprechende Feinentwurf. Ist der Feinentwurf für alle Komponenten abgeschlossen, kann mit der Implementierung der einzelnen Komponenten begonnen werden. Diese werden einem Komponententest unterzogen. Ist dieser Test für alle Komponenten gegen ihren Feinentwurf positiv abgeschlossen, werden die Komponenten miteinander und mit der Systemumgebung integriert. Jetzt – üblicherweise nach sechs bis 15 Monaten Projektlaufzeit – steht erstmals ein System zur Verfügung, das dem Auftraggeber präsentiert werden kann und übergeben werden soll. Dieses rein sequentielle Vorgehen wird auch als Wasserfallmodell bezeichnet. Es geht auch davon aus, dass erstellte Dokumente und Zwischenergebnisse nicht nochmals überarbeitet werden.

Bei dieser Vorgehensweise ergeben sich Risiken, die den Projekterfolg essentiell gefährden. Dieses Kapitel beschreibt diese Risiken und erläutert, wie diese durch iterative Ansätze vermieden bzw. reduziert werden können.

10.1.1   Mangelnde Umsetzbarkeit des Entwurfs

Ist die vorgesehene Architektur oder der Feinentwurf technisch nicht umsetzbar, kann dies möglicherweise erst im Laufe der Implementierung erkannt werden. Bei der sequentiellen Entwicklung ist dann aber schon der gesamte Entwurf für alle Komponenten abgeschlossen. Muss die Architektur prinzipiell überarbeitet werden, so müssen auch große Teile des Entwurfs vollkommen neu erstellt werden. Ist ein suboptimaler Entwurf in mehreren Komponenten verwandt worden, so sind entsprechend mehrfache Änderungen erforderlich. Trotz Qualitätssicherung können sich derartige Entwurfsfehler in ein Projekt einschleichen. Bei iterativem Vorgehen werden sie direkt bei der anschließenden Implementierungsaktivität erkannt. Der Entwurf wird in der entsprechenden Komponente sofort korrigiert, und beim Entwurf der nächsten Komponente wird der nun verbesserte Entwurf genutzt.

---

[1]   In diesem Beitrag bezeichnet *Komponente* ein beliebig geartetes Teil eines Systems. Komponenten in diesem Sinne trifft man bei allen Softwaresystemen an.

10.1.2 Mangelnde Integrierbarkeit: Der Big Bang

Ein großes Risiko besteht darin, dass – üblicherweise kurz vor Projektende – die im Komponententest[2] erfolgreich getesteten Einheiten nicht miteinander oder mit der Umgebung integriert werden können. Dieser Effekt wird häufig auch als „Big Bang" bezeichnet. Der Big Bang wird meist dadurch verursacht, dass Schnittstellenvereinbarungen zwischen den Entwicklern unzureichend abgesprochen oder nicht eingehalten werden. Gravierende Änderungen werden erforderlich, da Entwurf und Komponentenentwicklung bereits abgeschlossen sind. Man kann dem entgegenwirken, indem höhere Qualitätsanforderungen an Schnittstellenvereinbarungen gestellt und eingefordert werden. Letztendliche Sicherheit gewinnt man aber nur dadurch, dass man die Komponenten miteinander verbindet und anschließend das Gesamtsystem testet. Bei der iterativen Vorgehensweise werden in regelmäßigen Abständen die Komponenten integriert und ihr Zusammenspiel sowie das Zusammenspiel des bis dato erstellten Systems mit der Umgebung getestet. Integrationsprobleme werden so frühzeitig erkannt und können rechtzeitig behoben werden.

10.1.3 Allgemeine Mängel und unerfüllte Erwartungen

Gelingt die Integration nach großer Anstrengung schließlich, stellt man nach einer sequentiellen Entwicklung häufig fest, dass funktionale oder nicht-funktionale Anforderungen entgegen allen Erwartungen doch nicht erfüllt werden. Dies kann daran liegen, dass die Spezifikation – aus welchen Gründen auch immer – missverstanden wurde oder dass der Auftragnehmer beispielsweise einem kleinen Nebensatz nicht die vom Auftraggeber gedachte Bedeutung zuordnete. Werden nicht-funktionale Anforderungen wie Verfügbarkeit und Performanz nicht erfüllt, so liegt dies häufig daran, dass keine Möglichkeit besteht, das System bezüglich dieser Anforderungen vor der Integration zu testen.

In anderen Fällen erfüllt ein fertig entwickeltes System möglicherweise die Spezifikation, aber leistet dennoch nicht das, was Anwender oder Auftraggeber erwarten. Dies kann verschiedene Gründe haben. Zum einen kann die Spezifikation ungenau oder missverständlich sein. Unterschiedliche Terminologien von Auftraggeber und Auftragnehmer können beispielsweise Missverständnisse verursachen. Häufig weiß der Kunde jedoch bei Auftragsvergabe noch nicht genau, was er wirklich benötigt, oder er vermag er es nicht so zu formulieren, dass es unmissverständlich ist.[3] Vermeintlich selbstverständliche Anforderungen und Randbedingungen werden nicht formuliert. Eine vollständige, detaillierte, unmissverständliche Spezifikation kann andererseits einen Aufwand erfordern, der im Verhältnis zum Entwicklungsaufwand unverhältnismäßig hoch ist. Hier helfen frühzeitige Abstimmungen der Oberflächen und der zugehörigen Benutzerinteraktion durch Oberflächenprototypen oder Mock-ups [Ehn_1990]. Darüber hinaus sollte die verfügbare Funktionalität, auch wenn diese noch nicht produktiv nutzbar ist, regelmäßig dem Auftraggeber präsentiert werden, um des-

---

[2] Auch als Unit-Test bezeichnet

[3] Das Phänomen, dass jemand das Gewünschte solange nicht klar beschreiben kann, solange er es nicht sieht und in den Händen hält, wird zuweilen als IKIWISI (I'll know it, when I see it.) bezeichnet.

sen Feedback einzuholen. Im Allgemeinen wird der Auftraggeber oder der Endanwender nach den ersten Interaktionen mit dem System Verbesserungsvorschläge unterbreiten sowie Zusatzanforderungen stellen und erwarten, dass diese möglichst rasch umgesetzt werden.

Zudem besteht das Risiko, dass nicht-funktionale Anforderungen wie Performanz, Daten- und Transaktionssicherheit, Verfügbarkeit, Skalierbarkeit entgegen den Erwartungen nicht erfüllt werden. Viele nicht-funktionale Anforderungen können erst nach erfolgreicher Integration (der Komponenten miteinander und mit der Umgebung) gemessen werden. Geschieht dies – Integration und Test – zum ersten Male nach Abschluss der Entwicklung, können die dann identifizierten Probleme wie unzulängliche Performance meist nicht mehr rechtzeitig behoben werden. Dieses Risiko kann selten vollkommen eliminiert, jedoch fast immer bis auf ein vernachlässigbares Restrisiko reduziert werden: durch frühe Risikoprototypen und eine iterative Entwicklung, mit regelmäßiger Systemintegration, regelmäßigen Lasttests in einer Umgebung, die der Zielarchitektur möglichst ähnlich[4] ist.

10.1.4   Änderung der Anforderungen: The Moving Target

Allein aufgrund der Länge der Projektlaufzeit, ergeben sich neue Anforderungen, bestehende werden präzisiert oder gar fallen gelassen, Ziele und Randbedingungen werden angepasst oder korrigiert. Die Weiterentwicklung der geschäftlichen und technischen Umgebung, der Unternehmensziele oder Geschäftsorganisation sowie die Reorganisation der Geschäftsprozesse können Anforderungen an die zu erstellenden IT-Systeme und deren Randbedingungen modifizieren. Derartige Änderungen können bei einer rein wasserfallartigen Entwicklung nach Abschluss der Spezifikation nicht mehr berücksichtigt werden. Häufig wird dies jedoch auch hier durch Änderungs- und Konfigurationsmanagement ermöglicht. Man sollte sich aber bewusst sein, dass dadurch die rein sequentielle Vorgehensweise durchbrochen wird.

Bei der iterativen Entwicklung dagegen wird eine Modifikation der Anforderungen und Randbedingungen innerhalb der Projektlaufzeit erwartet. Auch hier werden Änderungs- und Konfigurationsmanagement erforderlich. Dies heißt, für die Mehrkosten, die sich auf Grund einer vom Auftraggeber gewünschten Änderung ergeben, muss der Auftraggeber auch aufkommen. Hierzu wird der Auftragnehmer die Mehrkosten für die Umsetzung der gewünschten Änderung schätzen und mit den Auftraggeber verhandeln. Aufgrund der Vorgehensweise jedoch werden modifizierte Anforderungen und Randbedingungen bei der iterativen Entwicklung deutlich weniger Auswirkungen und Zusatzkosten nach sich ziehen. Damit können in einem iterativen Projekt Änderungen vereinbart werden, die in einem sequentiellen Projekt nicht umgesetzt würden. Zugleich können Änderungen an Anforderungen und Randbedingungen im Vergleich zu einem sequentiell durchgeführten Projekt auch zu einem späteren Zeitpunkt zugelassen werden, ohne das Projekt zu gefährden.

---

[4]   bezüglich: Mengengerüste, Hardware-, Software-Infrastruktur, Netzwerk, Nachbarsysteme, Rechnerbelastung durch andere Anwendungen, …

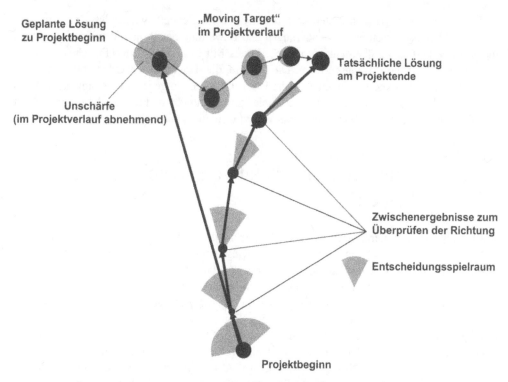

Abb. 10.1   Verfolgung des „Moving Target" im iterativen Entwicklungsprozess

Abbildung 10.1 soll dieses Prinzip verdeutlichen: Zu Projektbeginn gibt es noch einen relativ
großen Entscheidungsspielraum für die zu entwickelnde IT-Lösung. Die geplante Lösung weist
daher noch eine Unschärfe auf. Diese Unschärfe vor oder direkt nach Projektstart beseitigen zu
wollen, erscheint kaum sinnvoll, wenn man bedenkt, dass sich Ziele, Anforderungen und
Randbedingungen im Laufe des Projekts noch ändern werden. Häufig wird das tatsächlich zu
liefernde System noch außerhalb dieses anfänglichen Unschärfebereichs liegen. Daher ist folgendes Vorgehen zu empfehlen: In regelmäßigen Abständen oder zu geplanten Meilensteinen
müssen Ziele, Anforderungen und Randbedingungen sowie der Projektforschritt überprüft
werden. Möglicherweise haben sich Ziele, Anforderungen oder Randbedingungen geändert,
ohne dass das Projektmanagement hiervon erfahren hat. Um dies ausschließen zu können,
sollte man sich mit den entsprechenden Stakeholdern zusammensetzen. Mögliche Änderungen
sind dem Änderungsmanagement mitzuteilen. Haben sich keine Änderungen ergeben, empfiehlt es sich, auch dies schriftlich bestätigen zu lassen. Zur Überprüfung des Projektfortschritts
ist es u.a. wichtig, vom Auftraggeber ein qualifiziertes und dokumentiertes Feedback zu den
relevanten Zwischenergebnissen[5] einzuholen. Eine oberflächliche Durchsicht der Dokumente
und ein unkonkretes Feedback kann kaum zu einer Richtungskorrektur herangezogen werden.
Die Rückmeldung des Auftraggebers sollte dokumentiert und nicht rein mündlich erfolgen. Nur

---

[5]   Als solche können Entwurfsdokumente, Modelle, Mock-ups, Oberflächenprototypen, lauffähige Teilanwendun-
gen usw. dienen.

so können im Falle später auftretender Probleme – beide Seiten – wieder hierauf verweisen. Nach Feststellung der „äußeren" Änderungen und Bewertung des Projektfortschritts wird man die geplante IT-Lösung überdenken und präzisieren. Mit jeder getroffenen Entscheidung wird der Spielraum für die Lösung geringer. Die Schärfe, die dabei erzielt werden sollte, muss im Laufe des Projekts stark zunehmen. Welche Präzision zu einem gegebenen Zeitpunkt wirklich sinnvoll ist, hängt davon ab, wie stark sich Ziele, Anforderungen und Randbedingungen zuletzt geändert haben, und wie stabil sie nun eingeschätzt werden.

10.2   Sequentielle und iterative Entwicklung im Vergleich

Wasserfallartige und iterative Entwicklung unterscheiden sich primär nicht in ihren Aktivitäten, Ergebnistypen und deren Abhängigkeiten. Diese sind viel zu sehr vom Entwicklungsgegenstand, dessen technischem und organisatorischem Umfeld wie Auftraggeber und anderen Dingen abhängig und entsprechend anzupassen. Der entscheidende Unterschied zwischen sequentieller und iterativer Entwicklung liegt in der Reihenfolge, der temporalen Ordnung der Aktivitäten und der daraus resultierenden Ergebnisse. Folgende Abbildung zeigt die prinzipiellen Unterschiede beim Vorgehen. An dieser Stelle sollte man sich bewusst machen, dass beide folgenden Modelle stark vereinfacht wurden, um die prinzipiellen Unterschiede plastisch herauszuarbeiten. In echten Projekten wird man beispielsweise den Entwicklungsprozess stark parallelisieren, soweit die Randbedingungen wie Verfügbarkeit von Ressourcen es erlauben und es für das Projekt als sinnvoll erscheint.

Bei der rein sequentiellen Entwicklung wird nach der Grobanalyse des Gesamtaufgabengebiets jeder Aufgabenbereich einzeln im Detail analysiert. Anforderungen und Randbedingungen, Glossar und Klassenmodell der Anwendungsdomäne werden präzisiert und ergänzt. Erst wenn dies für alle Aufgabenbereiche erfolgreich abgeschlossen und vom Auftraggeber abgenommen wurde, ist der Meilenstein erreicht, der zum Eintritt in die Architekturentwurfsphase berechtigt. Nach dem fachlichen und technischen Architekturentwurf im Groben erfolgen die Detaillierung und der Feinentwurf für die einzelnen Komponenten. Ist dieser qualitätsgesichert und vom Auftraggeber abgenommen, kann mit der Realisierung der einzelnen Komponenten begonnen werden. Die einzelnen Komponenten können nun sequentiell oder parallel zueinander implementiert und getestet werden. Erst wenn jede Komponente entwickelt und für sich allein erfolgreich gegen ihren Feinentwurf getestet wurde, darf mit der Integration begonnen werden. Konnten die Komponenten erfolgreich integriert werden, können fachlicher Gesamttest und Lasttests durchgeführt werden. Der Auftraggeber sieht frühestens jetzt zum ersten Male, was er wirklich erhalten wird. Bisher hat er nur Dokumente zu Gesicht bekommen. Entspricht das Endergebnis nicht den Vorstellungen des Auftraggebers, so werden Nacharbeiten fällig. Dies sind im Allgemeinen ungeplante Iterationen. Die mit dieser Vorgehensweise verbundenen Risiken wurden bereits in Abschnitt 10.1.1 erläutert.

Dort wurde auch beschrieben, wie diese Risiken durch einen iterativen Entwicklungsprozess vermieden oder doch zumindest beträchtlich reduziert werden können. Diesen Prozess wollen wir nun genauer betrachten:

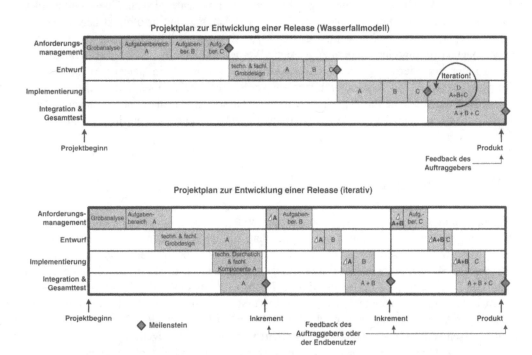

Abb. 10.2   Wasserfall und iterative Entwicklung im Vergleich (prinzipiell)

Beim iterativen Entwicklungsprozess definiert nicht der Abschluss der Kernaktivitäten *Anforderungsmanagement, Softwarearchitekturentwurf, Implementierung und Test* die Meilensteine, sondern die Fertigstellung von Teilfunktionalitäten – den so genannten Inkrementen. An dieser Stelle möchte ich betonen, dass Inkremente nicht mit Releases (Freigaben) verwechselt werden dürfen. Inkremente sind Liefereinheiten. Mit Ausnahme der ganz frühen Projektphasen enthalten sie neben den zugehörigen Dokumenten auch lauffähige Systemteile. Diese können vom Endanwender getestet werden. Sie werden aber nicht produktiv genutzt. Mit der Auslieferung von Inkrementen werden somit keine Migrationen produktiver Daten erforderlich, keine Ablösung von Software und auch keine Schulungen. Die Reihenfolge, in der die Inkremente entwickelt werden, wird nicht dem Zufall überlassen. Aus architektonischer Sicht empfiehlt es sich, primär risikoorientiert vorzugehen: Zunächst wird die Funktionalität entwickelt und getestet, mit der die größten architektonischen Risiken verbunden sind und an der die Tragfähigkeit der gewählten Architektur überprüft werden kann. Erfüllt das System diese Funktionalität in Verbindung mit den zugehörigen nicht-funktionalen Anforderungen, so darf man erwarten, dass das System auch alle anderen funktionalen und nicht-funktionalen Anforderungen erfüllen kann. Mit der Grobanalyse der funktionalen und nicht-funktionalen Anforderungen wird daher eine architektonische Risikoanalyse durchgeführt. Diese hilft bei der Entscheidungsfindung, in welcher Reihenfolge die Systemfunktionalität entwickelt werden soll. Danach wird Aufgabenbereich (Teilfunktionalität) für Aufgabenbereich analysiert, entworfen, implementiert, integriert und getestet. Ein lauffähiges System erhält man schon mit der Realisierung des ersten Aufgabenbereichs. Das Feedback des Auftraggebers nach jeder abgeschlossenen Komponente wird zur Überarbeitung der entsprechenden Ergebnisse genutzt. Für diese Überarbeitung sind im Projekt bereits Reserven eingeplant. Das Feedback kann zugleich für Entwurf und Realisierung der nächsten Komponenten erfolgreich eingesetzt werden: Werden Fehler z.B. im Entwurf erkannt, so müssen nur eine oder einige wenige Komponenten und nicht alle in gleicher Art und Weise korrigiert werden. Die Systemkomponenten werden regelmäßig integriert, nicht nur nach Abschluss der Implementierung einer Komponente, sondern auch schon, wenn eine Teilfunktionalität der neu zu entwickelnden Komponenten vorliegt oder überarbeitet wurde.

10.3   Iterative Entwicklung im Projekt

Nachdem nun der vorangehende Abschnitt den wesentlichen Unterschied zwischen sequentieller und iterativer Entwicklung beschrieben hat, soll im Folgenden die praktische Umsetzung in Entwicklungsprojekten erläutert werden. Abb. 10.3 spannt hierzu die verschiedenen Phasen und Kernaktivitäten von Entwicklungsprojekten in einer Matrix auf. In einem Feld sind die Ergebnistypen eingetragen, die im Rahmen dieser Phase durch die entsprechende Kernaktivität zu erarbeiten sind. Diese sind bewusst dem Umfeld entsprechend zu gestalten. Aus dieser Abbildung wird ersichtlich, dass alle Kernaktivitäten in allen Phasen – wenn auch mit unterschiedlichem Aufwand – durchgeführt werden. In den folgenden Abschnitten werden die Aktivitäten der einzelnen Kernaktivitäten mit ihren Ergebnistypen erläutert.

10.3.1   Vorprojekt

Ziel und Aufgabe der Vorprojektphase ist die Entscheidungsvorbereitung zur Projektdurchführung. Da die entsprechende Empfehlung bzw. Entscheidung auch negativ ausfallen kann, stellt das Ende der Vorprojektphase zugleich eine Sollbruchstelle für das Gesamtvorhaben dar.

Als Entscheidungsvorbereitung ist eine fundierte Einschätzung der Umsetzbarkeit von Zielen, Anforderungen und Randbedingungen erforderlich. Diese schließt nicht nur die technologische Machbarkeit mit ein.[6] Auch die Konformität zu Gesetzen, Unternehmens- und IT-Strategie ist sicherzustellen. Insbesondere Abweichungen, aber auch Synergien sind aufzuzeigen. Darüber hinaus sind ein für den Auftraggeber sinnvolles Kosten-Nutzen-Verhältnis und ein vertretbares Gesamtrisiko essentiell. Als Vergleichsbasis können andere technologische oder organisatorische Projekte herangezogen werden, aber auch die Alternative nichts zu tun. Denn auch die Frage, was kostet es den Auftraggeber, möglicherweise nicht aktiv zu werden, sollte man beantworten können. Gleiches gilt auch für die Frage, welche Risiken

---

[6]   Der technologische Ansatz ist tragfähig: funktional wie auch nicht-funktional: umsetzbar, performant, erwartetes Datenvolumen kann gemanagt werden, flexibel, ...

sind damit verbunden, das Projekt nicht durchzuführen. Hierzu sind ggf. alternative Lösungsansätze mit ihrem Business Case zu erarbeiten und gegeneinander zu stellen.

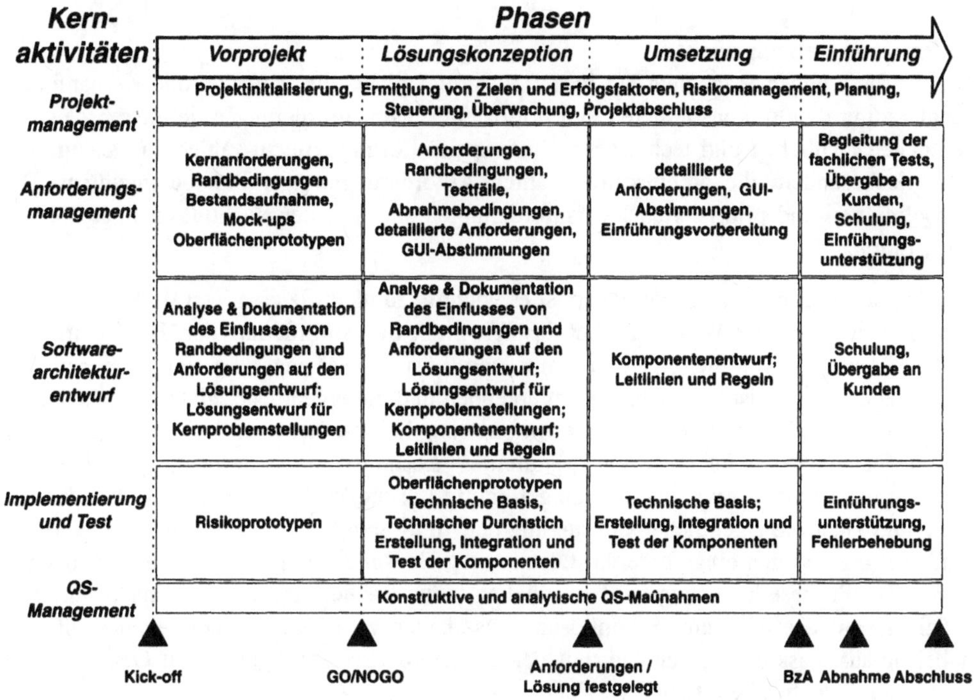

Kern-aktivitäten	Phasen			
	Vorprojekt	Lösungskonzeption	Umsetzung	Einführung
Projekt-management	Projektinitialisierung, Ermittlung von Zielen und Erfolgsfaktoren, Risikomanagement, Planung, Steuerung, Überwachung, Projektabschluss			
Anforderungs-management	Kernanforderungen, Randbedingungen Bestandsaufnahme, Mock-ups Oberflächenprototypen	Anforderungen, Randbedingungen, Testfälle, Abnahmebedingungen, detaillierte Anforderungen, GUI-Abstimmungen	detaillierte Anforderungen, GUI-Abstimmungen, Einführungsvorbereitung	Begleitung der fachlichen Tests, Übergabe an Kunden, Schulung, Einführungs-unterstützung
Software-architektur-entwurf	Analyse & Dokumentation des Einflusses von Randbedingungen und Anforderungen auf den Lösungsentwurf; Lösungsentwurf für Kernproblemstellungen	Analyse & Dokumentation des Einflusses von Randbedingungen und Anforderungen auf den Lösungsentwurf; Lösungsentwurf für Kernproblemstellungen; Komponentenentwurf; Leitlinien und Regeln	Komponentenentwurf; Leitlinien und Regeln	Schulung, Übergabe an Kunden
Implementierung und Test	Risikoprototypen	Oberflächenprototypen Technische Basis, Technischer Durchstich Erstellung, Integration und Test der Komponenten	Technische Basis; Erstellung, Integration und Test der Komponenten	Einführungs-unterstützung, Fehlerbehebung
QS-Management	Konstruktive und analytische QS-Maßnahmen			
	▲ Kick-off	▲ GO/NOGO	▲ Anforderungen / Lösung festgelegt	▲ ▲ ▲ BzA Abnahme Abschluss

Abb. 10.3 Iteratives Vorgehensmodell für Softwareentwicklungsprojekte

Mit der Entscheidung, das Projekt weiterzuführen, sollte die Machbarkeit sichergestellt und das prognostizierte Kosten-Nutzen-Verhältnis bezüglich Erforderlichkeit der Zielerreichung (gesetzlich, strategisch, taktisch) und bezüglich alternativer Lösungsansätze von den relevanten Stakeholdern akzeptiert sein.

Projekt- und Qualitätsmanagement

Das Projektmanagement hat in der Vorprojektphase die Aufgabe, Ziele und Erfolgsfaktoren zu ermitteln und abzustimmen. Es startet das Risikomanagement – identifiziert und eliminiert oder minimiert die größten Projektrisiken.

Der Aufwand für das Gesamtvorhaben sowie die hierfür erforderlichen Ressourcen mit den daraus resultierenden Kosten werden grob geschätzt. Auf dieser Basis plant das Projektmanagement die wichtigsten Meilensteine mit Inhalten, Qualitätsanforderungen und Terminen. Der erste grobe Projektplan für alle folgenden Phasen entsteht. Für die nächste Phase (Lösungskonzeption) erfolgt zusätzlich eine detaillierte Schätzung und Projektplanung.

Daneben ist selbstverständlich das Controlling für die Vorprojektphase selbst durchzuführen. So wird sichergestellt, dass auch die für die aktuelle Phase gesteckten Ziele in Zeit, Qualität und Budget erreicht werden.

Anforderungsmanagement

Das Anforderungsmanagement hat in der Vorprojektphase die Aufgabe, alle Kernanforderungen zu ermitteln, konsolidieren und priorisieren. Kernanforderungen definieren den wesentlichen fachlichen und technischen Umfang der Lösung. Hierzu zählen aus technischer Sicht insbesondere die architekturrelevanten Anforderungen und Randbedingungen. Die konsolidierten und priorisierten Kernanforderungen sind mit den wichtigsten Stakeholdern abzustimmen.

Bei der Ermittlung der Anforderungen ist es wichtig, zu identifizieren, *was* wirklich erreicht werden soll. Denn das Was und nicht das Wie stellt die Anforderung dar. Häufig drücken Stakeholder ihre Anforderungen in Form von Lösungsansätzen oder vorgegebenen Lösungswegen aus. Es ist hilfreich, dies zu erkennen und die eigentliche, hinter dem Lösungsansatz oder dem Lösungsweg stehende Anforderung herauszuarbeiten. Ist es darüber hinaus einem Stakeholder wichtig, einen bestimmten Lösungsweg einzuschlagen, darf dieser Wunsch nicht ignoriert werden. Der eingeforderte Lösungsweg stellt aber einer Randbedingung und nicht die eigentliche Anforderung dar. In diesem Fall ist es essentiell, eigentliche Anforderung und den eingeforderten Lösungsweg als Randbedingung voneinander zu separieren. Durch diese Trennung wird es möglich, neue Freiheitsgrade zu gewinnen, um eine effizientere und effektivere Gesamtlösung ausarbeiten zu können. Nicht selten stellt sich dabei heraus, dass der Stakeholder auf den eingeforderten Lösungsweg[7] zu Gunsten einer besseren Alternative bereitwillig verzichtet.

Bei der Ermittlung und Konsolidierung der Anforderungen können eine Geschäftsprozessanalyse bzw. die Ermittlung und Dokumentation der Business Use Cases helfen.[8] Die System Use Cases, also die Anwendungsfälle für die zu entwickelnden Softwaresysteme sollten auf deren Basis erarbeitet werden. Sowohl die dokumentierten Geschäftsprozesse als auch die ermittelten System Use Cases sind mit den Stakeholdern abzustimmen und vom Auftraggeber gegenzeichnen zu lassen.

Auch die Ermittlung und Dokumentation der Randbedingungen zählt zu den Aufgaben des Anforderungsmanagements in der Vorprojektphase. Des Weiteren müssen die groben Schnittstellenentscheidungen, insbesondere die groben GUI-Entscheidungen in dieser Phase mit den relevanten Stakeholdern abgestimmt werden. Das Glossar der wichtigsten fachlichen und technischen Begriffe ist zu erstellen. Dabei sind noch keine technischen Begriffe aus dem Lösungsbereich auszuarbeiten. Lediglich solche technischen Begriffe sind zu definieren, die in den Anforderungen oder Randbedingungen verwandt werden.

---

[7] beispielsweise eine bestimmte Ausgestaltung der Benutzeroberfläche oder Art der Benutzerführung

[8] siehe hierzu z.B. [Oestereich_1998], [Oestereich_1999] oder [Erikson_Penker_2000]

Softwarearchitekturentwurf

In der Vorprojektphase ist es das Ziel des Softwarearchitekturentwurfs, die fachliche und technische Grobarchitektur (konzeptionelle Sicht) zu erarbeiten. Hierfür werden wesentliche Infrastrukturentscheidungen für Entwicklung, Test und Betrieb getroffen: Es muss deutlich werden, dass alle funktionalen und nicht-funktionalen Kernanforderungen unter Berücksichtigung der Randbedingungen umsetzbar sind.

Um das Ziel des Softwarearchitekturentwurfs in der Vorprojektphase zu erreichen, sind aus den Kernanforderungen und Randbedingungen die architekturrelevanten Aspekte herauszuarbeiten. Diese werden als *Architekturtreiber* bezeichnet. Auf dieser Basis werden eine Grobarchitektur oder, wenn es angebracht ist, auch alternative Grobarchitekturen entworfen und bewertet. Würden zu diesem Zeitpunkt falsche Entwurfsentscheidungen getroffen, hätte dies trotz der iterativen Vorgehensweise recht große Folgen. Nicht – wie bei der sequentiellen Entwicklung bei Projektende, aber doch erst im Laufe der nächsten Phase würden diese Fehlentscheidungen entdeckt. Den hiermit verbundenen zeitlichen und finanziellen Verlust sollte man nach Möglichkeit vermeiden. Deshalb ist zu diesem Zeitpunkt eine intensive Qualitätssicherung von besonderer Bedeutung. Eine praktische Untersuchung offener Punkte *und* eine Bewertung der geplanten Architektur durch Dritte müssen erfolgen. Hierzu werden zunächst alle wichtigen technischen Risiken identifiziert. Bei Bedarf werden entsprechende technische Risikoprototypen[9] entwickelt. Darüber hinaus sollte man die zu diesem Zeitpunkt erarbeitete Architektur durch ausgewählte Stakeholder und projektfremde Architekten beurteilen und validieren lassen.[10] Insbesondere in mittleren und größeren Projekten empfiehlt sich zu diesem Zweck die Architecture Trade-off Analysis Method (ATAM) [ATAM_2000].

Implementierung und Test

Aufgabe von Implementierung und Test in der Vorprojektphase ist es, wichtige, noch offene technische Fragen durch Implementierung und Test von Risikoprototypen zu beantworten. Für alle relevanten technischen Risiken werden auf Basis der vorgeschlagenen Softwarearchitekturen technische Risikoprototypen entwickelt und getestet. Die hierbei gewonnenen Erkenntnisse erweitern die Entscheidungsbasis für noch offene und nachfolgende architektonische und technologische Fragestellungen. Als Basis hierfür, aber auch für die nachfolgende Phase der Lösungskonzeption werden Entwicklungs- und Testumgebung aufgebaut. Das Ergebnis kann zunächst eine erste, vereinfachte Version dieser Umgebungen darstellen.

Zwischenfazit

Der ein oder andere von Ihnen, mag jetzt denken: „Risikoprototypen habe ich auch schon gebaut – entwickle ich also schon iterativ?". Risikoprototypen sind der erste Schritt zur iterativen Entwicklung. Iterative Entwicklung geht aber weit darüber hinaus. Wie wir später sehen werden, wird es häufig erforderlich, einen Durchstich zu entwickeln und diesen ggf. zu

---

[9] Risikoprototypen dienen dazu, durch praktische Untersuchungen (Umsetzung und Test) offene Fragen zu beantworten, mit denen identifizierte Risiken verbunden sind. Bei Bedarf ist nach Alternativlösungen zu suchen.

[10] Hierfür sind ggf. auch erste Skizzen von Infrastruktursichten und Klassen- bzw. Datenmodelle zu erarbeiten.

einem Proof of Concept auszubauen. All dies sind weitere Schritte zur iterativen Software-entwicklung. Das Entscheidende aber ist, dass das System immer wieder gebaut, integriert und getestet, überarbeitet, ausgebaut und erneut integriert und getestet wird. Dies ist Gegenstand der folgenden Abschnitte.

10.3.2   Lösungskonzeption

Ziel dieser Phase ist es, Softwarearchitektur und Anforderungen derart zu präzisieren, dass Aufwände, Kosten und Termine für die restlichen Phasen sehr präzise geschätzt werden können. Die präzisierten, mit dem Auftraggeber vereinbarten Anforderungen stellen die Basis dar für Änderungsanforderungen (Change Requests) in der nachfolgenden Phase. Die Tragfähigkeit der Architektur – auch bezüglich der nicht-funktionalen Anforderungen – ist mittels eines fachlichen und technischen Durchstichs[11] für ein bis zwei „Teilbereiche" praktisch nachzuweisen. Der erzielte Detaillierungsgrad und die Stabilität der Anforderungen sowie die Erfahrung mit den Aufwänden für die ersten Inkremente erlauben eine sehr präzise Schätzung der Aufwände, Kosten und Termine für die restlichen Phasen.

Projekt- und Qualitätsmanagement
Aufgabe des Projektmanagements in dieser Phase ist es, die erfassten Ziele und Erfolgsfaktoren zu überprüfen. Änderungen der Ziele sollten mit den Mitteln des Änderungsmanagements behandelt werden. Daneben wird das Risikomanagement fortgeführt, die erforderlichen Aufwände, Ressourcen und Kosten werden detailliert geschätzt, die Meilensteine werden überprüft und fortgeschrieben.

Die Projektplanung wird auch inhaltlich detailliert: Es werden funktionale Einheiten bzw. fachliche Anforderungsbereiche definiert, die nacheinander – bei großen Projekten teilweise auch parallel zueinander – entwickelt werden. Dabei entstehen die so genannten Inkremente[12]. Das Projektmanagement entscheidet sich für die ein bis zwei Anforderungsbereiche, in denen die größten technologischen bzw. architektonischen Risiken durch einen Proof of Concept eliminiert werden sollen. Deren Entwurf und Umsetzung ist Aufgabe der aktuellen Phase der Lösungskonzeption.

Daneben muss das Projektmanagement die Analyse der Altdaten und die grobe Migrations- und Einführungsplanung miteinander koordinieren.

Controlling und Sicherstellung der Zielerreichung für diese Phase in Zeit, Qualität und Budget sollten selbstverständlich sein. Außerdem erfolgt die detaillierte Schätzung und Projektplanung für die nächsten Phasen (Umsetzung und Einführung).

---

[11] Der fachliche und technische *Durchstich* hat einen fachlichen Anteil und umfasst alle Schichten (engl. tiers) der Anwendung – von der Benutzeroberfläche über die Geschäftslogik bis zur Datenhaltung. Ein fachlicher und technischer *Durchstich*, der die Tragfähigkeit der Architektur (bezüglich der funktionalen und nicht-funktionalen Anforderungen) nachweist, wird zuweilen als *Proof of Concept* bezeichnet.

[12] siehe hierzu auch Abschnitt 10.2 insbesondere Abb. 10.2

Anforderungsmanagement

Die Anforderungen und Randbedingungen werden auf einer ausreichenden Ebene präzisiert und mit dem Auftraggeber verbindlich vereinbart. Die Anforderungen und Randbedingungen sind dann als ausreichend präzise einzuschätzen, wenn weitere Detaillierungen keinen nennenswerten Einfluss mehr auf Architektur und Entwicklungsaufwand nehmen. Sollte es bei diesem Prozess notwendig werden, die in der Vorprojektphase priorisierten Kernanforderungen zu überarbeiten oder neu zu priorisieren, muss dies über das Änderungsmanagement erfolgen. Die Ausarbeitung der Anforderungen kann dadurch erfolgen, dass die System Use Cases detailliert bzw. erweitert werden.

Fachliche Glossareinträge werden zum Informationsmodell des Problembereichs weiterentwickelt: Beziehungen zwischen den konzeptionellen Einheiten werden definiert – möglichst einschließlich der zugehörigen Kardinalitäten. Ggf. werden sie um erste konzeptionelle Attribute erweitert, i. a. jedoch ohne die zugehörigen Attributtypen festzulegen.

Daneben ist es wichtig, alle externen Schnittstellen abzustimmen. Hierzu zählen die Benutzerschnittstellen sowie die Schnittstellen zu Systemen außerhalb des Projektbereichs. Meist ist es sinnvoll, für jede dieser Schnittstellen eine fachliche und eine technische Schnittstellenbeschreibung auszuarbeiten.

Auf dieser Basis – Anforderungen, Glossar und Schnittstellenbeschreibungen – sind schließlich die funktionalen und nichtfunktionalen Tests und Abnahmekriterien zu formulieren und mit dem Auftraggeber abzustimmen.

Für die fachlichen Anforderungsbereiche, die in dieser Phase umzusetzen sind, werden die Anforderungen sowie das Informationsmodell des Problembereichs weiter detailliert. Das Problembereichsmodell kann beispielsweise um weitere Attribute und Konsistenzbedingungen ergänzt werden. Die Detaildialoge für die ausgewählten fachlichen Anforderungsbereiche werden mit den relevanten Stakeholdern abgestimmt.

Softwarearchitekturentwurf

Ziel des Softwarearchitekturentwurfs in der Lösungskonzeptionsphase ist es, die fachliche und technische Architektur zu präzisieren und anschließend einem „Proof of Concept" zu unterziehen. Die Präzisierung muss so fein sein, dass auf dieser Basis der Feinentwurf der einzelnen Komponenten erfolgen kann. Die Dokumentation der Softwarearchitektur sollte explizit vom Auftraggeber abgenommen werden. Für die ausgewählten Anforderungsbereiche wird auf Basis der zugehörigen detaillierten Anforderungen der Feinentwurf erarbeitet.

Nebenbei ist das Glossar der technischen Begriffe aufzubauen. Diese Begriffe stammen im Wesentlichen aus der Lösungskonzeption. Darüber hinaus werden Konzepte erarbeitet, die für den weiteren Entwurfsprozess genutzt werden sollen. Dies ist erforderlich, um die Entwicklungszeit kurz zu halten, sowie Weiterentwickelbarkeit und Homogenität der Ergebnisse sicherzustellen: Entwurfsrichtlinien, Entwurfsmuster etc. entstehen. Viele derartiger Konzepte existieren und sind bekannt, z.B. aus der Literatur oder aus anderen Projekten. Es ist dann Aufgabe der Softwarearchitektur, die für das aktuelle Projekt geeigneten Konzepte zu identifizieren und bei Bedarf zu detaillieren oder anzupassen. In jedem Fall sind die Konzepte, die

für das Projekt relevant sind und dort genutzt werden (sollen), in ausreichendem Detaillierungsgrad zu dokumentieren. Dies ist enorm wichtig, bevor in der nächsten Phase die „Brei-
tenentwicklung" beginnt.

Implementierung und Test

Ziel von Implementierung und Test in der Phase Lösungskonzeption ist es, den „Proof of
Concept" durch die Entwicklung und den Test der ersten Inkremente, positiv abzuschließen.

Hierzu wird die Entwicklungsumgebung ausgebaut. Entscheidungen bezüglich zu nutzender
Software-[13], Hardware- und Netzwerkinfrastruktur sowie Betriebsumgebung werden getrof-
fen, soweit diese nicht durch die Randbedingungen dem Projekt schon vorgegeben sind. Bei
Bedarf erstellt man projektspezifische Frameworks, erarbeitet oder detailliert vorgegebene
Programmier- und Testrichtlinien oder passt diese projektspezifisch an. Versions- und Kon-
figurationsmanagement werden aufgebaut.

Auf dieser Basis werden die Komponenten entwickelt, die die ausgewählten fachlichen Anforderungsbereiche umsetzen. Es entsteht ein fachlicher und technischer Durchstich: von der
Benutzeroberfläche bis zur Datenbank. Integration und Test erfolgen in einer betriebsnahen
Umgebung. Sowohl die funktionalen als auch die nicht-funktionalen Anforderungen werden
gemäß den vom Anforderungsmanagement erarbeiteten Tests und Abnahmekriterien überprüft. Gelingt es nun mit erfolgreicher Durchführung dieser Tests, die Tragfähigkeit der
Architektur in ausreichendem Maße zu validieren, so ist der Proof of Concept gelungen.

Sollten bei Implementierung, Integration oder Test Probleme erkannt werden, sind Alternativlösungen zu erarbeiten. Aufgrund der Qualitätssicherung der Ergebnisse aus der Vorprojektphase sollten in diesem Fall akzeptable Alternativen existieren. Obwohl man dies keinem
Projekt wünschen mag, zeigt sich doch genau in solchen Fällen der Vorteil der iterativen
Entwicklung: Die „neue" Lösung wird noch vor dem Breiteneinsatz erarbeitet und kann
nun in großem Stil eingesetzt werden. Fachlicher und technischer Durchstich sind abgeschlossen: Das Projekt erhält ein erstes Feedback des Auftragebers bezüglich eines lauffähigen Systems.

Bei der iterativen Entwicklung werden neu erstellte und geänderte Komponenten so früh wie
möglich und immer wieder zu einem lauffähigen Gesamtsystem integriert. Daher sind Regressionstests sowohl auf der Komponentenebene (unit tests) als auch auf der System- und
Integrationsebene (Gesamttests) unverzichtbar. Es ist ein Datenbestand speziell für Test-
zwecke zu erstellen.[14] Dabei sind die zu erwartenden Mengengerüste zu berücksichtigen, um
aussagekräftige Performance-Tests zu ermöglichen. Durch Robustheitstests gegen Fehlbe-
dienung, plötzlichen Stromausfall usw. werden insbesondere Datensicherheit und -integrität,
Transaktionssicherheit etc. überprüft.

---

[13]   Unter Softwareinfrastruktur sind Bibliotheken, objektorientierte Frameworks, usw. zu verstehen.

[14]   Möglicherweise können Produktionsdaten hierzu transformiert, angereichert und/oder anonymisiert werden.

10.3.3   Umsetzung

Ziel der Umsetzungsphase ist es nun, den aufgezeigten Weg für die restlichen Anforderungsbereiche zu beschreiten und damit das gewünschte System zu erstellen. Die Inkremente werden iterativ entwickelt und nach einem erfolgreichen Komponententest immer wieder in eine
betriebsnahe Umgebung integriert und dort einem Gesamttest unterzogen. Die Übernahme
der Altdaten wird geplant. Entsprechende Werkzeuge werden bereitgestellt. Auch die Datenübernahme ist zu testen.

Projekt- und Qualitätsmanagement

Das Projektmanagement in der iterativen Entwicklung ist gekennzeichnet durch eine Projektplanung mit zunehmender Genauigkeit je kleiner die zeitliche Distanz zu den Planungseinheiten ist. Dies wird auch in der Umsetzungsphase deutlich: Die Planung für diese Phase
erfolgt zunächst relativ grob. Dazu wird die noch fehlende fachliche und technische Funktionalität in Inkremente aufgeteilt. Man identifiziert die Abhängigkeiten zwischen diesen Inkrementen, schätzt die erforderlichen Entwicklungsaufwände und erarbeitet einen entsprechenden Meilensteinplan. Dieser definiert, zu welchem Zeitpunkt welche Inkremente in
welchem Entwicklungsstadium fertig gestellt sein müssen. Wann müssen beispielsweise
detaillierte Anforderungen, Oberflächenspezifikationen, Komponentenentwurf bzw. Quelltext für ein gegebenes Inkrement vorliegen?

Zur Erstellung des Meilensteinplans muss die Entwicklungsreihenfolge der Inkremente festgelegt werden. In der Phase der Lösungskonzeption wurden zunächst diejenigen Inkremente
entwickelt, mit denen die größten architektonischen Risiken adressiert werden sollten. Nun
müssen andere Kriterien über die Entwicklungsreihenfolge der verbleibenden Inkremente
entscheiden. Zwei Herangehensweisen empfehlen sich hier. Zum einen sollte Grundfunktionalität zuerst entwickelt werden, also Funktionalität, die zur Entwicklung anderer Funktionalität benötigt wird. Dies klingt selbstverständlich. Hierfür wurden – wie im vorangehenden
Absatz beschrieben – die Abhängigkeiten zwischen den Inkrementen erarbeitet. Jedoch lässt
sich auch Grundfunktionalität (vorläufig) ganz rudimentär entwickeln, so dass man sich
zunächst auf die Behandlung der Risikobereiche konzentrieren kann. Dies wurde in der Lösungskonzeptionsphase bereits genutzt. Identifiziert man Anwendungsbereiche, für die ein
frühes Feedback des Auftraggebers, der Endanwender oder anderer Stakeholder besonders
wichtig erscheint, so kann deren Entwicklung gegenüber der Entwicklung der Grundfunktionalität auch vorgezogen werden. Damit können Auftraggeber und Auftragnehmer schon
frühzeitig beurteilen, ob man gemeinsam auf dem gewünschten Weg ist. Die beiden Herangehensweisen – abhängigkeitsorientiert oder feedbackorientiert – muss man projektspezifisch und fallbasiert in geeigneter Weise miteinander verbinden.

Nachdem der Meilensteinplan nun festliegt, werden ausschließlich die zunächst anstehenden Aktivitäten genauer geplant. Im Laufe der Zeit rücken andere Planungseinheiten näher. Dann erst werden diese detaillierter geplant. Das regelmäßige Projektcontrolling und Fortschreibung des Projektplans muss folglich einhergehen mit der detaillierteren Planung der inzwischen näher gerückten Aktivitäten. Aufgrund der im Laufe des Projekts gesammelten Erfahrungen und den von außen beeinflussten Änderungen an Anforderungen und Randbedingungen, macht es wenig Sinn, diese Detailplanung vorzuziehen.

Anforderungsmanagement

Das Anforderungsmanagement hat in der Umsetzungsphase im Wesentlichen die Aufgabe, die in der Lösungskonzeption erfassten Anforderungen der noch nicht umgesetzten Anforderungsbereiche zu detaillieren und fortzuschreiben. Änderungswünsche bezüglich der Anforderungen werden durch das Änderungsmanagement verwaltet. Glossar, Benutzerschnittstellen und technische Schnittstellen werden weiter ausgearbeitet und mit den relevanten Stakeholdern abgestimmt.

Die zu migrierenden Daten sind fachlich und technisch zu analysieren. Soweit noch nicht erfolgt, sind die Mengengerüste zu erfassen und die Datenqualität zu überprüfen: Werden die Felder in den Datenbanken so genutzt, wie es in den Entwickler- bzw. Benutzerhandbüchern dokumentiert ist? Sind alle Restriktionen und Konsistenzbedingungen eingehalten? Welche Bereinigungsmöglichkeiten gibt es? Was muss vor der Datenübernahme bereinigt werden? Was kann danach bereinigt werden? Nach Beantwortung dieser und weiterer Fragen werden Einführungs- und Migrationsplanung detailliert und eine Notfallplanung (Fall-Back-Strategie) ausgearbeitet.

Daneben wird die fachliche Dokumentation erstellt oder bei deren Erstellung mitgewirkt. Hierzu sind insbesondere Benutzerhandbuch und/oder Online-Hilfe zu verstehen.

Softwarearchitekturentwurf

In dieser Phase erarbeitet und dokumentiert die Softwarearchitektur den Feinentwurf der restlichen Komponenten. Sollten sich dabei Änderungen gegenüber der dokumentierten Softwarearchitektur ergeben, so ist diese entsprechend anzupassen. Daraus können Folgeänderungen für den Feinentwurf einzelner Komponenten resultieren. Daneben werden bei Bedarf die Werkzeuge zur Datenübernahme entworfen oder ausgewählt.

Implementierung und Test

In dieser Phase wird die technische Basis weiterentwickelt und die restlichen Komponenten sowie die Werkzeuge zur Datenübernahme umgesetzt. Nach jeder Integration erfolgen funktionale und ggf. auch nicht-funktionale Tests. Es empfiehlt sich, sowohl die Komponententests als auch die Gesamttests in Form von Regressionstests durchzuführen.

Die technische Dokumentation wird erstellt. Hierzu zählt einerseits das Entwicklerhandbuch, welches möglicherweise auch teilweise aus den Quelltexten generiert werden kann. Aber auch das Betriebshandbuch wird in dieser Phase ausgearbeitet.

Die Betriebsumgebung[15] inklusive Sicherheitsinfrastruktur muss bereitgestellt werden. Ist hierfür der Auftraggeber zuständig, so ist es ggf. Aufgabe des Projektmanagements zu überprüfen und ggf. anzumahnen, dass dies rechtzeitig geschieht.

Die Übergabe an den Kunden ist vorzubereiten: Softwareverteilung (Roll-out), Betreuung (Support, Hotline) sowie Wartung und Pflege der Anwendung sind sicherzustellen.

10.3.4   Einführung

Die entwickelten Systeme werden in dieser Phase an den Auftraggeber zur Abnahme übergeben. Diesem obliegt es, diese Systeme zu testen, ggf. Mängel zu melden und die Systeme abzunehmen. Bei leichten Mängeln kann die Abnahme auch unter Vorbehalt erfolgen. Basis für diese Tests bilden die in der Lösungskonzeptionsphase festgelegten Testfälle und Abnahmekriterien.

Die Einführungsphase schließt die Übergabe an den Kunden mit Softwareverteilung (Roll-out), sowie Schulung und Einarbeitung von Anwendern, Entwicklern und den IT-Betrieb üblicherweise mit ein. Kurz vor oder mit Produktivstart erfolgt die Durchführung der Datenübernahme. Je nach zu übernehmendem Datenvolumen kann dies auch in mehreren Schritten oder on-demand[16] geschehen. Es empfiehlt sich, in der Anlaufphase den Auftraggeber noch mit Hotline und Entwickler-Support (insbesondere für die Problembehandlung und Fehlerbearbeitung) zu unterstützen.

Während oder nach der Einführungsphase sollten die in diesem Projekt gewonnenen Erfahrungen extrahiert und konsolidiert werden. Neue Best-Practice-Dokumente entstehen. Teile des Vorgehensmodells, Vorlagen und Handlungsanweisungen werden verbessert, ergänzt oder neu erstellt. Das Projektteam führt diese Tätigkeiten außerhalb des Projektumfangs durch; denn die Früchte dieser Arbeiten werden erst nachfolgenden Projekten zugute kommen.

10.3.5   Anpassungen und Spezialfälle

Allgemeine projektspezifische Anpassungen
Je nach Größe und Art des Projekts, den Randbedingungen und den Wünschen des Auftraggebers kann die Ausgestaltung der einzelnen Kernaktivitäten und Ergebnistypen sehr unterschiedlich sein. Auftraggeber und Projektmanagement sollten diese bei Projektbeginn miteinander abstimmen, spätestens aber vor der entsprechenden Phase, in der diese Ergebnisse erstellt werden.

---

[15]   auch als Produktionsumgebung bezeichnet

[16]   Wenn ein Datensatz benötigt wird, der noch nicht migriert wurde, wird dieser aus dem Altdatenbestand gelesen, bei Bedarf transformiert und anschließend in das neue System übernommen.

Machbarkeitsstudien und Evaluierungen

Machbarkeitsstudien, Produkt- oder Technologie-Evaluierungen, Make-or-Buy-Untersuchungen und ähnliche Vorhaben zielen nicht auf die Entwicklung von Softwaresystemen. Bei derartigen Projekten beschränkt man sich meist auf die Vorprojektphase. Manchmal schließt sich auch eine – dann allerdings verkürzte – Konzeptionsphase an. Schwerpunkte einer Make-or-Buy-Untersuchung liegen üblicherweise in einer Marktstudie und der anschließenden Evaluierung des ausgewählten Produkts (Applikation oder Infrastruktursoftware). Machbarkeitsstudien fokussieren auf den Lösungsentwurf für Kernproblemstellungen: Zunächst werden die Risiken, Trade-offs und Sensitivitätspunkte identifiziert. Anschließend werden alternative Architekturansätze ausgearbeitet und bezüglich der Anforderungen, Risiken, Trade-offs und Sensitivitätspunkte bewertet. Darauf aufbauend werden begründete Architekturentscheidungen getroffen und mit ihren Begründungen dokumentiert. Das Ergebnis kann auch darin resultieren, auf einzelne Randbedingungen oder Anforderungen zu verzichten.

Weiterentwicklungsprojekte

Bei Softwareentwicklungsprojekten, in denen keine Systeme neu erstellt, sondern lediglich existierende Systeme weiterentwickelt werden, sind Vorprojekt- und Konzeptionsphase nur noch rudimentär ausgeprägt. Risiken bezüglich der Tragfähigkeit der Architektur bestehen nur noch in Ausnahmefällen. Aber auch diese gibt es – immer dann, wenn nun funktionale oder nicht-funktionale Anforderungen gestellt werden, für die das System ursprünglich nicht vorgesehen war. Dies kann im einfachsten Fall durch die Steigerung der zu verwaltenden Datenvolumina eintreten, die sich im Laufe der Zeit einstellt. Dann muss man sich auch fragen, inwieweit die Architektur modifiziert werden kann, damit sie für die neuen Anforderungen tragfähig wird. In den meisten Weiterentwicklungsprojekten ist aber ein architektonischer Durchstich nicht mehr erforderlich. Die Lösungskonzeptionsphase verkürzt sich oder wird mit der Vorprojektphase zusammengefasst.

10.4   Zusammenfassung und Abgrenzung

Der vorliegende Beitrag arbeitet die prinzipiellen und wesentlichen Unterschiede zwischen sequentieller und iterativer Vorgehensweise bei der Softwareentwicklung heraus. Er zeigt so, wie die mit der sequentiellen Entwicklung verbundenen Probleme und Risiken durch den iterativen Ansatz umgangen, gelöst oder zumindest reduziert werden können.

Schwerpunkt des Beitrags, ist ein iteratives Vorgehensmodell, das auf konsolidierten Projekterfahrungen aufbaut. Es konzentriert sich auf den Kern, das Wesentliche und bleibt so überschaubar und handhabbar. Dadurch kann es schnell den projektspezifischen Gegebenheiten angepasst werden; denn die hierfür verbleibenden Zeitspannen sind im Projektgeschäft üblicherweise kurz. Gerade in dieser schnellen Anpassbarkeit unterscheidet es sich von den „handelsüblichen" iterativen Vorgehensmodellen wie dem Rational Unified Process[17] oder

---

[17]   Siehe hierzu beispielsweise [RUP_1999] und [Versteegen_2000]

Catalysis[18], welche mit ihrem Anspruch auf Vollständigkeit und Allgemeingültigkeit komplex wurden und so ihre Fähigkeit zur schnellen Anpassbarkeit verloren haben. Jene können nur in großen eigenständigen Projekten zur Verbesserung des Softwareentwicklungsprozesses angepasst werden. In dem hier vorgestellten Entwicklungsprozess werden neben dem iterativen Vorgehen besondere Schwerpunkte auf ein risikofokussiertes Vorgehen und die Partizipation des Kunden gelegt. Das risikofokussierte Vorgehen zeigt sich beispielsweise bei der Planung der Inhalte und der Reihenfolge der Iterationen. Die Partizipation des Kunden ist nicht nur bei der Ermittlung und Priorisierung der Anforderungen, sondern auch bei der Gestaltung von Benutzeroberflächen und Benutzerführung essentiell. Darüber hinaus ist es wichtig, mit dem Kunden einen ständigen kontrollierten Feedback-Prozess zu gestalten.

10.5 Referenzen

[ATAM_2000] Rick Kazman, Mark Klein, Paul Clements. *ATAM: Method for Architecture Evaluation; TECHNICAL REPORT CMU/SEI-2000-TR-004 ESC-TR-2000-004*. Carnegie Mellon University 2000; http://www.sei.cmu.edu/publications-/pubweb.html

[DSouza_1999] Desmond D'Souza, Alan Wills. *„Objects, Components and Frameworks with UML: The Catalysis Approach*. Addison Wesley Longman, Massachusetts 1999

[Ehn_1990] Pelle Ehn. *Work-Oriented Design of Computer Artifacts*. Stockholm: Arbetslivecentrum, Lawrence Erlbaum Associates 1990

[Erikson_Penker_2000] Hans-Erik Erikson, Magnus Penker. *Business Modeling with UML - Business Patterns at Work*. Wiley 2000

[Oestereich_1998] Bernd Oestereich. *Objektorientierte Geschäftsprozessmodellierung mit der UML*. OBJEKTspektrum 02/1998; SIGS-DATACOM; Troisdorf 1998

[Oestereich_1999] Bernd Oestereich. *Wie setzt man Use Cases wirklich sinnvoll zur Anforderungsanalyse ein?* OBJEKTspektrum 01/1999; SIGS-DATACOM; Troisdorf 1999 und www.oose.de/downloads/ucmdl.pdf

[RUP_1999] Ivar Jacobson, Grady Booch, James Rumbaugh. *The Unified Software Development Process*. Addison Wesley Longman, Massachusetts 1999

[Versteegen_2000] Gerhard Versteegen: *Projektmanagement mit dem Rational Unified Process*. Springer; Berlin/Heidelberg/New York 2000

---

[18] [DSouza_1999]

11   Qualitätsförderung in iterativen Prozessen

Ulrich Kortmann, Valtech GmbH

Es gibt iterative und agile Methoden, deren Sinn weithin anerkannt ist. Oft werden iterative Prozesse, wie der Unified Process, aber nicht eingeführt, weil sie zu umfassend erscheinen. Bei diesen Ansätzen handelt sich jedoch nicht um monolithische Prozesse, die nur vollständig angewendet werden können. Auch iterative Prozesse selbst sind immer Gegenstand der adaptiven Entwicklung. Gerade diese Flexibilität und die oft sinnvolle Kombination von Methoden verschiedener Herkunft machen sie überall einsetzbar. Dieser Artikel soll zeigen, wie es gelingt, durch frühes Testen und ständige Integration Qualität und Prozessentwicklung zu fördern.

Über den Autor

Ulrich Kortmann, geb. 1964, Mathematiker, arbeitet seit 10 Jahren in Software-Entwicklungsprojekten im Telekommunikationsumfeld. Seit 2001 begleitet er als Principal Software Engineer der Valtech GmbH Kunden und Entwicklungsteams bei der technischen Qualitätssicherung und methodischen Einführung iterativer Prozesse.

11.1   Einleitung

In vielen Entwicklungsabteilungen bin ich sehr mächtigen, mit großem Aufwand ausgearbeiteten Prozessen begegnet, denen sich alles unterordnen muss. Diese Prozesse waren wie ein Wasserfall angelegt: Die Anforderungen des Kunden sollten zunächst detailliert erfasst und analysiert werden, um ein Design-Modell zu erstellen, aus dem dann Source-Code erzeugt wurde, der die Basis für die Arbeit der Entwickler war.

Auch die ständigen Änderungen von Details mussten den gesamten formalisierten Prozess durchlaufen, einschließlich einer offiziellen Abnahme jeder Stufe durch die Qualitätssicherung.

Alle diese Prozesse hatten eines gemeinsam: Sie waren bei den Entwicklern unbeliebt und die entwickelte Software entsprach oft nicht den unvollständig formulierten oder inzwischen veränderten Bedürfnissen des Kunden.

Nun hatten die Entwickler bei internen Projekten direkten Kontakt zu den Anwendern, was leider nicht selbstverständlich war. Durch unmittelbare Umsetzung einzelner Anforderungen entstanden zunächst kleinere U-Boot-Projekte: Sie hießen bei der für den Entwicklungsprozess und die Qualitätssicherung zuständigen Abteilung so, weil sie in deren Wahrnehmung erst nach ihrer Fertigstellung plötzlich auftauchten. Der übliche Gegenwind bei der Überschreitung von abgegrenzten Verantwortungsbereichen war erheblich, aber der Erfolg gab uns Recht: Die Software entsprach genauer den Anforderungen und war deutlich kostengünstiger.

Daraufhin bekamen die Entwickler grünes Licht, ein größeres Projekt in ständiger, direkter Zusammenarbeit mit den Anwendern zu realisieren. Unser Ansatz war inkrementell und „feature-driven": Die für den Kunden jeweils wichtigsten Anforderungen wurden umgesetzt und das Ergebnis regelmäßig ausgeliefert, um weiteres Feedback zu erhalten. Dieses Projekt drohte schnell zu scheitern: Der Aufwand für die Tests, Lieferungen und Inbetriebnahmen war enorm, die Qualität unzureichend. Aber das Entwicklungsteam fühlte sich unmittelbar verantwortlich und suchte gemeinsam nach Lösungen. Zunächst wurden alle Aufgaben des Build- und Deployment-Prozesses automatisiert und damit vereinheitlicht, um den Aufwand für die Lieferungen zu reduzieren.

Ein Durchbruch bei der Steigerung der Qualität gelang durch die Adaption von einzelnen Techniken des „eXtreme Programming" (XP). Wir begannen, die Anforderungen des Kunden durch automatisierte Tests zu beschreiben und den Aufruf der Tests in den Build-Prozess zu integrieren. Nun war der Schritt zu einem regelmäßigen, zeitgesteuerten Aufruf des so entstandenen Build-Skripts nicht mehr groß und wir hatten täglich eine, wenn auch unvollständige, so doch integrierte und getestete Version unseres Systems. Wir gaben den Kunden Zugriff auf manche dieser Zwischenversionen, ohne sie auszuliefern, und schnell war ein Kunde Teil des Entwicklungsteams. Wieder gab uns der Erfolg die Chance, unser Vorgehen weiter zu hinterfragen und zu verbessern.

Als Nächstes galt es, die Planung und Koordination der Entwicklungsschritte zu verbessern und die Prozess- und QS-Abteilung wieder ins Boot zu holen. Außerdem zeigte sich, dass oft die Architektur vernachlässigt und Risiken aufgeschoben wurden. Die Lösung war eine angepasste Form des Unified Process (UP). Sie gab dem Projektmanagement die vermisste Planungssicherheit und die nötigen Steuerungsmöglichkeiten zurück. Entscheidend war die Flexibilität und Anpassungsfähigkeit des UP. Wir arbeiteten mit zeitlich fixierten Iterationen, risikogetrieben und architekturzentriert, aber es wurden nur die Dokumente erstellt und gepflegt, deren Zweck spürbar war.

Weitere qualitätsfördernde Techniken wurden nun durch die Qualitätssicherung effektiv integriert. Performance-Messungen und Metriken konnten automatisiert durchgeführt werden, um dem Team weiteres schnelles Feedback über die Auswirkung von Änderungen zu geben.

Dieses Vorgehen der „Qualitätsförderung von unten" im Gegensatz zur „Qualitätssicherung von oben" haben wir seitdem in vielen Kunden-Projekten erfolgreich angewandt. Oft findet man sich in starren Strukturen oder Festpreisprojekten, aber kann den vorhandenen Spielraum mit effektiven Techniken ausfüllen, um „Lust auf mehr" zu machen. Hat man beispielsweise erst einmal ständig eine aktuelle, funktionierende Version des Systems, wird es wesentlich leichter fallen, die Stakeholder von der Notwendigkeit eines „Kunden vor Ort" zu überzeugen.

Voll zur Geltung kommen die Segnungen der iterativen Prozesse jedoch erst, wenn der Kunde vor Projektbeginn erkennt, dass seine Unkenntnis der tatsächlichen Anforderungen das Ermitteln der Kosten verhindert und sich die Anforderungen im Laufe des Projektes einpendeln müssen.

In den folgenden Abschnitten erläutere ich deshalb einige Basis-Techniken und gehe auf die von ihnen verursachten Widerstände ein. Die dabei gesammelten Erfahrungen möchte ich dem Leser nahe bringen. Ziel dieses Beitrages ist es, die eingesetzten Methoden und Werkzeuge zu vermitteln und dabei die Vorteile eines agilen, iterativen Prozesses herauszustellen.

Die vorgestellten Open-Source-Werkzeuge unterstützen unsere tägliche Arbeit in Java-Projekten. Die beschriebenen Methoden fanden wir in fast jedem Umfeld anwendbar.

11.2 Test Driven Development

Test Driven Development (TDD) spielt eine der Schlüsselrollen beim eXtreme-Programming (XP). TDD kann jedoch, im Gegensatz zu anderen XP-Techniken, in fast jedem Umfeld gewinnbringend angewendet werden.

Die Schaffung von Qualität ist eine Aufgabe, die sich durch den gesamten Entwicklungsprozess zieht. Die Integration von automatisierten Unit-Tests in den Prozess ist eine sehr effektive Hilfe bei der Bewältigung dieser Herausforderung.

Unit-Tests arbeiten auf Klassen- oder Methoden-Ebene. Die Testergebnisse sind binär und müssen nicht nachbereitet werden: Ein Test ist erfolgreich oder schlägt fehl.

Bei jeder Übersetzung startet der Entwickler einen Teil der Tests und erkennt so unmittelbar logische und technische Fehler.

Eine wichtiger Ansatz des TDD ist „Test First": Fachliche und technische Anforderungen werden durch einen Unit-Test beschrieben, und das vor dem zu testenden Code. Der erste offensichtliche Vorteil dieser Methode ist, dass die Tests tatsächlich geschrieben werden. Der Source-Code entsteht so in fünf Schritten:

1. Die zu realisierende Funktionalität wird in Form eines Tests beschrieben. Dabei ist man unmittelbar mit der Anforderung beschäftigt und nicht mit technischen Details. In diesem Sinne sind die Tests eine andere Beschreibungsform der Requirements oder Use-Cases. Man bewegt sich auf dem richtigen Abstraktionsniveau, um die Anforderungen zu erfassen. Die Tests sind zunächst nicht übersetzbar, da die getesteten Klassen und Methoden noch nicht existieren.

2. Das Design wird erstellt und Klassen mit leeren Methoden werden erzeugt, bis der Test übersetzbar ist.

3. Die Funktionalität wird implementiert, bis der Test erfolgreich läuft. Die Tests können dabei an ein in Schritt 2 geändertes Modell angepasst werden.
4. Es wird überprüft, ob alle anderen Tests noch erfolgreich sind. Dies ist der erste wichtige Integrationsschritt. Schlagen Tests fehl, ist eine andere bereits umgesetzte Anforderung nicht mehr erfüllt. Dieses unmittelbare Feedback ermöglicht es, die Ursache des neuen Fehlers schnell einzugrenzen.
5. Die Sourcen und Tests werden in das Versionskontrollsystem übernommen.

Oft dauert es länger, die Tests zu schreiben, als anschließend die Funktionalität zu implementieren. Davon darf man sich nicht verunsichern lassen, da ein großer Teil des Implementierungsaufwands lediglich in die Testerstellung verlagert wird. Ebenso kann die Beschaffung oder Erzeugung von Testdaten durchaus den größten Teil des Testaufwands ausmachen. Isolation ist ein wichtiges Qualitätskriterium für die Tests. Reihenfolge, Auswahl und Häufigkeit ihrer Ausführung dürfen das Testergebnis nicht beeinflussen. Deshalb müssen die Tests ihre Testdaten selbst erzeugen und löschen oder sie so hinterlassen, wie sie vorgefunden wurden. Fehlen Informationen oder Testdaten, um einen Test zu schreiben, fehlen sie ebenso zum Implementieren des entsprechenden Features.

Es wird in diesem Zusammenhang oft gesagt, dass Entwickler nicht ihre eigenen Sourcen testen sollten, da sie schnell Fehler in ihrer eigenen Arbeit übersehen. In Bezug auf die Anforderungen trifft dies zu: Hat man sie falsch verstanden, wird sich dies im Test und in den Sourcen widerspiegeln. Die Unit-Tests können also nicht die funktionalen, vom Kunden definierten Tests am Ende der Iterationen ersetzen. Das frühe Feedback und der dauerhafte Nutzen der Entwicklertests kann aber durch einen externen Tester nicht erzielt werden.

Man kann nicht alle Fehler durch automatisierte Tests ausschließen. Entscheidend ist, keinen außerhalb der Unit-Tests entdeckten Fehler zu beheben, ohne zuvor einen Test zu schreiben, der aufgrund dieses Fehlers scheitert. Dadurch wird sichergestellt, dass sich kein Fehler wiederholt. Wiederum befindet man sich beim Schreiben des Tests auf der richtigen Abstraktionsebene: Hat man den Unit-Test geschrieben, weiß man in der Regel schon genauer, wo der Fehler steckt.

Wer bei seinen eigenen Sourcen zur Fehlersuche einen Debugger benötigt, hat ein Problem: Wenn schon er den Programmablauf nicht versteht, wie soll das anderen gelingen? Unter ständiger Benutzung eines Debuggers erstellte Software ist schwer wartbar. Indirektes Debugging durch Logausgaben und Tests schafft bleibende Werte. Die Tests und Log-Ausgaben sind bei der Wartung und Erweiterung des Systems eine wesentliche Hilfe.

Eine klare Architektur ist Voraussetzung für die effektive Erstellung von automatisierten Unit-Tests. Das Besondere an den Unit-Tests ist gerade, dass sie, im Gegensatz zu den üblichen Blackbox-Tests, für alle Schichten und Schnittstellen geschrieben werden. Wird die architektonische Trennung verschiedener Schichten verletzt, ist immer auch die Testbarkeit eingeschränkt. Das im Abschnitt über die Metriken vorgestellte Java-Tool Dependometer hilft bei der ständigen Ermittlung von ungewünschten Abhängigkeiten und Zyklen.

11.3   Versionskontrolle

Ein Versionskontrollsystem hat die Funktion einer Zeitmaschine und ermöglicht das Verfolgen von Änderungen, das Markieren von Versionen und das von der Weiterentwicklung unabhängige Beheben von Fehlern. Der Einsatz eines solchen Systems ist in heutigen Entwicklungsprojekten obligatorisch. Im Projekt-Repository des Versionskontrollsystems werden nicht nur Sourcen und Tests, sondern auch Build-Skripten, Konfigurationsdateien, Bibliotheken und Testumgebungen einbezogen.

Es gibt zwei Konzepte, um dabei auftretende Konflikte zu behandeln:

Copy-Modify-Merge
Die Benutzer erhalten eine Kopie der gewünschten Version und können gleichzeitig an derselben Datei arbeiten und konkurrierend Änderungen vornehmen. Die zuerst ins Versionskontrollsystem zurückgeschobene Anpassung wird unverändert übernommen. Eine konkurrierende Änderung muss mit dieser zusammengeführt werden. Das lokale Verschmelzen der Änderungen wird automatisch durchgeführt, wobei nicht auflösbare Konflikte gekennzeichnet werden.

Dieses Konzept fördert den Teamgeist und fordert Kommunikation. Man sollte schon wissen, wer gerade in welchem Bereich arbeitet und sich gegebenenfalls mit ihm abstimmen. Wichtig ist es, möglichst nah am Repository zu arbeiten, also nicht über mehrere Tage umfangreiche Änderungen vorzunehmen und diese erst dann einzuchecken. Wer eng mit dem Team und nah am Repository arbeitet, wird versuchen, möglichst kleine, zusammenhängende Änderungseinheiten zu identifizieren und diese schnell ins Repository zu übernehmen. Es spricht nichts dagegen, jeden Test einzeln, mit den Sourcen, die ihn erfolgreich laufen lassen, sofort ins Repository zu übernehmen. Die frühe Integration paralleler Entwicklungsschritte wird so maßgeblich unterstützt.

Dies führt zu der „Collective Ownership" [BEC 00] genannten agilen Technik: Jeder kann jederzeit alles ändern. Ohne die Tests, ausreichendes Selbstvertrauen und Vertrauen in die Arbeit des Teams wird diese Strategie hoffnungslos scheitern. Als Belohnung winkt jedoch weniger komplexer Code, ein besseres Verständnis des Gesamtsystems, eine ansteigende Lernkurve und eine Frustration weniger: Man bleibt nie wirklich stecken, weil jemand Fehler gemacht hat.

Lock-Modify-Unlock
In Bearbeitung befindliche Dateien werden im Versionskontrollsystem gesperrt, so dass andere Benutzer sie nicht ändern können. Dadurch werden parallele Änderungen und Konflikte verhindert. So entstehen abgegrenzte Verantwortungsbereiche und kritikfreie Zonen. Ein Indikator für diese Tendenz ist der Vorschlag: „Ich rede dir nicht rein und du mir nicht!"

Bei diesem Vorgehen besteht die Gefahr, dass sich Entwickler abkapseln, anstatt gemeinsam Verantwortung zu übernehmen und ihre Arbeit zeitnah zusammenzuführen. Eine Ursache ist die Angst, „schlechter" zu sein als andere, verbunden mit der Hoffnung, dies verbergen zu

können. Eine andere Ursache ist, dass viele Entwickler sich für „besser" halten und versuchen sich abzukapseln, um nicht behindert zu werden. Erfolgreich wird ein Team nur dann
sein, wenn es diesen Hemmungen aktiv entgegenwirkt. Kommunikative Methoden, wie Pair-
Programming und tägliche SCRUM-Meetings [SB 02] können dabei hilfreich sein.

11.4   Der Build-Prozess

Ein „Build" ist eine funktionierende Version eines Teilsystems.

Der Build-Prozess ist ein wesentlicher Teil jedes iterativen Entwicklungsprozesses, da er die
Lücken zwischen Entwicklung, Integration und Produktionsumgebung schließt. Er vereinfacht und beschleunigt die Migration zwischen verschiedenen Umgebungen und vereinheitlicht die Verwendung von Compilern, Testtools und Middleware.

Idealerweise ist der Build-Prozess so automatisiert, dass jeder Entwickler und Tester schnell
und einfach ein lauffähiges System erstellen, starten und testen kann. Dafür benötigt jede
Entwicklungs- und Testinstanz des Programms eine möglichst komplette Ausstattung. Ein
eigenes Datenbankschema oder ein eigener J2EE-Server können dazu gehören. Für alle (Ba-
ckend-) Systeme, die über eine Schnittstelle angebunden sind, braucht man zumindest gute
Simulatoren.

So, wie die Entwicklung auf ständiges Feedback der Anwender angewiesen ist, müssen die
Entwickler mithelfen, den Build-Prozess kontinuierlich zu optimieren. Was dauert zu lange
oder wird überflüssigerweise ausgeführt? Welche Abhängigkeiten sind nicht berücksichtigt?

Betrachten wir als Beispiel ein J2EE-Projekt.

- Vorbereitung der Verzeichnisstruktur
- Konfiguration der lokalen Einstellungen
- Übersetzen des Programms
- Übersetzen der Tests
- Erzeugen oder Importieren von Testdaten
- Anpassen der Deployment-Deskriptoren
- Starten eines Applikationsservers
- Kopieren, Einpacken oder Deployen der Applikation
- Starten der Tests
- Erstellen von Metriken
- Generieren von Dokumentationen
- Aufbereitung und Darstellung von Testergebnissen und Metriken

Mit den Build-Tools Make und Ant lassen sich auf einfache Weise die Build-Targets kombi-
nieren und ihre Abhängigkeiten definieren. Mit wachsender Größe des Projekts werden verschiedene, mit einem Kommando aufrufbare Teilabläufe nötig, da es zu lange dauert, „immer
alles" zu machen.

Das folgende Beispiel ist aus einem J2EE-Projekt und zeigt, wie elegant mit dem Build-Tool Ant auch Abläufe, die mehrere Threads benötigen, aus einzelnen Targets zusammengefügt werden können. Es werden drei Threads gestartet: einer für die Unit-Tests, die keinen Applikationsserver benötigen, einer für den Applikationsserver; der dritte Thread für die Servertests wartet, bis der Server gestartet ist.

```
<target name="all-small" description="compile, stop-server">
  <parallel>
    <antcall target="run-local-tests"/>
    <antcall target="start-server"/>
    <sequential>
      <waitfor maxwait="5" maxwaitunit="minute" checkevery="1000">
        <socket server="localhost" port="4711"/>
      </waitfor>
      <antcall target="run-server-tests"/>
    </sequential>
  </parallel>
</target>
```

Developer Build
Der Entwickler wird nach jeder Kompilierung nur den Teil der Tests ausführen, der neu geschrieben ist und noch fehlschlägt. Bei einem großen System dauert es vielleicht selbst vor dem Einchecken der Sourcen in das Versionisierungssystem zu lange, alle Tests durchzuführen. Wenn das System modular aufgebaut ist, können die Tests für das geänderte Modul genügen.

Sind Aufgaben wie das Erzeugen der Testdaten oder das Starten eines Applikationsservers einmal ausgeführt, kann der Entwickler, um Zeit zu sparen, bei den folgenden Durchläufen diese Testdaten wieder verwenden oder die Applikation lediglich neu deployen, anstatt den Server neu zu starten. Auch wird der Entwickler nicht jedes Mal das Clean-Target aufrufen und alle Klassen und Archive neu erzeugen müssen.

Master Build
Bei diesem wichtigen Integrationsschritt werden alle Tests im Zuge eines automatisch gestarteten Build durchgeführt. Testergebnisse und Metriken werden auf einer Webseite publiziert. Auf die Besonderheiten wird im nächsten Abschnitt näher eingegangen.

Final Build
Soll eine im Versionskontrollsystem markierte Version des Programms ausgeliefert werden, sind meist einige Anpassungen im Vergleich zu einer Entwicklungs- oder Integrationsversion nötig: Debug-Informationen werden entfernt, das Programm wird anders eingepackt und gestartet. Bei J2EE-Applikationen sind Änderungen an den Deployment-Deskriptoren nötig, und serverseitige Tests werden nicht ausgeliefert. In jedem Fall ist dafür ein eigenes Build-

Target nötig. Die so erzeugte Version ist dann der Gegenstand aller noch fehlenden Tests, wie Lasttests, Stresstests, Regressionstests, Abnahmetests und Usability-Tests.

IDE-Integration

Alle modernen Java-IDEs haben das Build-Tool Ant und einen Client für die gängigen Versionskontrollsysteme integriert und bieten eine Vielzahl von weiteren Arbeitserleichterungen. Diese lassen sich in zwei Bereiche unterteilen, um jegliche Abhängigkeit des Build-Prozesses vom verwendeten IDE auszuschließen. Ziel dieser Trennung ist es, den gesamten Build-Prozess plattformunabhängig auch mit einem Commandline-Befehl starten zu können.

1. Werkzeuge, deren Verwendung keinen Einfluss auf den Build-Prozess oder dessen Konfiguration haben. Dazu gehören Editoren für verschiedene Dateiformate, Refactoring-Tools oder Debugger.
2. Hilfsmittel, die zum Build-Prozess gehörige Aufgaben wie das Kompilieren, Starten eines Servers oder Anstoßen der Tests übernehmen. Von der Verwendung solcher Werkzeuge ist abzuraten. Ein wesentlicher Aspekt eines Build-Prozesses ist die einheitliche Verwendung und zentrale Konfiguration dieser Aufrufe. Startet beispielsweise ein Entwickler den Applikations-Server über ein eigenes Skript oder ein IDE-Plugin, wird es nicht lange dauern, bis er Sourcen eincheckt, die im Rahmen des Build-Prozesses nicht mehr funktionieren.

Generell bedarf die Verwendung von Tools, die sich nicht automatisiert in den Build-Prozess integrieren lassen, einer besonderen Rechtfertigung.

11.5   Continuous Integration

Zusammen mit einem Versionskontrollsystem stößt das Test Driven Development die Tür zu der Methode der *Continuous Integration* auf: Die Sourcen werden regelmäßig aus dem Versionskontrollsystem geladen und der Build-Prozess ohne manuellen Eingriff angestoßen. Dadurch werden Integrationstests zu einer natürlichen Erweiterung der Unit-Tests.

Bei der Continuous Integration (CI) wird ein voll automatisiertes, reproduzierbares Build einschließlich der Tests, Metriken und Performance-Messungen regelmäßig angestoßen. Die Ergebnisse werden auf einer Webseite veröffentlicht. So entsteht eine Build-Historie, anhand der auch die Auswirkung von Änderungen beurteilt werden kann. Dabei bringt das frühe Feedback und damit die Entdeckung und Beseitigung von Fehlern nahe ihrer Entstehung den entscheidenden Gewinn.

Die gängigen CI-Tools, AntHill und CruiseControl, überprüfen ständig das Versionskontrollsystem auf Veränderungen, starten ein Ant-Skript und bereiten die in XML erzeugten Ergebnisse für die Darstellung als Webseite auf. Führen die Änderungen eines Entwicklers dazu, dass ein Test fehlschlägt oder gar die Sourcen nicht mehr übersetzbar sind, werden er und der Build-Manager vom CI-Tool per E-Mail informiert. Dabei soll CI nicht die Funktion eines Prangers haben: Ziel ist die schnelle Problemlösung und nicht das Ermitteln eines Schuldigen. So kann man beruhigt nach Hause fahren, wenn die eingecheckten Änderungen durch das CI-Tool für gut befunden wurden. CI gibt dem Entwickler die Sicherheit, dass seine Änderungen das Team nicht behindern.

Eine häufige Ursache für ein fehlerhaftes Master Build ist zum Beispiel das unvollständige Einchecken der lokal vorgenommenen Änderungen. Ohne CI hätten alle anderen Entwickler nach dem nächsten Update ihrer lokalen Sources ein Problem und müssten zunächst vermuten, dass sie es selber verursacht haben. So nimmt CI dem Team die Furcht, durch regelmäßiges Aktualisieren der lokalen Sources Fehler zu übernehmen.

Ein Build ist nur dann erfolgreich, wenn alle Tests es sind. Eigentlich sollte das immer klappen, da der Entwickler ja vor dem Einchecken der Änderungen seinerseits lokal ein Update gemacht und die Tests ausgeführt hat. Wenn dies in der Realität nicht so ist, unterstreicht das die Wichtigkeit einer ständigen Integration.

Nightly Build
Ein komplettes Master Build wird mit wachsender Größe des Projekts zu lange dauern, um den Entwicklern ausreichend schnelles Feedback zu geben. In diesem Fall empfiehlt es sich, während der Arbeitszeit einen abgespeckten Build-Zyklus, ähnlich dem Developer Build, anzustoßen, der die Übersetzbarkeit und Lauffähigkeit des Systems sicherstellt.

Jede Nacht wird dann einmal der komplette Zyklus durchlaufen und, falls kein Test fehlschlägt, die Version der Sources im Versionskontrollsystem markiert. Dieser Stand kann dann jederzeit für weitere Tests, Speicher- und Performance-Analyse oder den Kunden bereitgestellt werden. Auch am Iterationsende erhält man so, ohne zusätzlichen Aufwand, ein zuverlässiges, reproduzierbares System.

11.6   Iterativ und agil entwickelte Software

Bei der Einführung eines iterativen und agilen Prozesses kann die Anwendung der erläuterten „Bottom up"-Techniken eine gute Unterstützung sein. Es bedarf jedoch zusätzlich einer Beteiligung des gesamten Projektteams und aller Stakeholder, um einen methodischen Rahmen zu schaffen, in dem sich die Vorzüge eines iterativen Vorgehens voll entfalten können. Ich möchte dem Leser zusätzlich Motivation und Anregung geben, iterative Prozesse einzusetzen und aktiv zu fördern, werde aber nur auf einzelne wichtige Aspekte eingehen und auf die Literatur verweisen, die uns bei der Etablierung agiler Prozesse begleitet.

Die Herausforderung beim Requirement-Management für ein komplexes System sind die sich ändernden Anforderungen. Die iterativen Prozesse gehen von der Erkenntnis aus, dass zu Beginn des Projektes die Anforderungen an die Software nicht vollständig beschrieben werden können. Die in Abbildung 11.1 dargestellten Daten basieren auf einer großen Studie [JON 96] und zeigen bei wachsender Projektgröße einen starken Anstieg der Anforderungsänderungen im Laufe des Projekts.

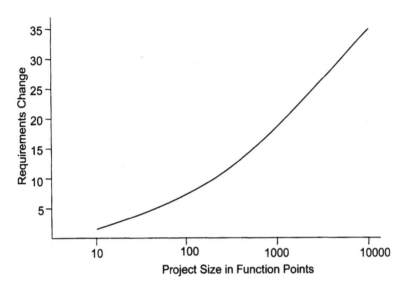

Abb. 11.1 Änderung von Anforderungen bei wachsender Projektgröße

Beim iterativen Vorgehen wird der gesamte Entwicklungszyklus von der Requirements-Analyse über das Design bis zu Implementierung und Test von Sourcecode in Produktionsqualität immer wieder durchlaufen. Jede Iteration behandelt einen Teil der Anforderungen, die schnell modelliert, implementiert und getestet werden. Dabei steht am Ende jeder Iteration ein stabiles unvollständiges System. Diese ersten Schritte zu machen, bevor alle Requirements feststehen und das gesamte Design spekulativ entworfen ist, führt zu frühem Feedback von Benutzern, Entwicklern und Tests. Das frühe Feedback ist der Schlüssel zum Erfolg. Die End-Benutzer haben die Gelegenheit, erste Features zu sehen und zu sagen: „Das ist, was ich wollte, aber nun merke ich, dass ich etwas anderes benötige." (Oder doch eher: „Sie haben nicht verstanden, was ich wollte.") Um diesen wesentlichen Vorteil zu nutzen, ist iterative Entwicklung auf eine enge Kundenbindung angewiesen.

Individualsoftware ist kein vorhersehbares Massenfertigungsprodukt, sondern die Entwicklung eines neuen Produkts. Die meisten Wasserfall-Prozesse haben ihren Ursprung aber in Manufaktur-Prozessen und sind nicht angemessen flexibel. Beim iterativen Vorgehen steht immer auch der Prozess selber auf dem Prüfstand und wird nach jeder Iteration angepasst. So entwickeln sich Anforderungen, Design, Software und Prozess gemeinsam.

Bei agilen Methoden werden als Reaktion auf hochdynamische Umfelder Flexibilität, Kommunikation und ständig funktionierende Software noch stärker betont. Die Prinzipien für agile Softwareentwicklung wurden von führenden Persönlichkeiten der OO-Szene in einem Manifest beschrieben (z.B. http://agilemanifesto.org). Einen praxisnahen Überblick über iterative und agile Methoden und Prozesse mit Belegen ihrer Relevanz und Antworten auf die häufig gestellten Fragen gibt [LAR 04].

Ein weiterer Vorteil eines iterativen Fortschritts ist die Motivation des Teams. In zeitlich fixierten Iterationen, bei denen eher Funktionalität gestrichen als das Iterationsende verschoben wird, steht man immer wieder „kurz vor der Lieferung", wird aber jedes Mal durch sichtbare Fortschritte belohnt. Das Team muss zu einem Abschluss kommen. Es gerät nicht so leicht in die Falle, dass durch ständige Weiter-Optimierung ein nie lauffähiges und immer nur „fast fertiges" System entsteht.

Oft sind schon einzelne Use-Cases so komplex, dass Kunde, Analyst oder Entwickler sie nicht komplett durchschauen können. Iterative Entwicklung unterstützt auf natürliche Weise das gemeinsame, schrittweise Erfassen von komplexen Zusammenhängen.

Natürlich kann auch ein Projekt mit einem iterativen Prozess scheitern. Das liegt meist an einer falschen Auswahl oder dem falschen Einsatz der Methoden. Es gibt jedoch einfache Prinzipien und Regeln, deren Umsetzung dieses Risiko minimiert. So dürfen keine Änderungen von außen in eine laufende Iteration getragen werden und es wird immer nur die nächste Iteration geplant. Dazu gibt es einen sehr hilfreichen Artikel von Craig Larman und Philippe Kruchten: „How to Fail with the Rational Unified Process: Seven Steps to Pain and Suffering". Diese unter www.craiglarman.com erhältlichen Antipatterns dienen uns als Checkliste für die Beurteilung unserer Vorgehensweise.

Bei Festpreisprojekten ist eine Teilung des Projektes in zwei Vertragsphasen anzustreben. Die erste Phase beinhaltet mehrere Iterationen, in denen die wesentlichen Anforderungen erfasst, aber auch zum Teil umgesetzt werden. Sie beinhaltet im Sinne des UP die Inception- und zumindest einen Teil der Elaboration-Phase. So entstehen nicht nur Dokumente, sondern auch eine Basissoftware. Beides dient dann als Grundlage für die Ausschreibung der zweiten Phase. Die iterative Verfeinerung von Spezifikation und Basisarchitektur erzeugt deutlich bessere Daten für die Schätzung der zweiten Phase und mindert Risiken für Kunden und Anbieter.

11.7 Technische Bewertung von Qualität

Im Folgenden werden Verfahren und Metriken vorgestellt, die für die Bewertung der Qualität des Source-Codes relevant sind. Die Bewertung der Metriken hängt natürlich vom Projekt ab und wird oft unterschiedlich eingeschätzt. Die im letzen Abschnitt vorgeschlagene Priorisierung abgeleiteter Maßnahmen hat sich bei uns als Best Practice erwiesen.

Die Metriken sind auch in bestehenden Projekten eine sehr gute Basis für die Planung von Refactoring-Maßnahmen. Das Refactoring [FOW 99] ist eine XP-Technik, die unmittelbar vom Test Driven Development abhängt. Nur durch ausreichende automatisierte Tests kann nach jedem Refactoring kostengünstig sichergestellt werden, dass die Anwendung funktional nicht beeinträchtigt ist.

Die technischen Metriken zur Überprüfung der Produktqualität sollten, wenn immer möglich, im Build-Prozess automatisiert und im Rahmen der Continuous Integration erhoben werden. Die vorgestellten Java-Tools können mittels mitgelieferter Ant-Tasks integriert werden und erzeugen einen Report, der auf der CI-Webseite referenziert werden kann.

Das Erzeugen und Aufbereiten der Metriken wird jedoch nicht ausreichen. Die Rolle eines Architekten, der die Ergebnisse beurteilt und dem Team vermittelt, um dann Maßnahmen abzuleiten, muss besetzt sein.

Weitergehende Informationen zu Anwendung und Bewertung von Metriken und dem Einsatz des im folgenden Abschnitt beschriebenen Dependometers findet man in den Valtech White-papers „Tool-gestütztes Architekturmanagement in J2EE-Projekten" und „Major and Minor Design Rules für die Software-Entwicklung mit Java" unter http://www.valtech.de-/whitepapers.

11.7.1   Logische Architektur

Das Open-Source-Tool Dependometer (http://sourceforge.net/projects/dependometer) er-möglicht die Analyse der Abhängigkeiten zwischen Schichten, Subsystemen, Packages und Klassen. Hierfür muss das Tool mit einer Definition der logischen Architektur parametrisiert werden, in der die Schichten und Subsysteme sowie deren Abhängigkeiten festgelegt werden (XML-Datei). In dieser Definition wird ebenfalls angegeben, welche Packages zu den ein-zelnen Schichten/Subsystemen gehören. Das Dependometer prüft dann anhand dieser Anga-ben auf Verletzungen hinsichtlich der logischen Architektur und identifiziert Zyklen. Wei-terhin ermittelt es diverse Metriken, die weiter unten beschrieben werden.

Das Dependometer generiert mittels XSLT eine HTML-Präsentation des Projektes. Der Betrachter kann durch die Architektur von Schichten (logische Elemente) bis zu Überset-zungseinheiten (physikalische Elemente) blättern. Damit erzeugt das Dependometer eine Abbildung der physikalischen Ist-Struktur und ermöglicht deren Validierung gegen die kon-zipierte Soll-Architektur. Brüche und Verletzungen der logischen Architektur werden so sichtbar gemacht.

Ein weiteres Feature des Dependometers ist die Refactoring-Simulation. Es erlaubt „Was-wäre-wenn"-Planspiele, bei denen in der Definitions-Datei Übersetzungseinheiten in andere Packages verschoben werden, um eine Auswirkung auf die Zyklenbildung einschätzen zu können. Dies ermöglicht Impact-Analysen ohne Code-Änderungen.

11.7.2   Testabdeckung

Eine der wichtigsten Metriken in Bezug auf die in diesem Beitrag vorgestellten Methoden ist die Testabdeckung. Sie gibt an, inwieweit der Source-Code automatisiert getestet wird.

Durch reine Analyse des Source-Codes, wie mit dem JUnit-Coverage-Analyser (http://sourceforge.net/projects/juca) wird ermittelt, zu welchen Methoden es Tests gibt. Dies ist eine oberflächliche Betrachtung, da auch „leere" Testmethoden die Testabdeckung erhö-hen. Die Testabdeckung auf Methoden-Ebene gibt an, wie viele Tests geschrieben wurden und welche Methoden ungetestet sind. Sie sagt nichts über die Qualität oder Vollständigkeit der Tests aus.

Durch Erweiterung der Klassen und dynamische Untersuchung zur Laufzeit mit dem Tools JCoverage (http://www.jcoverage.com) kann jedoch ermittelt werden, welche Zeilen des Source-Codes bei der Durchführung der Tests durchlaufen werden.

Die dynamische Analyse zur Laufzeit mit JCoverage wird nicht, wie die anderen Metriken, durch reine Betrachtung der Sourcen erstellt, kann aber durch die mitgelieferten Ant-Tasks leicht in den Build-Prozess integriert werden. Sie wird damit integraler Teil des Master-Build. Bei der späteren Auslieferung muss die von JCoverage vorgenommene Erweiterung der Klassen entfallen.

Dazu eine kleine Anekdote: Wir haben das oft sehr nützliche Java-Tool FindBugs (http://findbugs.sourceforge.net) über unsere Sourcen laufen lassen. Es zeigte sich, dass ein großer if-Block inaktiv war, weil er auf einem Stringvergleich mit „==" beruhte. Die in diesem Projekt noch nicht eingesetzte, dynamische Untersuchung der Testabdeckung hätte gezeigt, dass dieser Teil ungetestet ist. Alle daraufhin unternommenen Versuche, diesen Block zu testen, wären fehlgeschlagen: Dieser Teil des Source-Codes war untestbar! Dann wurde der Bug beim Stringvergleich behoben, ohne einen Test zu schreiben, der diesen Teil durchläuft. Beim Schreiben dieses Tests wäre aufgefallen, dass in dem reanimierten Teil des Codes ein fachlicher Fehler steckte. Fazit: Ohne ausreichende Tests und Überprüfung der Testabdeckung wird es dazu kommen, dass Fehler andere Fehler überdecken.

11.7.3   Metriken

Die im folgenden vorgestellten Metriken können mit den Java-Tools JavaNCCS (http://www.kclee.de/clemens/java/javancss), Dependometer und JDepend (http://www.clarkware.com/software/JDepend.html) erzeugt werden. Um nicht in jedem Projekt alle Tools einzeln integrieren zu müssen, empfiehlt es sich, sie zusammen mit weiteren Analyse- und Hilfstools wie Jlint, CheckStyle oder Java2HTML und übergreifenden Build-Skripten in einem eigenen Repository zu verwalten. Komplettiert durch eine Webseite, die alle Ergebnisse zusammenführt, entsteht so ein Software-Messplatz, der mit wenigen Handgriffen in jedes Projekt integriert werden kann.

NCSS (Non-Commenting Source Statements)
NCSS steht einfach für die Anzahl Zeilen im Source-Code, die keine Kommentare sind. Man erhält also einen Indikator für die „Größe" einer Klasse oder eines Packages.

Der NCCS-Wert alleine sagt noch nichts über die Qualität einer Architektur aus. Allerdings stehen große Klassen meistens im Verdacht,

- redundanten Code zu enthalten,
- schlecht strukturiert zu sein und/oder
- zu viel Verantwortung zu übernehmen.

Solche Klassen bieten viel Potenzial, z.B. weitere Klassen oder Methoden zu extrahieren.

CCN (Cyclomatic Complexity Number)

Die CCN-Wert gibt Auskunft darüber, wie verschachtelt eine Methode ist. Im Wesentlichen werden hier alle Ablauf-Verzweigungen (if, switch, throw, return) aufsummiert.

Die CCN entspricht der Anzahl der Tests, die man durchführen müsste, um eine Methode über jeden Pfad zu durchlaufen.

Die CCN sollte den Wert 10 nicht überschreiten.

Methoden mit einer hohen CCN sind

- komplex,
- schwer verständlich,
- aufwändig zu testen,
- schwer wartbar und
- fehleranfällig.

Hier besteht die Möglichkeit, aus der komplexen Methode kleinere Methoden zu extrahieren.

Abstractness/Instability Chart

Abstractness [MAR 00] definiert sich durch das Verhältnis abstrakter Klassen zu der Gesamtzahl der Klassen eines Packages.

Instability [MAR 00] beschreibt die Abhängigkeiten zwischen Packages. Sie wird folgendermaßen berechnet:

Ca: Afferent Coupling. Die Anzahl der Klassen außerhalb des Packages, die von Klassen innerhalb des Packages abhängen (incoming dependencies).

Ce: Efferent Coupling. Die Anzahl der Klassen außerhalb des Packages, von denen Klassen innerhalb des Packages abhängen (outgoing dependencies).

I: Instability = Ce / (Ce+Ca)

Eine Regel zur Vermeidung von Abhängigkeit lautet: Stabile Packages (wenige Abhängigkeiten) sollten abstrakte Packages sein. Warum? Weil man vermeiden will, dass stabile Packages sich nicht mehr ändern lassen, da sie umfangreiche Anpassungen in anderen Packages nach sich ziehen. Das Design-Ziel für stabile Packages ist, dass nur die Implementierung geändert wird, nicht aber die Benutzung der abstrakten Schnittstelle.

Aus dem XML-Output von JDepend erzeugen wir für jedes Package ein SVG-Chart, das Abstractness und Instability in Beziehung setzt, so dass man es auf einen Blick bewerten kann.

Jedes untersuchte Package wird in einem Chart durch einen Punkt repräsentiert. Wenn der Punkt in der Nähe der Mittellinie liegt, verletzt das Package die Regel nicht.

Liegt der Punkt links unten, dann wird das Package von vielen anderen benutzt und enthält nur wenige abstrakte Klassen. Die anderen Packages benutzen also konkrete Implementierungen statt Schnittstellen, so dass Änderungen im Package schmerzhaft und aufwändig werden (Zone of Pain).

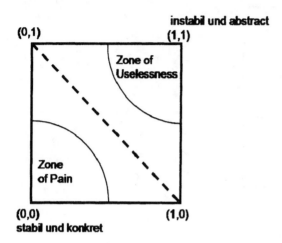

Abb. 11.2 Abstractness/Instability Chart

Liegt der Punkt rechts oben, dann ist das Package sehr abstrakt, wird aber kaum von anderen Packages benutzt, die Abstraktion ist also nutzlos (Zone of Uselessness).

Relational Cohesion (Rc)

Die Relational Cohesion [LAR 02] stellt das Verhältnis der Anzahl interner Typ-Beziehungen (Attribute, Parameter, Vererbung, Interfaces) zur Anzahl Klassen in einem Package (Subsystem, Layer) dar. So hat ein Package aus 10 Klassen, die insgesamt 20 Beziehungen haben, eine Rc von 2. Dies gibt die interne Kopplung an und ermöglicht es, eine Aussage über die Zuordnung von Verantwortlichkeit zu Packages treffen. Ein niedriger Rc-Wert weist auf eine evtl. nötige Neuaufteilung der Klassen auf Packages hin.

Höhere Zahlen bedeuten stärkere Zusammengehörigkeit von Klassen. Niedrige Werte (kleiner 1) können bedeuten, dass das Package zusammenhanglose Klassen enthält. Dies kann vom Architekten so gewollt sein, wenn es sich z.B. um ein Utilities-Package handelt. Die Rc ist also immer im Zusammenhang mit dem Kontext auszuwerten.

Eine grobe Regel ist, dass 70% der Packages eine Rc größer als 1 haben sollten.

Cumulative Component Dependency (CCD)

Der CCD [LAK 96] eines Strukturelementes (Package, Subsystem, Layer) ist die Summe aller Komponenten, von der es direkt und indirekt abhängt, kumuliert über alle Komponenten des Strukturelementes. Er ist gleichzeitig ein Maß von benötigten Komponenten, um jede Komponente inkrementell zu testen. Ein Designziel ist, den CCD niedrig zu halten.

Jede Komponente hat einen CCD von 1 + die Anzahl der eigenen Kinder bis zu den Blättern. Im folgenden Beispiel ist also der CCD von A = 1+3 = 4. Der CCD des Subsystems aus den Klassen A, B, C, D ist also 1+1+3+4 = 9.

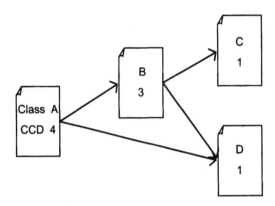

Abb. 11.3 CCD

Beispiel für die Berechnung des CCD

Weist ein Design viele Zyklen auf, steigt der CCD stark an. Zum Vergleich zieht man gerne den CCD für einen balancierten Binärbaum heran. Für n Komponenten hat dieser einen CCD von n * log(n). Bei zyklischen Designs erhält man einen CCD bis zu n² (jede Komponente hängt von jeder anderen ab). Bei völlig unabhängigen Komponenten (auch das ist kein Designziel) ist der CCD = n.

Average Component Dependency (ACD)

Der ACD [LAK 96] berechnet sich aus dem Verhältnis vom CCD (Cumulative Component Dependency) eines Subsystems zur Anzahl zugehöriger Komponenten.

Der ACD gibt an, wie viele Komponenten eines Subsystems man im Durchschnitt anpassen und testen muss, wenn ein Change Request umgesetzt werden soll. Bei einem balancierten Binärbaum sind das log(n) Komponenten, bei zyklischen Abhängigkeiten sind es n, also alle Komponenten.

Ziel sollte also sein, den ACD zu minimieren und in die Nähe von log(n) zu bringen. Bei 1024 Komponenten sollte man also den ACD z.B. in die Nähe von 10 bringen.

Normalized cumulative component dependency (NCCD)

Der NCCD [LAK 96] ist das Verhältnis von CCD (Cumulative Component Dependency) eines Subsystems mit n Komponenten zum CCD eines vergleichbaren balancierten Binärbaums.

Der NCCD ist ein Indikator dafür, ob es sich bei dem betrachteten Subsystem um horizontales, balanciert-binäres oder zyklisches Design handelt:

Assertions (Design by Contract)

Es wird die Anzahl der verwendeten Zusicherungen (assertions) pro Strukturelement gezählt und gemittelt.

Eine der mächtigsten Metaphern in der Software-Entwicklung stellt *Design by Contract* dar. Schnittstellen werden als Verträge verstanden, welche die Rechte und die Pflichten der Vertragspartner eindeutig festlegen. Die Verträge werden mit Zusicherungen abgesichert und zur Laufzeit überprüft (assertions, pre,-postconditions, invariants).

Die Metrik kann natürlich nichts über die Qualität der Zusicherungen aussagen. Im Zusammenhang mit der Kenntnis über die Komplexität von Strukturelementen kann die Anzahl der Zusicherungen ein wichtiger Hinweis sein, ob das „Design by Contract"-Prinzip ausreichend befolgt wurde.

11.7.4 Priorisierung der Metriken

Nach der Vorstellung der diversen Auswertungsmöglichkeiten und Metriken stellt sich nun die Frage, wie man diese konkret in einem Projekt anwenden kann. Das folgende Vorgehen hat sich in unseren Projekten als Best Practice erwiesen. Es ist jedoch nur als Beispiel zu sehen, da im Einzelfall abhängig vom Kontext eine andere Priorisierung von Maßnahmen günstiger sein kann. Es bestehen ohnehin Abhängigkeiten zwischen den Metriken, so dass die Verbesserung des einen Wertes auch eine Verbesserung der anderen mit sich bringen kann.

1. Architektur definieren und Zyklen entfernen
Der größte Feind der Verständlichkeit, Testbarkeit und Wartbarkeit von Software sind zyklische Abhängigkeiten zwischen Schichten, Subsystemen und Packages. So lässt sich beispielsweise eine Persistenzschicht, die Klassen aus einem übergeordneten Business-Layer verwendet, nicht isoliert testen.

Ziel ist es, eine „Relaxed Layered Architecture" [LAR 02] zu erreichen, in der Schichten nur auf darunter liegende Schichten zugreifen und keine Zyklen mehr existieren (z.B.: Application Layer darf auf Domain Layer und Integration Layer zugreifen aber nicht umgekehrt). Basis dieser Maßnahmen ist die zuvor entwickelte logische Ziel-Architektur.

Wichtigstes Analysewerkzeug hierfür ist in unseren Projekten das Dependometer.

2. Externe Abhängigkeiten minimieren, Kohäsion maximieren
Für die Testbarkeit und Änderbarkeit einer Komponente ist es weiterhin wichtig, dass die Anzahl fremder Komponenten von denen sie abhängt, nicht zu groß wird. Die Teile einer Komponente sollten untereinander eine hohe Zusammengehörigkeit besitzen, aber wenige Abhängigkeiten nach außen haben. Nützliche Metriken hierfür sind ACD (Average Component Dependency) und Rc (Relational Cohesion).

3. Extreme NCSS/CCN-Werte verbessern
Um die Wartbarkeit und Verständlichkeit des Source Codes zu erhöhen und ihre Komplexität zu verringern, sollten Komponenten mit auffällig hohen NCSS/CCN-Werten (Non-Commenting Source Statements, Cyclomatic Complexity Number) restrukturiert werden.

Meistens sind dies auch die Teile des Systems, mit denen das Projekt die meisten Bauch-
schmerzen hat.

4. Design by Contract einführen
Steht die Anzahl der Zusicherungen in einem Strukturelement in keinem Verhältnis zu seiner
Komplexität und der Anzahl seiner Nutzer, so lohnt es sich oft, hier nachträglich das Design
by Contract Prinzip einzuführen. Dies kann sehr aufwändig werden, wenn die Schnittstelle
des Strukturelements nicht sauber ist. Dann ist es sinnvoll, nachträglich Schnittstellen auf
abstrakterer Ebene einzuführen (Layer, Subsystem) und diese sauber abzusichern. Sonst
kann man eigentlich nur darauf hin arbeiten, ab einem gewissen Zeitpunkt für alle neuen
Schnittstellen Zusicherungen einzuführen.

5. Zone of Pain verlassen
Befindet sich eine Komponente in der Zone of Pain des Abstractness-Instability-Charts,
hängen viele andere Komponenten von dieser konkreten Implementierung ab. Man sollte
hier allerdings auch die Änderungshäufigkeit berücksichtigen. Basisbibliotheken, die praktisch nicht mehr geändert werden, müssen nicht nachträglich mit einer abstrakten Schnittstelle versehen werden, nur um sie aus der „Zone of Pain" zu bringen. Handelt es sich um ein
Utility-Package mit Basisfunktionalität, die sich so gut wie nie ändert, wird sich der Aufwand nicht auszahlen.

11.8   Zusammenfassung

Die natürliche Trägheit von Erkenntnis ist immer wieder verblüffend. Auch wenn alle im
Team den Sinn von frühen Tests erkannt haben, fallen sie bei den ersten Widerständen in alte
Gewohnheiten zurück. „Ich habe keine Zeit, Tests zu schreiben, ich muss programmieren"
oder „Das hat doch keinen Zweck, am Ende, wenn der Zeitdruck durchschlägt, wird eh alles
über den Haufen geworfen" sind beliebte Beschreibungen dieser Trägheit. Man muss den
Einsatz moderner iterativer und agiler Methoden als Lernprozess des gesamten Teams be-
greifen, um immer bessere Software zu machen.

11.9   Literatur

[Bec 00]   Kent Beck, Extreme Programming Explained. *Embrace Change*. Addison-
            Wesley 2000.

[Coc 01]   Alistair Cockburn. *Agile Software Development*. Addison-Wesley 2001

[Fow 99]   Martin Fowler, Refactoring. *Improving The Design Of Existing Software*. Ad-
            dison-Wesley 99

[Jon 96]   Caspers Jones. *Applied Software Measurement*. 2nd Edition, McGraw-Hill, 1996

[KK 03]   Per Kroll, Philippe Kruchten. *The Rational Unified Process Made Easy: A Practitioner's Guide To The RUP*. Addison Wesley, 2003

[Lak 96]   John Lakos. *Large-Scale C++ Software Design*. Addison-Wesley, 1996

[Lar 02]   Craig Larman. *Applying UML and Patterns, An Introduction to Object-Oriented Analysis and Design and the Unified Process, Second Edition*. Prentice Hall PTR, 2002

[Lar 04]   Craig Larman. *Agile & Iterative Development, A Manager's Guide*. Addison-Wesley, 2004.

[Mar 00]   Robert Martin. *Design Principles and Design Patterns*. http://www.objectmentor.com/resources/articles/Principles_and_Patterns.PDF, 2000

[McC 96]   Steve McConnell. *Rapid Development, Taming Wild Software Schedules*. Microsoft Press, 1996

[SB 02]   Ken Schwaber, Mike Beedle. *Agile Software Development with SCRUM*. Prentice Hall, 2002

12 Ein gesamtheitliches Verfahren für das Software Process Improvement

Alexander Ziegler, Technische Universität München

Industrielle Softwareentwicklung ist ein äußerst komplexes Unterfangen, welches durch organisationale und prozessuale Vereinbarungen im Unternehmen besser beherrschbar gemacht wird.

Die sich beständig ändernden Anforderungen an die Unternehmen zwingen diese, ihre organisationalen und prozessualen Strukturen im Rahmen von Software Process Improvement Projekten (oder kurz SPI) laufend anzupassen. Dabei müssen neben den üblichen betriebswirtschaftlichen Aspekten auch die menschlichen Belange der betroffenen Entwickler berücksichtigt werden. Deren Arbeitsgewohnheiten sind der Prozessveränderung unterworfen, was Instabilität in der täglichen Arbeit und Unsicherheiten bei den Betroffenen verursacht. Dies bringt oft Leistungsverluste bei der Entwicklung mit sich. Da die Terminanforderungen auf diese Umstände meist keine Rücksicht nehmen können, fallen die von der Prozessveränderung betroffenen Entwickler in die alten und vertrauten Arbeitsweisen zurück. Prozessveränderungsvorhaben werden in Ermangelung einer verfügbaren methodischen Herangehensweise trotz ihrer Komplexität oft unsystematisch und unter Vernachlässigung wichtiger menschlicher Faktoren angegangen. Hieraus resultieren zuweilen erhebliche Reibungsverluste und ein niedriger Wirkungsgrad von Prozessveränderungsprojekten [Dem+99], [Moh+98].

Wie können also SoftwareentwicklungsProzess-Änderungsvorhaben methodischer und ganzheitlicher angegangen werden? Zu diesem Zweck ist ein praktikables Verfahren für das Prozess-Assessment, die Prozessverbesserung und die Prozessmigration unter Berücksichtigung organisatorischer, wirtschaftlicher und menschlicher Faktoren erforderlich. Im dem vorliegenden Beitrag wird ein Ansatz für ein methodisches, praxistaugliches und gesamtheitliches Vorgehen zur Verbesserung von Softwareentwicklungsprozessen überblickshaft vorgestellt. Dabei werden die bei Prozessveränderungen in softwareentwickelnden Organisationen existenzkritischen Aspekte wie Stakeholder-, Kommunikations-, Konflikt- und Risikomanagement die traditionellen organisationalen, prozessualen und betriebswirtschaftlichen Aspekte ergänzen.

Der vorliegende Beitrag richtet sich an Manager, Entwickler, Prozessconsultants, Qualitätsbeauftragte sowie Forschende auf dem Gebiet der Software Prozessverbesserung. Er hat zum

Ziel, beim Leser ein geschärftes Bewußtsein für die weichen Faktoren im Softwaregeschäft zu bewirken, sowie einen erweiterten, gesamtheitlichen Blickwinkel für die vielen wechselwirkenden Einflüsse in SPI-Projekten zu erreichen. Der Beitrag zeigt, dass auch prozesshafte Verfahren ohne direkten Softwareaspekt mit der UML beschrieben werden können.

Das gesamtheitliche Verfahren für SPI berücksichtigt im Gegensatz zu bisherigen Herangehensweisen stärker die menschlichen Aspekte, die existentiell wichtig für ein SPI-Projekt sind. Insbesondere geht es im Gegensatz zu CMMI [CMMI02] oder SPICE [SPI98] auf die spezifischen Charakteristika des jeweiligen Umfeldes ein und legt keine universelle Meßlatte an. Auch bietet es die Möglichkeit für kleinere und weniger risikobehaftete und besser machbare Prozessevolutionen als zum Beispiel die Einführung eines kompletten Vorgehensmodells wie RUP [Kru03] oder V-Modell [VM97]. Das gesamtheitliche Verfahren für SPI kann niemals menschliche Expertise und Intuition ersetzen, es kann nicht mehr als ein Hilfsmittel sein, menschliche Problemlösungs-Kreativität zu unterstützen und zu kanalisieren. Im Rahmen des vorliegenden Beitrages kann das gesamtheitliche Verfahren für SPI auch nicht präzise hergeleitet und bis in das letzte direkt umsetzbare Detail ausgeführt werden. Das gesamtheitliche Verfahren für SPI ist in einem universitären Umfeld mit bewusst hohem Industriebezug und auf Basis mehrjähriger praktischer Erfahrungen entstanden. In der Praxis mit Erfolg angewendete Techniken wurden im gesamtheitlichen Verfahren für SPI systematisch und strukturiert angeordnet.

Der vorliegende Beitrag ist wie folgt strukturiert: Im Kapitel 12.1 „Das SPI-Verfahren im Überblick" werden dessen Strukturen und Grundsätze vorgestellt. Das Kapitel 12.2 „Das konkrete Verfahren für SPI" beschreibt dann dessen Details. Schlussfolgerungen folgen im Kapitel 12.3 „Zusammenfassung und Fazit".

Über den Autor
Alexander Ziegler arbeitete nach dem Informatik-Studium mehrere Jahre als selbständiger Software-Entwickler, Trainer, Methoden- und Prozessberater. Zur Zeit forscht er als wissenschaftlicher Mitarbeiter an der Technischen Universität München mit den Themenschwerpunkten „Vorgehensmodelle für die Software-Entwicklung" und „Verbesserung von Software-Entwicklungsprozessen".

12.1   Das SPI-Verfahren im Überblick

Das gesamtheitliche Verfahren für SPI wird im Rahmen des vorliegenden Beitrages anhand eines Vorgehensmodells beschrieben. Ein Vorgehensmodell besteht aus voneinander abhängigen Modellelementen. Ein Modellelement eines Vorgehensmodells kann atomar, z.B. eine Aktivität, eine Rolle, ein Ergebnis, aber auch komplex, z.B. ein Teilprozess, ein Team, ein Gremium, ein Meilenstein oder wiederum ein ganzes Vorgehensmodell sein. Die Beschreibung von Vorgehensmodellen soll im Rahmen des vorliegenden Beitrages nur kurz hergeleitet werden:

Im **Organisationsstrukturmodell** wird dargestellt, welche Verantwortlichkeiten für Aktivitäten und Ergebnisse innerhalb eines SPI-Projektes festgelegt sind. Organisationsstrukturen setzen sich aus Teams und Gremien zusammen und diese sich wiederum aus Rollen. Rollen sind Verantwortungs- und Kompetenzbereiche, die Personen zugewiesen werden. Rollen haben Verantwortlichkeiten für die Ausführung von Aktivitäten zur Bearbeitung von Ergebnissen und arbeiten dabei mit anderen Rollen zusammen. Ein Beispiel ist die Rolle „Prozessentwickler".

Das **Aktivitätsstrukturmodell** beschreibt, was im Rahmen eines SPI-Projektes getan werden muss und wie diese Tätigkeiten zusammenhängen. Aktivitäten wirken auf Ergebnissen und werden von Rollen ausgeführt. Ein Beispiel ist die Aktivität „Ist-Prozess analysieren".

Das **Ergebnisstrukturmodell** beschreibt, welche Erzeugnisse innerhalb des SPI-Projektes entstehen müssen. Ergebnisse werden im Rahmen von Aktivitäten bearbeitet, dies fällt in den Verantwortungsbereich von Rollen. Ein Beispiel ist das Ergebnis „Ist-Prozessmodell".

Nun stellt sich die Frage, wie sich das gesamtheitliche Verfahren für SPI im Überblick darstellt und **welche Problemaspekte es innerhalb der eben eingeführten Strukturmodellen adressiert.**

Im **gesamtheitlichen Verfahrens für SPI** werden drei Aspekte herausgegriffen, welche als am wichtigsten erachtet werden. Diese sind der **sozio-emotionale Aspekt**, der **organisational-ökonomische Aspekt** und der **prozessual-fachinhaltliche Aspekt**.

Der **sozio-emotionale Aspekt** beschreibt die im Rahmen eines SPI-Projektes be- und entstehenden weichen menschlichen und zwischenmenschlichen Phänomene. Beispiele hierfür sind Widerstände, Zukunftsängste, Unsicherheiten, Besitzstandsdenken, individuelles Karrierestreben oder Statuserhaltungsbestreben von Betroffenen eines SPI-Projektes. Die Betrachtung des sozio-emotionalen Aspekts ist bei SPI-Projekten noch nicht etabliert. Da aber Menschen in einem aus der Natur der Dinge heraus nicht standardisierbaren Entwicklungsumfeld durch ihre kreativen und intuitiven Fähigkeiten sowie ihre Innovationskraft einen existentiellen Einflussfaktor darstellen, muss man ihren Belangen bei SPI-Projekten gesondert Rechnung tragen. Da man die Arbeitsergebnisse in einem Entwicklungsumfeld nicht wirtschaftlich vertretbar hinreichend kontrollieren kann und große diskretionäre Entscheidungsspielräume für die Mitarbeiter gegeben sind, ist es sinnvoll, die Menschen in diesem Umfeld vom Sinn einer Prozessverbesserung zu überzeugen und sie zu motivieren, anstatt über ihre Köpfe hinweg zu entscheiden. Das kann allerdings nur funktionieren, wenn man ihre individuellen Belange, die ja von einem SPI-Projekt signifikant betroffen sind, nicht ignoriert. Man könnte in diesem Zusammenhang beispielsweise von einer guten Organisationsökologie sprechen.

Der **organisational-ökonomische Aspekt** beschreibt planerische, prüfende und kaufmännische und ggf. auch strategische Gesichtspunkte. Beispiele hierfür sind Ressourcen-, Budget- und Terminplanungen und -kontrolle, sowie die Wirtschaftlichkeitsbetrachtungen im Rahmen eines SPI-Projektes, aber auch Bezugnahme zur Unternehmensstrategie und zukünftigen Chancen, Perspektiven und Risiken innerhalb derselben. Der organisatorisch-ökonomische Aspekt wird bei SPI-Projekten üblicherweise betrachtet.

Der **prozessual-fachinhaltliche Aspekt** betrifft die Belange der Aufbau- und Ablauforganisation der Softwareentwicklung, welche verbessert werden soll. Beispiele hierfür sind Anforderungsmanagement oder Testmanagement. Da Softwareentwicklung von ihrem Charakter eher projektorientiert ist, liegt der Fokus von SPI-Projekten allerdings mehr auf dem Ablauforganisations- und weniger auf dem Aufbauorganisationsaspekt. Beispiele sind die Prozessanalyse-, -modellierung, und -optimierung auf Basis der fachlichen Rahmenbedingungen innerhalb eines SPI-Projektes. Der prozessual-fachinhaltliche Aspekt steht bei SPI-Projekten üblicherweise ganz im Vordergrund.

Die drei eben genannten Problem-Aspekte des gesamtheitlichen Verfahrens für SPI haben in der Praxis eines SPI-Projektes einen hohen Wirkungszusammenhang und können daher nicht isoliert voneinander betrachtet werden. Auch existieren erwiesenermaßen Phänomene, die nicht eindeutig einem Problemaspekt zugeordnet werden können, beispielsweise sind alle drei Problemaspekte nicht frei von unternehmenspolitischen Gesichtspunkten.

Die **einzelnen Problemaspekte** werden in der Ablaufsicht des gesamtheitlichen Verfahrens für SPI jeweils durch entsprechende Aktivitätsstrukturmodelle dargestellt. Diese werden der Einfachheit halber im folgenden „**Teilprozesse**" genannt. Dies wird für das visuelle Gedächtnis zunächst anhand eines Diagramms veranschaulicht und nachfolgend genauer beschrieben.

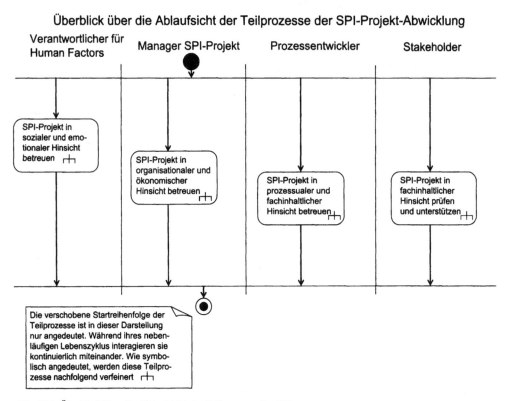

Abb. 12.1 Überblick über die Ablaufsicht der Teilprozesse des SPI

In der **Ablaufsicht** stellt sich **das gesamtheitliche Verfahren für SPI** so dar, dass bei Projektbeginn zuerst mit dem sozio-emotionalen Teilprozess begonnen wird, dann mit dem organisational-ökonomischen Teilprozess und zum Schluss mit dem prozessual-fachinhaltlichen Teilprozess. Dies ist bedeutsam, da innerhalb des sozio-emotionalen Teilprozesses erst die Rahmenbedingungen für den Start der beiden anderen Teilprozesse geschaffen werden sollen. Innerhalb des organisational-ökonomischen Teilprozesses wird für Rahmenbedingungen für den Start des prozessual-fachinhaltlichen Teilprozesses gesorgt. Es wird hier ausdrücklich darauf hingewiesen, dass alle Teilprozesse nebenläufig zueinander aktiv sind, sowie fortwährend interagieren und kommunizieren, um stets ein möglichst vollständiges Bild der Lage im SPI-Projekt aktuell zu halten. Sie arbeiten permanent und kooperativ an den gemeinsamen Ergebnissen des SPI-Projektes. Die für die Abwicklung der Teilprozesse verantwortlichen Rollen über den Swim Lanes werden im Vorgriff auf die konkrete Verfahrensbeschreibung im nächsten Kapitel „Verantwortlicher für Human Factors", „Manager SPI-Projekt", „Prozessentwickler" und „Stakeholder" bezeichnet. Der fachinhaltliche Aspekt wurde um die Rolle „Stakeholder" und deren entsprechenden Teilprozess angereichert, um die Wichtigkeit der Aktivitäten der zukünftigen Benutzer des verbesserten Prozesses zu verdeutlichen.

12.2   Das konkrete Verfahren für SPI

Nach der überblickshaften Darstellung des gesamtheitlichen Verfahrens für SPI wird nun die Frage beantwortet, wie es sich konkret darstellt. Das gesamtheitliche Verfahren für SPI besteht aus einem **Organisationsstrukturmodell,** einem **Aktivitätsstrukturmodell** und einem **Ergebnisstrukturmodell.** Jeweils innerhalb dieser Prozessaspektmodelle werden die Problemaspekte „sozio-emotional", „organisational-ökonomisch" und „prozessual-fachinhaltlich", die bereits eingeführt wurden, adressiert.

12.2.1   Das Organisationsstrukturmodell für SPI

In diesem Kapitel wird auf die Frage eingegangen, was das Organisationsstrukturmodell des gesamtheitlichen Verfahrens für SPI konkret enthält.

Das Organisationsstrukturmodell für SPI beschreibt die Verantwortlichkeitsbereiche im SPI-Projekt. Es setzt sich aus dem „Projektteam SPI" und dem „Lenkungsausschuss für das SPI-Projekt" zusammen. Der Lenkungsausschuss ist ein Gremium, in dem höhere Linienmanager Kontroll- und Entscheidungsrollen bezüglich des SPI-Projektes übernehmen. Da diese jedoch nicht im engeren Sinne zum Projektteam SPI gehören und durch dieses nur sehr bedingt beeinflussbar sind, wird dieses Gremium hier nicht weiter detailliert. Im Projektteam SPI gibt es die Rollen „Verantwortlicher für Human Factors", „Manager SPI-Projekt", „Prozessentwickler" und „Stakeholder".

Die Rollen des Organisationsstrukturmodells und ihre Zusammenhänge werden für das visuelle Gedächtnis zunächst anhand des folgenden Diagramms veranschaulicht und nachfolgend beschrieben.

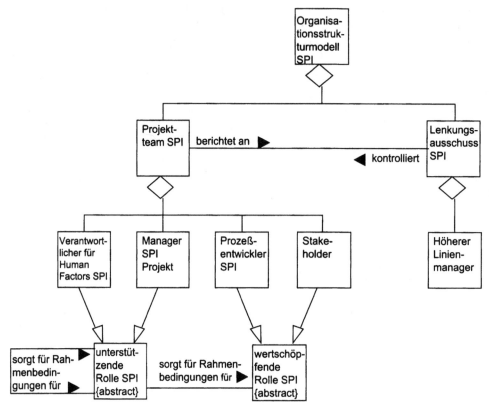

Abb. 12.2 Organisationsstrukturmodell SPI

Den Rollen werden Verantwortlichkeiten für das Durchführen von Aktivitäten zum Erreichen von Ergebnissen zugewiesen. Verantwortlichkeit heißt im Einzelnen, dass der Inhaber der jeweiligen Rolle dafür zu sorgen hat, dass die entsprechenden Aktivitäten durchgeführt und die Ergebnisse erreicht werden. Verantwortlichkeit bedeutet aber insbesondere nicht, dass die Ausführung von Aktivitäten im Alleingang erfolgen soll, sondern meistens ist eine koordinierte Teamarbeit sinnvoll. Die einzelnen Rollen stellen sich dar wie folgt.

Die Rolle des „Verantwortlichen für Human Factors" beschreibt die Verantwortlichkeit für den sozio-emotionalen Teilprozess des gesamtheitlichen Verfahrens für SPI. Der verwendete Anglizismus in der Rollenbezeichnung erscheint für die hier angedachte Intention hinter dieser Rolle am treffendsten. Der „Verantwortliche für Human Factors" ist wichtig für das SPI-Projekt, da den Menschen, die in den betroffenen Entwicklungsbereichen arbeiten, besondere Zuwendung gebührt. Er soll eine Person mit entsprechendem Erfahrungs- und Wissenshintergrund bezüglich Techniken zwischenmenschlicher Kommunikation sowie Prozessveränderungen sein. Der „Verantwortliche für Human Factors" soll auf der Basis erhobenen Know-hows über die menschlichen und zwischenmenschlichen Aspekte in der betroffenen Entwicklungsprozessdomäne für ein emotional und sozial konstruktives Klima bezüglich des SPI-Projektes sorgen. Die Rolle des „Verantwortlichen für Human Factors" muss auf alle Fälle während der ganzen Projektlaufzeit mindestens einfach und unverändert besetzt sein. Der „Verantwortliche für Human Factors" sorgt für die erforderlichen Rahmenbedingungen auf sozio-emotionaler Ebene und unterstützt so alle anderen Rollen. Wie der „Verantwortliche für Human Factors" diesen Aufgaben im Rahmen des gesamtheitlichen Verfahrens für SPI im Einzelnen nachkommen kann, ist bei den Aktivitäten des sozio-emotionalen Teilprozesses im folgenden Kapitel „Das Aktivitätsstrukturmodell für SPI" beschrieben.

Die Rolle des „Managers SPI-Projekt" beschreibt die Verantwortlichkeit für den organisational-ökonomischen Teilprozess des gesamtheitlichen Verfahrens für SPI. Dieser ist wichtig für das SPI-Projekt, da nur aufgrund hinreichender organisationalen und wirtschaftlichen Rahmenbedingungen das SPI-Projekt durchführbar ist. Der „Manager SPI-Projekt" soll eine Person mit entsprechendem Projektmanagement-Erfahrungs- und Wissenshintergrund sein. Er soll auf der Grundlage des ermittelten Know-hows über die organisatorischen und wirtschaftlichen Gegebenheiten in der betroffenen Entwicklungsprozessdomäne für die Durchführung des SPI-Projektes sorgen. Die Rolle des „Managers SPI-Projekt" muss unbedingt während der gesamten Projektlaufzeit mindestens einfach besetzt sein und soll nicht der Fluktuation unterliegen. Der „Manager SPI-Projekt" sorgt für die erforderlichen Rahmenbedingungen auf organisational-ökonomischer Ebene und unterstützt so die Rollen „Prozessentwickler" und „Stakeholder". Er wird hier aufgrund seiner direkten und operativen Verantwortlichkeit für das SPI-Projekt ausdrücklich von Linienmanagern abgegrenzt. Wie der „Manager SPI-Projekt" diesen Aufgaben im Rahmen des gesamtheitlichen Verfahrens für SPI im Einzelnen nachkommen kann, ist bei den Aktivitäten des organisational-ökonomischen Teilprozesses im folgenden Kapitel „Das Aktivitätsstrukturmodell für SPI" beschrieben.

Die Rolle des „Prozessentwicklers" beschreibt die Verantwortlichkeit für den prozessual-fachinhaltlichen Teilprozess des gesamtheitlichen Verfahrens für SPI. Dieser ist der Kernleistungsprozess, ohne den das SPI-Projekt keinen Sinn macht. Der „Prozessentwickler" soll eine Person mit entsprechendem Erfahrungs- und Wissenshintergrund in Softwareentwicklungsprozessen sein. Er soll die Erhebung des Know-hows über die Softwareentwicklungsprozesse in der betroffenen Entwicklungsprozessdomäne und deren fachinhaltlichen Hintergrund coachen und unterstützen. Auf dieser Basis moderiert und berät er bei der Identifizierung gegebener Verbesserungspotentiale und der Entwicklung eines verbesserten Sollprozesses für die zukünftige Softwareentwicklung. Die Rolle des „Prozessentwicklers" muss obligatorisch während der ganzen Projektlaufzeit mindestens einfach besetzt sein und darf nicht personell gewechselt werden. Der „Prozessentwickler" sorgt für die erforderlichen Rahmenbedingungen auf prozessual-fachinhaltlicher Ebene und unterstützt so die „Stakeholder". Wie der „Prozessentwickler" diesen Aufgaben im Rahmen des gesamtheitlichen Verfahrens für SPI im Einzelnen nachkommen kann, ist bei den Aktivitäten des prozessual-fachinhaltlichen Teilprozesses im folgenden Kapitel „Das Aktivitätsstrukturmodell für SPI" beschrieben.

Die Rolle des „Stakeholders" beschreibt die Verantwortlichkeit für den fachinhaltlichen Input für den prozessual-fachinhaltlichen Teilprozess des gesamtheitlichen Verfahrens für SPI. Ohne die fachliche Beteiligung der „Stakeholder" ist ein SPI-Projekt existentiell gefährdet. „Stakeholder" sollen Personen sein, die ein direktes Interesse an den Ergebnissen des SPI-Projektes haben, beziehungsweise von diesen betroffen sind. Bei „Stakeholdern" kann es sich um Entwickler, Analytiker, Softwarearchitekten, Tester, aber auch Systemadministratoren, Linien- und Softwareentwicklungsprojekt-Manager, Controller oder Betriebsräte handeln. „Stakeholder" sollen sich auf der Basis ihres Erfahrungs-Know-hows über den oder die zu verbessernden Softwareentwicklungsprozesse und deren fachinhaltlichen Hintergrund als Wissensgeber in das SPI-Projekt einbringen und sich aktiv an der Neugestaltung ihres Arbeitsumfeldes beteiligen. Dazu gehören auch die Darstellung gegebener Verbesserungspotentiale und die Mitgestaltung eines verbesserten Sollprozesses für ihre zukünftige Softwareentwicklung. Die Rolle des „Stakeholders" muss auf alle Fälle während der ganzen Projektlaufzeit mindestens einfach, erfahrungsgemäß aber mehrfach für verschiedene Aspekte besetzt sein und darf nicht der Fluktuation unterliegen. Wie die „Stakeholder" diesen Aufgaben im Rahmen des gesamtheitlichen Verfahrens für SPI im Einzelnen nachkommen können, ist bei den Aktivitäten des prozessual-fachinhaltlichen Teilprozesses im folgenden Kapitel „Das Aktivitätsstrukturmodell für SPI" beschrieben.

12.2.2   Das Aktivitätsstrukturmodell für SPI

Wie sieht nun das Aktivitätsstrukturmodell des gesamtheitlichen Verfahrens für SPI im Einzelnen aus? Das Aktivitätsstrukturmodell beschreibt die jeweils auszuführenden Tätigkeiten im gesamtheitlichen Verfahren für SPI. Wie bereits eingeführt, enthält es die Teilprozesse „sozio-emotional", „organisational-ökonomisch" und „prozessual-fachinhaltlich". Die eben genannten Teilprozesse werden nachfolgend verfeinert. Teilprozessübergreifende Abhängigkeiten von Einzelaktivitäten werden dabei vernachlässigt, da diese sich oft erst situativ aus dem konkreten SPI-Projekt ergeben. Sie wären aufgrund ihrer möglichen Vielfalt nicht übersichtlich darstellbar. Insbesondere existieren manche Aktivitäten in verschiedenen Teilprozessen, in denen sie von der jeweils für den Teilprozess verantwortlichen Rolle ausgeführt werden und die dort relevanten Aspekte fokussieren. Ein Beispiel für eine solche Aktivität ist „Nebeneffekte und Risiken managen".

Der sozio-emotionale Teilprozess des gesamtheitlichen Verfahrens für SPI dient der Pflege der Rahmenbedingungen des SPI-Projektes auf menschlicher und zwischenmenschlicher Ebene. Er besteht aus den nebenläufigen Aktivitäten

- „Für gutes SPI-Klima sorgen"
- „Nebeneffekte und Risiken managen"
- „Stakeholder involvieren"
- „Stakeholder Feedback einholen"

Der sozio-emotionalen Teilprozess wird vom „Verantwortlichen für Human Factors" ausgeführt.

Die Aktivitäten des sozio-emotionalen Teilprozesses und ihre Zusammenhänge werden für das visuelle Gedächtnis zunächst anhand des folgenden Diagramms veranschaulicht.

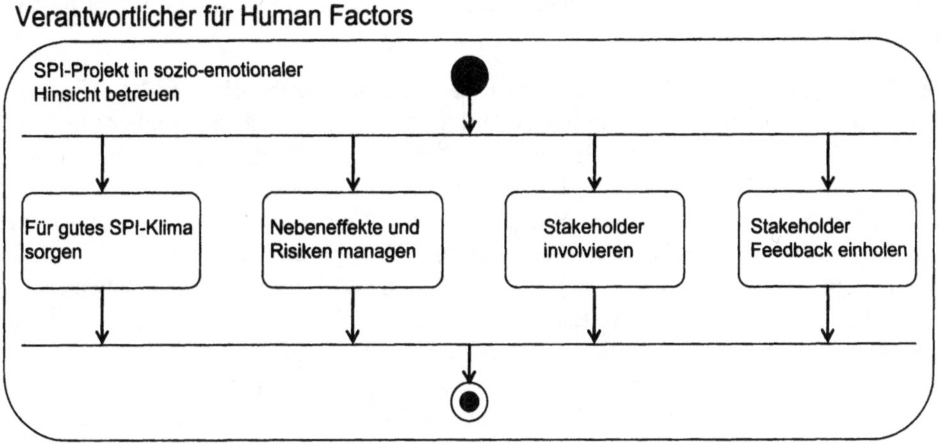

Verantwortlicher für Human Factors

Abb.12.3 Konkretisierung sozio-emotionaler Teilprozess

Die **Aktivität „Für gutes SPI-Klima sorgen"** hat zum Ziel, die Stakeholder auf sozio-emotionaler Ebene von dem Nutzen des SPI-Projektes zu überzeugen und sie zum engagierten Mitwirken zu motivieren. Dies ist erforderlich, weil Softwareprozessverbesserungen nur unter diesen Voraussetzungen erfolgreich entwickelt und umgesetzt werden können. Es ist wichtig, ein Stakeholder- und Kommunikationsmanagement aufzubauen. Softwareprozessverbesserungen müssen in der betroffenen Organisation renommiert und etabliert werden, ihr Nutzen muss den Stakeholdern überzeugend plausibilisiert werden. Unter den Stakeholdern müssen Verbündete geworben, ein progressiver, konstruktiver Trend erzeugt und eine zielführende Gruppendynamik in Gang gesetzt werden. Ein für Veränderungen notwendiges Klima der emotionalen Geborgenheit und des Vertrauens, gestützt auf zugesagte und gelebte Fehlertoleranz muss geschaffen werden. Dies kann nur erfolgen, wenn das Commitment des Linienmanagements immer gegeben ist. Die Aktivität „Für gutes SPI-Klima sorgen" ist für ein SPI-Projekt obligatorisch und muss über die gesamte Projektlaufzeit ausgeführt werden. Sie operiert auf den Ergebnissen „SPI-Rahmenbedingungen" und „Kommunikationskonzept", welche im folgenden Kapitel „Das Ergebnisstrukturmodell für SPI" beschrieben werden.

Die Aktivität **„Nebeneffekte und Risiken managen"** hat zum Ziel, auf sozio-emotionaler Ebene die durch das SPI-Projekt ausgelösten ungewollten Seiteneffekte und antizipierte Probleme möglichst unter Kontrolle zu halten. Das ist notwendig, da SPI-Projekte immer Turbulenzen in Form von Interessenskonflikten, beeinträchtigten individuellen Karrierezielen oder Widerständen gegen Veränderung mit sich bringen, die in ihrer Summe schon oft solche Vorhaben zum Erliegen gebracht haben. Es ist also hilfreich, ein diesbezügliches Konflikt- und Risikomanagement aufzubauen, soziale Nebeneffekte zu analysieren, identifizierte Risiken zu beobachten, entsprechende Gegenmaßnahmen abzuleiten und falls erforderlich durchzuführen. Insbesondere ist es hilfreich, eine Risikoliste zu pflegen, diese regelmäßig dem Lenkungsausschuss zu kommunizieren und in die Aufwandsschätzung mit einzubeziehen. Die Aktivität „Nebeneffekte und Risiken managen" ist für ein SPI-Projekt obligatorisch und muss über die gesamte Projektlaufzeit ausgeführt werden. Sie operiert auf dem

Ergebnis „Risikoliste", welches im folgenden Kapitel „Das Ergebnisstrukturmodell für SPI" beschrieben wird.

Die Aktivität **„Stakeholder involvieren"** hat als Ziel, die Stakeholder von Betroffenen des SPI-Projektes emotional zu Beteiligten, sie ausdrücklich zu Projektteammitgliedern zu machen. Die Stakeholder sollen das SPI-Projekt als ihr eigenes Werk zu ihrem Nutzen wahrnehmen und nicht als etwas, was ein Dienstleister ihnen aufdrängen will. Sie müssen individuell und einzeln abgeholt werden, je hochrangiger sie in der Linienhierarchie angesiedelt sind, desto mehr Behutsamkeit ist im Umgang mit ihnen geboten. Die Stakeholder müssen unterstützt und moderiert werden, sich mit ihren Ideen und Vorstellungen verantwortlich in das SPI-Projekt einzubringen, ihre Energie muss konstruktiv kanalisiert werden. Sie müssen unterstützt werden, sich zu verändern, Prozessverantwortung zu übernehmen und zu Multiplikatoren und Process Ownern zu wachsen. Bedingung hierfür ist immer das Bestehen des Management Commitments. Die Aktivität „Stakeholder involvieren" muss zwingend während der gesamten Projektlaufzeit ausgeführt werden. Sie operiert auf dem Ergebnis „SPI-Rahmenbedingungen", welches im folgenden Kapitel „Das Ergebnisstrukturmodell für SPI" beschrieben wird.

Die Aktivität **„Stakeholder Feedback einholen"** hat zum Ziel, ständig Rückkopplung mit den zukünftigen Nutzer des neuen Softwareentwicklungsprozesses zu halten. Dies ist wichtig für das SPI-Projekt, weil speziell Prozessentwickler und Softwareentwickler oft in anderen Kategorien denken und daher die Gefahr von Missverständnissen groß ist. Wenn ständig gezielt Feedback und Kritik über die Ergebnisstände des SPI-Projektes eingeholt und Zustimmung explizit bestätigt wird, geht die kognitive Fühlung zwischen Prozess- und Softwareentwicklern nicht verloren. Die Aktivität „Stakeholder Feedback einholen" muss obligatorisch und über die gesamte Projektlaufzeit des SPI-Projektes ausgeführt werden. Sie operiert auf dem Ergebnis „SPI-Rahmenbedingungen" welches im folgenden Kapitel „Das Ergebnisstrukturmodell für SPI" beschrieben wird.

Der „organisational-ökonomische Teilprozess" des gesamtheitlichen Verfahrens für SPI dient der Pflege der Rahmenbedingungen des SPI-Projektes auf organisatorischer und kaufmännischer Ebene. Er besteht aus den Aktivitäten

- „Motivation und Zieldefinition SPI-Projekt festlegen"
- „Für Commitment im höheren Management sorgen"
- „Stakeholderanalyse durchführen"
- „Nebeneffekte und Risiken managen"
- „Management Commitment demonstrieren"
- „Kontrollieren und Nachsteuern SPI-Projekt"
- „Trainieren, Migrieren und Coachen neuer Prozess" [Bad+01], [Nia+04].

Der organisational-ökonomische Teilprozess wird vom „Manager SPI-Projekt" ausgeführt.

Die Aktivitäten des organisational-ökonomischen Teilprozesses und ihre Zusammenhänge werden für das visuelle Gedächtnis zunächst anhand des folgenden Diagramms veranschaulicht.

Manager SPI-Projekt

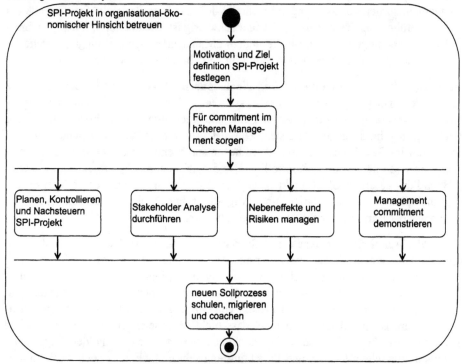

Abb. 12.4 Konkretisierung organisational-ökonomischer Teilprozess

Die **Aktivität „Motivation und Zieldefinition SPI-Projekt festlegen"** legt den Grundstein für das SPI-Projekt, da hier die Projektidee ins Leben gerufen wird, ohne die das Projekt nicht initiiert würde. In dieser Aktivität werden die Ursachen von Problemen, Potentiale und erstrebenswerte Ziele für das SPI-Projekt in Form einer Projektvision konkretisiert. Die Aktivität „Motivation und Zieldefinition SPI-Projekt festlegen" muss zwingend bei Projektbeginn und falls erforderlich nochmals während der Projektlaufzeit durchgeführt werden. Sie operiert auf den Ergebnissen „Zieldefinition, Vision SPI" und „Business Case", welche im folgenden Kapitel „Das Ergebnisstrukturmodell für SPI" beschrieben werden.

Die **Aktivität „Für Commitment im höheren Management sorgen"** erfüllt eine existentielle Invariante für ein SPI-Projekt, da ohne sie erfahrungsgemäß keine Veränderungen der Softwareentwicklungsprozesse durchgesetzt werden können. Hierzu muss der Nutzen des SPI-Projektes abgeschätzt und plausibel begründet werden. Unter dem höheren Management müssen Verbündete geworben werden und das Bewußtsein für SPI-Maßnahmen in der Organisation muss etabliert und renommiert werden. Weiterhin sollten faire Rahmenbedingungen wie Fehlertoleranz und Entlastung vom Tagesgeschäft, und Perspektiven wie Karrierechancen innerhalb des neuen Prozesses, aber auch SPI-bezogene Bewertungskriterien für die beteiligten Stakeholder wie zum Beispiel deren Effektivität und Engagement bei der Analyse und Umsetzung der Prozessverbesserungen verbindlich festgelegt werden. Auch die Dokumentation des Nutzens des SPI-Projektes für die Karriere höherer Manager erhöht potentiell deren Bereitschaft, für das SPI-Projekt einzutreten. Die Aktivität „Für Commitment im höheren Management sorgen" muss zwingend während der gesamten Projektlaufzeit jeweils bei Bedarf durchgeführt – auch wenn das meist sehr schwierig ist. Sie operiert auf den Ergebnissen „SPI-Rahmenbedingungen" und insbesondere „Management Commitment", welche im folgenden Kapitel „Das Ergebnisstrukturmodell für SPI" beschrieben werden.

Die **Aktivität „Planen, Kontrollieren und Nachsteuern SPI-Projekt"** hat zum Ziel, die üblichen Projektmanagementaspekte der Ressourcen-, Termin- und Budgetplanung, -kontrolle und -steuerung wahrzunehmen und eine entsprechende Reportfähigkeit gegenüber dem Lenkungsausschuss zu gewährleisten. Dies ist erforderlich, um Abweichungen vom geplanten Kurs im SPI-Projekt zu erkennen und entsprechend der Situation steuernd einzugreifen. Die Aktivität „Planen, Kontrollieren und Nachsteuern SPI-Projekt" muss zwingend während des gesamten SPI-Projektes durchgeführt werden. Sie operiert auf den Ergebnissen „Projektplan", „Ressourcenplan" und „Migrationsplan", welche im folgenden Kapitel „Das Ergebnisstrukturmodell für SPI" beschrieben werden.

Die **Aktivität „Stakeholderanalyse durchführen"** dient dazu, in Absprache mit dem Linienmanagement geeignete Interviewpartner aus der von dem SPI-Projekt betroffenen Prozessdomäne zu ermitteln. Dies ist wichtig, weil die Qualität, Menge und Relevanz des fachlichen Inputs in Form von Darstellungen des Ist-Zustandes über Potentiale, Risiken und Machbarkeitsabschätzungen für das SPI-Projekt von den Interviewpartnern erheblich abhängen. Insbesondere ist hier darauf zu achten, dass nicht Mitarbeiter einfach im SPI-Projekt geparkt oder gegen ihren Willen dorthin abgeschoben werden. Die Stakeholderanalyse kann je nach organisatorischem Umfeld und Projektumfang sehr einfach, aber auch ziemlich aufwendig sein. Nachdem die potentiellen Interviewpartner kontaktiert wurden, kann eine Terminplanung für das SPI-Projekt konkretisiert werden. Die Stakeholderanalyse muss am Beginn des Projektes durchgeführt und während der Laufzeit erfahrungsgemäß nur noch bedingt angepasst werden. Sie operiert auf dem Ergebnis „SPI-Rahmenbedingungen", welches im folgenden Kapitel „Das Ergebnisstrukturmodell für SPI" beschrieben wird.

Die **Aktivität „Nebeneffekte und Risiken managen"** hat zum Ziel, aus den Aktivitäten des SPI-Projektes herausresultierende ungewollte Seiteneffekte und antizipierte Probleme möglichst unter Kontrolle zu halten, mindestens aber dem Lenkungsgremium zu kommunizieren. Dies ist wichtig, weil ein Softwareprozessverbesserungsprojekt meistens in Konflikt mit gegenläufigen unternehmenspolitischen Strömungen gerät, die seinen Erfolg existentiell gefährden können. Es müssen also Nebeneffekte, Konfliktpotentiale und Risiken auf der organisational-ökonomischen aber auch politischen Ebene identifiziert, erfasst und behandelt werden. Ein Beispiel wäre eine zu befürchtende Verschiebung von Projektprioritäten mit der Wirkung, dass die Stakeholder keine Zeit mehr haben, sich an den SPI-Workshops zu beteiligen. Die identifizierten Risiken müssen an den Lenkungsausschuss kommuniziert, sowie entsprechende Gegenmaßnahmen abgestimmt und durchgeführt werden. Zum Managen von Nebeneffekten und Risiken gehört auch ein regelmäßiges Status- und Problemreporting an den Lenkungsausschuss. Die Aktivität „Nebeneffekte und Risiken managen" muss zwingend und während der gesamten Projektlaufzeit ausgeführt werden. Sie operiert auf dem Ergebnis „Risikoliste", welches im folgenden Kapitel „Das Ergebnisstrukturmodell für SPI" beschrieben wird.

Die **Aktivität „Management Commitment demonstrieren"** hat zum Ziel, das Vorhandensein der für ein SPI-Projekt existentiell notwendigen Unterstützung durch das Linienmanagement unmissverständlich zu kommunizieren. Dies ist notwendig, da eine eindeutige positive Stellungnahme des höheren Managements für das SPI-Projekt eine starke Signalwirkung für die Stakeholder und die restliche Organisation hat. Es müssen also die Unterstützung mächtiger Verbündeter in einem Projekt-Kick-off von diesen persönlich und glaubwürdig dargelegt werden, das Renommee des SPI-Projektes propagiert, und das Managementwohlwollen für die Mitwirkenden Stakeholder explizit für diese zum Ausdruck gebracht werden. Der Nutzen des SPI-Projektes für die Organisation muss überzeugend dokumentiert und Zukunftsperspektiven für die beteiligten Stakeholder aufgezeigt werden. Zukunftsunsicherheiten und Ängste der Stakeholder müssen in geeigneter Form, aber explizit thematisiert und zerstreut werden. Auch die bereits vereinbarten und oben erwähnten SPI-bezogenen Bewertungskriterien und Rahmenbedingungen für die Stakeholder müssen offen kommuniziert werden. Die Aktivität „Management commitment demonstrieren" muss verbindlich am Beginn des SPI-Projektes und in der Folge periodisch durchgeführt werden. Sie operiert auf den Ergebnissen „SPI-Rahmenbedingungen" und insbesondere „Management Commitment", welche im folgenden Kapitel „Das Ergebnisstrukturmodell für SPI" beschrieben werden.

Die **Aktivität „Schulen, Trainieren, migrieren und coachen neuer Prozess"** hat als Ziel, die Schulung, die Einführung und das Coachen des gemeinschaftlich mit den Stakeholdern entwickelten neuen Softwareentwicklungsprozesses organisatorisch zu gestalten. Um einen Übergang zum neuen Softwareentwicklungsprozess im Tagesgeschäft auch wirklich sicherzustellen ist diese Aktivität sehr hilfreich, muss aber in Abhängigkeit des Grades der Involvierung der Stakeholder in das SPI-Projekt nicht zwingend durchgeführt werden. Sie operiert auf den Ergebnissen „Modell Soll-Prozess" und insbesondere „gelebter Soll-Prozess", welche im folgenden Kapitel „Das Ergebnisstrukturmodell für SPI" beschrieben werden.

Der „prozessual-fachinhaltliche Teilprozess" des gesamtheitlichen Verfahrens für SPI dient der Softwareprozessverbesserung und ist der eigentlich wertschöpfende Prozess im SPI-Projekt. Er besteht aus Aktivitäten der „Prozessentwickler" und der „Stakeholder". Die „Prozessentwickler"-Aktivitäten sind

- „Ist-Prozess analysieren"
- „Potentiale, Effizienz und Machbarkeit erheben und abschätzen"
- „Nebeneffekte und Risiken managen"
- „Referenzmodell Soll-Prozess entwerfen"
- „Referenzmodell entsprechend der Potentiale anpassen"
- „Soll-Prozess abstimmen und kommunizieren"
- „Sollprozess schulen, einführen, coachen und evaluieren"

Die „Prozessentwickler" Aktivitäten des prozessual-fachinhaltlichen Teilprozesses werden vom „Prozessentwickler" ausgeführt.

Die „Prozessentwickler" Aktivitäten des prozessual-fachinhaltlich Teilprozesses und ihre Zusammenhänge werden für das visuelle Gedächtnis noch einmal anhand des folgenden Diagramms veranschaulicht.

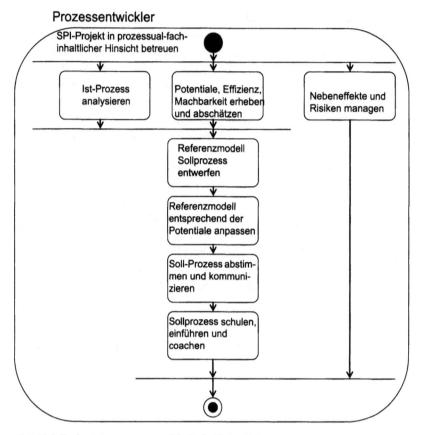

Abb. 12.5 Konkretisierung prozessual-fachinhaltlicher Teilprozess

Die **Aktivität „Ist-Prozess analysieren"** hat zum Ziel, die oftmals gewachsenen und undokumentierten oder nicht mit der Dokumentation übereinstimmenden gelebten Abläufe in der Softwareentwicklung zu erheben und modellhaft kompakt und präzise darzustellen. Dies ist für das SPI-Projekt erforderlich, um eine hinreichende Diskussionsgrundlage für weitere Prozessentwicklungsschritte zu gewinnen. Es ist für diese Aktivität zwingend notwendig, dass eine hinreichende Stakeholderbeteiligung in den Analyse-Workshops gegeben ist. Während der Analyse der Ist-Prozesse werden die Stakeholder unterstützt und moderiert, die aktuell gelebten Aktivitäten, Ergebnisse und Rollen zu identifizieren und anhand einer vorgehensmodellartigen Darstellung zu dokumentieren. Die Analyse der Ist-Prozesse ist üblicherweise ein geeigneter Einstieg in eine Prozessverbesserungsdiskussion, sie sollte einmalig durchgeführt und dann abgeschlossen werden. Falls Verbesserungspotentiale und Soll-Prozesse auch ohne ihre Hilfe ermittelt werden können, kann sie auch weggelassen werden. Dies wäre der Fall, wenn beispielsweise der gelebte Ist-Prozess in dokumentierter Form vorliegt. Die Aktivität „Ist-Prozess analysieren" ist aber insbesondere kein Assessment gegen ein vorgegebenes Referenzmodell wie beispielsweise CMMI oder SPICE. Sie operiert auf dem Ergebnis „Ist-Prozess und Potentiale", welches im folgenden Kapitel „Das Ergebnisstrukturmodell für SPI" beschrieben wird.

Die **Aktivität „Potentiale erheben und abschätzen"** hat als Ziel, die oftmals bei den Mitarbeitern, welche die inhaltliche Entwicklungsarbeit gut kennen, vorhandenen Verbesserungsvorschläge zu sammeln und deren vorhandene Expertise zu kanalisieren. Dies ist wichtig für das SPI-Projekt, da viele Schwachstellen im Ist-Zustand aus der Management-Draufsicht nicht erkennbar sind und weil mit jedem eingebrachten Verbesserungsvorschlag die Identifikation der Prozessausführenden mit dem zu entwickelnden Sollprozess steigt. Die Erhebung der Verbesserungspotentiale wird von den Prozessentwicklern eher moderiert und nur punktuell inhaltlich beeinflusst. Begleitend wird für die eingebrachten Verbesserungsvorschläge deren Effizienz, Machbarkeit und Kompatibilität zum übergeordneten Prozesskontext der Organisation untersucht und abgeschätzt. Für die Erhebung der Potentiale ist eine hinreichende Beteiligung der Stakeholder zwingend erforderlich. Die Aktivität „Potentiale erheben und abschätzen" wird mindestens einmal durchgeführt und gegebenenfalls später ergänzt. Sie operiert auf dem Ergebnis „Ist-Prozess und Potentiale", welches im folgenden Kapitel „Das Ergebnisstrukturmodell für SPI" beschrieben wird.

Die **Aktivität „Nebenwirkungen und Risiken managen"** hat zum Ziel, die bei einem SPI-Projekt üblicherweise auftretenden ungewollten Seiteneffekte und antizipierten Probleme in prozessual-fachinhaltlicher Hinsicht möglichst zu kontrollieren, mindestens aber dem Lenkungsgremium zu kommunizieren. Dies hat zum Ziel, die Gefährdung des Erfolges des SPI-Projektes auch in fachinhaltlicher Weise zu minimieren. Fachinhaltliche Risiken für ein SPI-Projekt können beispielsweise nicht beeinflussbare Prozessschnittstellen oder eine anstehende Umorganisation, die unter Umständen dem SPI-Projekt die Grundlage entziehen würde, sein. Gegebenenfalls müssen die identifizierten Risiken und Konfliktpotentiale an den Lenkungsausschuss kommuniziert, sowie entsprechende Gegenmaßnahmen abgestimmt und durchgeführt werden. Bei der Aktivität „Nebenwirkungen und Risiken managen" werden prozessuale und fachinhaltliche Nebeneffekte und Risiken identifiziert, in eine Risikoliste eingepflegt, mit entsprechenden Gegenmaßnahmen versehen und beobachtet. Bei Bedarf werden die Gegenmaßnahmen angewendet. Die Aktivität „Nebenwirkungen und Risiken managen" muss zwingend und während der gesamten Laufzeit des SPI-Projektes durchgeführt werden. Sie operiert auf dem Ergebnis „Risikoliste", welches im folgenden Kapitel „Das Ergebnisstrukturmodell für SPI" beschrieben wird.

Die **Aktivität „Referenzmodell Sollprozess entwerfen"** hat zum Ziel, die bisher gewonnenen Blickwinkel auf die zu verbessernde Prozesslandschaft der Softwareentwicklung durch eine idealisierte und vereinfachte Darstellung zu ergänzen. Das „Referenzmodell Sollprozess" stellt einen idealisierten Sollzustand des Software-Entwicklungsprozesses anhand eines überblicksartigen Prozessgerüstes dar, bei dem strukturelle Klarheit unter angemessener Berücksichtigung der im Kontext der Organisation gegebenen Restriktionen im Vordergrund stehen. Die Entwicklung eines „Referenzmodells Sollprozess" kann sich als sinnvoll erweisen, da in einem SPI-Projekt oftmals aus der Menge von Detaildarstellungen während der Analyse des Ist-Prozesses nur unter größten Schwierigkeiten auf direktem Weg ein übersichtliches handhabbares Modell des Sollprozesses extrahiert und abgeleitet werden kann. Beim Entwurf des Referenzmodells für den Sollprozess wird nur bedingt auf die Erkenntnisse aus der Ist-Analyse Rücksicht genommen, um vom aktuellen Zustand der Prozesse maßvoll abstrahieren zu können und eine kritische Distanz zu wahren. Das Referenzmodell des Sollprozesses muss allerdings bei hinreichender Ergebnisqualität der Analyse des Ist-

Prozesses nicht unbedingt entwickelt werden. Unter diesen Umständen können die Analyse-ergebnisse ohne den Umweg über einen Referenzprozess zum Sollprozess weiterverarbeitet werden. Die Aktivität operiert auf dem Ergebnis „Modell Referenzprozess", welches im folgenden Kapitel „Das Ergebnisstrukturmodell für SPI" beschrieben wird.

Die **Aktivität „Referenzmodell entsprechend der Potentiale anpassen"** hat zum Ziel, die idealisierte, kompakte Prozessvorlage um die erhobenen Verbesserungspotentiale und Re-striktionen aus der Ist-Analyse anzureichern und sie so an die realen Gegebenheiten in der Organisation anzupassen. Dies ist erforderlich, um den unveränderlichen Rahmenbedingun-gen der Softwareentwicklungsprozesse in der Organisation entsprechend Rechnung zu tra-gen. Hierbei werden die Inhalte der Verbesserungsvorschläge, sowie die invarianten Restrik-tionen zum Referenzprozess hinzumodelliert, also die überblicksartige Darstellung des Soll-Prozesses um Details erweitert. Diese Aktivität kann im SPI-Projekt nur ausgeführt werden, wenn die Modellierung eines Referenzmodells des Soll-Prozesses durchgeführt wurde, dann aber so oft, bis ein Konsens mit den Stakeholdern erreicht ist. Sie operiert auf den Ergebnis-sen „Modell Referenzprozess" und „Ist-Prozess und Potentiale", welche im folgenden Kapi-tel „Das Ergebnisstrukturmodell für SPI" beschrieben werden.

Die **Aktivität „Soll-Prozess abstimmen und kommunizieren"** hat als Ziel, das Sollprozess Modell des zukünftig anzuwendenden Softwareentwicklungsprozesses formell von den Sta-keholdern bestätigen zu lassen und dieses dann als denn neuen Status Quo offiziell zu ma-chen. Dieses Sollprozess Modell wurde, wie bereits geschildert, entweder direkt aus den Analyseergebnissen und Verbesserungspotentialen oder über den Zwischenschritt des „Refe-renzmodells Sollprozess" abgeleitet. Das Abstimmen und Kommunizieren des Sollprozess Modells ist erforderlich, damit der neue Prozess in der Organisation etablierbar ist. Die Akti-vität „Sollprozess abstimmen und kommunizieren" kann in Form eines Projektmeetings mit einer Präsentation stattfinden. Sie muss im SPI-Projekt zwingend einmal durchgeführt wer-den. Sie operiert auf den Ergebnissen „Modell Soll-Prozess" und „SPI-Rahmenbedingungen", welche im folgenden Kapitel „Das Ergebnisstrukturmodell für SPI" beschrieben werden.

Die **Aktivität „Sollprozess schulen, einführen, coachen und evaluieren"** hat als Ziel, den neuen Softwareentwicklungsprozess allen Stakeholdern noch einmal zu verinnerlichen. Dies ist für das SPI-Projekt notwendig um zu gewährleisten, dass der neue Prozess auch im Ta-gesgeschäft zukünftig angewendet wird. Weiterhin wird er einer nochmaligen kritischen Prüfung unter Realbedingungen unterzogen. Diese Aktivität muss zwingend einmal ausge-führt werden. Sie operiert auf den Ergebnissen „Modell Soll-Prozess" und „gelebter Soll-Prozess", welche im folgenden Kapitel „Das Ergebnisstrukturmodell für SPI" beschrieben werden.

Die „Prozessentwickler"-Aktivitäten des **prozessual-fachinhaltlichen Teilprozesses** werden ergänzt durch die „**Stakeholder"-Aktivitäten**

- „fachlichen Input über Ist-Prozess, Restriktionen und Potentiale geben"
- „Soll-Prozess mitgestalten"
- „Soll-Prozess kritisch prüfen"
- „Soll-Prozess verinnerlichen und anwenden"

Diese stellen die Tätigkeiten der von der Prozessverbesserung betroffenen Mitarbeiter dar. Die „Stakeholder"-Aktivitäten des prozessual-fachinhaltlichen Teilprozesses werden von den „Stakeholdern" ausgeführt.

Die „Stakeholder" Aktivitäten und ihre Zusammenhänge werden für das visuelle Gedächtnis zunächst anhand des folgenden Diagramms veranschaulicht.

Stakeholder

Abb. 12.6 Aktivitäten der Stakeholder

Die **Aktivität „fachlichen Input über Ist-Prozess, Restriktionen und Potentiale geben"** hat als Ziel, die Expertise aus der täglichen Entwicklungsarbeit im gegebenen organisatorischen Kontext in das SPI-Projekt einzubringen. Die Stakeholder helfen hier dem Prozessentwickler, den Status Quo in der Entwicklungsorganisation und seine Charakteristika zu verstehen. Dies ist notwendig, weil nur auf der Basis dieses Verständnisses der Prozessentwickler die Verbesserung der Prozesse zielführend moderieren und coachen, beziehungsweise gegebenenfalls einen Referenzprozess modellieren kann. Die Aktivität „fachlichen Input über Ist-Prozess, Restriktionen und Potentiale geben" muss zwingend einmal ausgeführt werden und wird bei Bedarf später wiederholt. Sie operiert auf dem Ergebnis „Modell Ist-Prozess und Potentiale", welches im folgenden Kapitel „Das Ergebnisstrukturmodell für SPI" beschrieben wird.

Die **Aktivität „Soll-Prozess mitgestalten"** hat zum Ziel, dass sich die zukünftigen Benutzer des neuen Prozesses mit ihren eigenen Ideen und Vorstellungen einbringen und ihre Arbeitszukunft aktiv mitgestalten können. Dies ist wichtig, da viele Verbesserungspotentiale erst aus dem Blickwinkel der Detailarbeit der Softwareentwicklung sichtbar werden und es für die Stakeholder leichter ist, einen neuen Prozess zu akzeptieren, wenn sie ihn selbst tatkräftig mitgestaltet haben. Es sollen von den Stakeholdern die Schwachstellen des alten Prozesses offengelegt, Verbesserungsvorschläge eingebracht, aber auch auf gegebene Restriktionen oder Risiken hingewiesen werden. Hierbei wird das vom „Prozessentwickler" vorgeschlagene „Referenzmodell Sollprozess" als Ausgangspunkt genommen und entsprechend den Anregungen der „Stakeholder" angereichert und verändert. Die Aktivität „Soll-Prozess mitgestalten" muss zwingend mindestens einmal ausgeführt werden, läuft aber erfahrungsgemäß mit wechselnder Intensität während des gesamten SPI-Projektes. Sie operiert auf dem Ergebnis „Modell Soll-Prozess", welches im folgenden Kapitel „Das Ergebnisstrukturmodell für SPI" beschrieben wird.

Die **Aktivität „Soll-Prozess kritisch prüfen und Feedback geben"** hat zum Ziel, dass die Stakeholder die Entwürfe für den neuen Prozess unter dem Blickwinkel der eigenen Arbeitsrealität auf den Prüfstand stellen. Nach Möglichkeit sollten die Stakeholder den Soll-Prozess schon exemplarisch in der Praxis testen und dem Prozessentwickler von den gemachten Erfahrungen und gewonnenen Erkenntnissen berichten. Dies ist wichtig für das SPI-Projekt, weil es oftmals sehr schwierig ist, den Transferschritt von den modellhaften Entwürfen bis hin zu deren Auswirkungen in der täglichen Entwicklungsarbeit nur in der Vorstellung zu vollziehen. Hier soll der neue Soll-Prozess am Modell durchgespielt oder aber nach Möglichkeit in der Realumgebung exemplarisch evaluiert werden. Die Aktivität „Soll-Prozess kritisch prüfen und Feedback geben" muss mindestens einmal ausgeführt werden. Sie operiert auf den Ergebnissen „Modell Soll-Prozess" und „gelebter Soll-Prozess", welche im folgenden Kapitel „Das Ergebnisstrukturmodell für SPI" beschrieben werden.

Die **Aktivität „Soll-Prozess verinnerlichen und anwenden"** hat zum Ziel, die nur modellhaft existierenden Prozessverbesserungen auch vollständig in der täglichen Entwicklungspraxis einzuführen und anzuwenden. Ohne diesen Schritt können sich die bisher im SPI-Projekt getätigten Aufwendungen nicht amortisieren. Es sollen die Prozessdefinitionen aus dem abgestimmten Soll-Prozess benutzt, seine Aktivitäten ausgeführt, seine Ergebnisse erstellt und seine Rollen besetzt werden. Hier muss insbesondere vom involvierten Management eine Vorbildfunktion erfüllt werden. Das Management muss den neuen Prozess vorleben und muss als fachlicher und motivationaler Coach und Multiplikator wirken. Die Aktivität „Soll-Prozess verinnerlichen und anwenden" muss zwingend ab dem Ende des SPI-Projektes ausgeführt werden. Sie operiert auf dem Ergebnis „gelebter Soll-Prozess", welches im folgenden Kapitel „Das Ergebnisstrukturmodell für SPI" beschrieben wird.

12.2.3   Das Ergebnisstrukturmodell für SPI

Im folgenden wird die Frage beantwortet, aus welchen Elementen das Ergebnisstrukturmodell des gesamtheitlichen Verfahrens für SPI besteht. **Das Ergebnisstrukturmodell für das gesamtheitliche Verfahren für SPI stellt die Projekterzeugnisse des SPI-Projektes dar.**

Es enthält die Ergebnisse

- „SPI-Rahmenbedingungen
- „Management Commitment SPI"
- „Vision, Zieldefinition SPI"
- „Business Case SPI"
- „Projektplan SPI"
- „Kommunikationskonzept SPI"
- „Risikoliste SPI"
- „Ressourcenplan SPI"
- „Migrationsplan Soll-Prozess"
- „Modell Ist-Prozess und Potentiale"
- „Modell Referenzprozess"
- „Modell Soll-Prozess"
- „Gelebter Soll-Prozess"

Die Ergebnisse können oft nicht eindeutig der Verantwortlichkeit einer Rolle und damit einem Teilprozess zugeordnet werden.

Die Ergebnisse des Ergebnisstrukturmodells und ihre Zusammenhänge werden für das visuelle Gedächtnis zunächst anhand des folgenden Diagramms (Abb. 12.6) veranschaulicht.

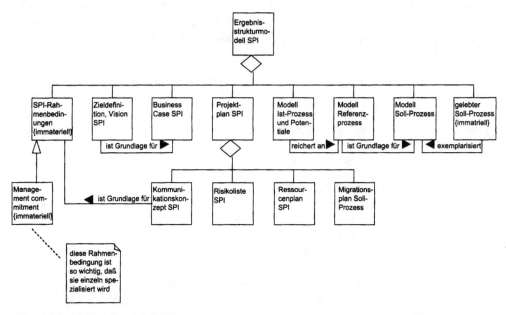

Abb. 12.6 Ergebnisstrukturmodell SPI

Das **Ergebnis „SPI-Rahmenbedingungen"** hat ein günstiges organisationales und emotionales Klima für das SPI-Projekt in der Organisation zum Ziel. Dies ist wichtig, da sonst das

SPI-Projekt existentiell gefährdet ist. Dieses Ergebnis ist immateriell, es kann nicht in einem Dokument oder Modell manifestiert werden. Beispiele für „SPI-Rahmenbedingungenen" sind ein gewachsenes Bewusstsein der Stakeholder für die Sinnhaftigkeit und Notwendigkeit eines SPI-Projektes oder auch ein Klima des Vertrauens und der Fehlertoleranz beim Erlernen neuer Prozessschritte. Das Ergebnis „SPI-Rahmenbedingungen" muss zwingend erreicht und während der gesamten Laufzeit des SPI-Projektes aufrechterhalten werden. Für das Ergebnis „SPI-Rahmenbedingungen" sind der „Verantwortliche für Human Factors", der „Manager SPI-Projekt" und der „Prozessentwickler" verantwortlich.

Das **Ergebnis „Management Commitment SPI"** ist eine Spezialisierung von „SPI-Rahmenbedingungen", die noch wichtiger und entscheidender als dieses ist und ganz auf die konsequente operative Unterstützung des Managements für das SPI-Projekt fokussiert ist. Ohne das Management Commitment ist ein SPI-Vorhaben erfahrungsgemäß zum Scheitern verurteilt. Dieses Ergebnis ist ebenfalls immateriell, es kann nicht in einem Dokument oder Modell manifestiert werden. Das Ergebnis „Management Commitment" muss zwingend erreicht und während der gesamten Projektlaufzeit aufrechterhalten werden. Für das Ergebnis „Management commitment SPI" ist der „Manager SPI-Projekt" verantwortlich.

Das **Ergebnis „Vision, Zieldefinition SPI"** enthält eine Problemdarstellung, eine erste Plausibilisierung des Nutzens und Grobvorstellung der Ziele des SPI-Projektes. Ohne eine erste Konkretisierung dieser Inhalte kann das SPI-Projekt nicht ins Rollen gebracht werden. Das Ergebnis „Vision, Zieldefinition SPI" ist Grundlage für das Ergebnis „Business Case SPI" und muss zwingend erstellt werden. Es dient während des gesamten Verlaufes des SPI-Projektes als Meßlatte für die Prozessverbesserungen, sollte jedoch auch ggf. an neuere Erkenntnisse angepasst werden. Für das Ergebnis „Vision, Zieldefinition SPI" ist der „Manager SPI-Projekt" verantwortlich.

Das **Ergebnis „Business Case SPI"** ist die kaufmännische Darstellung des SPI-Projektes in Form einer Wirtschaftlichkeitsrechnung, Risiko- und Nebeneffektanalyse und Nutzendarstellung als ökonomische Entscheidungsgrundlage. Dies ist meist als Argumentationsgrundlage erforderlich, um vom Management die benötigten Ressourcen bereitgestellt zu bekommen. Das Ergebnis „Business Case SPI" sollte erstellt und im Projektverlauf aktuell gehalten werden. Für das Ergebnis „Business Case SPI" ist der „Manager SPI-Projekt" verantwortlich.

Das **Ergebnis „Projektplan SPI"** stellt alle Aktivitäten, Termine, Meilensteine, Ressourcenverfügbarkeiten und –verwendungen für das SPI-Projekt dar. Dies ist wichtig, um während der Laufzeit des SPI-Projektes Planabweichungen frühzeitig erkennen und entsprechend nachsteuern zu können. Der Projektplan gewährleistet die Reportfähigkeit gegenüber dem Lenkungsausschuss. Als weitere Teile des „Projektplans SPI" werden im Rahmen des gesamtheitlichen Verfahrens für SPI die Ergebnisse „Kommunikationskonzept SPI", „Risikoliste SPI", „Ressourcenplan SPI" und „Migrationsplan Soll-Prozess" definiert. Der „Projektplan SPI" muss zwingend erstellt und während der gesamten Laufzeit des SPI-Projektes aktualisiert werden. Für das Ergebnis „Projektplan SPI" ist der „Manager SPI-Projekt" verantwortlich.

Das **Ergebnis „Kommunikationskonzept SPI"** ist ein Teil des „Projektplans SPI" und dient der Verbesserung der „SPI-Rahmenbedingungen" durch geplante, bewusste und offene

Kommunikation. Diese ist wichtig, weil sich sonst an Gerüchten Widerstände gegen das SPI-Projekt aufbauen können [Moh+98]. Das Kommunikationskonzept legt fest, welche Information aus dem SPI-Projekt wann, wie, in welcher Form und an wen kommuniziert wird. Das „Kommunikationskonzept SPI" muss zwingend erstellt und während der gesamten Laufzeit des SPI-Projektes aktualisiert werden. Für das Ergebnis „Kommunikationskonzept SPI" ist der „Verantwortliche für Human Factors" verantwortlich.

Das **Ergebnis „Risikoliste SPI"** ist ein Teil des „Projektplans SPI" und dient als Sammelbecken aller Informationen über Nebeneffekte, Risiken, Probleme und Maßnahmen in Zusammenhang mit dem SPI-Projekt. Dies ist wichtig, weil das existentiell wichtige Risikomanagement ohne Informationsbasis nicht sinnvoll durchgeführt werden kann. Die „Risikoliste SPI" muss zwingend erstellt, dem Lenkungsausschuss kommuniziert und während des gesamten Verlaufes des SPI-Projektes weitergepflegt werden. Für das Ergebnis „Risikoliste SPI" ist der der „Manager SPI-Projekt" verantwortlich.

Das **Ergebnis „Ressourcenplan SPI"** ist ein Teil des „Projektplans SPI" und stellt geplante, verbrauchte und noch benötigte Ressourcen des SPI-Projektes gegeneinander. Dies ist erforderlich, damit Planabweichungen frühzeitig bemerkt werden und entsprechend nachgesteuert werden kann. Der „Ressourcenplan SPI" stellt die Reportfähigkeit gegenüber dem Lenkungsausschuss sicher. Er muss zwingend erstellt und während der gesamten Laufzeit des SPI-Projektes aktuell gehalten werden. Für das Ergebnis „Ressourcenplan SPI" ist der „Manager SPI-Projekt" verantwortlich.

Das **Ergebnis „Migrationsplan Soll-Prozess",** ist ein Teil des „Projektplans SPI" und stellt dar, welche neuen Prozesse in welchem Zeitraum in welche Teile der Organisation eingeführt werden sollen. Dies ist bei größeren Änderungen wichtig, um die tägliche Entwicklungsarbeit nicht mit zu vielen gleichzeitigen Prozessveränderungen zu stark zu beeinträchtigen. Bei kleineren SPI-Vorhaben muss er nicht unbedingt erstellt werden. Für das Ergebnis „Migrationsplan Soll-Prozess" ist der „Manager SPI-Projekt" verantwortlich.

Das **Ergebnis „Modell Ist-Prozess und Potentiale"** fasst die erhobene Expertise der Stakeholder über die aktuell gelebten Entwicklungsprozesse und deren Verbesserungspotentiale zusammen. Dies ist wichtig, um vorhandenes Wissen über den Status Quo zu explizieren und den Prozessentwicklern aufbereitet zugänglich zu machen. Das „Modell Ist-Prozess und Potentiale" stellt alle aktuell existierenden Aktivitäten, erzeugten Ergebnisse und vergebenen Rollen und Verbesserungsmöglichkeiten für diese dar. Zumindest bezogen auf die Verbesserungspotentiale muss es zwingend erstellt und fortwährend aktualisiert werden. Für das Ergebnis „Modell Ist-Prozess und Potentiale" sind der „Prozessentwickler" und der „Stakeholder" verantwortlich.

Das **Ergebnis „Modell Referenzprozess"** stellt ein idealisiertes und übersichtliches Prozessgerüst dar, welches als Vorlage für den Soll-Prozess dient. Dies ist mitunter erforderlich, falls aus dem „Modell Ist-Analyse und Potentiale" kein durchgängiger Soll-Prozess extrahiert werden kann. Bei der Entwicklung des „Modell Referenzprozess" soll ein Mittelweg zwischen einem völlig vom gegebenen Kontext losgelösten Referenzprozess aus der Fachliteratur und einem völlig proprietären kontextspezifischen Prozessentwurf beschritten werden. Es wird um die mit Hilfe der „Stakeholder" ermittelten Verbesserungspotentiale und

Restriktionen angereichert und so zum „Modell Sollprozess" ausgebaut. Falls das „Modell Ist-Prozess" aber hinreichend ausbaufähig gestaltet werden kann, muss das „Modell Referenzprozess" nicht zwingend erstellt werden. Für das Ergebnis „Modell Referenzprozess" ist der „Prozessentwickler" verantwortlich.

Das **Ergebnis „Modell Soll-Prozess"** ist die modellhafte Darstellung der prozessualen Festlegungen, welche in der Organisation eingeführt werden sollen und somit die Vorlage für das Ergebnis „gelebter Soll-Prozess". Es ist erforderlich, um die zukünftig verbindlichen Abläufe kompakt, präzise und übersichtlich zu dokumentieren, kommunizierbar zu machen und auch eine Basis für die Weiterentwicklung zu bieten. Das „Modell Soll-Prozess" enthält alle im neuen Entwicklungsprozess definierten Aktivitäten, Ergebnisse und Rollen. Es muss zwingend erstellt und ggf. aktualisiert werden. Für das Ergebnis „Modell Soll-Prozess" sind der „Prozessentwickler" und die „Stakeholder" verantwortlich.

Das **Ergebnis „Gelebter Soll-Prozess"** ist die tatsächliche Nutzung des neuen Entwicklungsprozesses in der täglichen Entwicklungsarbeit. Es ist daher das wichtigste Ergebnis des SPI-Projektes, weil nur so eine Amortisation der im SPI-Projekt getätigten Investitionen eintreten kann. Der „Gelebte Soll-Prozess" ist in der Organisation und den Köpfen ihrer Menschen etabliert und präsent, nichtsdestotrotz aber immateriell, da es auch nicht im „Modell Soll-Prozess" manifestiert werden kann. Er ist auch die Ausgangsposition für weitere Prozessverbesserungen. Der „Gelebte Soll-Prozess" muss zwingend erzeugt werden, da das SPI-Projekt sonst als Fehlschlag eingestuft werden muss. Für das Ergebnis „Gelebter Soll-Prozess" sind die „Stakeholder" verantwortlich.

12.3   Fazit für das Verfahren für SPI

Wie kann die Kernaussage des in dem vorliegenden Beitrag vorgestellten Verfahrens für SPI zusammengefaßt werden? Mit dem gesamtheitlichen Verfahren für SPI wird ein in der Praxis benutzbarer und umfassender Ansatz zur Softwareprozessverbesserung in Unternehmen vorgestellt. Auf diesem Weg sollen Anregungen für konkrete SPI-Projekte und somit ein Beitrag zur Verbesserung der Prozessqualität in der softwareentwickelnden Industrie geleistet werden. Die hier vorgestellte Sicht auf die SPI Thematik kann mit Hilfe der im Literaturverzeichnis angegebenen Quellen vertieft werden.

12.4   Literaturverzeichnis

[Bad+01]   Nathan Baddoo, Tracy Hall. *Motivators of Software Process Improvement: an analysis of practitioner's views*. In: The Journal of Systems and Software, 62 (2002) pp.85-96

[CMMI02]   Software Engineering Institute (SEI). *Capability Maturity Model Integration (CMMISM) version 1.1 March (2002)*. In: http://www.sei.cmu.edu /cmmi/cmmi.html

[Dem+99]   Tom DeMarco, Timothy Lister. *Wien wartet auf Dich!*. Hanser 1999

[KRU03]   Philippe Kruchten. *The Rational Unified Process*. Addison Wesley 2003

[Moh+98]   Nico Mohr, Marcus Woehe. *Widerstand erfolgreich managen*. Campus 1998

[Nia+04]   Mahmood Niazi, David Wilson, Didar Zowghi, Bernhard Wong. *A Model for the Implementation of Software Process Improvement: An Empirical Study*. In: PROFES 2004, LNCS 3009, pp. 1-16

[SPI98]   ISO SPICE. *ISO/IEC TR 15504 (1998)*: In http://isospice.com/index.htm

[VM97]   IABG. *V-Modell 97. Entwicklungsstandard für IT-Systeme des Bundes*. In: http://www.v-modell.iabg.de/

13 Schätzverfahren im Kontext objektorientierter Prozesse

Slobodan Jerala, IZB SOFT

Das Schätzen wird im Softwaregeschäft häufig stiefmütterlich behandelt. Aufgrund von Schätzergebnissen werden betriebswirtschaftliche Kalkulationen und Budgetzuweisungen getätigt. Eine mangelhafte Schätzung eines großen Projektes kann ein Unternehmen an den Rand des Ruins bringen. Oftmals wird das Schätzen vernachlässigt, sei es aus Zeitmangel oder aufgrund zu geringer Kenntnisse im Bereich Softwareschätzung. Aber auch komplizierte Verfahren, die scheinbar jede mögliche Projektsituation berücksichtigen, schützen nicht vor einer fehlerhafter Schätzung.

Der Beitrag gibt einen Überblick über verschiedene Situationen der Softwareprojektschätzung. Er zeigt auch, wie man ein Schätzverfahren in einen iterativen Prozess integriert. Es werden verschiedene Verfahren vorgestellt: sowohl klassische Verfahren wie die Dekompositionsschätzung, als auch innovative Ansätze parametrischen Schätzens auf der Grundlage der Function Point Analyse und COCOMO II. In der Praxis erprobte Regeln werden definiert und es wird gezeigt, was wichtig ist, um gute Schätzergebnisse zu erzielen. Zum Schluss wird ein in der Handhabung einfaches Verfahren hergeleitet, das mit wenig Information in der Lage ist, zu einem sehr frühen Zeitpunkt ein Projekt in guter Qualität zu schätzen.

Über den Autor

Slobodan Jerala verfügt über mehr als zehn Jahre praktische Erfahrung im Bereich objektorientierter Softwareentwicklung, u.a. als Systementwickler, Designer, Architekt, Projektleiter und Projektberater. Seine Spezialgebiete umfassen Themen wie Projektmanagement, Schätzverfahren, Entwicklungsprozesse etc. Augenblicklich ist er Projektleiter bei der IZB SOFT, dem Systemhaus der bayrischen Sparkassen.

13.1 Einleitung

Die Schätzung eines Projektes ist eine Aktivität mit enormer Auswirkung auf den Projekterfolg. Als Folge der geschätzten Aufwände werden Budgets zugewiesen, Mitarbeiter reserviert, Hardware angeschafft, Verträge mit externen Dienstleistern abgeschlossen, Projektplanungen und sogar ganze Jahresplanungen erstellt. Ein Unternehmen verlässt sich auf die

Schätzungen der einzelnen Projekte, und trotzdem wird dieses Thema oft stiefmütterlich angegangen. Die meisten Gebiete iterativer Softwareentwicklung sind erforscht und die jeweiligen objektorientierten Methoden in die Prozesse integriert, jedoch gibt es zum Thema Schätzen derzeit nicht viele methodische Ansätze, die objektorientierte Elemente wie beispielsweise Anwendungsfälle integrieren.

Oftmals gibt es keinen implementierten Schätzprozess im Unternehmen, so dass jedes Projekt unterschiedlich geschätzt wird. Die Qualität der Schätzergebisse ist abhängig von bestimmten Personen und der Situation in der sich das Projekt gerade befindet. Hat der Projektleiter viel Erfahrung mit einer bestimmten Art von Systemen und den Gegebenheiten im Hause, dann wird das Schätzergebnis vermutlich von guter Qualität sein. Ein im Hause neuer Projektleiter oder eine neue Programmiersprache werden die Qualität des Schätzergebnisses jedoch verringern. Auch andere Randbedingungen wie politischer Druck oder persönliche Interpretation von Qualität werden ohne einheitliches Vorgehen beim Schätzen von Projekt zu Projekt unterschiedliche Ergebnisse verursachen. Natürlich ist auch die Nachvollziehbarkeit von Schätzergebnissen ohne Prozess nicht gegeben und die wird spätestens beim Misserfolg eines Projektes äußerst interessant für ein Unternehmen.

Derzeit gängige Methoden zum Schätzen von Softwareprojekten basieren häufig darauf, dass man schon im Voraus wissen sollte, was alles im Projekt getan werden muss. Dies ist durchaus möglich, wenn man die vorherzusagenden Zeiträume auf wenige Monate beschränkt und die Anzahl der Mitarbeiter überschaubar ist. Was ist aber mit einer Projektdauer von ein bis zwei Jahren und einer Projektgröße von tausenden Personentagen (PT)? Belügt man sich bei diesen Größenordnungen nicht etwa selber? Andere Methoden lassen sich zwar leichter in einen Prozess einbetten, verlangen aber als Schätzgrundlage genaue Modelle des Systems, z.B. Objektmodelle des zu entwickelnden Codes. Ist aber nicht, sobald man diese Modelle kennt, die Hälfte des Projektes schon gelaufen? Welchen Wert hat eine Schätzung, die erst Mitte des Projektes erstellt werden kann? Die Unternehmenspraxis zeigt, dass Schätzungen häufig schon zum Zeitpunkt der jährlichen Vorhabensplanung benötigt werden und nicht erst dann, wenn das Projekt schon zur Hälfte fertig gestellt ist.

Der wichtigste Zeitpunkt für eine Projektschätzung ist der Zeitpunkt der Angebotserstellung. Da es zu diesem frühen Zeitpunkt schwer abzuschätzen ist, welche Aufgaben mittelfristig anfallen werden und auch keine genauen Modelle über das zu erstellende Produkt existieren, sind viele Schätzungen recht ungenau und können z.B. bei Festpreisprojekten nur mit großen Risikozuschlägen und Puffern für eine Zeit- und Aufwandschätzung verwendet werden. Oftmals sind der bestimmte Aufwand und Fertigstellungstermin einer Schätzung diejenigen Zahlen, bei denen man nicht mehr beweisen kann, dass sie falsch sind. Falls man doch noch etwas vergessen hat (je größer das Projekt, desto wahrscheinlicher), kann es dann durchaus länger dauern und teurer werden. Ein auf diese Weise geschätztes Projekt wird sich häufiger Change Requests erfreuen.

Grundsätzlich lassen sich die Methoden zum Schätzen des Aufwandes von Softwareprojekten in vier Gruppen aufteilen: Expertenschätzungen, Analogieschätzungen, Dekompositionsschätzungen und parametrische Schätzmethoden. Die Expertenschätzung ist eine viel gebrauchte Schätzmethode. Es schätzen ein (oder mehrere) mit der Art der zu schätzenden Software erfahrener Experte(n). Als Grundlage dient meistens die Softwarespezifikation, weitere Formalismen gibt es oft nicht. Analogieschätzungen vergleichen durchzuführende Projekte mit schon einmal (im Unternehmen) durchgeführten ähnlichen Projekten. Beispielsweise können Projekte, die gleiche Geschäftsvorfälle umsetzen, aber nur eine andere Technologie verwenden, im weitesten Sinne als ähnlich betrachtet werden (von Internet Banking zu Mobile Banking). Die häufigst gebrauchte Schätzmethode bei der Softwareentwicklung ist die Dekompositionsmethode. Bei dieser Methode wird die Gesamtaufgabe – also das Projekt – in kleinere überschaubarere Aufgaben unterteilt, die dann wieder einzeln zu schätzen sind. Ganz anders gehen parametrische Schätzmethoden vor. Sie deuten empirisch ermittelte Zusammenhänge verschiedener Faktoren und bringen diese in einen mathematischen Zusammenhang. Es wird also untersucht, wie der Einfluss von Programmgröße, Zeitdruck, Programmkomplexität und anderen Größen auf die Entwicklungsdauer bzw. den Entwicklungsaufwand ist.

Das folgende Kapitel beschäftigt sich mit den so genannten „klassischen" Schätzmethoden. Darunter fällt vor allem die Dekompositionsmethode in Verbindung mit der Expertenschätzung. Im Weiteren wird ein praxiserprobtes parametrisches Verfahren vorgestellt, das eine Vielzahl der genannten Probleme löst oder zumindest reduziert. Dieses parametrische Schätzverfahren basiert auf bewährten Methoden, wie die Function Point Analyse und dem COCOMO 2 Verfahren (Kapitel 13.4). Es ist eingebunden in einen iterativen Softwareentwicklungsprozess, was aber nicht heißt, dass es nur für iteratives Vorgehen geeignet ist. Besonderer Wert wird auch auf den Umgang mit dem Verfahren gelegt. Es wird nicht nur die Methode an sich vorgestellt, sondern auch Regeln zum Umgang in der Praxis, um bestmögliche Schätzergebnisse zu erzielen. Im letzten Teil des Beitrags werden die Ideen weitergeführt und ein parametrisches Verfahren hergeleitet, das mit sehr einfachen Mitteln, d.h. mit wenig Wissen über das zu schätzende System, zu einem sehr frühen Zeitpunkt es ermöglicht, ein Projekt zu schätzen.

Alle vorgestellten Methoden und Vorgehensweisen aus der Praxis beziehen sich auf Erfahrungen mit Bankenanwendungen. Die vorgestellten Methoden funktionieren für eine ganz bestimmte Art von Software. Das sind Anwendungen, die aus einer Datenhaltung Daten lesen, diese für den Endanwender aufbereiten und umgekehrt Daten vom Endanwender aufbereiten und in eine Datenhaltung schreiben. Um andere Arten von Softwareprojekten zu schätzen muss man die vorgestellten Ideen weiterführen. Weiterhin wird besonders auf die Einfachheit der Methoden Wert gelegt. Erfahrungsgemäß werden in der industriellen Praxis zu komplizierte Methoden und Verfahren nicht oder nur schlecht angenommen.

13.2 Iterativer Prozess

Die in diesem Beitrag vorgestellten Schätzmethoden sind alle in einen iterativ-inkrementellen Softwareentwicklungsprozess eingebettet. Einige frühe objektorientierte Ergebnistypen wie Anwendungsfälle oder ein Entity-Modell (logisches Datenmodell) dienen (und genügen) dem Schätzverfahren dabei als Eingabe. Weiterhin ist das Schätzverfahren in der Lage, zu wichtigen und geforderten Zeitpunkten ein zuverlässiges Ergebnis zu liefern.

Wie auch bei anderen bekannten Vertretern iterativ-inkrementeller Vorgehensweisen (z.B. dem Rational Unified Prozess, siehe [Kru 98]) ist der Projektverlauf unterteilt in vier Phasen: Angebot, Entwurf, Konstruktion und Einführung. Es wird in diesem Zusammenhang ganz bewusst von der Angebotsphase gesprochen (andere Namen aus der Literatur wären Vorbereitung, Konzeption oder englisch Inception), weil das die wichtigste Phase für den Schätzprozess und der wichtigste Ergebnistyp in dieser Phase des Projektes das Angebot ist. Wie bei jedem anderen Vorgehensmodell auch, gibt es zu erledigende Aufgaben wie Analyse, Design, Implementierung usw. In Abb. 13.1 ist zu sehen, dass je nach Phase andere Aufgabenschwerpunkte gesetzt werden. Dies ist typisch für iteratives Vorgehen (im Gegensatz zum Wasserfallmodell). Beispielsweise wird in der Entwurfsphase hauptsächlich analysiert und entworfen, aber es wird auch implementiert und getestet etc.

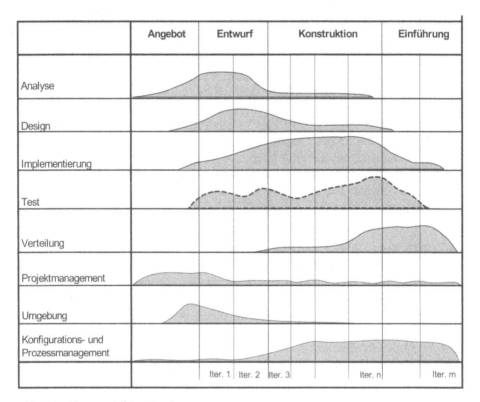

Abb. 13.1   Phasenmodell iterativer Prozess

Um nicht zu tief in die Konzepte eines iterativen Vorgehensmodells einzutauchen, zurück zu den für das Schätzverfahren wichtigen Zeitpunkten. Der wohl wichtigste ist der Fertigstellungszeitpunkt des Angebotes. Zu diesem Zeitpunkt muss gegenüber dem Kunden oder Vorgesetzen ein Angebot über die Projektkosten, Projektdauer, Mitarbeiterzahl usw. abgegeben werden. Weitere wichtige Zeitpunkte des Schätzverfahrens sind die Fertigstellung der ersten Iteration, das Ende der Entwurfsphase und das Projektende. Die ersten beiden Zeitpunkte dienen hauptsächlich zur Verifikation der Schätzung, da man zu einem späteren Zeitpunkt präzisere Information über den Umfang des Projektes hat und somit in der Lage ist, eine genauere Schätzung durchzuführen. Der Zeitpunkt am Ende des Projektes dient zur Eichung des Schätzverfahrens.

Wichtig für das Schätzverfahren ist die Information über das Projekt, die der Softwareentwicklungsprozess liefert. Der dem Schätzverfahren zugrundeliegende iterative Prozess stellt dem Schätzverfahren gegen Ende der Angebotsphase funktionale Anforderungen in Form von Anwendungsfällen und nichtfunktionalen Anforderungen in Prosa zur Verfügung (Pflichtenheft). Erfahrungsgemäß sind für die beschriebene Art von Software („Bankenanwendungen") die funktionalen Anforderungen die wichtigeren, sie haben stärkeren Einfluss auf den Aufwand. Diese stehen in Form eines Anwendungsfallmodells und der Grobbeschreibung jedes einzelnen Anwendungsfalls zur Verfügung.

Die Grobbeschreibung enthält dabei eine Auflistung der Funktionen (oder fachlichen Dienste), die dieser Anwendungsfall den Akteuren bietet. Sie enthält nur wenig Information über den Ablauf oder die Interaktion mit dem Akteur. Im Laufe der Entwurfsphase werden die Anwendungsfälle in so genannten Anwendungsfallfeinbeschreibungen detaillierter beschrieben. Es entsteht eine präzise Ablaufbeschreibung des Anwendungsfalls und eine Beschreibung der Interaktion mit dem Akteur. Der Sinn der späteren Schätzzeitpunkte ist es, dieses Mehr an Information für eine genauere Nachschätzung zu nutzen um frühzeitig zu erkennen, ob ein Projekt aus dem Ruder zu laufen droht oder nicht.

Sicherlich ist es nicht immer möglich, eine Schätzung für ein Angebot nur mit Hilfe von Anwendungsfallgrobbeschreibungen zu erstellen, jedoch bedeutet mehr Information zum Zeitpunkt der Angebotserstellung auch mehr Arbeit, mehr Aufwand und damit mehr Zeit für die Anforderungsanalyse vor dem Angebot. Würde einem Schätzverfahren diese Quantität und Qualität der Anforderungen zum Angebotszeitpunkt nicht reichen, könnte man eine Schätzung dann evtl. erst zum Ende der Entwurfsphase erstellen, da erst dann die Anforderungen präzise definiert sind. Vor allem das später beschriebene parametrische Schätzverfahren löst diesen Konflikt, indem es mit wenig Information eine Schätzung guter Qualität ermöglicht.

13.3 Klassische Schätzmethoden

Zur Unterscheidung von parametrischen Schätzmethoden werden die Expertenschätzung, Dekompositionsschätzung und Analogieschätzung unter dem Begriff klassische Schätzmethoden zusammengefasst. Dies sind Methoden, die informell und einfach anzuwenden sind. Dies ist auch der Grund, warum sie in fast jeder Situation angewendet werden können und den größten Verbreitungskreis haben.

Die **Expertenschätzung** beruht auf der Erfahrung und dem Wissen eines oder mehrerer Experten. Der Schätzer (meistens der Projektmanager), der an einer Schätzung interessiert ist, wendet sich an einen oder mehrere Kollegen, die sich in dem zu schätzenden Thema besonders gut auskennen. Diesen Zahlen schenkt er nun Glauben und übernimmt sie, oder multipliziert die Zahlen mit einem Unsicherheitsfaktor. Die Methode scheint auf den ersten

Blick praktikabel und z.B. für einen im Unternehmen neuen Projektmanager die einzig mögliche zu sein, jedoch ist das Ergebnis an zwei Punkten angreifbar: der Nachvollziehbarkeit und der Genauigkeit des Ergebnisses.

Im Projektgeschäft geht es immer um Geld, und zwar meistens um viel Geld, somit wird einem Manager die fehlende Möglichkeit der Transparenz und Dokumentation des Schätzvorgehens schnell zum Verhängnis. Auch wenn das Ergebnis realistisch sein sollte, werden die Vorgesetzten oder die Kunden den Projektmanager auf unrealistische Aufwände und Zeiten herunterhandeln. Wenn man den Wert eines Produktes nicht versteht (weil nicht transparent gemacht), wird auch keiner den Preis dafür zahlen wollen. Weitere Probleme werden den Projektmanager spätestens bei einer Revisionsprüfung erwarten. Die Wahrscheinlichkeit ist also hoch, dass der Projektmanager früher oder später mit großen Schwierigkeiten konfrontiert wird.

Da jedes Projekt anders ist, Projekte sehr groß und unüberschaubar sein können, weicht die Meinung von Experten erfahrungsgemäß auch immer von der Realität ab. Seltsamerweise neigt der Mensch dazu, Probleme ab einer gewissen Größe zu unterschätzen. Viel schlimmer ist aber, dass man meistens an einer Fehleinschätzung viel zu lange festhält, auch dann, wenn man den Fehler schon längst erkannt hat. Dies führt dazu, dass Softwareprojekte Unternehmen immer wieder in größte Bedrängnis bringen können.

Methoden, die mit Hilfe von Regeln ein immer wieder gleiches und nachvollziehbares Vorgehen ermöglichen versprechen eine Lösung dieser Probleme. Bei der **Dekompositionsschätzung** bricht man das zu schätzende Gesamtproblem auf überschaubare und leichter schätzbare kleine Teilprobleme herunter. Eine gut funktionierende Möglichkeit ist es, das Projekt in einem Projektstrukturplan zu strukturieren. Erfahrungsgemäß ist es besser für die Schätzung, das Projekt fachlich funktional zu strukturieren, als eine technische Gliederung vorzunehmen. Man sollte sich also anhand der Anwendungsfälle oder umzusetzenden Geschäftsvorfälle orientieren. Ausnahmen bilden sehr techniklastige Projekte, die z.B. technische Dienste bereitstellen und den Endanwendern wenig Funktionalität bieten.

In einem zweiten Schritt bestimmt man die zu erreichenden Ziele der einzelnen Strukturelemente des Projektstrukturplans. Dann überlegt man sich, was alles getan werden muss, um diese Ziele zu erreichen. Die daraus resultierenden Aufgaben überträgt man zur Dokumentation in eine Tabelle, am besten einer Tabellenkalkulation. Günstig ist es, wenn es in einem Unternehmen schon vorgefertigte Aufgabenlisten für bestimmte Projekttypen gibt, um Aufgaben nicht zu vergessen. Wenn sich solche Aufgabenmuster an den Softwareentwicklungsprozess im Unternehmen halten, dann ist es möglich, die Dekompositionsschätzung in den Prozess zu integrieren. Wichtig ist, dass die Aufgaben eine bestimmte Größe nicht überschreiten. Der Sinn einer Dekompositionsschätzung ist es, eine unüberschaubare große Aufgabe (z.B. das Projekt) auf mehrere überschaubare und schätzbare Aufgaben herunterzubrechen. Günstig ist es, wenn die Aufgaben einen Aufwand von 50 PT und eine Dauer von zwei bis drei Monaten nicht überschreiten, damit sie noch von einem einzigen Experten geschätzt werden können.

Sowohl die Bestimmung der einzelnen Aufgaben als auch die Aufwandsbewertung der Aufgaben können in einer Schätzklausur erfolgen. In einer Schätzklausur versammeln sich Experten zu einem bestimmten Thema und bewerten die Aufwände und die Dauer bestimmter Aufgaben. Sinnvoll ist dies vor allem dann, wenn unterschiedliche Expertenaussagen existieren. In einer Schätzklausur sollten extreme Schätzwerte unbedingt begründet werden. Für eine Schätzklausur muss man für Projektgrößen von 1000 bis 2000 PT mit mindestens zwei bis vier Stunden Dauer rechnen.

Günstig ist es, wenn man pro Aufgabe mindestens zwei (manchmal sogar drei) Werte hat. Wichtig sind der Minimalwert und der Maximalwert. Da der Mittelwert irgendwo dazwischen liegt, ist die Schätzung des Mittelwertes nur optional. Wichtig bei der Schätzung der Extremwerte ist, dass man sich vorstellen kann, wie sich der Charakter einer Aufgabe unter unterschiedlichen Vorraussetzungen ändert. Beispielsweise können sich beim Minimalwert die Mitarbeiter zu 100 % auf die Aufgabe konzentrieren, es bestehen keine Abhängigkeiten usw. aber beim Maximalwert treten dagegen alle vorstellbaren Risiken ein. Eine im Tagesgeschäft gut bewährte Möglichkeit ist es, den Minimalwert mit zwei zu multiplizieren und das Produkt mit dem Maximalwert zu vergleichen. Den höheren der beiden Werte (da auch gewissenhaft geschätzte Aufgaben meistens zu niedrig geschätzt sind) nimmt man dann als Schätzwert für die Aufgabe. Jeder Projektmanager sollte an dieser Stelle individuelle Formeln der Aufwandsbestimmung entwickeln. Ein Beispiel einer solchen Dekompositionsschätzung ist in Tabelle 13.1 dargestellt.

Tabelle 13.1   Beispiel Dekompositionsschätzung

Aufgabe	Krit. Pfad [j/n]	Min. Aufwand [PT]	Max. Aufwand [PT]	Funktionaler Aufwand [PT]	Faktor	Gesamtaufwand [PT]	Min. Dauer [Tage]	Max. Dauer [Tage]	Dauer [Tage]
Anwendungsfall 1 analysieren	j	10	19	20	2	40	10	25	25
Anwendungsfall 1 entwerfen	j	9	20	20	2	40	14	30	30
Anwendungsfall 1 implementieren	j	25	40	50	2	100	25	40	50
Anwendungsfall 1 verteilen	j	5	10	10	2	20	10	15	20
Summe		49	89	100		**200**	59	110	**125**

Wenn sich Tätigkeiten, die in jedem Projekt gleich sind, nicht so gut schätzen lassen, dann können vordefinierte Aufwandszahlen helfen. Ein Beispiel dafür wäre ein Review, für das man pro Mitarbeiter und zehn Seiten Reviewdokument ca. eine Stunde Aufwand, plus den Aufwand für eine Reviewsitzung planen muss. Für im Prozess definierte Standarddokumente kann man so mit festen Aufwandszahlen arbeiten. Manchmal lassen sich Aufgaben nur schwer schätzen, stehen aber in Abhängigkeit zu bekannten Aufwänden. Wenn diese Abhängigkeit bekannt ist, benutzt man sie, um den Aufwand zu bestimmen. Beispielsweise berechnet man den Projektmanagementaufwand üblicherweise mit ca. 10 % des Gesamtaufwandes (oder ca. ½ PT pro Woche je direkt zu steuerndem Teammitglied). Mit diesem Wissen lassen sich Aufgaben wie Projektmanagement aus dem Gesamtaufwand ableiten. Die Summe der Aufwände ist hiermit der Gesamtaufwand des Projektes.

In der Praxis hat es sich bewährt nur die funktionalen Aufgaben zu schätzen. Dies sind die Aufgaben, die sich direkt aus den Anwendungsfällen (oder Geschäftsvorfällen) herleiten lassen. Querschnittsaufgaben wie Projektmanagement, Qualitätsmanagement etc. werden in den einzelnen funktionalen Aufgaben mit einem Faktor berücksichtigt. Bei dieser Methode ist die Summe der Aufwände aller funktionalen Aufgaben multipliziert mit einem Faktor der Projektgesamtaufwand. Bewährt hat sich im Bankenumfeld ein Faktor von 2, der aber auf das jeweilige Unternehmen angepasst werden muss. Diese Vorgehensweise bietet den Vorteil, dass ein Projektmanager somit in der Lage ist, eine fachliche Anforderung mit allen nötigen Querschnittaufgaben zu bepreisen. Dem Kunden oder auch Vorgesetzen können somit die Kosten einzelner Anforderungen transparent gemacht werden.

Nachdem der Aufwand bestimmt wurde, ist der zweite wichtige Wert einer Schätzung die Dauer eines Projektes. Bei dem beschriebenen Verfahren ermittelt man die Dauer, indem der kritische Pfad bestimmt wird und man die Summe über die Dauer der einzelnen auf dem kritischen Pfad liegenden Aufgaben bestimmt. Der kritische Pfad besteht aus Aufgaben, die wegen Abhängigkeiten nur seriell abgearbeitet werden können, also nicht parallelisierbar sind. Es ist der seriell abzuarbeitende Pfad mit der längsten Dauer. Hat man die Dauer des kritischen Pfades bestimmt, sollte man eine Zusatzdauer von 10 % bis 30 % addieren, um aufkommende unvorhergesehene Risiken (wie ungenügende Mitarbeiterverfügbarkeit, etc.) abfangen zu können.

Die Dekompositionsschätzung ist trotz der weiten Verbreitung nicht ganz unproblematisch. Bei größeren und damit lange andauernden Projekten ist es nicht einfach festzustellen, welche Aufgaben in ein, zwei oder sogar mehreren Jahren nötig sein werden. D.h. je größer das Projekt, desto größer die Wahrscheinlichkeit, dass man Aufgaben vergisst. Weiterhin steigen die Abstimmungs- und Koordinationsaufwände mit der Größe des Projektes erfahrungsgemäß nicht linear. Bei großen Projekten mit mehreren Teilprojekten und Führungsebenen reichen 10 % Projektmanagementaufwand bei weitem nicht. Um überhaupt eine Dekompositionsschätzung durchführen zu können, muss das Projekt im Allgemeinen schon fortgeschritten sein. Man braucht viel Wissen über ein Projekt, um alle Aufgaben zu identifizieren und auf eine schätzbare Größe herunterzuberechen. Je später der Zeitpunkt einer Schätzung, desto geringer ist aber im Projektgeschäft der Wert einer Schätzung.

Die **Analogieschätzung** vergleicht ein Projekt mit schon durchgeführten ähnlichen Projekten. Abhängig von den Vergleichskriterien ist dies schon zu sehr frühen Zeitpunkten möglich. Somit ist diese Art zu schätzen betriebswirtschaftlich wertvoll, da man frühzeitig Zahlen für die Budgetplanung erhält. Es ist wichtig, Ähnlichkeiten zwischen dem aktuell zu schätzenden Projekt und einem bekannten Projekt zu identifizieren, um von Zahlen eines bekannten Projektes auf die Zahlen des zu schätzenden Projektes zu schließen. Wenn ein Unternehmen auf diese Weise schätzen möchte, muss es Kriterien und Ergebnisse aus Projektschätzungen über Jahre hinweg archivieren. Ein Unternehmen ist also erst nach jahrelanger Erhebung und Speicherung von Projektdaten in der Lage, ein derartiges Verfahren einzuführen. Wenn man die Idee einer Analogieschätzung durch mehr Vergleichskriterien, präzisere mathematische Zusammenhänge zwischen den Kriterien und dem Schätzergebnis etc. weiter verfeinert, dann ist der Schritt zu parametrischen Schätzmethoden nur noch gering.

13.4 Parametrische Schätzmethoden in der Praxis

Um einen Überblick über parametrische Schätzverfahren zu bekommen, stelle man sich vor, man mache eine Reise. Freunde erwarten einen und möchten wissen, wann man ungefähr ankommen wird. Zusätzlich erfordert das aktuelle Haushaltsbudget eine Schätzung der zu erwartenden Kosten. Das Nächstliegende ist wahrscheinlich, dass man eine Straßenkarte nimmt und die Strecke ungefähr misst. Ganz genau wird dies nicht möglich sein (angenommen das Messwerkzeug sei ein Lineal oder der Daumen), da die Strecke kurvig ist. Analog zu diesem Beispiel aus dem Alltagsleben gibt es in der Softwareentwicklung auch Größenmaße, eines ist Function Points, weitere sind Widget Points, Object Points, Anzahl der Codezeilen oder ähnliche. Hat man nun die Wegstrecke in km gemessen, wird man sich im zweiten Schritt Gedanken über die Qualität der baldigen Fahrt machen. Wie schnell und zu welchen Kosten man sich auf dem Weg fortbewegt, hängt davon ab, ob es eine Autobahn gibt, ob es viele Steigungen gibt, ob Haupturlaubszeit ist, ob Schnee liegt, wie schnell das Auto fahren kann, welches Temperament und wie viel Erfahrung der Fahrer hat usw. Auch in der Softwareentwicklung gibt es solche Einflussfaktoren auf ein Projekt, man denke nur an großen Zeitdruck, mangelnde Erfahrung oder eine große Anzahl von Risiken. Es gibt mehrere Modelle in der Softwareentwicklung, die dies berücksichtigen. Eines der bekanntesten ist COCOMO (Constructive Cost Model), bzw. das Nachfolgemodell COCOMO II, das 1995 von Barry Boehm vorgestellt wurde.

Um den Aufwand eines Softwareprojektes zu berechnen, geht das in diesem Kapitel vorgestellte Schätzverfahren so vor, dass im ersten Schritt die Größe der Software in Function Points (FP) gemessen wird. Die gemessene Softwaregröße und die verschiedenen Einflussfaktoren auf das Projekt dienen im zweiten Schritt dem COCOMO II Verfahren als Grundlage für die Schätzung von Aufwand und Dauer. Dieser Beitrag wird dabei nicht allzu tief in die Methodik der Function Point Zählung und die mathematischen Hintergründe von COCOMO II eingehen. Hierzu sei auf die Seiten der International Function Point Users Group [IFPUG] und [IFP 95], auf das Buch von Bundschuh und Fabry [BuF 00], auf die COCOMO-Homepage [Mod 98] und Publikationen wie [Boe 95] und [BAB 00] verwiesen.

13.4.1   Funktionale Systemgröße

Um die **funktionale Größe** einer Software messen zu können, müssen Function Points gezählt werden. Im Verlauf dieses Kapitels werden Zählregeln vorgestellt, die nicht 100 % den offiziellen Regeln der IFPUG (siehe [IFP 94]) entsprechen, die jedoch einfacher sind und sich in der täglichen Praxis als brauchbar erwiesen haben. Die Abweichung des so erzielten Ergebnisses im Vergleich zu der IFPUG-Zählweise ist minimal. Diese Abweichung wird toleriert, da sich erfahrungsgemäß die Ungenauigkeiten im Zählverfahren über das gesamte Projekt hinweg mitteln und großteils wieder ausgleichen. Das Prinzip, dass sich Ungenauigkeiten im Vorgehen ab einer gewissen Größe wieder ausgleichen, wird noch an mehreren Stellen verwendet.

Der erste Teil bei der Function Point Zählung ist die funktionale Abgrenzung des Systems. Sobald man bestimmt hat, was funktional zum System gehört und was nicht, beginnt man die Zählung aus der Sicht des Endbenutzers. Die Function Points Zählung unterscheidet zwei Arten von zu zählenden Objekten. Dies sind zum einen Objekte, die den zu zählenden Informationsfluss über die Systemgrenzen hinaus beschreiben, das wären Eingaben (External Inputs), Ausgaben (External Outputs) und Abfragen (External Queries). Zum anderen sind Objekte zu bewerten, die den internen (Internal Logical Files) wie auch den externen logischen Datenbestand (External Interface Files) definieren. Abhängig von der Komplexität wird jedem gezählten Objekt eine bestimmte Zahl von Function Points zugewiesen. Die Summe aller zugewiesenen Function Points ergibt dann die funktionale Größe in unbewerteten Function Points. Diese unbewerteten Function Points dienen dann als Eingabe für CO-COMO II.

Die Function Points Analyse besitzt noch einen zweiten Teil, der nach der Zählung der unbewerteten Function Points diese mit 14 Wertfaktoren bewertet und die daraus resultierenden bewerteten Function Points zur Aufwandsbestimmung nach der Function Point Methode verwendet. Diese Wertfaktoren sind denen von COCOMO II teilweise ähnlich, haben aber eine viel geringere Auswirkung auf den Aufwand. Der zweite Teil der Function Points Analyse wird hier nicht benutzt. Folgende vereinfacht beschriebene Definitionen sind wichtig:

Ein **Elementarprozess** ist die kleinste Einheit an Verarbeitungslogik aus der Sicht des Benutzers. Ein Elementarprozess muss eigenständig sein und belässt das System in einem konsistenten Zustand.

Eine **Eingabe** oder External Input ist ein Elementarprozess im System, der Daten und/oder Kontrollinformation verarbeitet, welche die Systemgrenze von außen nach innen überschreitet. Der primäre Zweck einer Eingabe ist die Wartung von internen Datenbeständen oder die Änderung des Systemverhaltens.

Eine **Ausgabe** oder External Output ist ein Elementarprozess im System, der Daten oder Kontrollinformation nach außen über die Systemgrenze sendet. Der primäre Zweck einer Ausgabe ist die Präsentation interner Daten für den Benutzer. Eine Ausgabe beinhaltet Verarbeitungslogik, die Wartung eines internen Datenbestandes oder die Änderung des Systemverhaltens.

Eine **Abfrage** oder External Query ist ein Elementarprozess im System, der Daten oder Kontrollinformation nach außen über die Systemgrenze sendet. Der primäre Zweck einer Abfrage ist die Präsentation interner Daten für den Benutzer. Eine Abfrage beinhaltet keine Verarbeitungslogik, keine Wartung eines Datenbestandes und keine Änderung des Systemverhaltens.

Ein **interner logischer Datenbestand** oder Internal Logical File ist eine aus Benutzersicht identifizierbare Gruppe von logisch zusammengehörigen Daten oder von Kontrollinformation, die innerhalb der Systemgrenze durch mindestens einen Elementarprozess gewartet werden. Im objektorientierten Sinne ist dies ein Entity-Objekt des eigenen Systems.

Ein **externer logischer Datenbestand** oder External Interface File ist ein aus Benutzersicht logisch zusammengehöriger Datenbestand, der von dem betrachteten System innerhalb eines Elementarprozesses nur referenziert wird. Die Wartung erfolgt durch ein anderes System. Im objektorientierten Sinne ist dies ein Entity-Objekt eines Nachbarsystems, auf das für Informationszwecke zugegriffen wird.

Um auf diese Art und Weise die Größe eines Projektes bestimmen zu können, ist es nötig, über genauere Information vom Ablauf der Interaktionen des Systems mit der Außenwelt (den Akteuren) zu verfügen. Weiter braucht man ein logisches Datenmodell des Systems. Dabei sind die Beziehungen zwischen den Entitäten für die Schätzung nicht von Bedeutung. Die Erstellung eines solchen logischen Datenmodells ist bis zur Angebotserstellung möglich und im Prozess auch vorgesehen. Die Bestimmung der logischen Datenbestände ist auch für die Anforderungsanalyse an sich und natürlich für die Kommunikation mit dem Auftraggeber wichtig. Die Erstellung einer kompletten fachlichen Beschreibung des Systems mit allen Interaktionen ist jedoch sehr zeitaufwändig und im Allgemeinen erst zu einem späteren Zeitpunkt möglich.

Zum Zeitpunkt der Angebotserstellung gibt es nur ein Anwendungsfallmodell und eine grobe Beschreibung der Anwendungsfälle. Dies bedeutet, dass die Function Point Zählung mit Eingaben, Ausgaben und Abfragen erst in der Entwurfsphase im Zuge einer Verifikationsschätzung durchgeführt werden kann. Wenn man die Definitionen genau durchliest, dann fällt auf, dass das Zählen von Eingaben, Ausgaben und Abfragen eigentlich eine Zählung von Elementarprozessen ist. Zumindest kann man erahnen, dass es einen Zusammenhang zwischen den Elementarprozessen und der resultierenden Softwaregröße in Function Points zu geben scheint. Dies kann man sich zunutze machen, um nur mit einem Anwendungsfallmodell, mit groben Beschreibungen von Anwendungsfällen und mit logischen Datenbeständen die funktionale Größe in Function Points zu bestimmen.

Die Untersuchung vieler Projekte hat gezeigt, dass im Mittel eine Eingabe, Ausgabe oder Abfrage ca. vier FP groß ist, dass ein Elementarprozess im Schnitt ca. zwei Eingaben, Ausgaben oder Abfragen besitzt und dass sehr kleine Anwendungsfälle aus ca. drei Eingaben, Ausgaben oder Abfragen bestehen. Sehr kleine Anwendungsfälle kommen am häufigsten vor, da man beim Erstellen des Anwendungsfallmodells die Anwendungsfälle normalerweise so runterbricht, dass ein Anwendungsfall möglichst wenig Funktionalität oder Dienste bietet. Dies erhöht die Übersichtlichkeit und den Nutzen eines Anwendungsfallmodells. Um bei einer Schätzung noch weitere Arten von Anwendungsfällen zu berücksichtigen, kann man weitere Klassen von Anwendungsfällen definieren. Da sich Elementarprozesse und Dienste ähneln, kann man daraus ableiten, dass ein funktionaler Dienst die Größe von ca. sieben FP hat. In Tabelle 13.2 sind einige Größenzuordnungen aufgelistet. Die Unterteilung in nur drei Gruppen von Anwendungsfällen kann bei Bedarf erweitert werden, in der Praxis sind aber drei Gruppen ausreichend.

Tabelle 13.2   Zuordnung der zu schätzenden Objekte zur funktionalen Größe

Zu schätzendes Objekt	Funktionale Größe [Function Points]
Eingabe, Ausgabe, Abfrage	4 FP (im Mittel)
Interer Logischer Datenbestand	7 FP (Entity-Objekt <= 50 Attribute)
Externer Logischer Datenbestand	5 FP (Entity-Objekt <= 50 Attribute)
Dienst, fachliche Funktion	7 FP
Kleiner Anwendungsfall	12 FP (1-2 Dienste)
Mittlerer Anwendungsfall	25 FP (3-6 Dienste)
Großer Anwendungsfall	60 FP (7-12 Dienste)

Wenn die Anwendungsfälle mit Hilfe der Werte aus Tabelle 13.2 klassifiziert sind, muss noch die Komplexität (oder funktionale Größe) der Datenbestände bestimmt werden. Zuerst identifiziert man alle internen und externen logischen Datenbestände, dann weist man ihnen je nach Komplexität Function Points zu (siehe [IFP 94]). An dieser Stelle unterscheidet sich die vorgestellte Zählung von der offiziellen Zählweise grundlegend. Die offiziellen Zählregeln verlangen die Berücksichtigung von Datenelementuntergruppen, also z.B. Vererbungsbeziehungen im objektorientierten Sinne. Die Praxiserfahrung hat gezeigt, dass eine Nichtberücksichtigung von Vererbungsbeziehungen keine gravierende Abweichung im Ergebnis zur Folge hat. Schließlich muss man beachten, dass ein Schätzergebnis zu so frühen Zeitpunkten, mit so wenig Wissen über ein System, sowieso eine gewisse Unschärfe besitzt. Es ist ausreichend, wenn man jedes Entity-Objekt eines logischen Datenmodells darauf prüft, ob es ein interner oder externer logischer Datenbestand ist und ihm dementsprechend sieben FP bzw. fünf FP zuweist.

13.4.2   Aufwand- und Zeitschätzung

Nachdem man die funktionale Größe des Systems bestimmt hat, müssen die Einflussfaktoren auf das Projekt berücksichtigt werden. COCOMO II ist ein Modell (siehe [Boe 95]) mit dem man den Einfluss von solchen Größen auf das Projekt bestimmen kann. Als Eingabe benötigt COCOMO II die funktionale Größe des zu erstellenden Softwaresystems und liefert als Ergebnis den Aufwand und die Dauer des Projektes. Die funktionale Größe muss dabei in Programmcodezeilen ausgedrückt sein. Tabelle 13.3 liefert eine in der Praxis bewährte Zuordnung von Codezeilen zu einem Function Point für verschiedene Programmiersprachen. Wenn ein Softwaresystem mit mehreren Programmiersprachen entwickelt wird, dann muss pro verwendete Programmiersprache eine prozentuale Zuweisung der funktionalen Größe stattfinden.

Tabelle 13.3   Zuordnung Programmcodezeilen pro Function Point mehrerer Programmiersprachen

Programmiersprache	Codezeilen pro Function Points
Assembler	320
Makro-Assembler	213
C	128
C++	55
Visual C++	34
Java	29
Cobol	91
HTML	15
XML	20

COCOMO II berücksichtig 24 **Einflussfaktoren**, die in Tabelle 13.4 aufgelistet sind. Dabei unterscheiden sich die Aufwandsfaktoren von den Skalierungsfaktoren in der unterschiedlichen Art der Berechnung. Die Wiederverwendungsfaktoren beeinflussen nur Erweiterungsprojekte. Die Faktoren werden mit einem Wert von 1 bis 6 bewertet, wobei der Wert 3 den Nominalwert darstellt. An dieser Stelle sei auf entsprechende Literatur ([Mod 98], [Boe 95]) verwiesen. Um gute Schätzergebnisse zu erzielen ist es wichtig, dass man nur bei extremer Auffälligkeit eines Faktors vom Nominalwert abweicht und im Zweifelsfall immer Richtung Nominalwert rundet.

Tabelle 13.4   Einflussfaktoren von COCOMO II

Aufwandsfaktoren	RELY: Erforderliche Zuverlässigkeit
	DATA: Datenbankgröße
	DOCU: Angepasstheit der Dokumentation an Anforderungen
	CPLX: Produktkomplexität
	RUSE: Erforderliche Wiederverwendbarkeit
	TIME: Ausführungszeit
	STOR: Hauptspeicherzeit
	PVOL: Plattformänderungen
	ACAP: Fähigkeit der Analytiker
	AEXP: Anwendungserfahrung
	PCAP: Fähigkeit der Programmierer
	PEXP: Plattformerfahrungen
	LTEX: Sprach- und Werkzeugerfahrung
	PCON: Kontinuität der Mitarbeiter
	TOOL: Verwendung von Softwaretools
	SCED: Zulässige Entwicklungszeit
	SITE: Entwicklung an mehreren Standorten
Skalierungsfaktoren	PREC: Geläufigkeit der Entwicklung
	FLEX: Flexibilität in der Entwicklung
	RESL: Architektur/Risiken
	TEAM: Teamzusammenhalt
	PMAT: Prozessreife
Wiederverwendungsfaktoren	SU: Verständlichkeit der Software
	UNFM: Unkenntnis der Software

Die Abweichungen der Schätzergebnisse von den Ist-Werten liegen nach Auswertung von ca. 30 Projekten bei 70 % der Projekte bei ungefähr 25 %. Die restlichen 27 % der Projekte haben eine Abweichung von 50 %. Ein einziges der ausgewerteten Projekte hatte eine Abweichung von 100 %. Die Genauigkeit hängt sehr stark vom Schätzzeitpunkt ab und von der konsequenten Anwendung der Regeln des Schätzverfahrens (z.B. Rundung zum Nominalwert etc.).

Das vorgestellte Schätzverfahren funktioniert für große Projekte besser als für kleine. Projekte mit weniger als 100 PT Aufwand sind für das Verfahren nicht geeignet. Allzu leicht ist man geneigt, die Parameter so einzustellen, dass das Schätzergebnis dem Wunschergebnis (Managementvorgabe oder eine zweite Dekompositionsschätzung) entspricht. Wenn man mehrere Schätzungen vornimmt, sollte man bei großer Abweichung beide Schätzungen hinterfragen und erst bei offensichtlichen Vorgehensfehlern die fehlerhafte Schätzung korrigieren. Wenn zum Zeitpunkt der Angebotserstellung noch nicht alle Anforderungen bekannt sind, dann empfiehlt es sich, der funktionalen Größe einen Aufwandskorrekturfaktor aufzu-

schlagen. Wenn man z.B. vermutet, dass nur 80 % der Anwendungsfälle zum Schätzzeitpunkt bekannt sind, dann ist der Faktor 1,25 angemessen (siehe auch Risikofaktor Kapitel
13.5). Oftmals wird vergessen, den geschätzten Aufwand im Zusammenhang mit der geschätzten Zeit zu sehen, dies sollte man nicht tun. Auch wenn beispielsweise der geschätzte
Aufwand dem Wunschergebnis entspricht, aber die geschätzte Zeit nicht, darf man die Auf-
wandsgröße nicht losgelöst von der Dauer betrachten.

13.5   Schätzung zu frühen Zeitpunkten

Führt man die Konzepte aus Kapitel 13.4 weiter und kombiniert sie mit einfacheren Berech-
nungsformeln für Aufwand und Dauer, dann erhält man eine Möglichkeit, mit simplen Mitteln zu einem sehr frühen Zeitpunkt (sogar schon bei der Vorhabensplanung) ein Projekt zu
schätzen. Bei dieser Art zu schätzen werden die COCOMO II Faktoren auf fünf wesentliche
Faktoren reduziert und mit einer Methode, die auf einer von Putnam (siehe [Put 78], [OHJ
99] und [Lon 87]) in den siebziger Jahren hergeleiteten Softwaregleichung basiert, kombiniert. Die vorgeschlagenen Parameterwerte basieren auf mehrjähriger Praxiserfahrung mit
dem Schätzverfahren.

Die COCOMO II Faktoren werden auf fünf essenzielle und in der täglichen Schätzpraxis
immer wieder anzupassende Faktoren reduziert, indem man mehrere COCOMO II Faktoren
zu einem Faktor zusammenfasst. Wie auch bei COCOMO II wird im Zweifel immer Richtung Nominalwert („mittel") gerundet und Faktoren werden nur bei extremer Auffälligkeit
verändert. Mit dem Faktor **Programmkomplexität** kann man steuern, wie aufwändig Pro-
grammstrukturen sind. Es ist aber auch möglich mit diesem Faktor reine Web-Anwendungen
(HTML, Java etc.) von gemischten Client-Server-Anwendungen (z.B. Java-Client, C-Server)
bis zu klassischen Host-Anwendungen (Cobol mit etwas Assembler) zu unterscheiden. Ähnlich verhält es sich bei der **Datenkomplexität**, die meistens zwischen den Werten „gering"
und „mittel" (klassische Bankenanwendung) pendelt. Eine datenintensive Anwendung, wie
z.B. eine Batch-Anwendung, die auf dem Datenbestand arbeitet, würde mit der Datenkomplexität „hoch" geschätzt werden. Zudem ist es möglich, drei **Projektarten** zu schätzen.
Neuentwicklungen erstellen ein noch nicht existierendes System, Erweiterungsentwicklun-
gen führen Funktionserweiterungen an einem bestehenden System durch und Fremdsoft-
wareprojekte integrieren zugekaufte Software in eine Unternehmenslandschaft. Die Faktoren
Mitarbeiterqualität und **Zeitdruck** sind selbsterklärend und subjektiv wählbar.

Im ersten Teil berechnet man die funktionale Größe in (unbewerteten) Function Points. Dabei verwendet man Tabelle 13.2 um die **funktionale Größe der Benutzerinteraktion G_B** zu
bestimmen:

$$G_B = \sum_{\forall \text{ zu schätzenden Objekte}} \text{Objektgröße} \quad [FP]$$

Hierzu addiert man die **funktionale Größe des Datenbestandes G_D**. Erfahrungsgemäß ist die funktionale Größe des Datenbestandes im Normalfall ca. 70 % bis 100 % der funktionalen Größe der Benutzerinteraktion. Diesen Tatbestand kann man sich zunutze machen, um die Größe des Datenbestandes automatisch zu schätzen. Also wäre die Größe des Datenbestandes 0,7 multipliziert mit der Größe der Benutzerinteraktion, wenn der Faktor Datenkomplexität „gering" ist. Wenn der Faktor Datenkomplexität „mittel" ist, ist die Größe des Datenbestandes gleich der Größe der Benutzerinteraktion und 1,3 multipliziert mit der Größe der Benutzerinteraktion, wenn die Datenkomplexität „hoch" ist. Tabelle 13.5 verdeutlicht diese Zusammenhänge.

Tabelle 13.5   Funktionale Größe Datenbestand in Abhängigkeit von der Datenkomplexität

Datenkomplexität	Funkt. Größe Datenbestand [FP]
„gering"	$G_D = 0{,}7 \cdot G_B$
„mittel"	$G_D = 1{,}0 \cdot G_B$
„hoch"	$G_D = 1{,}3 \cdot G_B$

Die Summe der beiden Größen ergibt die **funktionale Gesamtsystemgröße G**. Diese kann man mit einem **Risikofaktor r** multiplizieren (in der Annahme, dass noch nicht alle Anforderungen bekannt sind):

$$G = r \cdot \left(G_B + G_D \right)$$

Im zweiten Teil berechnet man mit Hilfe der funktionalen Größe G den **Aufwand A** und die **Dauer D**. Aus der Softwaregleichung von Putnam lässt sich herleiten (siehe [OHJ 99]), dass man den Aufwand mit der Gesamtsystemgröße potenziert mit 1,4 und die Dauer mit der Gesamtsystemgröße potenziert mit 0,4 berechnen kann:

$$A_1 \sim G^{1{,}4} \; und \; D_1 \sim G^{0{,}4}$$

In der Praxis hat sich jedoch gezeigt, dass die Gesamtsystemgröße hoch 1,2 präzisere Aufwände und die Gesamtsystemgröße hoch 0,35 eine bessere Zeitdauer liefert:

$$A_2 \sim G^{1{,}2} \; und \; D_2 \sim G^{0{,}35}$$

Die zweite Methode übertreibt bei großen Projekten (>5000 PT) nicht so stark und schätzt sehr kleine Projekte präziser.

Tabelle 13.6   Unternehmensabhängige Aufwands und Zeitfaktoren

Methode	unternehmensabhängiger Aufwandsfaktor	unternehmensabhängiger Zeitfaktor
1	0,2 – 0,5	1,1 – 1,4
2	1,0 – 1,7	1,6 – 1,9

In beiden Fällen muss man das Potenzierungsergebnis mit einem **unternehmensabhängigen Aufwandsfaktor a**, bzw. einem **unternehmensabhängigen Zeitfaktor z** multiplizieren, um die Formeln an das Unternehmen anzupassen (Tabelle 13.6).

Tabelle 13.7   Werte der Einflussfaktoren

Einflussfaktor	Wertebereich	Aufwandswerte	Dauerwerte
1: Programmkomplexität	Gering / mittel / hoch	0,7 / 1 / 1,34	0,9 / 1 / 1,1
2: Datenkomplexität	Gering / mittel / hoch	0,9 / 1 / 1,14	0,97 / 1 / 1,14
3: Projektart	Neuentwicklung / Erweiterungsentwicklung / Fremdsoftware	1 / 1,13 / 0,75	1 / 1,08 / 0,88
4: Mitarbeiterqualität	gering / mittel / hoch	1,37 / 1 / 0,73	1,1 / 1 / 0,91
5: Zeitdruck	gering / mittel / hoch	1 / 1,14 / 1,43	1 / 0,85 / 0,75

Schließlich multipliziert man die Zwischenergebnisse für Aufwand und Dauer – abhängig von den **Einflussfaktoren e$_{1-5}$** aus Tabelle 13.7 – mit den vorgeschlagenen Werten, um die Endergebnisse zu errechnen:

Methode 1:

$$A_1 = G^{1,4} \cdot a_1 \cdot \prod_{i=1}^{5} e_i \quad [\text{PT}] \text{ und } D_1 = G^{0,4} \cdot z_1 \cdot \prod_{i=1}^{5} e_i \quad [\text{Monate}]$$

Methode 2:

$$A_2 = G^{1,2} \cdot a_2 \cdot \prod_{i=1}^{5} e_i \quad [\text{PT}] \text{ und } D_2 = G^{0,35} \cdot z_2 \cdot \prod_{i=1}^{5} e_i \quad [\text{Monate}]$$

13.6   Zusammenfassung

Dieser Beitrag stellte drei (davon zwei parametrische) Schätzverfahren vor. Das erste war eine einfach zu handhabende und universell einsetzbare Dekompositionsschätzung. Diese Art zu Schätzen wird in der Praxis am häufigsten verwendet, aber es wird dabei oft auf ein formales Vorgehen zu wenig Wert gelegt. Es wurde eine Methode vorgestellt, welche eine gleich bleibende Vorgehensweise ermöglicht, dies macht eine Schätzung vergleichbar und nachvollziehbar.

Der Schwerpunkt des Beitrags lag auf parametrischen Schätzverfahren. Es wurde gezeigt, wie man mit einer Kombination von Standardmethoden wie der Function Point Analyse und dem COCOMO II ein zuverlässiges Schätzverfahren herleiten kann. Wichtig sind Regeln, die ein diszipliniertes und einheitliches Vorgehen ermöglichen. Dies ist nötig, um gute Schätzergebnisse zu erzielen.

Das dritte vorgestellte Schätzverfahren beschrieb ein praxiserprobtes parametrisches Schätz-verfahren, das, einmal auf ein Unternehmen justiert, mit simplen Mitteln gute Schätzergeb-nisse erzielt. Der Clou dabei ist, dass die einzige benötigte Information für die Schätzung, die Anzahl der Anwendungsfälle oder fachlichen Funktionen (Dienste) ist. Vor allem Vorha-bensplanungen können von dieser Schätzmethode profitieren. Die Erfahrung zeigt, dass zu komplexe Verfahren mit vielen einstellbaren Parametern nur trügerische Schätzsicherheit vermitteln, denn je komplexer ein Verfahren, desto mehr Fehlerquellen existieren.

13.7   Literatur

[BAB 00]   Boehm, Abts, Brown, Chulani, Clark, Horowitz, Masdachy, Reifer, Streece. *Software Cost Estimation with COCOMO II*. Prentice Hall, 2000

[Boe 95]   Barry Boehm, Ray Madachy, Richard Selby. *Cost Models for Future Software Lif Cylce Processes: COCOMO 2.0*. Annals of Software Engineering Special Volume on Software Process an Product Measurement, 1995

[BuF 00]   Manfred Bundschuh, Axel Fabry. *Aufwandschätzung von IT-Projekten*. MITP-Verlag, 2000

[IFP 94]   International Function Point User Group. *Function Point Counting Practices Manual, Release 4.1*. 1994

[IFP 95]   International Function Point User Group. *Function Point Counting Practices; Case Study 3 – Object-Oriented Analysis*. Object-Oriented Design (Draft), 1995

[IFPUG]   Homepage der *International Function Point User Group*. http://www.ifpug.org

[Kru 98]   Philippe Kruchten. *The Rational Unified Process – an Introduction*. Addison-Wesley, 1998

[Lon 87]   Bernard Londeix. *Cost Estimation for Software Development.* Addison Wesley, Wokingham, 1987

[Mod 98]   *COCOMO II Model Definition Manual*, Offizielle COCOMO II-Dokumentation auf COCOMO-Homepage, http://sunset.usc.edu/research/COCOMOII /index.html

[OHJ 99]   Bernd Oestereich, Peter Hruschka, Nicolai Josuttis, Hartmut Kocher, Hartmut Krasemann, Markus Reinhold. *Erfogreich mit Objektorientierung.* Oldenbourg, 1999

[Put 78]   Lawrence H. Putnam. *A General Empirical Solution to the Macro Software Sizing and Estimating Problem.* IEEE Trans. Software Engr., July 1978, 345

www.ingramcontent.com/pod-product-compliance
Lightning Source LLC
LaVergne TN
LVHW080113070326
832902LV00015B/2570